경전산책

원불교 경전 한문구 해설2

원불교 경전 한문구 해설 2

경전 산책

오광익 해의

DongNam
동남풍 Pub

일러두기

1. 《원불교 정전》과 《원불교 대종경》을 표본으로 하였다.

2. 두 경전의 한문 문구 중에서 전체를 취하지 아니하고 외부의 다른 경전에서
   인용된 문구를 위주해서 선정하였다.

3. 상·하 두 권에서 상권은 이미 2019년 1월 1일에 간행하였고, 이번에는 하책
   을 간행한다.

4. 《원불교대사전》이나 《원불교용어사전》, 또는 기타 고경古經에서 서문書文
   을 인견하여 해설에 활용하였다.

5. 각 문구를 해설하는 데 있어서 자료를 제공하는데 주안점을 두기로 하였다.

6. 원문의 단어나 숙어는 중출重出 혹은 삼출三出이라도 초출初出을 해석하는 것
   으로 하였다.

7. 각 글의 중간이나 끝에 한시漢詩 한두 세 수, 또는 대여섯 수, 또는 몇십 수를
   넣어서 글을 더욱 은풍殷豐스럽고 비윤肥潤스럽게 하였다.

서문

　중국 당송팔대가唐宋八大家는 당의 한유韓愈·유종원柳宗元과 송의 구양수歐陽修·소순蘇洵·소식蘇軾·소철蘇轍·증공曾鞏·왕안석王安石이다. 이 가운데 당의 한유[韓愈, 대력 3년(768)~장경 4년(824). 중국 당唐을 대표하는 문장가·정치가·사상가이다. 자字는 퇴지退之, 호는 창려昌黎이며 시호는 문공文公이다]가 서세逝世한 뒤에 문인들이 《한창려집韓昌黎集》을 편집하고 서문을 써야 하는데 누가 선뜻 나서지 못하고 머뭇거리다가 그의 사위가 되는 이한[李漢, 자字는 남기南紀로 당조唐朝의 종실宗室이다. 옹왕雍王을 이은 이도명李道明의 육세손六世孫이다. 어려서 한유의 제자가 되어 고학古學에 통달하고 사람됨이 강직하였다. 높은 벼슬도 했다]이 쓰도록 하였다.

　그가 쓴 서문의 첫머리에 '문자 관도지기야文者 貫道之器也'라 즉 '문장이라는 것은 도를 꿰는[담는, 관통하는] 그릇이다.'는 의미이다. 비록 아무리 좋은 도가 있다할지라도 글자라는 기호를 통해 꿰놓거나 담아놓지 않으면 자연 후래에 전해질 수가 없고 따라서 전해지지 않으면 후인들이 보고 읽고 배울 수가 없게 되어 자연 묵어버리거나 소멸하는 길로 가고 만다.

우리나라의 율곡[栗谷, 1536~1584년. 본관은 덕수德水. 자는 숙헌叔獻, 호는 율곡栗谷·석담石潭·우재愚齋]도 《율곡전서栗谷全書》의 습유拾遺 잡저雜著 〈문무책文武策〉에서 "성현의 가르침은 육경에 실려 있으니, 육경이란 도에 들어가는 문이라. 어찌 이것을 녹봉을 구하기 위한 도구로 삼기를 기약하겠는가? 도가 나타난 것을 일러 문이라 하나니, 문이란 도를 꿰는 그릇이라. 어찌 이것을 문사의 자구나 꾸미는 기교라고 기약하겠는가?[聖賢之訓 載在六經 六經者 入道之門也 豈期以此爲干祿之具耶 道之顯者 謂之文 文者 貫道之器也 豈期以此爲雕蟲篆刻之巧耶]라 하였다.

※ 조충전각雕蟲篆刻이란 벌레 모양이나 전서를 새기듯이 미사여구로 글을 꾸미는 작은 재주를 말한다.

북송오자北宋五子 가운데 한 사람인 주렴계周濂溪의 《통서通書》에 "문장이란 도를 싣는 원인이다[文者 所以載道]"라 했다. 여기에 주희朱熹는 주를 달았는데 "문장이 도를 싣는 원인은 수레에 물건을 싣는 원인과 같은 것이라[文者 所以載道 猶車所以載物]"고 했다.

이처럼 우리의 《정전正典》이나 《대종경大宗經》도 구전口傳도 좋지만, 문장이나 글에 실어놓지 않는다면 뒷사람들이 익히고 배울 수가 없게 될 것이니 글을 모아 경전으로 펴내는 것이 중요하다고 아니 할 수 없다.

《정전》〈개교開敎의 동기動機〉에

"현하 과학의 문명이 발달함에 따라 물질을 사용하여야 할 사람의 정신은 점점 쇠약하고, 사람이 사용하여야 할 물질의 세력은 날로 융성하여, 쇠약한 그 정신을 항복 받아 물질의 지배를 받게 하므로, 모든 사람이 도리어 저 물질의 노예 생활을 면하지 못하게 되었으니, 그 생활에 어찌 파란 고해가 없으리오." 하였으니 글자 수가 모두 120자이다.

여기에다 한자를 한번 입혀보자.

"現下 科學의 文明이 發達됨에 따라 物質을 使用하여야 할 사람의 精神은 漸漸 衰弱하고, 사람이 使用하여야 할 物質의 勢力은 날로 隆盛하여, 衰弱한 그 精神을 降服[伏] 받아 物質의 支配를 받게 하므로, 모든 사람이 도리어 저 物質의 奴隷 生活을 免하지 못하게 되었으니, 그 生活에 어찌 波瀾 苦海가 없으리오." 이다.

여기서 한글과 한자의 비율을 나누어 본다면

이 글은 모두 120자인데 한자로 변환되는 글자가 49자이요, 한글은 한자보다 12자가 많은 71자이니 대략 41%를 한자가 차지한다고 볼 수 있다.

　이렇게 볼 때 우리가 한자나 한문 공부를 절대 소홀히 할 수 없다. 비록 전문적인 한문 지식은 아닐지라도 경전에 나와 있는 한문의 구(句)나 단어(單語)를 사습(寫習)하고 숙지(熟知)하는 데 있어서 상식의 범주에도 다가서지 못한다면 어떻게 될까? 아무리 한글 시대라고는 하지만 경전에 등재(登載)되어 있는 경전의 한문 글자를 모른다고 할 때 내심 부끄러운 생각이 들고 답답한 심경이 생겨나지 않을 수 없다.

　이런 의미에서 필자가 원기98년(2013)에 《圓佛敎正典 漢字 쓰기》상·중·하 3권을 펴내었다. 그리하여 《대종경》이나 《불조요경(佛祖要經)》은 차치하고라도 최소한 《정전》가운데 있는 한자만이라도 익히도록 해서 《정전》의 의미를 더욱더 깊게 파악할 수 있도록 하였다.

　따라서 《정전》이나 《대종경》에 나온 한문 글귀는 대개가 남의 집안 글이요 선현의 글이다. 그래서 빌려다가 쓸 경우에는 정확하게 할 뿐만 아니라 출전(出典)도 명확하게 밝혀주는 것이 도리가 아닌가 하는 생각이 들었다.

　그리하여 원기95년(2010) 당시 교화연구소가 발행하는 〈월간교화〉에 '경전한문구해설(經典漢文句解說)'이라는 제목으로 오래도록 연재를 해왔다. 또한 원기96년(2011) 원광대학교 원불교사상

연구원과 한국원불교학회가 주최한 '인류 정신문명의 새로운 희망'이라는 대제하大題下에 제30회 원불교사상연구 학술대회에서 '《정전》·《대종경》 한문인용구의 원전검토'라는 제목으로 발표를 하기도 했다.

이와 같은 상황을 거치면서 완벽히 할 수는 없지만 부족함을 무릅쓰고라도 일차 책으로 엮어서 공부하는 사람들에게 작은 도움을 주고 싶은 마음이 있고, 또한 해설도 해설이지만 어떤 의미에서는 자료를 제공한다는 뜻을 더 담아서 둘째 권을 내놓게 되었음을 삼가 밝혀둔다.

頌曰

1. 先後天交易 선후천교역 선천과 후천이 서로 바뀌니
   宗師主佛生 종사주불생 대종사 주세불로 나셨어라
   言行眞理貫 언행진리관 말씀과 행동 진리를 꿰뚫은
   法寶典經成 법보전경성 법보의 정전 대종경 이뤘네.

2. 法身圓理佛 법신원리불 법신인 일원의 진리 부처는
   群敎最高宗 군교최고종 뭇 종교의 최고 마루이라
   奉戴吾團旨 봉대오단지 우리 교단은 종지로 봉대하여

拯生救世從 증생구세종　생령 건지고 세상 구제 좇으리.

3. 四恩恩惠報 사은은혜보　사은의 은혜를 갚으면
　　毋限福禔盈 무한복제영　한정 없는 복지 가득하고
　　三學修行積 삼학수행적　삼학의 수행을 쌓으면
　　無量智慧明 무량지혜명　한량없는 지혜가 밝으리라.

4. 轉法惟人在 전법유인재　법을 굴림은 오직 사람에 있으니
　　典經直進程 전경직진정　정전 대종경이 직진하는 길이네
　　勤修兼問學 근수겸문학　부지런히 닦고 아울러 묻고 배워
　　圓理一醒明 원리일성명　둥근 진리를 한 깨달음에 밝힐지라.

5. 敎化惟余在 교화유여재　교화가 오직 나에게 있으니
　　先醒負法傳 선성부법전　먼저 깨쳐 법을 지고 전할지라.
　　不成任恥䐃 불성임치싱　책임 이루지 못하면 부끄러움 남나니
　　後日豈師還 후일기사선　뒷날 어찌 대종사님에게 돌아가리오.

원기104년(2019) 4월 28일

원로원 초서재樵墅齋 니우실㙒藕室에서

오광익 근지謹識

1.《圓佛教正典》頌

主佛正典　累劫法寶　漢文字數　九百十九
一字一句　事理都備　心性皆顯　佛祖㪣覺
經是元理　文廼貫道　科道竝進　福慧饒足
一圓大道　四恩四要　三學八條　萬法盡藏
吾師經綸　徑征延路　濟生醫世　樂園建設
後天開闢　空前絕後　指南羅盤　渡苦龍船
無等等輪　永轉不息　快歸斯法　登如來位

원불교 정전의 노래

주세불 정전은 무량겁에 정법의 보배이니 / 한문의 글자 수효
는 구백 자에 열아홉이라 / 한 글자 한 글월에 일과 이치 모두 갖
추고 / 마음 성품 다 드러난 불조의 가르쳐 깨달음 / 경은 원래의
이치이요 문은 도를 꿰었으니 / 과학과 도학 병진하고 복과 혜
넉넉함이라 / 일원의 큰 도와 네 가지 은혜와 네 요긴함 / 세 가
지 배움 여덟 조목 뭇 법 죄다 갚았네 / 우리 스승 경륜은 지름으
로 가도록 뻗친 길 / 생령 건지고 세상 치료해 낙원을 세움이네 /
후천이 열림에 전에도 없고 뒤도 없게 되는 / 남쪽 가리킨 나침
반 고해 건너는 반야용선 / 등과 등 없는 바퀴 길이 굴려 쉬지 않

으리니 / 빨리 이 법에 돌아오면 여래 성위 오르리라.

『圓佛教正典 漢字 쓰기』책을 내면서

2.《圓佛教大宗經》頌

吾師大覺　蒼生救濟　敎法總說　二八年間

主佛通經　言行要樞　無所不通　無攸不達

句句節節　濟衆生法　在在處處　建樂園方

吾師敷綸　十五品編　成佛徑路　慧福偕得

序品十九　建會機緣　敎義三九　敎綱詳說

修行六三　作祖造佛　人道五九　人主併活

因果三三　陰陽因果　辨疑四十　疑件快釋

性理三一　復性覺理　佛地二三　佛祖活方

薦度三八　死生得薦　信誠十九　確立信脈

要訓四五　要語藏法　實示四七　佛行示範

敎團四二　敎團向進　展望三十　彌勒華世

咐囑十九　咐法永轉　合五四七　言行圓滿

원불교 대종경의 노래

우리 스승의 큰 깨달음은 창생을 구제함이니 / 이십 팔년간 교법 전체를 통틀어서 설함이라 / 주세불 통달한 대종경 말씀과 행동 요추이요 / 통하지 않는 바 없고 달하지 않는 바도 없네 / 한 구절 한 구절이 중생을 건지는 묘법이요 / 어느 때나 장소에 낙원을 건설하는 방법으로 / 우리 스승 펼치신 경륜을 15품으로 엮었으니 / 부처를 이루는 지름길로 혜복 함께 얻으리라 / 서품은 19장이니 회상을 세워야 할 기연이요 / 교의품은 39장이니 교리 강령 자세한 설명이고 / 수행품은 63장이니 조사 만들고 부처 만들며 / 인도품은 59장이니 사람이 주되어 함께 살고 / 인과품은 33장이니 음양과 인과를 결부했으며 / 변의품은 49장이니 의심 건 명쾌히 해석하였고 / 성리품은 31장이니 성품 회복과 성리 깨침이며 / 불지품은 23장이니 부처 조사 활동하는 방향이고 / 천도품은 38장이니 죽든 살든 천도를 얻음이며 / 신성품은 19장이니 신맥을 확실하게 세움이고 / 요훈품은 45장이니 요긴한 말씀 법 갈무렸으며 / 실시품은 47장이니 부처 행동 모범을 보임이고 / 교단품은 42장이니 교단이 나아가는 방향이며 / 전망품은 30장이니 미륵 부처와 용화세계이고 / 부촉품은 19장이니 법 길이 굴리길 부촉했으니 / 합하여 547장이니 말씀과 행실 원만하였음이라.

차례

각종주안
各 宗 主 眼

각 종교의 주안점

이춘풍이 유가의 규모를 벗어나 출가하여 대종사를 뵈옵고 사뢰기를 "제가 대종사를 뵈오니 마음이 황홀하와 삼천 제자를 거느렸던 공자님을 뵈 온 것 같사오나 원래 불교는 유교 선성들이 수긍하지 아니한 점이 있사와 늘 마음에 걸리나이다." 대종사 말씀하시기를 "그 점이 무엇이던가." 춘풍이 사뢰기를 "불교는 허무적멸虛無寂滅을 주장하므로 무부무군無父無君이 된다고 하였나이다." 대종사 말씀하시기를 "부처님의 본의가 영겁 다생에 많은 부모와 자녀를 위하사 제도의 문을 열어 놓으셨건마는 후래 제자로서 혹 그 뜻에 어그러진 바가 없지도 않았으나, 앞으로는 모든 법을 시대에 적응하게 하여 불교를 믿음으로써 가정의 일이 잘되게 하고, 불교를 믿음으로써 사회 국가의 일이 잘되도록 하려 하노니 무부무군이 될까 염려하지 말 것이며, 또는 주역周易의 무극과 태극이 곧 허무적멸의 진경이요, 공자의 인仁이 곧 사욕이 없는 허무적멸의 자리요, 자사子思의 미발지중未發之中이 허무적멸이 아니면 적연 부동한 중中이 될 수 없고, 대학의 명명덕明明德이 허무적멸이 아니면 명덕을 밝힐 수 없는 바라, 그러므로 각종 각파가 말은 다르고 이름은 다르나 그 진리의 본원인즉 같으니라. 그러나 허무적멸에만 그쳐 버리면 큰 도인이 될 수 없나니 허무적멸로 도의 체로 삼고 인·의·예·지로 도의 용으로 삼아서 인간 만사에 풀어 쓸 줄 알아야 원만한 대도니라." 《대종경》변의품 20장

원문에 있는 숙어를 풀어보면 다음과 같다.

• 이춘풍李春風 : 본명은 지영之永. 법호는 훈산薰山. 정산 종사의 외사촌 형. 1876년 2월 6일 경북 금릉군[현 김천시] 구성면 하원리에서 부친 현옥鉉沃과 모친 김 씨의 1남 2녀 중 독자로 출생했다. 12세에 백부 현각鉉珏에게 출계出系했고, 16세에 경타원 정삼리화敬陀圓 鄭三零火와 결혼하여 딸 여덟을 두었다. 그중 두 딸이 전무출신으로 항타원 이경순과 달타원 이정화이다.

원기6년(1921) 고모부 되는 구산 송벽조의 인도로 변산 봉래

정사를 찾아 소태산 대종사의 제자가 되고, 그해 겨울 부인 정삼리화와 가족들을 데리고 전라도로 이사, 부안군 보안면 신복리 종곡으로 이사해 왔다. 종곡은 변산으로 드는 초입에 있는 마을로 영광과 변산 간 노정의 유숙처로 알맞은 위치에 있었다. 이춘풍은 영산과 변산을 내왕하는 소태산과 그 제자들의 시봉을 맡는 한편, 종곡 사가와 실상 초당을 왕래하며 소태산의 가르침을 받는 동시에 47세시에는 초기 경전 편찬에 조력했다.

어느 날 변산 내소사에 딸린 암자인 청련암 뒷산을 넘으며 소태산으로부터 다음의 법문을 듣는다. "험한 길을 당하니 일심 공부가 저절로 되도다. 그러므로 길을 가되 험한 곳에서는 오히려 실수가 적고 평탄한 곳에서 실수가 있기 쉬우며, 일하되 어려운 일에는 오히려 실수가 적고 쉬운 일에 도리어 실수가 있기 쉽나니, 공부하는 사람이 험하고 평탄한 곳이나 어렵고 쉬운 일에 대중이 한결같아야 일행삼매一行三昧의 공부를 성취하리라."[《대종경》 수행품 34장]

이춘풍은 원기8년(1923) 여름 소태산 모친의 열반으로 영광에 가서 영산원 건설에 몇 달 근무했다. 이 무렵 소태산이 이춘풍과 더불어 방언 답을 둘러보며 주고받은 문답이 《대종경》 서품 10장이다. 소태산이 원기9년(1924) 변산에서 하산하여 불법연구회 창립총회를 연 뒤 익산 본관이 건설되자, 이춘풍은 사가를 내변산으로 옮기고 봉래정사 수호원의 책임을 맡았다. 이어

50세 되던 원기10년(1925)에는 익산 본관으로 나와 전무출신을 단행, 을축동선乙丑冬禪의 여선원女禪員 교무로서 부인 회원들을 지도했고, 이어 3회~6회의 여선원 교무로 계속 근무했다. 이춘풍이 경상도에서 전라도로 이사하여 소태산의 법하에서 공부하다가 전무출신을 단행할 무렵에 평소 마음에 간직하고 있던 유교와 불교의 진리를 놓고 심적 고통을 겪은 것을 털어 놓는다. 이와 관련된 법문이《대종경》변의품 20장이다.

이춘풍은 원기7년(1922)부터 6년간 부안 봉래산에 살면서 생각하고 느끼고 연구한 감각감상, 논설, 예문, 서간문 등을 원기12년(1927)에 편집한《산중풍경山中風景》을 남겨 초기교단사 연구에 중요한 사료가 되었다. 이는《월말통신》,《사업보고서》가 나오기 이전 교단 창립 제1대 제1회 내 교단 관계 자료로서, 한 개인의 관점에서 그때그때 느낀 바를 진솔하게 기록한 감상담, 서간문, 교리연구 등을 통해 봉래정사 풍경과 총부 건설 당시의 풍경 일단과 동지간의 교리 논쟁 등을 서술하고 있어 교단 창립 제1회 내 발전사를 연구하는데 주요 자료로서 평가되고 있다.

이춘풍은 법명처럼 온순 자애하여 사람을 사귈 때 자신의 이해를 돌보지 않았고 매사에 책임감이 강하고 강직하여 시종이 한결같은 실천력이 있었다. 또한 교단 발전을 위한 여러 가지 의견 안을 개진하여 불법연구회 총재에 대한 존칭을 '종사주宗師主'로 통일시켰으며, 지방 교당과 훈련 업무에 종사하는 전무출신에

대해 '교무教務'로 호칭을 통일하도록 주도적 역할을 했다.《원불교대사전》

• 유가儒家 : 춘추 시대의 사상가 공자孔子를 개조開祖로 발전해 온 학파. 춘추시대는 주周나라의 봉건제도가 무너지고 제후들이 무력 패권 경쟁을 일삼던 정치적·사회적 혼란기이며 변혁기였다. 공자는 이 시대를 무도無道한 세계로 규정하고 도道가 있는 세상으로 만들 것을 이상으로 삼았다. 그는 이 문제 해결의 실마리를 예禮와 악樂의 조화로 잘 통치되었던 주대의 문물제도를 되살리는 데에서 찾으려 했다. 공자는 예를 외적 질서 형식으로 보고 예를 욕구하는 인간의 내면적 근거를 인仁이라고 하여 사상의 핵심적 토대로 정립했다.

공자는 제자들의 교육에 힘쓰고 이전의 고전들을 정리하여 역사에 대한 새로운 인식을 바탕으로 많은 저술 작업을 통하여 명실상부한 문화정리가로서의 역할을 수행했다. 여기서 전통의 인습과 창조라는 유가적 학문 방법을 확립했고 정치·사회 문제에까지 관심의 폭을 넓혀 수기치인修己治人으로서의 유학을 정립했다. 공자 사후 전국 중기의 맹자는 성선설性善說을, 말기의 순자荀子는 성악설性惡說을 바탕으로 학설을 전개했다. 한대에는《역경易經》·《서경書經》·《시경詩經》·《예기禮記》·《춘추春秋》 등 오경이 정비되고 오경박사五經博士가 설치되었다.

후한에는 기존의 경전 해석학解釋學인 훈고학訓詁學이 발흥하여 정현鄭玄은 많은 주석注釋을 남겼고 당대에는 불교·도교의 영향에 따라 형이상학形而上學으로 발전했다. 송대宋代 유학은 우주의 생성 방식과 원리를 이기론理氣論으로 설명하고 도덕적 인간 존재를 이 형이상학적 체계 속에서 이해하려 했다. 주자는 마음은 기氣이고, 마음이 갖춘 성性은 이理라고 하고 이 원리를 체득하고 도덕성을 발현하는 방법으로 궁진법窮盡法과 거경법居敬法을 제시했다. 명대 왕수인王守仁은 심학心學을 제창했고 청초에는 고증학考證學이 발달했다.

청말淸末의 강유위[康有爲. 1858년 3월 19일~1927년 3월 31일]는 중체서용론中體西用論에 의해 동서양 문명의 절충을 시도했고, 《춘추공양전春秋公羊傳》을 중심으로 역사는 합리적으로 발전하여 대동사회大同社會로 나아간다는 주장을 펼쳤다. 1911년 중화민국의 성립에 이르기까지 유가 사상은 중국인들의 정신문화의 지주가 되었다. 우리나라에는 삼국시대에 전해진 것으로 전한다. 조선은 유가 사상에서 건국이념을 도출하고 성리학을 중심으로 많은 학자가 배출되어 정치·사회·교육·사상·문화 전반에 중심적 역할을 담당했다.《원불교대사전》

• 황홀恍惚 : 광채가 어른어른하여 눈이 부심. 사물에 마음이 팔려 멍하니 서 있는 모양. 미묘하여 헤아려 알기 어려움. 흐릿하여 분명하지 아니함.

• 삼천제자三千弟子 : "《노사기》로 인해 《춘추》를 지었는데, 은

공으로부터 애공까지 열두 명에 대한 기록으로, 기린이 잡힌 곳에서 붓을 놓았다. 쓸 만한 건 쓰고, 편집할 만한 건 편집하여 자하의 무리가 한 글자도 덧붙일 수가 없었다. 제자는 3,000명이 있었고 몸으로 육예[禮樂射御書數]를 통한 이는 72명이 있었다. 나이 73세에 세상을 떠났다[因《노사기魯史記》, 作《춘추春秋》 自隱至哀十二公, 絶筆於獲麟. 筆則筆 削則削, 子夏之徒, 不能贊一辭. 弟子三千人, 身通六藝者, 七十有二人. 年七十三而卒]"

• 불교佛敎 : 석가모니불[Buddha, 釋尊·佛陀]의 가르침을 받드는 깨달음의 종교. 인도 북부에서 성립되어 남부 아시아 제국과 중앙아시아 및 중국을 거쳐 한국에 전래하는 등 세계적인 종교의 하나이다. 인연연기법을 요체로 하여 사제四諦·팔정도八正道·십이인연十二因緣이 주요 교리로 구성되어 있다. 불·법·승 삼보佛法僧 三寶를 신앙의 대상으로 하여, 상구보리上求菩提 하화중생下化衆生, 곧 위로 깨달음을 구하고 아래로 중생을 구제하는 가르침을 편다.

중국에 전파되어서는 다양한 종파를 형성하며 발전했고, 한국에 전래되어 한국문화의 기틀을 제공했다. 유교·도교와 함께 삼교로 불리며 훌륭한 인물을 많이 길러내고, 선과 염불 등의 신앙과 수행이 한국인에게 많은 영향을 미쳤다. 소태산 대종사는 대각 후《금강경》을 열람하고 석가모니불을 '성인들 중의 성인'으로 찬탄하고 연원으로 삼아, 불법佛法에 주체한 큰 회상을 건설하리라고 천명했다.

석가모니불은 북인도의 성읍국가인 카필라성의 왕자로 태어나, 성은 고타마[Gautama, 瞿曇], 이름은 싯다르타[Siddhārtha, 悉達多]라 했다. 태자로서 호화로운 생활을 하던 그는 사문유관四門遊觀으로 생·로·병·사라는 인간 존재의 괴로운 현상을 실감하고, 이를 벗어날 해답을 구하기 위해 출가하여 사문의 길을 걷는다. 6년간의 설산 고행을 경험한 끝에 보리수 아래서 깊은 명상에 빠지며 마침내 진리[法, dharma]에 대한 깨달음[正覺, 悟道]을 성취한다. 그러므로 그를 깨달은 존재 곧 불타[佛陀, 佛], 또는 석가족의 성자라는 뜻으로 석가모니[釋迦牟尼, Śakyamuni] 곧 석존釋尊으로 우러러 부른다.

석가모니불은 출가 초기에 경험했던 극단적인 고행도 태자 시절의 쾌락적인 궁중 생활처럼 진리를 깨닫는 길에는 그다지 도움이 되지 못함을 알고, 이 두 가지 극단을 지양하는 중도의 길을 택했다. 특히 당시는 전통신앙인 브라문교의 기반인 사성四姓계급제도에 대한 비판적 움직임이 새로운 사조로 범람하고 있던 때인데, 석가도 제사를 선업善業으로 하는 브라문교의 가르침을 부인하는 새로운 사조에 따라 자신의 수행에 의한 깨달음만이 열반에 이르는 바른길이라 주장한다. 이러한 석가의 근본 교설은 사성제·팔정도·십이인연으로 요약된다. 사성제란 네 가지 성스러운 진리를 말하며 팔정도란 그 진리를 실천하는 바른 규범을 뜻한다.

이에 의해 생성과 소멸의 순환 속에서 무지와 애욕에 휩싸인 모든 범부·중생이 진리를 깨달아 고뇌의 세계를 해탈하고 열반의 세계에 이르게 된다는 것이다. 사성제의 첫째는 고苦성제이다. 이는 불교의 기본적 세계관이며 인생관으로써 현실적 생존 자체가 모두 고뇌라는 것이다. 생·노·병·사는 물론 인간 구성의 요소인 오온五蘊 자체가 무상無常한 것이기 때문에 인간의 삶은 고뇌가 아닐 수 없다. 둘째는 집集성제로, 인간 생활 모든 고의 원인은 무명으로부터 비롯된 집이다. 무상한 오온으로 구성된 존재를 중생들은 영원히 변치 않는 자아[自我, Atman]로 착각하고 이에 집착하여 영원한 나와 내 것을 욕망하게 된다.

인간의 모든 고뇌는 이러한 무지와 애욕·집착에서 일어난다는 진리로 이 내용이 십이인연이다. 셋째는 멸滅성제로, 모든 고뇌를 해탈한 곳에 열반이 있다는 진리이다. 넷째는 도道성제이며, 열반에 이르는 수도법에 대한 가르침으로, 그 내용이 팔정도이다. 사성제를 치병원리에 대비하는 경우가 많은데, 고성제가 병상[病狀, 범부의 현실상태]을 아는 것이라면, 집성제는 병인[病因, 현실의 고의 원인]을 아는 것, 멸성제는 회복할 건강상태[자각 있는 이상 현상]이며, 도성제는 치병 건강법 또는 양약[이상에 이르는 수단 방법]에 해당한다. 불교의 실천체계로서의 팔정도는 석가모니불 특유의 중도적 수행법이다.

곧 바른 견해를 견지하는 정견正見, 바른 의지를 견지하는 정사正思, 바른 언어적 행위를 견지하는 정어正語, 바른 신체적 행위를 견지하는 정업正業, 바른 생활 법을 견지하는 정명正命, 바른 노력을 견지하는 정정진正精進, 바른 의식을 견지하는 정념正念, 바른 정신통일을 견지하는 정정正定이 그것이다. 이를 다시 요약하면 삼학三學에 포함되는데, 정견·정사는 지혜, 정어·정업·정명은 선정, 정념·정정은 계율에 해당하며, 정정진은 삼학 공통이다. 계율이란 선행 실천을 위한 도덕적 규율을 말하며, 선정이란 자기의 마음을 정화하기 위한 명상법이요, 정신통일법이다.

이러한 계율과 선정의 수련을 통해 높은 정신적 차원에서 얻어지는 종교적 예지가 바로 지혜이다. 이 지혜의 내용이 오도悟道요, 거기에 도달한 자가 곧 윤회에서 해탈하여 열반 세계에 도달한 석가모니불이다. 석가의 교설은 불멸 후 세 차례의 결집에 의하여 체계화되어 경經을 이룬다. 그리고 교단체계가 형성되면서 율律이 전승되고 경에 대한 해석이 이루어져 논論을 형성하는데, 이들 경·율·논을 일러 삼장三藏이라 하며, 삼장의 일체 경을 통칭하여 대장경大藏經이라 부른다. 이러한 경전 체제에 대하여 불·법·승 삼보를 신앙체제로 하고, 비구·비구니의 출가자와 우바새·우바이의 재가신자를 합하여 사부대중이라는 교단 체제를 갖추게 된다.

원불교의 불교 수용은 소태산은 대각 후 선성先聖들의 경전을 두루 열람하다가 《금강경》을 보고, "석가모니불은 진실로 성인들 중의 성인이라"하고 연원을 석가모니불에게 정하고 "장차 회상會上을 열 때도 불법으로 주제로 삼아 완전무결한 큰 회상을 이 세상에 건설하리라."[《대종경》서품 2장] 했다. 그는 "불법은 천하의 큰 도라 참된 성품의 원리를 밝히고 생사의 큰일을 해결하며 인과의 이치를 드러내고 수행의 길을 갖추어서 능히 모든 교법에 뛰어난 바가 있느니라."[《대종경》서품 3장]는 관점 아래 불법을 수용하여 계승·발전시키고, 불교의 낡은 제도를 개혁하여 불법의 시대화·대중화·생활화를 기했다. 《원불교대사전》

•선성先聖 : 과거의 성현聖賢. 인류 역사상 그 이름이 드러난 옛 날의 성인聖人들을 말한다. 법력이 높고 진리를 깨친 과거의 수행자 곧 고승高僧·석덕碩德을 포함한다. 원불교에서는 영모전과 대재를 지낼 때 소태산 대종사 이하 여러 역대 선령 열위列位와 함께 선성위의 위패를 모신다.

•주역周易 : 동양 고전의 하나. 《역경易經》 또는 역易이라고도 한다. 고대 중국의 농경사회에서 농사를 지배하는 신은 천天이었으며, 땅의 생산력과 곡식의 신 및 천문지리와 역법曆法에 관한 지식 등은 농경사회의 풍요를 도모하는 자원이었다. 이처럼 하늘의 이법과 땅의 이치를 밝게 알려준 경이 《주역》이다. 《주역》의 연원과 유래를 살펴보면 다음과 같다.

우선 하도河圖의 출현을 보면 복희가 인정仁政을 했는데, 그때 황하에서 용마龍馬가 나왔다고 한다. 그리고 낙서洛書의 출현 역시

우임금이 치수 사업을 할 때 낙수洛水에서 거북이 나온 것이다. 따라서 《주역》의 유래는 곧 하도낙서를 시원으로 하고 있다. 따라서 《주역》은 중국 상고시대에 비롯된 것으로 어느 한 사람에 의해 저술된 것이 아니라 오랜 세월을 지내오면서 완성된 것으로 볼 수 있다.

흔히 《주역》에서 말하는 역易은 천지자연의 역, 복희의 역, 문왕·주공의 역, 공자의 역[十翼] 등 여러 명칭의 역으로 거론될 수 있다. 복희가 팔괘를 만들었고, 또 64괘는 복희·문왕·신농에게서 비롯된다는 설도 있다. 공자가 10익을 만들었다고 하는데, '단전상', '단전하', '상전상', '상전하', '문언전', '계사상전', '계사하전', '설괘전', '서괘전', '잡괘전'이 그것이다. 공자는 50세 이후 만년에 시간과 정력을 《주역》 연구에 투자하기도 했다. 《주역》에서 역의 의미에 대해서는 다음 세 가지 설이 있다.

첫째, 석역설蜥易說로서 역이란 도마뱀[蜥]을 나타내는 상형문자로 보는 것이다. 중국 고대인들은 도마뱀이 매일 12번 색깔을 바꾼다고 믿었으니 역은 바로 그 변화의 의미를 지시하는 것이라고 보았다. 둘째, 일월설로서 역을 일日과 월月의 복합자로 본다. 셋째, 자의설로서 역을 그 자체에 내포된 의미로 보는 것이다. 이처럼 다의적 의미를 지니고 있는 《주역》은 현대인들에게 점서로 알려져 있으며, 실제로도 은나라의 복귀卜龜·복갑卜甲을 대신하여 주대周代의 점복서로 발전한 것이었다.

고대로부터 점서로 통하던 것이 유교의 경전이 되면서《주역》
또는《역경》으로 불리고 있다. 점서로서 이용되는 톱풀[蓍]의 중
요성뿐만 아니라 이 톱풀의 조합이 유명한《주역》에서 판단자의
역할을 했으니,《주역》은 불안한 미래를 달래주는 점술서로서
역할을 충실히 했다. 하지만《주역》은 단지 점서로서 역할 한 것
만은 아니었다.《주역》'계사전'상 11장에서 "공자 말하기를, 대
저 주역은 무엇을 하는 것인가? 무릇 주역은 만물을 개발하여 임
무를 완성하는[開物成務] 천하의 도를 간추린 것이니 이와 같을
따름인지라. 그런 까닭으로 성인이 천하의 뜻[志]을 통달하여 천
하의 사업을 결정하며, 천하의 의심을 판단하느니라.[子曰, "夫
易何爲者也? 夫易開物成務 冒天下之道 如斯而已者也" 是故聖
人以通天下之志 以定天下之業 以斷天下之疑]"라고 말하고 있
다.《원불교대사전》

• 공자孔子 : 공자(B.C. 551~B.C. 479)는 유가儒家의 시조. 이름
은 구丘. 자는 중니仲尼. 춘추전국시대 사람이며, 유교의 창시자로
알려져 있다.

공자는 노나라의 창평향昌平鄕 추읍鄹邑에서 출생했다. 숙양흘
叔梁紇은 그의 부친으로 공자가 태어난 지 얼마 되지 않아 세상을
떠났다. 소년시절을 불우하게 보낸 공자는 16~17세 때에 30여
세 밖에 되지 않았던 어머니마저 세상을 떠나자 정신적으로 큰
충격을 받았다. 공자는 20세 이후에 소와 양을 관리하는 승전乘田

과 창고를 관리하는 위리委吏라는 직책을 지냈고, 50세 이후에 대사공大司空과 대사구大司寇 등의 벼슬을 지냈다. 하지만 그의 벼슬이 지속되지 못하자 B.C. 497년에 조국을 떠나 철환천하하기에 이르렀으며, B.C. 479년 고향 노나라 자택에서 숙환으로 별세했는데, 향년 73세였다.

공자가 활동한 당시는 춘추전국 시대로 여러 나라들이 서로 침입하여 많은 사람이 죽어 가고 있었다. 더욱이 정치는 권모술수가 횡행하여 매우 어지러운 시대였다. 이러한 혼란 상황이 전개되었던 B.C. 722년부터 481년까지를 흔히 '춘추시대'라고 한다. 춘추시대에 출현한 공자는 주공周公을 존경하여 꿈에서도 잊지 못했던 성자로 여겼으며, 중국 고대로부터 내려오던 전통문화와 사상을 계승하여 새롭게 자신의 인仁사상으로 체계화하였다. 이처럼 공자는 하나라와 은나라 2대의 문화를 계승하여 주나라의 문화를 따르겠다고 했다.

공자는 유교의 개조開祖로서 받들어지게 되었는데, 한나라 시대[서기 58년]에 더욱 존숭 되어 관립 학교들에서 제사를 지내게 되었다. 예법 질서의 중심에 있는 '대성지성문선왕大成至聖文宣王'으로 문묘에서 숭앙받는 대상으로 격상되었다. 이처럼 공자는 한대漢代부터 경배받는 인물로 신격화되었다.

공자의 인간관은 궁극적으로 신적인 천天에 따른다. 이는 천에서 벗어나지 못한다는 것이 아니라 인간 존재의 독자적인 영역이 배려되고 그 존재 의의가 자각적으로 추구되어 왔다는 의미이다. 공자는 주周 왕실에 천명을 내린 천제天帝에 대해서는 부인하지 않았고 주례周禮를 강조했다. 그리하여 하늘에 죄를 지으면 빌 곳이 없다고 경고했으며, 귀신의 덕이 성대함을 밝히고 귀신은 상하는 물론 좌우에도 있다고 했다.

공자는 살신성인을 말하고 명분을 중시해야 백성들이 안심하며 살 수 있다고 했다. 이는 곧 민民을 소중하게 생각하는 명분론이다. 그것은 공자가 정치할 때 정명正名 곧 명名을 바로잡는 일부터 하라고 했으니, 임금은 임금답고 신하는 신하답고 아비는 아비답고 자식은 자식답게 해야 한다고 하였다. 당시의 혼란한 사회상을 각자의 책임에 따른 정명론定命論으로 바로잡고자 했다. 공자는 인仁을 중시하여 인의 원리가 인본적 입장을 바탕으로 하고 있음을 말한다. 사람이 사람답게 사는 것은 '인'에 의함이며, 또 유학 사상이 인에 중심을 두었다고 하는 것은 인본주의와 관련이 있다. 그는 주나라 말기의 명덕明德, 보민保民 사상과 경천중민輕天重民의 인본주의를 강조했고, 사회질서의 회복 차원에서 인과 예禮 사상을 중심으로 유학 사상을 체계화했으며, 인의 실천 방법론으로 충서忠恕를 밝혔다.

증자는 공자의 이 같은 도에 대해 말하기를 "선생님의 도는 충서일 뿐이다.[夫子之道 忠恕而已矣]"라고 했으니 충서는 공자 철학의 인을 실천하는 중심개념인 셈이다. 공자의 예 사상도 중요하다. 인과 예론은 공자에게는 수기치인修己治人, 내성외왕內聖外王의 실제를 이루고 있기 때문이다. 사실 공자의 난국을 타개하는 해법은 예와 인으로 압축된다. 사람들 사이에 예절이 바로 서고, 각 개인이 선하게 되려고 노력한다면 세상의 문제는 다 해결된다는 것이다. 그가 예를 중심으로 해서 사회질서의 회복에 상당한 노력을 기울였던 것은 난세의 극복과 인간의 도덕적 본성에 근거한 중국 전통문화의 회복이었다.

공자는 호학好學과 수기修己를 중시하는 성인으로 알려져 있다. 학문을 인생에 있어 중요한 것으로 생각한 공자는 호학의 인격수양을 지향했다. 술이부작述而不作, 온고지신溫故知新을 주장한 공자는 자신을 나면서부터 아는 사람이 아니라, 옛것을 좋아하여 부지런히 그것을 추구한 사람이라고 했다. 이러한 호학의 정신 속에 천하를 주유하면서 세상을 바로잡으려는 공자의 인격함양은 도덕적 인성을 닦아나가는 수기이자 세상의 안정을 바라는 평천하이다.

공자가 추구하는 이상적 인간상은 바로 군자였다. 군자가 되고자 한 그의 제자들로는 공문십철孔門十哲이 있는바, 덕행엔 안연顏淵·민자건閔子騫·염백우冉伯牛·중궁仲弓이 제일이었고, 언어에는 재아宰我·자공子貢이 제일이었으며, 정치에는 염유冉有·계로季路가 제일이었고, 문학文學에는 자유子游·자하子夏가 제일이었다. 공자는 만년인 68세에 노나라에 돌아와 제자들을 가르치며 여생을 마쳤는데 그가 일생 가르친 제자는 3천여 명이었다.

　뒤에 그의 제자들이 그의 언행言行을 기록해 놓은 《논어論語》 7권이 있다.

　• 자사子思 : 자사(B.C. 483년~B.C. 402년)는 고대 중국[전국시대]의 유가儒家. 공자의 손자. 그의 저서라고 전해지는 《중용中庸》은 진대秦代의 자사학파子思學派에 의해 이루어진 것으로 생각되는데, 보통 자사의 사상은 자사학파의 사상으로서 고찰된다. 이 학파는 '성誠'을 매개로 하는 '천인합일天人合一'의 사상을 세워 맹자와 함께 중국에서 최초로 유심론 사상의 토대를 쌓았다. 공자는 성性과 천도天道를 말하였지만, 자사학파는 '성性'을 '천天'으로부터 부여된 것[천명]이라 하여 이 성을 좇는 것을 '도道', 도를 닦는 것을 '교教'라고 규정, 하늘과 인간의 본원적인 일치를 선언하면서 그 일치를 지향하는 내성적內省的 수양, 실천의 모범을 확립하였다. 성을 좇는 올바른 길은 군신君臣, 부자父子간 등의 오륜五倫질서인데, 이것은 동시에 오륜 질서의 절대화를 의미하였다.

　그리고 몸을 닦는 것이 천하 국가를 다스리는 출발점, 근본이라는 논리, 수신修身→치인治人→치천하국가治天下國家가 설파되지만, 이 논리가 성립하는 경우는 '치자治者'에 있어서이다. 그러므로 천인의 합일을 지향하는 내성적 수양은 지배를 유지하기 위한 '치자'의 수양에 불과한 것이라 하겠다. 천인합일의 근거를 '성誠'이라는 주관적·도덕적 범주에서 구함으로써 유교를 내면적으로 탐구하고자 하는 송학이나 유심론 경향의 사상가에서 대단한 영향을 끼쳤다. 《중용》은 그들에게 가장 중시된 책의 하나이다.

• 무극無極 : 시간·공간의 제약을 넘어선 절대적 존재라는 의미를 지닌 표현으로서 유가, 도가의 중요한 철학적 개념이다. 무극은 노자 《도덕경道德經》 제28장에서 "참된 덕은 어긋남이 없어 무극에 돌아간다[常德不瘝 復歸於無極]."라고 한 데서 최초로 나타난다. 여기서의 무극은 만물이 돌아가야 하는 근본적 도라는 의미로 사용되고 있다. 장자莊子 《남화경南華經》 재유在宥편에서도 "무궁의 문에 들어가 무극에 돌아간다[入無窮之門 以遊無窮之也]"등에 보이는데 이는 무위자연한 도의 세계를 표현하기 위해 사용된 개념이다. 그 후 《도덕경》에 관한 주석의 하나인 《하상공장구河上公章句》에서는 《도덕경》 제28장에 대해 "사람이 능히 천하의 본보기가 될 수 있으면 참된 덕이 자기에게 간직되어 어긋남이 없을 것이다. 이와 같으면 장생하여 몸을 무한한 세계에 귀의시킬 수 있다[人能爲天下法式 則常德常在于己 不復差瘝也 如此長生久壽 歸身于無窮極也]."라고 주석했다.

이후부터 도교 수련가 사이에 무극을 최고의 수련 경계로 삼는 경향이 나타나게 되었다. 그러나 무극이 독자적으로 중요한 개념으로 사용된 것은 아니었으며 《주역周易》에서 논의된 태극과 함께 거론되면서 중요하게 부각되었다. 《주역》의 계사繫辭에서는 "역에 태극이 있으니 태극에서 양의[음·양]가 나온다. 양의에서 사상이 나오며 사상에서 팔괘가 나온다[易有太極 是生兩儀 兩儀生四象 四象八卦]."라는 내용이 있다.

여기에서 태극은 음양이기陰陽二氣가 나오기 이전의 근원적 존재라는 의미로 풀이되어 한대漢代 이후 중국철학사에서 매우 중시되고 다양한 논의가 이루어졌다. 이러한 두 가지 흐름을 종합하여 무극과 태극을 연결하며 중요한 철학적 개념으로 부각한 인물이 오대 말의 도교 사상가인 진단陳摶이다. 그는 도교 수련의 원리를 〈무극도無極圖〉와 〈선천태극도先天太極圖〉 등의 그림을 통해 함축적으로 표현했다. 무극도에서의 무극은 도교 수련을 통해 금단金丹이 완성된 상태, 또 도와 합일된 선인의 경지를 가리키는 것으로 풀이할 수 있다.

그는 《정역심법주正易心法註》에서 도의 원초적 상태를 무無라고 보고 "무는 태극이 아직 나타나기 이전, 한 점의 텅 비고 신령스러운 기운으로서 이른바 보아도 보이지 않고 들어도 들리지 않는다는 것이 그것이다[無者 太極未判之時 一點太虛靈氣 所謂 視之不見 聽之不聞也]."라고 말한다. 기의 가장 원초적 상태를 무라고 보는 것인데 바로 이어진 "양의[음양의 두 기운]는 바로 태극이며 태극은 곧 무극이다[兩儀卽太極也 太極卽無極也]."라는 언급을 고려하면 무는 곧 무극과 동일함을 알 수 있다. 이에 비해 태극은 "한 기가 서로 섞이고 융합하여 일만 기가 갖추어져 있으므로 태극이라 부른다. 이는 바로 내 몸이 태어나기 이전의 모습이다[一氣交融 萬氣全具 故名太極 卽吾身未生之前之面目].”라고 말한다.

그의 사상에서 무는 바로 도를 의미하며 태극은 도에서 나온 일기一氣를 의미한다고 말할 수 있다. 북송대 성리학의 문을 연 주돈이周敦頤는 〈태극도설太極圖說〉에서 '무극이태극無極而太極'이란 표현을 통해 무극과 태극을 연결했다. 일설에는 무극의 앞에 '자自'라는 글자가 있어 "무극에서 태극이 나온다[自無極而爲太極].”라는 뜻으로 보는 견해도 있다. 그러나 성리학의 집대성자인 주자朱子는 이 견해를 인정하지 않고 태극 외에 무극이 따로 없다고 밝혔다. 태극만을 말하고 무극을 말하지 아니하면 태극은 하나의 경험적인 사물이 되어 모든 조화萬化의 근본이 될 수 없고, 무극을 말하고 태극을 말하지 아니하면 무극은 공허한 존재로 남아 역시 조화의 근본이 될 수 없다고 풀이했다.

그에 의하면 태극은 우주의 근본원리로서 모든 이치의 근원이라면, 무극은 태극이 시공간의 제약을 넘어선 보편적이며 절대적 존재임을 나타낸 표현이라고 보는 것이다. 이와 관련하여 육구연[象山 陸九淵]은 유가적 전통에 무극이란 표현이 사용되지 않았음을 근거로 들어 태극만으로 우주변화의 근본 존재를 나타내는데 부족함이 없다고 보고 반론을 제기했다. 주자는 무극이란 표현이 주돈이의 독창적 산물이라고 보고 태극이 한 사물에 그치지 않는 궁극적 존재라는 성격을 표현하기 위해서는 무극이란 표현이 불가피하다고 주장했다. 주자의 이러한 관점은 후에 성리학자들의 정통적 관점으로 정착되었다.

원불교 입장에서 소태산 대종사는 "심체心體라 하는 것은 광대무량하여 능히 유와 무를 총섭하고 삼세를 관통했나니 곧 천지만물의 본원이며, 언어도단의 입정처라 유가에서는 이를 일러 태극 또는 무극이라."[《대종경》 교의품 3장] 하여 태극 또는 무극의 궁극적 경지가 일원상의 진리와 상통한다고 보았다. 곧 유와 무를 총섭하고 천지 만물의 본원이 되며 언설로써 규정할 수 없는 현묘한 진리라는 뜻에서 상통된다는 것이다. 곧 무극이나 태극을 '궁극적 실재'의 명칭으로 간주한 것으로 보인다.

한편 "이로움이 궁궁을을에 있다利在弓弓乙乙"는 동학東學의 주문을 풀이하면서 "궁궁은 무극無極 곧 일원一圓이 되고, 을을乙乙은 태극太極이 되나니, 곧 도덕의 본원을 밝히심이요, 이러한 원만한 도덕을 주장하여 모든 척이 없이 살면 이로운 것이 많다는 것이니라."[《대종경》 변의품 29장]라고 밝혔다. 여기서 무극과 태극을 일원상의 진리와 같은 맥락에서 파악하고 있으며 순차적 개념으로 보고 있지는 않다. 한편 소태산은 무극과 태극을 도의 근본적 바탕으로, 인의예지를 이에 바탕을 둔 실천적 덕목으로 파악하기도 한다. 여기서는 약간 좁은 의미로 무극·태극을 규정했다.

"주역周易의 무극과 태극이 곧 허무적멸의 진경이오. … 생략 … 그러나 허무적멸에만 그쳐 버리면 큰 도인이 될 수 없나니 허무적멸로 도의 체로 삼고 인·의·예·지로 도의 용으로 삼아서 인간 만사에 풀어 쓸 줄 알아야 원만한 대도니라."[《대종경》 변의품 20장]고 했다.

• 태극太極 : ① 태극의 개념은 송대 주돈이周敦頤에 의해 우주의 궁극적 존재 근원으로 언명되면서부터 우주론의 중요한 철학 범주로 자리 잡게 되었다. 그러나 태극이라는 단어가 처음 보이는 곳은 주역이다. 《주역》 계사전에서는 음양이 나뉘기 이전부터 존재하는 실재, 곧 통체統體를 가리키는 것으로 사용했으며, 그로부터 동양사상에서 본체론의 중심 개념으로 등장했다. 《주역》에서는 "역에는 태극이 있고 태극이 양의를 낳으며, 양의가 사상을 낳고 사상이 팔괘를 낳는다."[易有太極 是生兩儀 兩儀生四象 四象生八卦]라고 하여 태극·양의·사상·팔괘라는 생성론적인 도식을 기술하고, 태극을 본원으로 제시하고 있다.

원래 《주역》에서는 건곤乾坤, 즉 음양을 우주의 본체로 보아 건원乾元은 만물의 궁극적인 본시本始로 곤원坤元은 만물을 생성할 수 있는 모체로 보려는 음양이원론陰陽二元論적 우주관이 내재하여 있었으나, 이와 같은 계사전의 언급으로 인해 일원론一元論적 경향이 나타나기 시작했다. 그러나 《주역》에서는 그것이 어떠한 성격을 가지는가에 대해서는 구체적으로 언급하지 않았다. 그 후 《한서》 율력지律曆志나 당대에 공영달孔穎達 등이 소疏한 《주역정의周易正義》에서는 태극원기太極元氣설을 이어 태극을 천지天地가 미분未分되어 있을 때 원기가 응결되어 있는 상태로 이해함으로써, 태극을 본원으로서의 의미로 보전하면서도 기氣의 관점에서 일원기一元氣로 파악했다.

태극에 대한 논의는 북송의 주돈이에 이르러 다시 부각된다. 그는 《주역》의 관점을 계승하여 그의 〈태극도설〉에서 무극이태극無極而太極의 본체로부터 음양오행 만물이라는 생성론적 견해를 제시하고 태극을 궁극적인 실체로 파악했다. 태극의 성격에 대해 명확한 규정을 내린 것은 주자朱子였다. 주자는 북송 제유諸儒의 학설을 집대성하여 태극을 이理로 단정했다. 즉 그는 〈태극도해太極圖解〉에서 태극을 '동動하여 양陽이 되고 정靜하여 음陰이 되는 소이所以의 본체'로 규정하고 현상에 속하는 형이하形而下의 배후에 존재하는 이체理體로 정립했다.

이외에도 조화의 기틀이며 품휘의 바탕[造化之樞紐品 品彙之根抵也]·본연지묘本然之妙·형이상지도形而上之道·천지 만물을 총괄하는 이[總天地萬物之理] 등 다각적으로 태극의 본질을 설명했다. 이러한 관점은 일음일양一陰一陽하는 소이를 도道로 보는 정이의 견해를 계승한 것이다. 주자에 의해서 자연과 인간의 근거로서의 이理는 태극과 동일시되었으며 태극을 기로 파악하는 견해는 배척되었다. 주자의 존재론은 현상계를 이와 기로 설명하지만 그 궁극적인 근거는 이체로서의 태극이었다.

이렇게 하여 태극은 만리萬理의 총명總名으로서의 의미를 부여

받게 되고 만물의 생성변화와 존재 근거로서의 이치의 태극과 개개 사물에 내재하는 태극의 의미를 동시에 지니게 되었다. 즉 모든 사물의 공통된 근거로서 이치의 태극을 통체일태극統體一太極으로 개개 사물에 내재하는 개별화된 태극을 각구일태극各具一太極이라고 했다. 태극이 자연의 본체로서의 의미뿐만이 아니라 인간 존재의 근거가 되었다. 나아가 주자는 태극을 《중용》의 천명天命과 연결하여 성誠 또는 실리實理의 단서端緒로 삼아, 지고무상至高無上하며 절대적인 선善으로 판단하여, 태극을 인륜도덕의 형이상적 근거로 삼았다.

그에 따라 태극은 인간에게 내재하여 인간의 고유한 본성性의 의미를 지니게 되었다. 후대의 성리학자인 육롱기陸隴其는 "태극은 만리의 총명이니 하늘에 있으면 명命이 되고, 사람에게 있으면 성性이 된다.[夫太極者 萬理之總名也 在天則爲命 在人則爲性]"[〈태극론〉]라고 했다. 이처럼 태극을 인간과 사물을 포함한 모든 존재의 궁극적 실체로 파악하는 견해는 후대의 성리학자 모두에게 공통된 것이었다. 그러나 육구연陸九淵은 태극을 황극皇極과 같은 것으로 봄으로써 태극의 '극'을 중中이라고 해석했다. 또한 태극을 기의 관점에서 이해하려고 하는 학자들도 있었다.

② 태극이란 말은 주역에 근원 한 개념이라고 할 수 있다. 태극이라는 단어는 일찍이 《장자莊子》의 〈대종사편大宗師篇〉과 《주역周易》의 〈계사전繫辭傳〉에서 찾아볼 수 있지만, 이 단어에 대한 자

세한 해석은 담겨 있지 않다.

　우선 무극이라는 말과 태극이라는 말은 그 의미부터가 다른데 '무극'이라는 말은 한계가 없다는 말이고 '태극'이라는 말은 한계가 있다는 것을 나타내는 말이므로 '무극'인 우주와 '유극'인 '태극' 곧 지구를 혼동해서 인식하는 것은 옳지가 않다.

　주역周易에도 기록된 것을 보면 무극이태극無極而太極이라 되어 있는데 그것을 풀이하면 '무극이 곧 태극이다'라는 뜻이 되므로 역易의 이치를 밝혀놓은 태극太極이란 말은 주역에 근원한 개념이라고 할 수 있다. 특히 〈계사전〉은 공자의 저작이라고 하나, 진·한대의 유학자들이 도가와 음양가의 이론을 수용하여 지은 것이라는 설이 지배적이다.

　《장자》〈대종사편〉과 《주역》〈계사전〉에 등장하는 태극의 의미는 다소 차이가 있다. 주자朱子는 《주역》 계사전상繫辭傳上의 "역유태극易有太極"이라는 구절에서 언급된 '태극'을 매우 중요한 철학 용어로 사용하고 있다. 그런데 주자의 이 용어에 대한 현대 학자들의 이해는 매우 분분하다. 중국의 노사광勞思光은 주자의 태극이 천지 만물의 이理를 총섭[總攝=總括]한다는 것인지, 총화[總和=總合]한다는 것인지 명확하지 않으며, 이 점에 있어서 주자는 명확한 논증이나 해설을 제시하지 못하였다고 한다. 나아가 이를 억지로 정합적整合的으로 이해하려고 해서는 안 된다고 하면서, 주자 철학에 본래 모순이 있다고 한다.

풍우란馮友蘭은 태극을 "천지 만물의 이의 총화이며, 천지 만물의 최고표준"이라고 함과 동시에 "천지 만물의 최고표준이 되는 측면에서 말하면 플라톤의 선善의 이데아[Idea of Good]와 같다"고 한다. 이는 노사광이 지적한 것처럼 총섭의 뜻과 총화의 뜻을 혼용하고 있는 것인데, 이 양자가 어떻게 모순 없이 연결되는지에 대해서는 자세한 설명이 없다.

진래陳來는 태극을 만리萬理의 총합으로 보면서도 그 총합은 집합이나 각종 구체적인 원소를 포함하는 총체總體나 전체가 아니라 총규율[總規律=法則], 보편규율普遍規律, 일반규율一般規律이라고 한다. 또 태극은 우주의 본체이기도 하고 우주의 궁극적 본원이라고도 한다. 그러나 이러한 것들이 어떻게 서로 정합적으로 종합될 수 있는지에 대해서는 명쾌한 설명이 없다. 주자의 용어 사용이 엄밀하지 못하다는 것인지, 아니면 두세 가지 의미를 혼용하였다는 것인지에 대해서는 분명한 설명이 없다.

일본의 대빈호大濱晧는 태극은 "천지 만물에 내재한 이를 종합하여 이름한 것"으로서, 이와 동일하며, 이처럼 형체를 초월하고 장소를 초월한 '무無'와 같은 존재라고 한다. 대빈호 역시 주자가 천지 만물에 내재한 이를 어떻게 종합하였는지, 또 이와 완전히 같은 것인지, 어떤 차이가 있는지에 대해서는 분명한 설명이 없다.

이처럼 여러 학자가 주자의 태극설에 대하여 나름대로 해석하며 이해하고자 하였으나, 주자의 본의를 정확하게 정합적으로 이해하지 못한 것 같다. 여기에는 여러 가지 이유가 있을 수 있겠으나, 그중에서 가장 중요한 것은 주자의 사유방식을 이해하지 못하고 서양 철학적인 방법으로 접근하려 하기 때문이며, 따라서 주자의 철학 체계를 개관하지 못하기 때문으로 판단된다고 아니할 수 없다.

• 각종각파各宗各派 : 종교의 여러 종파. 이 세상에 수많은 종교가 형성·분립되어 있는 현상을 의미한다. 교조가 한 종교를 창립하여 교법과 제도를 확립했으나 역사가 흐르면서 교법에 대한 해석이 달라지고 제도에 대한 이견異見이 생기면서 분종分宗·분파分派하게 된다.

분종·분파는 그 종교를 발전시키는 계기가 되기도 하지만 대개는 이로 인해 쇠퇴의 결과를 가져오게 된다. 불교의 경우 여러 종宗으로 나뉘고 그 종에서 분파가 생겨났다. 기독교의 경우 수많은 분파가 생겨 교파간의 갈등 양상을 야기시키고 있으며, 한국 신종교들도 많은 분파가 생겨났다. 특히 증산교甑山敎의 경우 '난법亂法 後에 진법眞法'이라는 용어와 함께 분파 양상이 극심하다.

• 인의예지仁義禮智 : 유교 윤리의 중심이 되는 네 가지 덕목. 맹자는 인간 본성의 4덕이라 하여 성선설의 근거를 삼았다. 동시에 본성을 실현함으로써 성취되는 덕목이기도 하다.

공자는 인仁을 중시하고 "지혜로운 사람은 미혹되지 않고, 어진 사람은 걱정하지 않으며, 용감한 사람은 두려워하지 않는다.[智者不惑 仁者不憂 勇者不懼]"고 하여 지·인·용智仁勇을 함께 거론했다. 또 인을 실현하는 방법의 하나로 극기복례克己復禮를 제시하여 인과 예를 중시했다. 인에 의를 더하여 예·지와 함께 인의예지 4덕을 제시한 학자는 맹자이다. 인과 의가 결합된 것은 《예기》·《주역》 등에 나타나며 《맹자孟子》에서 강조되었다.

《예기》 곡례상曲禮上에서는 "도덕이나 인의仁義는 예가 아니면 완성될 수 없다.[道德仁義 非禮不成]"고 했는데, 공영달孔穎達은 은혜를 베풀어 사물에까지 미치도록 하는 것을 인, 시의에 맞도록 재단하는 것을 의라고 설명했다. 《주역》 설괘전說卦傳에서도 인과 의가 인도의 조건으로 제시되었다. 맹자는 인의를 본성의 일부로 파악했고 선천적으로 인간 속에 내재되어 있다고 했다. 이는 맹자 성선론의 근거가 되고 있다. 맹자는 인간의 본성에는 인간에게 고유한 도덕성이 있어서 동물과 구별된다고 한다.

이러한 견해는 고자告子가 "살려고 하는 것을 성이라고 한다.[生之謂性]"고 하여 성은 선하지도 악하지도 않은 것으로 조절하지 않으면 악으로 흐를 수 있는 것으로 살려고 하는 생물들의 기본 성향을 본성이라고 하는 견해를 배척하는 것이다. 이에 대해 맹자는 도덕성을 인간의 본성으로 파악하고 있다.

"입이 좋은 맛을, 눈이 좋은 빛을, 귀가 좋은 소리를, 코가 좋은 냄새를, 사지가 편안한 것을 좋아하는 것 등은 인간의 성性이기는 하나 거기에는 명命이 있기 때문에 군자는 이를 성이라고 하지 않는다. 인이 부자간에 베풀어지고, 의가 군신 간에 유지되며 예가 손님과 주인 간에 지켜지고 지가 현자에게서 밝혀지며 성인이 천도에 따라 행하는 것 등은 명의 요소가 있기는 하나 사람의 성이 있으므로 군자는 이를 명이라고 하지 않는다.[孟子曰 口之於味也 目之於色也 耳之於聲也 鼻之於臭也 四肢於安佚也 性也 有命焉 君子不謂性也 仁之於父子也 義之於君臣也 禮之於賓主也 智之於賢者也 聖人之於天道也 命也 有性焉 君子不謂命也]"[《맹자》진심하] 인간도 다른 동물과 같은 성향을 지니나 인간은 도덕성이 있다는 점에서 인간다울 수 있다. 맹자는 도덕성을 인간의 본성으로 보는 입장에서 본성에 본래 인의예지의 사덕이 갖추어 있다고 한다.

인간의 본성에 인의예지의 사덕을 갖추고 있음을 알 수 있는 단서는 네 가지가 있다. 사단지심四端之心이 그것이다. 그는 《맹자》공손추 상에서 "측은하게 여기는 마음惻隱之心이 없다면 사람이 아니고, 부끄러워하는 마음羞惡之心이 없다면 사람이 아니며, 사양하는 마음辭讓之心이 없다면 사람이 아니고, 옳고 그름을 판단하는 마음是非之心이 없다면 사람이 아니다. 측은하게 여기는 마음은 인의 단서이고 부끄러워하는 마음은 의의 단서이며, 사양하는 마음은 예의 단서이고 시비를 가리는 마음은 지의 단서이다. 사람이 이 네 가지 단서를 가지고 있는 것은 그가 사지를 가지고 있는 것과 같다.[無惻隱之心 非人也 無羞惡之心 非人也 無辭讓之

心 非人也 無是非之心非人也 惻隱之心仁之端也 羞惡之心義之端也 辭讓之心禮之端也 是非之心智之端也 人之有是四端也 猶其有四體也]"라고 한다.

원불교에서 인의예지는 유교의 실천덕목으로 수용되고 있다. 《대종경》교의품 1장에서 소태산 대종사는 "유가에서는 우주만유의 형상 있는 것을 주체 삼아서 삼강·오륜과 인·의·예·지를 가르쳐 수·제·치·평의 길을 주로 밝히셨다."라고 하고 유·도와 더불어 삼교 융합의 입장에서 "이 세 가지 길이 그 주체는 비록 다를지라도 세상을 바르게 하고 생령을 이롭게 하는 것은 다 같은 것이니라."라고 했다. '형상 있는 것'의 의미는 보편적으로 실천해야 하는 일상윤리를 말한다. 인간이 인간으로서 품격을 자각하고 이를 실현한다는 의미이다. 이러한 의미에서 4덕을 통합하는 인仁은 인간의 덕이며 동시에 천의 덕으로 원불교교리의 '은'과 근접한다.《원불교대사전》

이 장에서는 불교의 '허무적멸虛無寂滅'과 '무부무군無父無君'과 공자의 '인仁'과 그리고 자사子思의 '미발지중未發之中'과 《대학大學》의 '명명덕明明德'에 대해서 해설을 하려고 한다.

허무적멸虛無寂滅

도표로 그리면 다음과 같다.

원문	원불교대사전	축자해역(逐字解譯)
虛無寂滅	이 세상에 형상 있는 모든 것은 결국은 다 없어지고 만다는 것. 생사의 세계 즉 삶과 죽음을 떠난 경지.	텅 비고 없으며 고요하고 소멸 하니라.

글자와 단어를 풀어보면

• 허虛 : 빌 허. 텅 비다, 없다. 공허하다. 무념무상. 마음. 하늘.

• 무無 : 없을 무. 없다. 아니다.

• 허무虛無 : ① 허무한 종지宗旨. 삼론종三論宗에서 세운 진공眞空을 말한다. 《삼론종대의초일三論宗大義鈔一》에 "무심의 오묘한 지혜로써 무상한 허무의 종지와 계합 되니라[以無心之妙慧 而契無相之虛宗]."고 하였다. 선종禪宗에서는 반야사상을 말한다. ② 무물無物의 실체로 무위자연한 것을 말한다. 노자는 이 허무로 도체道體로 삼았다. 《삼론현의三論玄義》에 "백양老子의 도는 도를 허무라고 가리키고, 서가모니의 도는 도가 사구를 초월하니라[伯阳之道 道指虛無 牟尼之道 道超四句]."고 하였다. ③ 인생의 부귀영화가 다 덧없는 것이요 인생이 무상한 것을 말한다. ④ 아무것도

없고 텅 빈 것이다. ⑤ 마음이 텅 비어 아무것도 없는 것이요. 아무런 생각이 없는 것을 말한다.

• 적寂 : 고요할 적. 고요하다(조용하고 잠잠하다), 조용하다. 쓸쓸하다, 적막하다. 죽다. 열반.

• 멸滅 : 멸할 멸. 꺼질 멸, 단멸하다. (불이)꺼지다. 멸하다. 없어지다. 다하다. 죽다. 열반.

• 적멸寂滅 : ① 생멸生滅이 함께 없어져 무위적정無爲寂靜하게 되는 것으로 번뇌 망상의 세계를 떠난 열반의 경지이다. ② 죽음·입적·열반과 같은 뜻이다. ③ 불생不生·무위無爲·원적圓寂과 같은 뜻이다. ④ 생사를 초탈한 이상세계이다. ⑤ 번뇌의 경지를 벗어난 세계이다. ⑥《열반경涅槃經》의 무상게無常偈에 "모든 존재는 덧없으니 이것이 나고 죽는 법이라 나고 죽음마저 멸하여 마치면 니르바나의 큰 기쁨이라네[諸行無常 是生滅法 生滅滅已 寂滅爲樂]"라고 하였다. ⑦ 적멸은 범어로 열반涅槃인 Nirvāṇa를 번역한 말이다. 그 당체는 적정寂靜한 것으로 모든 상을 여의었기 때문에 [離一切相故] 적멸이라 한다.

종합하여 말하자면

허무는 주로 도교에서 말하고 있다. 즉 노자[老子: 생몰미상]의 학설로서, 천지 만물은 인식을 초월한 하나라는 본체에서 발생하는데, 그 본체는 형상이 없어 볼 수도 없고 들을 수도 없으며 잡을 수도 없기 때문에 허무라고 할 수 있다. 곧 도道의 본체를 가리키는 말이다. 또한 철학에 있어서 유有에 대립하는 개념만 있고, 실재하지 않는 무의미한 무無의 의식意識, 물자체物自體와 같이 대상이 부여되어 있지 않은 공허한 개념이다. 더 말하자면 어두움이나 밝음이나 따뜻함이나 차가움 등과 같이 일정한 성격이 결여되어 있는 것이며, 시간과 공간과 같이 상응하는 실체가 없는 직관 형식이요, 네모진 원圓과 같은 모순된 개념 등등이라고 할 수 있다.

또한 허무란 우주의 종시終始라는 의미 외에 시공時空을 초월하고 물질을 초월한 절대적 존재이며 우주 만상의 원천이요 만물이 귀숙歸宿하는 곳이라고 할 수 있다.

적멸은 주로 불교에서 말하는 것으로 이 세상에 형상 있는 모든 것은 결국은 다 없어지고 만다는 의미이며, 또한 생사의 세계 즉 삶과 죽음을 여읜 경지로 생사가 없는 본체의 세계를 말하는 것이라고 할 수 있다.

우리는 허무적멸을 통해서 어떤 공부를 할 것인가?

첫째, 능히 무상의 구름을 알아야 한다[能知無相轉].

무릇 이 세상이나 이 우주에 내 곁에 영원히 머물러주는 것이 과연 있을까? 실지로 절대 없다고 단정을 할 수 있다. 가령 나에게 가장 가까운 이 육신은 지수화풍地水火風이라는 네 가지 원소가 모여서 이룬 것으로 100여년 미만 사용하면 하나둘 어그러지면서 와해하여 흩어지고 만다. 아울러 명예나 권력, 부유나 공명 등, 무엇 하나 내 곁에 길이 머물러서 지켜주거나 짝이 되는 것은 그야말로 눈곱만큼도 없다 하여도 과언이 아니니 어찌 이런 것들에 집착하고 마음을 쏟으며 몸을 구부려서까지 찾고 얻으려고 혈안이 될 수 있을 것인가?

그러므로 이 지수화풍의 몸을 사용하는 기간만 내 것일 뿐이니 이로 인해 복이 되고 도움은 될지언정 죄가 되고 해가 되는 상황이 벌려지지 않도록 삼가고 조심히 사용해야 한다. 따라서 탈착脫着은 할지언정 고착固着이 되어서는 절대 안 된다.

둘째, 능히 성품과 진리의 바탕에 잠겨야 한다[能潛性理體].

바다에 사는 물고기는 깊이 숨으면 숨을수록 그물이나 낚시에 걸리거나 잡힐 확률이 낮아진다. 또한 날아다니는 새도 아무 데나 앉고 숨는 것이 아니라 반드시 택림擇林하여 깃들인다. 이처럼 우리가 현실과 부딪쳐 일하고 경계를 접하게 된다 할지라도 자신이 본래부터 지녔던 성품을 여의지 않아야 한다. 또한 진리의 본래 바탕에 잠입潛入이 되어 일 분 일각을 여의지 않고 상련相連하는 시간을 가져야 한다. 이러한 성품이나 진리를 가지고 자기 자신에게 배려하고 주입注入을 해야 요긴한 활로로 나아가며 끝까지 가더라도 나락奈落을 면하게 된다고 할 수 있다.

그러므로 늘 공부하고 수행하는 시간을 가지고 자신을 성찰하

는데 게으르지 않아야 한다. 아울러 견문각지見聞覺知에 있어서도
반드시 성품과 진리에 근원을 두고 연결하여 작용함으로서 아름
다운 결실이 맺어지고 또한 획력獲力 되는 계기를 삼아야 한다.

허무나 적멸, 또는 허무적멸을 옛 선인들은
어떻게 말하였는가를 본다면

• 강일순[姜一淳, 1871~1909. 증산교甑山教의 창시자. 본관은
진주. 자는 사옥士玉, 호는 증산甑山·대순大巡이다]은 "천지로부터
허무의 기운을 받아 선도의 기운을 포태시키고, 천지로부터 적멸
의 기운을 받아 불도의 기운을 성장시키며, 천지로부터 유도의
기운을 받아 목욕시켜 범절을 가르친다[受天地虛無 仙之胞胎.
受天地寂滅 佛之養生. 受天地以詔 儒之浴帶]."고 하였다.

• 주자[朱子, 1130~1200]의 《대학장귀서大學章句序》에 "(전략)
이로부터 이래로 속유들의 기송과 사장의 익힘이 그 공부가 소
학보다 배가 되었으나 쓸데가 없었고, 이단의 허무[老莊], 적멸
[佛法]의 가르침은 그 높음이 대학보다 더하였으나 실제가 없었
으며, 기타 권모술수로서 일체 공명을 이루는 학설과 백가 중기
의 부류들이 세상을 혹하게 하고 백성을 속여 인의를 막는 자들
이 또 분분하게 그 사이에 섞여 나와서 군자[위정자]로 하여금
불행하게 대도의 요체를 얻어 듣지 못하게 하고, 소인[백성]으로
하여금 불행하게 지치의 혜택을 얻어 입지 못하게 하여, 회맹하

고 비색하며 반복하고 심고하여, 오계의 쇠함에 미쳐 무너지고 혼란함이 지극하니라[自是以來 俗儒記誦詞章之習 其功倍於小學而無用 異端虛無寂滅之敎 其高過於大學而無實 其他權謀術數 一切以就功名之說 與夫百家衆技之流 所以惑世誣民 充塞仁義者 又紛然雜出乎其間 使其君子 不幸而不得聞大道之要 其小人 不幸而不得蒙至治之澤 晦盲否塞 反覆沈痼 以及五季之衰而壞亂 極矣].”라고 하였다.

• 《장자莊子》〈각의刻意〉에 “무릇 염담적막[無欲, 淡白, 조용하고 고요함]과 허무무위無心, 無作爲는 천지의 근본이고 도와 덕의 본질적 형태이라[夫恬惔寂寞 虛無無爲 此天地之平而道德之質也].”고 하였다.

• 《문자文子》〈구수九守〉에 “그러므로 정막이란 신명의 집이요, 허무란 도의 거처하는 곳이라[故靜漠者神明之宅, 虛無者道之所居].”고 하였다.

• 《회남자淮南子》〈숙진훈俶眞訓〉에 “이러므로 허무란 도가 머무는 집이요 평이란 도의 본디이라[是故虛無者道之舍 平易者道之素].”고 하였다. ※ 素 : 본디, 바탕, 성질, 정성.

• 《당회요唐會要》 50권에 “간의대부 영제원이 말하기를 ‘신이 보건대 노자는 허무를 숭상하고 불교는 적멸을 숭앙하니 뜻은 유원의 지취에 다하고 생각은 통방의 바깥에 노니는지라. 그러므로 도류에 든 자는 빈 집에 빛이 생기듯 정려로 원문을 삼고, 불

교를 아는 자는 봄 연못에서 보배를 얻듯 맑은 마음으로 고요한 영역을 삼는 것입니다'[諫議大夫 甯悌原曰 '臣觀老尚虛無 釋崇寂滅 義極幽元之旨 思遊通方之外 故入道流者 則虛室生白 靜慮元門 該釋敎者 則春池得寶 澄心靜域'].”라고 하니라.

• 《유마경維摩經》〈불국품佛國品〉에 “일체 법이 모두 적멸한 줄 안다[知一切法皆悉寂滅]”하였으며, 그 주에 “조법사가 말하기를 ‘상을 버렸기 때문에 적멸이라 한다'[肇曰 '去相故言寂滅'].”고 하였고, 동 〈제자품〉에 “법이 본래 그렇지 않는데 지금은 멸함이 없다. 이것이 적멸의 뜻이다[法本不然 今則無滅 是寂滅義].”고 하였다.

• 《무량수경상無量壽經上》에 “세간을 초출하고 적멸을 깊이 즐긴다[超出世間 深樂寂滅].”고 하였다.

• 《지도론智度論》 55에 “삼독과 모든 희론을 멸했기 때문에 적멸이라 한다[滅三毒及諸戲論故名寂滅].”고 하였다.

• 《법화경서품法華經序品》에 “어떤 보살이 적멸법을 보았다[或有菩薩見寂滅法].”고 하였다.

頌曰

1. 上天兼下地 상천겸하지 위로 하늘 아울러 아래로 땅에
   吾物果然存 오물과연존 내 물건이 과연 있는가?

一切微塵滅 일체미진멸 일체 가는 티끌만큼도 없으니
逝來莫植根 서래막착근 가고 옴에 뿌리를 심지 말라.

2. 潛魚難釣鼻 잠어난조비 잠긴 고기 낚시로 코 꿰기 어렵고
   飛鳥不罹網 비조불리망 나는 새는 그물에 걸리지 않네
   動靜非離理 동정비리리 동정 간에 진리를 여의지 않는다면
   常遊宇宙堂 상유우주당 항상 우주의 집에서 노닐리라.

3. 極虛無靜滅 극허무정멸 지극한 허와 무와 정과 멸은
   理體本心源 이체본심원 진리 바탕 본래마음 근원으로
   慧化無非出 혜화무비출 지혜 조화 나오지 않음 없으니
   仍開性裏門 잉개성품문 이에 성품의 문이 열림이어라.

4. 石羊含月走 석양함월주 돌 양은 달을 머금어 달아나고
   鐵虎蹈雲翲 철호답운표 쇠 호랑이 구름 딛고 높이 나네
   魚躍天中顯 어약천중현 고기는 하늘 가운데 뛰어 드러나고
   鳶飛地上遙 연비지상요 솔개는 땅위를 날아서 소요하여라.

필자가 오래전 글 한 편을 지었는데
허무적멸과 대략 맞음으로 소개하고자 한다.
…(전략)… 強以言之하면 極虛之處이요 極無之處이며 極靜之

處이요 極滅之處로 是謂 '虛·無·靜·滅'之四處이나 然이나 一言
而蔽之하면 唯空而已矣라 如此原由로 此四處詳說하면 極虛也
者는 謂虛理性之體源이요 極無也者는 謂無天地之現象이며 極
靜也者는 謂靜識念之煩惱이요 極滅也者는 謂滅生死之涅槃也
라 …(후략)….

…(전략)… 강연이 말하자면 지극히 텅 빈자리이요 지극히 없
는 자리이며 지극히 고요한 자리이요 지극히 단멸한 자리로 이
를 '허·무·정·멸'의 네 자리라고 이르지만 그러나 이 네 자리를
한마디로 말하자면 오직 텅 빌 따름이라. 이와 같은 원인으로
이 네 자리를 자세히 설명하자면 지극히 텅 비었다는 것은 이치
와 성품의 바탕과 근원이 비었음을 이름이요 지극히 없다는 것
은 하늘과 땅의 나타난 물상이 없음을 이름이며 지극히 고요하
다는 것은 의식[마음]과 생각의 번뇌가 고요함을 이름이요 지극
히 단멸했다는 것은 낳음과 죽음의 열반[해탈]이 단멸했음을 이
르는 것이라. …(후략)….

무부무군無父無君

도표로 그리면 다음과 같다.

원문	일반 해역	축자해역(逐字解譯)
無父無君	아버지도 없고 임금도 없다.	어버이[부모]도 없고 임금도 없다.

글자와 단어를 풀어보면

• 무無 : 없을 무. 없다. 아니다. 금지.

• 부父 : 아비 부. 아버지, 아비, 아빠. 친족의 어른. 늙으신네. 관장官長. 만물을 화육하는 근본. 창시자創始者.

• 모母 : 어미 모. 어머니. 어머니뻘의 여자. 할머니, 나이 많은 여자. 모체母體. 근본根本, 근원根源.

• 부모父母 : 어버이. 아버지와 어머니.

무부무군의 근거

무부무군에 대한 근거는 《맹자孟子》에서 찾아볼 수 있다.

《맹자》〈등문공하滕文公下〉에 "성왕이 일어나지 아니하매 제후들이 방자하고 처사들이 제멋대로 논설을 펴서 양주와 묵적의 말이 천하에 가득하게 되었으니 천하 사람들의 말이 양주에게로 돌아가지 않으면 묵적에게 돌아가게 되었다. 양씨는 자기만을 위하니 이는 임금이 없는 것이요. 묵 씨는 아울러 사랑하니 이는 아비가 없는 것이라. 아비가 없고 임금이 없으면 이것이 금수니라 [聖王不作 諸侯放恣 處士橫議 楊朱墨翟之言 盈天下 天下之言 不歸楊則歸墨 楊氏 爲我 是無君也 墨氏 兼愛 是無父也 無父無君 是禽獸也]."라고 하였다.

우선 여기에서 거론되고 있는 맹자孟子와 양주楊朱와 묵적墨翟이란 인물에 대해 알아보자.

· 맹자[孟子, B.C. 372~B.C. 289] : 중국 전국시대戰國時代 중기의 철학자, 정치가, 정치사상가로, 그 본명은 가軻이다. 공자孔子의 '인仁'사상을 현실 정치에 적용하기 위해 논리적으로 체계화한 인물이며, 그 과정에서 '인'에 짝하는 주덕主德으로서의 '의義'를 부각시켰다. 주자[朱子:朱熹]는 그를 선진유가先秦儒家의 마지막 적통嫡統으로 평가했으며, 그 영향으로 인해 오늘날까지 흔히 공자와 함께 공맹孔孟으로 병칭竝稱되어 유교儒敎의 대표 인사로 꼽히고 있다. 때문에 그를 표현하는 보편적인 존호尊號 역시 '지성至聖'이라는 공자에 짝하는 '아성亞聖'이다. 그의 대표적인 제자로는 만장萬章과 공손추公孫丑 등이 있다.

맹자는 부당한 권력에 대한 백성의 저항을 옹호하고, "왕의 권력은 백성들이 부여하는 것이다"라고 주장하는 등 그가 살았던 시대에 비해 매우 진보적인 주장을 한 인물이다. 맹자의 이러한 사상은 계몽주의 이후에 나타는 사회계약론과 굉장히 닮아 있다. 사실상 근대 서양에서 사회계약론이 배태되기 수천 년 전에 선행해 등장한 민民 본위의 사상이다.

원나라 문종 3년[지순至順 원년, 1330년]에 "추국아성공鄒國亞聖公"으로 추봉追封되었고, 이것이 현재 성균관 대성전 등지의 공문사당孔門祠堂의 위패에 표기되는 공식 존호다.

• 양주[楊朱, B.C. 395~B.C. 335] : 중국 전국 시대 초기의 사상가이다. 자字는 자거子居. 위衛나라 사람이다. 개인주의 사상인 위아설[爲我說=自愛說]을 주장하였다. 양주楊朱의 전기는 모호하다. 묵적墨翟과 아울러 그 사람의 설이 천하에 가득 차 있었다고 하는 것이 《맹자孟子》에 기록되어 있는 것으로 보아 기원전 4세기에서 3세기에 걸쳐 그 학설이 유행했던 듯하다. 펑유란馮友蘭은 도가 사상 묵자墨子 이후에 출현하였다고 생각하여 양주楊朱를 그 시초를 삼으나 아직 불확실하다. 양주의 학설은 《맹자》, 《열자列子》, 《한비자韓非子》, 《여씨춘추呂氏春秋》, 《회남자淮南子》에 보인다. 양주楊朱는 하나의 생명이야말로 가장 귀중하다고 생각하여 생활의 일체는 이 하나의 생명을 기르고자 존재한다고 주장한다. 생명의 주체는 '나我'다. 그 '나'를 소중하게 하는 바로 그것이 최요하다고 주장한다. 노자老子는 무아를 말하여 무아 속에 개인의 존속을 도모하려고 하였으나 양주는 무엇이든 나를 위해서만 해야 한다는 위아설爲我說을 노골로 설하였다. 그것은 극단인 개인주의

이기도 하였으므로 묵자墨子가 말하는 '겸애兼愛'의 생각과 상이해 대비된다. 양주의 이 주장은 한 마디로 '전성보진全性保眞'의 설이라고 평가받는다. 《회남자淮南子》〈범론훈氾論訓〉이나 《여씨춘추呂氏春秋》〈불이편不二篇〉에 양주를 평하여 '양생楊生은 나[己]를 귀히한다.'고 이르는 것도 양주 사상의 특색을 한 마디로 논한 것이라할 수 있다.

• 묵적墨翟 : 묵적(B.C. 479~B.C. 381)의 이름은 적翟. 제자백가의 하나인 묵가墨家의 시조로 전국시대 초기에 활약한 사상가. 철기의 사용으로 생산력이 발전하자, 농민, 수공업자, 상인 등은 그에 힘입어 신흥계급으로 성장하고 점차 종래의 지배계급이던 씨족 귀족보다 우월한 위치를 차지하게 된다. 이 시기에 그는 신흥계급의 입장에 서서 씨족 귀족의 정치와 지배에 정면으로 대결하면서 그의 사상을 전개했다.

그의 정치사상은 '천하에 이익되는 것[利]을 북돋우고[興], 천하의 해가 되는 것[害]을 없애는[除]'것을 정치의 원칙으로 하고, 그 실현 방법으로서 유능하다면 농민이나 수공업자도 관리로 채용하는 '상현尙賢', 백성의 이익에 배치되는 재화·노동력의 소비를 금지하는 '절용節用', 지배자가 자신의 이익만을 추구하는 약탈이나 백성 살상의 전쟁에 반대하고, 타인을 사랑하고 자신과 타인의 이익을 서로 높이는 '비공非攻'과 '겸애兼愛'를 주장했다. 또 이러한 원칙과 방법에 기초를 둔 현실비판 속에서, 논리적 용어,

'유[類: 보편]', '고[故: 까닭, 이유]'의 개념 등을 발명, 구사하여 논리적 사고를 풍부히 하였다.

위아설爲我說과 겸애설兼愛說

• '위아설爲我說'을 주장한 양주楊朱는 중국 춘추전국시대의 철학자로 공자와 노자, 그리고 이후의 맹자와 장자 사이의 시대에 살았던 사람이다. 그는 삶은 고통으로 가득 차 있으며, 도덕이란 영악한 자가 소박한 사람을 이용하려는 기만책이라고 말을 한다.

《열자》〈양주편楊朱篇〉에 나오는 그의 이야기가 있다.

양주가 말하기를 "천하의 아름다운 일은 순舜과 우禹와 주공周公과 공자孔子에게 돌아갔고, 천하의 악한 일은 걸桀과 주紂에게 돌아갔다. 그러나 순임금은 하양河陽에서 농사짓고 뇌택雷澤에서 질그릇을 구우면서, 신체는 잠시도 편안함을 얻지 못하고 입과 배는 맛있는 음식을 먹지 못하였다. 부모는 그를 사랑하지 않았고 아우와 누이동생과 우애 있게 지내지 못하면서, 나이 삼십에 부모의 승낙을 받지 못하고 장가를 들었다. 요임금에게서 천자의 지위를 물려받았으나 나이가 이미 늙고 지혜도 쇠하여졌다. 아들 상균商鈞이 재주가 모자라 우禹에게 선양하고 근심하면서 죽었다. 순임금은 천하사람 중에서도 기막힌 고통을 받은 사람이었다.

곤鯀은 물과 토목土木을 다스렸으나 공적을 이루지 못하여 우산羽山에서 처형당했다. 우禹는 아버지의 사업을 이어받아 원수를 섬기며 토목사업의 공을 크게 이루었으나, 아들을 낳고도 직접 기르지 못하고 자기 집 문 앞을 지나면서도 집에 들어가지 못하였다. 신체는 반신불수가 되고 손발에 굳은살이 생겼다. 순임금에게서 선양을 받았으나 궁전을 비천하게 짓고 제례에 쓰이는 관복만 아름답게 하면서 근심하면서 죽었다. 우임금은 천하사람 중에서도 근심하고 괴로워했던 사람이었다.

무왕武王이 죽고 난 뒤에 성왕成王은 유약하여 주공周公이 천자의 정사를 돌보았다. 소공邵公은 기뻐하지 않았고 네 제후국에서는 주공을 중상中傷하였다. 주공은 동도東都에 있던 3년 동안에 반란을 기도한 형을 죽이고 아우를 추방하여, 겨우 그 신변의 위험을 모면하고는 근심하면서 죽음을 맞이하였다. 주공은 천하사람 중에서도 두려움을 겪은 사람이었다.

공자는 제왕의 도에 밝아서 당시의 군주들의 초빙에 응하였으나 송宋나라에서는 그를 죽이려고 나무를 베어 넘겼고, 위衛나라에서는 발자취까지 삭제되었으며, 상나라의 옛터와 주周나라에서는 곤궁하게 지냈고 진陳나라와 채蔡나라 사이에서 포위되었으며, 노魯나라에서는 계환자季桓子에게 굴욕을 당하였고, 광匡 땅에서 양호陽虎로 오해받아 수난을 겪는 등 괴로워하면서 죽었다. 공자는 천하사람 중에서도 황급함을 겪은 사람이었다.

무릇 저들 네 성인聖人은 살아서는 단 하루의 기쁨도 없었고 죽어서는 만세萬世의 명성을 남겼다. 명성이란 본래 실제로는 취할 것이 못되는 것이다. 비록 그를 칭송한다 해도 알지 못하고, 비록 그에게 상을 준다 해도 알지 못하며, 나무 등걸이나 흙덩이와 다를 것이 없다.

걸왕桀王은 대대로 전해 내려오는 재물의 덕택으로 임금이라는 지위에 있으면서, 지혜는 여러 신하를 막아내기에 족하였고 위세는 세상에 떨치기에 족하였다. 귀와 눈을 즐겁게 하는 일을 멋대로 하였고 뜻과 생각을 하고픈 대로 다하면서 즐거움 속에서 죽음을 맞이하였다. 걸왕은 백성 중에서도 음탕하고 방종했던 사람이었다.

주왕紂王도 또한 대대로 전해 내려오는 재물의 덕택으로 임금이라는 지위에 있으면서, 위세는 행하지 못하는 것이 없었고 뜻대로 따르지 않는 것이 없었다. 널따란 궁전에서 감정대로 행동하고 긴 밤을 욕망껏 멋대로 즐기면서 예의에 구애되어 스스로를 괴롭히는 일이 없이 즐겁게 살다가 죽임을 당하였다. 주왕은 천하의 백성 중에서 가장 방종한 사람이었다.

그들 두 흉악한 사람들은 살아서는 욕망에 따라 기쁘게 살았고, 죽어서는 어리석고 포악하다는 명성을 얻었다. 사실이란 본래부터 명성으로서는 관여할 수 있는 것이 아니며 비록 그를 욕해도 알지 못하고, 비록 그를 칭찬하여도 알지 못하는 것이니 나무 등걸이나 흙덩이와 어떻게 다른가. 저 네 성인에게는 아름다움이 돌아가지만 괴로움으로써 끝이 나서 모두 죽음에 이르렀다.

저 흉악한 두 사람에게는 비록 악하다는 평이 돌아갔지만 즐거
움으로 끝이 나서 역시 모두 죽음에 이르렀다[天下之美歸之舜禹
周孔, 天下之惡歸之桀紂. 然而舜耕於河陽 陶於雷澤 四體不得暫
安 口腹不得美厚 父母之所不愛 弟妹之所不親. 行年三十 不告而
娶 乃受堯之禪 年已長 智已衰. 商鈞不才 禪位於禹 戚戚然以至
於死 此天人之窮毒者也. 鯀治水土 績用不就 殛諸羽山. 禹纂業
事仇 惟荒土功 子產不字 過門不入 身體偏枯 手足胼胝. 及受舜
禪 卑宮室 美紱冕 戚戚然以至於死 此無人之憂苦者也. 武王旣
終 成王幼弱 周公攝天子之政. 邵公不悅 四國流言. 居東三年 誅
兄放弟 僅免其身 戚戚然以至於死 此天人之危懼者也. 孔子明帝
王之道 應時君之聘 伐樹於宋 削跡於衛 窮於商周 圍於陳蔡 受屈
於季氏 見辱於陽虎 戚戚然以至於死 此天民之遑遽者也. 凡彼四
聖者 生無一日之歡 死有萬世之名. 名者 固非實之所取也. 雖稱
之弗知 雖賞之不知 與株塊無以異矣. 桀藉累世之資 居南面之尊
智足以距群下 威足以震海內 恣耳目之所誤 窮意慮之所爲 熙熙
然從至於死 此天民之逸盪者也. 紂亦藉累世之資 居南面之尊 威
無不行 志無不從 肆情於傾宮 縱慾於長夜 不以禮義自苦 熙熙然
以至於誅 此天民之放縱者也. 彼二凶也 生有縱慾之歡 死被愚暴
之名. 實者 固非名之所與也 雖毀之不知 雖稱之弗知 此與株塊奚
以異矣. 彼四聖雖美之所歸 苦以至終 同於死矣. 彼二兇雖惡之所
歸 樂以至終 亦同歸於死矣].”라고 하였다.

어떻게 보면 조금은 과격한 시각이라고 할 수 있다. 맹자는 《맹자》〈진심상〉에서 "양자는 나를 위하길 취하였으니 털 한 오라기를 뽑아서 천하가 이롭게 된다 해도 하지 않으리라[楊子取爲我 拔一毛利天下不爲也]"고 하며 비판을 가했다. 이러한 입장을 '위아설爲我說'이라고 하는데, 당시 혼란하던 시대에 개인적인 이익이 국가의 이익과 대치되는 것을 맹자는 우려한 모양이지만 당시로는 무척 파격적인 주장이었다고 아니할 수 없다.

다시 말하면 사성四聖과 이군二君을 놓고 볼 때 사성은 살아서는 수많은 고초를 겪었지만 죽은 뒤에는 추모존숭追慕尊崇하는 거룩한 대상이 되었으나 반면에 이군은 살아서는 온갖 권리를 누리며 자행자지를 하였지만 죽은 뒤에는 만고에 패악悖惡의 폭군이 됨을 면치 못하였다.

• '겸애설兼愛說'은 중국 춘추시대의 사상가인 묵자墨子의 학설이다. 자기 자신을 사랑하듯이 남을 사랑하고, 자기 집 자기 나라를 사랑하듯이 다른 집 다른 나라를 사랑하면 천하가 평화로워지고 백성들이 잘 살게 된다는 의미이다. 이는 자기 개인이나 세상만을 위해서가 아니라 하늘의 뜻이라고 주장하는 묵자의 윤리 사상이다. 이를 '겸애상동설兼愛尙同說'이라고도 한다. 신분 계급이 엄격하고 인지人智가 발달하지 못했던 당시에 이런 주장은 매우 충격적인 것이었다. 당시 유가의 '인애설仁愛說'은 부자父子·군신君臣이라는 관계를 중시하고, 가까운 사이에서부터 차례로 멀리까

지 사랑하자는 것이었고, 겸애설은 가깝고 먼 구별을 하지 말고 자기 아버지를 사랑하듯 모든 사람을 사랑하자는 파격적인 주장이었다. 그러나 당시의 유가들은 남의 아버지를 자기 아버지처럼, 남의 자식을 내 자식처럼 사랑하자는 것은 이론일 뿐 실제에서는 자기 아버지도 남의 아버지처럼 사랑하지 않게 되고, 나의 자식도 남의 자식처럼 무심하게 대하기 쉽다고 묵자의 겸애설을 비판하였다.

맹자는 《맹자》〈진심상〉에서 "묵자는 겸애하니 이마부터 갈아 발뒤꿈치까지 이르더라도 천하를 이롭게 할 수 있다면 하리라[墨子兼愛 摩頂放踵利天下爲之]."고 하였다.

겸애를 '보편적인 사랑'이라 해서 '전체를 사랑함'을 뜻하는 것이라고 할 수 있다. 즉 '겸兼'은 전체라는 뜻으로 세상 전체를 사랑한다는 것은 부분만 사랑하는 것과 반대이다. 부분을 사랑한다는 것은 나머지를 차별한다는 말이다. 겸애의 반대는 '별애別愛'로 어느 부분만을 사랑함을 말한다. 유가가 부모·형제의 가족적 혈연에 근거한 사랑을 윤리의 기본으로 삼는 것이라면 반면에 묵가는 그러한 가족적 사랑은 별애라 보고, 어떤 구별도 하지 말고 세상 전체의 사람들을 사랑하라는 겸애兼愛을 주장한다. 겸애는 '무차별적 사랑'이라기보다는 '조건 없는 사랑'이다. 묵자는 신분적 차별을 인정한다. 겸애는 어떤 조건도 달지 않는 사랑이다. 나의 가족인가, 나의 임금인가, 나의 친척인가, 이런 조건을 붙이지 말고, 전체를 사랑해야 한다고 강조를 하고 있다.

무부무군이란 어떤 의미인가?

'무부무군無父無君'은 '아비도 없고 임금도 없다'는 뜻이다. 즉 어버이와 임금에게 거역하여 불효하거나 불충할 수 없다는 말이다. 따라서 이 말은 유가儒家에서 불교를 비난하는 말로서, 불교는 허무적멸을 주장하므로 무부무군이 된다고 하였다. 그러나 이 말은 불교의 참뜻을 잘 이해하지 못한 데서 나온 말이다. 유가에서는 현세의 부모와 임금에게만 효도하고 충성하는 것에 비해서 불교에서는 현세뿐만 아니라 삼세의 모든 부모와 임금에게까지 효도하고 충성을 해야 한다고 가르치고 있기 때문이다.

그런데 이런 상황에서 '아비도 없고 임금도 없다'한다면 부모의 입장이나 임금의 입장에서 도저히 용납할 수 없는 패륜悖倫이요 불충不忠이기 때문에 척족戚族이나 사회국가에서 배척을 당하고 매장되지 않을 수 없게 된다.

특히 맹자는 오륜五倫 가운데서 '아버지'와 '임금'이라는 윤리를 중요하게 생각하여 '부위자강父爲子綱' '군위신강君爲臣綱'이라 하였다. 즉 아버지는 일가를 책임지는 어른으로 절대적인 강상[綱常, 벼리]이 되어서 제가齊家를 바르게 해야 한다.

또한 임금도 한 나라의 주재자이기 때문에 국가의 명운命運이 달렸으므로 강상의 도리를 잘 실천하고 보여주어야 한다.

따라서 현실적으로는 부모를 두든 안 두든 효도가 근본이 되어야 하고, 그 나라에서 사는 이상 임금이 좋든 안 좋든 충성을 해야 하는 것이 재가지자在家之子나 재국지민在國之民으로서 온전한 삶을 영위하는 방법이 되기 때문에 불기기가不棄其家하고 불연궐국不捐厥國을 할 수밖에 없었다.

사마천[司馬遷, B.C. 145~B.C. 87년 추정]은 무부무군에 대해서 "천하의 법이 만일 이와 같다면 높고 낮은 이의 구별이 없게 되리라[使天下法若如此 則尊卑無別也]."고 비판하여 존비 관계나 상하 관계나 주종 관계는 불가분不可分의 관계로 있을 수밖에 없다는 말을 하고 있다.

우리는 어떻게 받아드릴 것인가?

양자나 묵자의 무부무군이라는 의미가 상하나 주종을 따지지 않는 면에서는 긍정할 수는 있지만, 근본적으로 우리는 동성지인同性之人이요 동체지인同體之人이며 동격지인同格之人이요 동본지인同本之人으로 연계하여 살아가는 것임으로 궁극에 이르러서는 만인동품萬人同稟이라고 아니할 수 없다. 그러므로 어떠한 상황에서든지 차별하거나 하대下待하거나 갑질을 하는 것은 절대 안 되고, 반면에 직접적으로나 간접적으로 받아서도 절대 안 된다.

이에 대종사의 말씀을 빌려서 그 일단을 피력하는 것도 좋을 것 같다. 요사이 말로 언어폭력에 대해 경책이라고도 할 수 있다.

《대종경》인도품 19장에 한 제자 자기의 부하 임원에게 지나치게 엄책하는 것을 보시고, 대종사 말씀하시기를 "그대가 증애에 끌린 바가 없이 훈계하였다면 그 말이 법이 될 것이나, 만일 끌린 바가 있었다면 법이 되지 못하리라. 천지의 이치도 더위나 추위가 극하면 변동이 생기는 것 같이 사람의 처사하는 것도 너무 극하면 뒷날의 쇠함을 불러드리느니라."고 하였다.

또《대종경》인도품 20장에 한 제자 어린아이에게 경박한 말을 쓰는지라, 대종사 말씀하시기를 "사람이 어른을 대할 때에는 어른 섬기는 도가 있고, 어린이를 대할 때에는 어린이 사랑하는 도가 있어서, 그 경우를 따라 형식은 같지 않을지라도 저편을 중히 알고 위해 주는 정신은 다르지 아니하나니 어찌 어린아이라 하여 함부로 하리오."라고 하였다.

이러한 말씀에 비춰보더라도 우리가 자칫 제자에게 말을 함부로 하고 행동을 멋대로 하여 자타나 상하에게 무고無故의 압력이나 압박이 주어지게 해서는 안 된다. 그러므로 우리가 평상의 생활에서 평대平對가 되어야 하고 또한 무차無差가 되어 상친相親을 하고 상교相交를 함으로써 동반자적인 입장에서 성장의 길을 모색하며 함께 손잡고 나아가야 한다.

무부무군에 대한 선인의 견해

• 《맹자孟子》〈이루장구하離婁章句下〉에 맹자가 말하기를 "군자

가 보통 사람과 다른 까닭은 그 마음을 간직하고 있기 때문이다. 군자는 인을 마음에 간직하고, 예를 마음에 간직하나니라. 인자는 남을 사랑하고, 예가 있는 자는 남을 공경하니라. 남을 사랑하는 사람은 남이 항상 그를 사랑하고, 남을 공경하는 사람은 남이 항상 그를 공경하니라. 여기에 한 사람이 있어 나를 횡역橫逆으로써 대한다면 군자는 반드시 스스로 돌이켜서 '내가 반드시 인자하지 못하였고, 반드시 예가 없었음이라. 이런 일이 어찌 의당 이르는가. 스스로 돌이켜서 인자하며 스스로 돌이켜서 예가 있었는데도 그 횡역이 이로 말미암았다면, 군자는 반드시 스스로 돌이켜서 내가 반드시 성실하지 못하였음이라,'하니라. 스스로 돌이켜보아 성실한데도 그 횡역이 이로 말미암았다면 군자는 '이 또한 망령된 사람이라'할지니 그렇다면 새나 짐승과 어떻게 가리겠는가? 또한 새나 짐승에 무슨 논란을 하리오. 그렇기 때문에 군자는 몸을 마칠 때까지의 근심은 있으나 하루아침의 근심은 없는 것이라[君子所以異于人者 以其存心也 君子以仁存心 以禮存心 仁者 愛人 有禮者 敬人 愛人者 人恒愛之 敬人者 人恒敬之 有人於此 其待我以橫逆則君子必自反也 我必不仁也 必無禮也 此物 奚宜至哉 其自反而仁矣 自反而有禮矣 其橫逆 由是也 君子必自反也 我必不忠 自反而忠矣 其橫逆 由是也 君子曰 此亦妄人也已矣 如此則與禽獸奚擇哉 於禽獸 又何難焉 是故 君子 有終身之憂 無一朝之患也]."고 하였다.

• 공명의公明儀가 말하기를 “푸줏간에는 살찐 고기가 있고, 마구간에는 살찐 말이 있는데, 백성은 주린 기색이 있고, 들판에는 굶어 죽은 송장이 있다면, 이것은 짐승을 몰아다 사람을 먹이는 것이라. 짐승들이 서로 잡아먹는 것도 또한 사람은 싫어하는데 백성의 부모가 되어 정치를 시행함에 짐승을 몰아다 사람을 먹이는 일을 면하지 못함이라[庖有肥肉 廏有肥馬 民有飢色 野有餓莩 此率獸而食人也 獸相食 且人惡之 爲民父母 行政不免於率獸而食人也].”고 하였다.

• 주자가《맹자》를 주석하며 공명의公明儀 말을 끌어다가 말하기를 “양자와 묵자의 도행이 밝아지면 사람이 모두 아비도 없고 임금도 없게 되어 금수에 빠지고 큰 혼란이 장차 일어날 것이니 이 또한 짐승을 거느려 사람을 먹고, 그리고 사람이 또 서로 먹게 되리니 이것이 또한 하나의 혼란이라[引儀之言 以明楊 墨道行則 人皆無父無君 以陷於禽獸 而大亂將起 是亦率獸食人 而人又相食也 此又一亂也 人之有道也].”고 하였다.

• 주자가《맹자》를 주석하며 말하기를 “양주는 다만 자기 몸을 아낄 줄만 알고 다시 몸에 이르는 도리를 알지 못하는지라. 그러므로 임금이 없는 것이오. 묵자는 사랑에 차등이 없어서 그 지친 보기를 뭇 사람과 다름이 없는지라. 그러므로 아비가 없는 것이라 아비도 없고 임금도 없으면 인도가 없어지고 끊기리니 이 또한 금수일 따름이라[楊朱但知愛身 而不復知有致身之義 故無

君 墨子愛無差等 而視其至親無異衆人 故無父 無父無君則人道
滅絕 是亦禽獸而已]."

· 《여씨춘추呂氏春秋》〈불이不二〉에 "노자는 부드러움을 귀하게
여겼고, 공자는 어짊을 귀히 여겼으며, 묵적은 검소함을 귀하게
여겼고, 관윤은 맑음을 귀하게 여겼으며, 열자는 텅 빔을 귀하게
여겼고, 진병[혹은 전병]은 평등[가지런함]함을 귀하게 여겼으
며, 양주는 자기 자신을 귀하게 여겼고, 손빈은 세력을 귀하게 여
겼으며, 왕료는 앞장섬을 귀하게 여겼고, 아량은 뒤에 섬을 귀하
게 여기니라[老聃貴柔 孔子貴仁 墨翟貴廉 關尹貴淸 子列子貴虛
陳騈貴齊 陳騈貴齊 楊生貴己 孫臏貴勢 王廖貴先 兒良貴後]."고
하였다.

· 《회남자淮南子》〈범론훈氾論訓〉에 "무릇 현악기를 연주하며 노
래 부르고 북을 치며 춤을 추는 것으로 음악으로 삼고 빙빙 돌며
절하고 겸양하는 것으로 예를 닦아서, 두터이 매장하고 오래 복
상하여 죽은 자를 보내는 것은 공자가 내세운 바인데, 묵자가 그
르다 하니라. 서로 사랑하고 현자를 높이며, 귀신을 숭상하고 운
명을 부정함은 묵자가 내세운 바인데, 양주가 그르다 하니라. 본
성을 온전케 하고 참됨을 보전하여 외물에 형체가 묶이지 않게
하려는 것은 양주가 내세운 바인데, 맹자가 이를 그르다 하니라
[夫弦歌鼓舞以爲樂 盤旋揖讓以修禮 厚葬久喪以送死 孔子之所
立也 而墨子非之. 兼愛尙賢 右鬼非命 墨子之所立也 而楊子非

之. 全性保眞 不以物累形 楊子之所立也 而孟子非也]."고 하였다.

- 《맹자》〈진심하〉에 "묵가를 피하면 반드시 양주에게 돌아갈 것이고, 양주를 피하면 반드시 유가로 돌아올 귀의할 것이니 돌아오면 받아줄 뿐이라. 지금 양주·묵적과 변론하는 것은 마치 놓진 돼지를 좇음과 같으니, 이미 그 우리에 들거든 또한 좇아 얽어맬지라[逃墨必歸於楊 逃楊必歸於儒 歸斯受之而已矣 今之與楊墨辯者 如追放豚 旣入其苙 又從而招之]."고 하였다.

- 《한비자韓非子》〈팔설八說〉에 "양주와 묵적은 천하를 잘 살펴서 세상의 혼란을 구제하려 했지만 마침내 해결하지 못하니라. 비록 살피기는 했다지만 가히 써 관청의 법령은 되지 아니하니라[楊朱墨翟 天下之所察也 干世亂而卒不決 雖察而不可以爲官職之令]."라고 하였다.

- 《회남자》〈설림훈〉에 "양자는 갈림길을 보고 통곡하였으니 가히 써 남쪽으로 갈 수도 가히 써 북쪽으로 갈 수도 있음이라. 묵자는 염색 안 된 명주실을 보고 눈물을 흘렸으니 그것이 가히 써 노란색으로도 가히 써 검은색으로도 물들여질 수 있어서이라[楊子見逵路而哭之 爲其可以南可以北 墨子見練絲而泣之 爲其可以黃可以黑]."고 하였다.

- 《회남자》〈숙진훈〉에 "제자백가의 다른 말이 각각 나온 바도 있지만 대저 묵자와 양자와 신불해와 상앙의 다스리는 도는 일산日傘에 한 개의 살을 없앤 것이며 수레에 한 개의 바퀴살을

없앤 것과 같은 것이라 그것이 있으면 가히 써 수가 갖추어지겠지만 그것이 없다할지라도 운용에는 해가 있지 아니 하니라[百家異說 各有所出 若夫墨, 楊, 申, 商之於治道 猶蓋之無一橑 而輪之無一輻 有之可以備數 無之未有害於用也]."라고 하였다.

• 《설원說苑》〈정리政理〉에 "양주가 양나라 왕을 보고 말하기를 '천하를 다스림은 손바닥을 굴리는 것과 같습니다.'하니 양나라 왕이 말하기를 '선생은 한 아내와 한 첩도 능히 다스리지 못하고 세 이랑의 채소밭도 능히 김매지 못하면서, 천하를 다스림이 손바닥을 굴리는 것과 같다 말하니 무엇이오?'대답하여 말하기를 '임금은 양 먹이는 것을 보았습니까? 백 마리 양이 무리 지어도 오 척 동자로 하여금 채찍을 매고 따르게 하여 동쪽으로 하고자 하면 동쪽으로 가고, 서쪽으로 하고자 하면 서쪽으로 갑니다. 요 임금이 한 마리 양을 끄는데 순 임금에게 채찍을 매고 양을 따르게 한다면 능히 앞으로 나아가지 못합니다. 또한 신이 들으니 배를 삼킬 만한 물고기는 지류에서 놀지 않고, 홍곡은 높이 날아 더러운 연못에는 모이지 않는데, 왜 그러냐 하면 그 일의 결과가 원대하기 때문입니다. 황종과 대려는 가히 번잡한 연주의 춤은 따르지 않는데, 왜 그러냐 하면 그 음률은 트였기 때문입니다. 장차 큰 것을 다스리는 자는 작은 것을 다스리지 않고, 큰 공 이루는 자는 작은 것을 이루지 못한다는 것은 이를 두고 이름입니다[楊朱見梁王言 '治天下如運諸掌' 梁王曰 '先生有一妻一妾 而不能

治 三畝之園 而不能芸 而言治天下 如運諸掌 何也?' 對曰 '君見
其牧羊乎? 百羊而群 使五尺童子 荷箠而隨之 欲東而東 欲西而
西 使堯牽一羊 舜荷箠而之 則不能前矣 且臣聞之 呑舟之魚 不
遊枝流 鴻鵠高飛 不集污池 何則 其極遠也 黃鐘大呂 不可從煩
奏之舞 何則 其音疏也 將治大者不治細 成大功者不成小 此之謂
矣'],"라고 하였다.

・반고班固는 〈답빈희答賓戲〉에 "공자의 자리는 따뜻해질 틈이
없고, 묵자 집의 굴뚝에는 그을음이 낄 새가 없다[孔席不暖 墨突
不黔]"고 하였다.

頌曰

1. 人活於斯世 인활어사세 사람이 이 세상을 살아감에
   須要步義途 수요보의도 모름지기 옳은 길 걷길 요구하네
   若無君與父 약무군여부 만일 임금과 더불어 아비 없다면
   倫理自爲枯 윤리자위고 윤리가 저절로 고갈되리라.

2. 世常時變召 세상시변소 세상은 항상 시대변화를 부르는데
   非做所爲應 비주소위응 호응하는 바가 되어 지지 아니하면
   實正倫難立 실정륜난립 실로 바른 윤리 세우기 어려움으로
   生程不亮燈 생정불량등 사는 길에 등불을 밝히지 못하리라.

3. 無父無君者 무부무군자 어버이와 임금이 없다함은

  於倫有所非 어륜유소비 윤리에 그른 바가 있다지만

  在于原體照 재우원체조 원래 바탕에 비춘다면

  事實不攸違 사실불유위 사실 어긋난 바가 아니어라.

공자지인 孔子之仁

글자를 풀어보면

• 인仁 : 어질 인. 자애롭다. 인자하다. 사랑하다. 어진이. 현자.
어진 마음. 박애. 과실 씨의 흰 알맹이. 속살. 불쌍히 여기다.

  인을 제일 일찍이 만들어 쓰기를 '|二'로 하였으니 곧 하나는
세우고[세로] 둘은 비낌[가로]이라 하나는 양이 되고 둘은 음이
되니라[仁最早寫作 '|二'即一竪二橫 一爲陽 二爲陰]

단어 뜻풀이

• 회의會意로 보면 '종인從人'과 '종이從二'이다. 즉 '사람 인'자와
'둘 이'자의 결합으로 본의는 '널리 사랑한다博愛'는 의미이니 '사
람과 사람이 서로서로 친근하고 사랑한다[人與人相互親愛]'는
뜻이다.

• 공자가 주장한 유교儒敎의 도덕 이념이요, 또는 정치 이념이

다. 오상五常의 하나로 모든 덕의 기초로서 공자는 이것을 극기복
례克己復禮라고 설명하고 일반적으로 사랑 또는 박애博愛가 그 내용
이다. 천도天道가 발현하여 인이 되고, 이를 실천하면 만사 곧 모
두가 조화調和·발전된다는 사상이다.

- 애정愛情을 타에 미침. 곧 어짊·착함·박애이다.
- 식물의 씨에서 껍질을 벗긴 배胚·배젖을 통틀어 일컬음이다.

'인仁'에 대해 《원불교대사전》에서 말한 것에 첨부해 보려고
한다.

- 인仁은 유교 윤리의 최고 덕목德目이다. 인의 의미는 극히 포
괄적이다. 인의 개념은 동북아 사상에서 일찍부터 드러나나 공
자에게서 크게 강조되었고 공자 철학의 중심개념일 뿐만 아니라
유가 철학의 중심사상이 되었다. 송대 성리학에서는 형이상학적
의미가 부여됨으로써 그 함의가 더욱 확대되었다.

- 허신許慎의 《설문해자說文解字》 인부人部에서는 "인仁이란 친근
함이다. 인과 이를 좇은 것이라[仁 親也 從人二]."라고 설명했고,
단옥재段玉裁는 주注에서 "사람이 둘 이상 모여 친하게 지낸다는
뜻에서 인人 자와 이二 자를 합친 것이다."라고 했다. 인은 본래
'인간적인', '인정이 많은', '친절한'등과 같이 사람의 마음 상태를
나타내고 있음을 알 수 있다.

인이라는 말이 처음으로 보이는 것은 《상서尙書》〈금등金縢〉

에서이다. "저는 어질고 효성이 지극하여 재능과 예능이 많아서 능히 귀신을 섬길 수가 있습니다[子仁若考 能多材多藝 能事鬼神]."라고 하여 재능才能과 미덕美德을 가리키는 개념이었다. 《주례周禮》 대사도大司徒 편에서는 육덕六德으로 지·인·성·의·충·화[智仁聖義忠和] 열거했다. 이때의 인은 여러 덕목 가운데 하나였다. 춘추시대에 인의 어의가 확대되어 '인품이 좋다', '인격이 높다' 등 전인격적全人格的 인인간仁人間을 표현하게 되었다.

공자에 이르러 인의 개념이 심화되어 군자가 실현해야할 최고의 덕목이 되었다. 《논어》〈이인〉 "군자가 인을 버리고 어찌 군자로서 명성을 이루겠는가? 군자는 밥을 먹는 사이에도 인을 어기지 않으며, 다급한 순간에도 반드시 이를 지키고, 넘어지는 순간에도 인에 근거 하니라[君子去仁, 惡乎成名? 君子 無終食之間 違仁 造次 必於是 顚沛 必於是]."고 하였다. 《논어》에서 공자가 가장 강조한 덕목은 인이며 이 때문에 공자의 사상을 '인 사상'이라하기도 한다.

그러나 공자는 인이 무엇인지 명확하게 정의를 내리고 있지 않다. 대체로 공자가 말한 인은 공경함·공손함·관대함·신실信實·소박함·민첩함·자애로움·지혜로움·용기·충서忠恕·정직·효성심 등의 내용을 포괄하고 있다. 제자들의 물음에 따라 대답했기 때문에 그 내용을 요약하기는 쉽지 않으나 다음과 같이 정리해 볼 수 있을 것으로 생각된다.

첫째, 사람다움이다. 《중용》에서는 "인이란 사람다움이다[仁者 人也]."라고 했고, 《맹자》〈고자상告子上〉에는 "인은 사람 마음이다[仁 人心也]."라고 했다. 주자朱子는 맹자의 말에 주석하기를 "仁은 사람으로서 사람이 된 이치라. 그러니 仁은 이치이고 人은 [이치가 드러난] 물건이라[仁者 人之所以爲人之理也 然仁 理也 人 物也]."라고 하였다. 곧 사람다운 마음가짐을 의미한다. 사람다운 사람은 어려운 사람을 보면 측은한 생각이 일어난다. 〈진심하〉에 "인仁이란 인人이다. 합하여 그것을 말하면 도이다[仁也者 人也. 合而言之 道也]."라고 하였고, 또 "仁의 이치를 사람의 몸과 합하여 그것을 말하면 곧 이른 바 도이다[以仁之理, 合於人之身而言之 乃所謂道者也]."라고 하였다. 그래서 맹자는 "측은히 여기는 마음은 인의 실마리라[惻隱之心 仁之端也]."라고 하였다.

둘째, 사람을 사랑함이다. 《논어》〈안연顔淵〉에서는 인은 "사람을 사랑하는 것이라愛人"고 한다. '역지사지易地思之', '추기급인推己及人', '어버이를 친애함으로 백성을 사랑하며 백성을 사랑함으로 만물을 사랑한다[親親而仁民 仁民而愛物].' 등으로 언급하고 있다. 《논어》〈옹야雍也〉에서는 "무릇 어진 사람은 자기가 서고자 함에 남을 세워주고, 자기가 통달하고자 함에 남을 통달하게 한다[夫仁者 己欲立而立人 己欲達而達人]."고 하였다. 즉 다른 사람의 입장을 이해하고 헤아려 북돋고 보살펴야 한다. 그리하여 집에 들어와서는 효도하고 나가서는 공손하고 공평한 사람이 되라는 사랑의 의미이다.

셋째, 인의 실천은 자신의 이기적 욕망을 이겨 예를 실행하는 것을 말한다. 공자는 "사람의 본래 성품은 비슷하나, 익힌 바의 습관에 따라 서로 멀어지게 된다[性相近也 習相遠也]."라고 했다. 또한 《논어》〈안연〉에 "안연이 인을 묻자 공자가 대답하기를 '자기를 이기고 예에 돌아가는 것이 인을 하는 것이니라'[顔淵問仁 子曰 '克己復禮爲仁']."라고 하였다. 즉 사욕으로 흐르려는 성향을 극복하여 도덕적 질서에 따르도록 하는 것이다. 《논어》〈자로〉에 "거처함에 공손하며 예를 집행함에 경건하며 남과 더불어 충성함을 비록 오랑캐 나라에 가더라도 버려서는 안 되니라[樊遲問仁 子曰 居處恭 執事敬 與人忠. 雖之夷狄 不可棄也]."라고 한다. 예란 천리에 근거하여 규정된 인간 행동의 고유한 질서를 의미한다. 인간의 행위를 도덕적 표준인 예에 부합되게 하려는 것이다.

넷째, 자신의 본성을 확충하여 자아를 확립하고 사회적으로 실현하는 것을 말한다. 《논어》〈안연〉에 "대문을 나서면 큰 손님을 보는 것같이 하고 백성 부리기를 큰 제사를 받드는 것같이 하며, 자기가 하고자 아니 한 바를 남에게 베풀지 말지니라[出門如見大賓 使民如承大祭 己所不欲 勿施於人]."라고 하였다. 따라서 《논어》〈자로〉에 "일상생활에 공손하고 일을 처리함에는 공경스럽고 사람들과 어울릴 적에는 충실하니라[居處恭 執事敬 與人

忠].”라고 하였으며, 《논어》〈옹야〉의 “어진 사람이 어려움을 먼저 하고 얻는 것을 뒤에 하면 가히 어질다 이르리라[仁者 先難後獲 可謂仁矣]” 등에서와 같이 일을 할 때는 다른 사람을 공경하고 백성을 대함에 진심을 다하는 전인격적 의미로 사용되고 있다.

공자는 증자曾子에게 자신의 도는 일이관지一而貫之라고 했으며 이를 충서忠恕라고 의미 지었다. 한결같이 일관되는 남을 용서하고 스스로를 극복하며 성실하게 실천하는 것으로 일관되게 하려는 것이 인仁이라고 본 것이다. 송대에는 인을 인·의·예·지仁義禮智를 아우른 의미와 천리天理와 일치시켜 보기도 했다. 송대의 성리학性理學에서는 인을 공자 사상의 중심 개념으로 더욱 중시했는데, 정호程顥는 《식인편識仁篇》에서 “학자는 모름지기 먼저 인을 알아야 할지니 인은 혼연히 만물과 한 몸이라 의와 예와 지와 신도 모두가 인이라[學者須先識仁 仁者 渾然與物同體 義, 禮, 知, 信皆仁也].”라고 했다.

공자가 ‘살신성인殺身成仁’으로 사회정의를 실현하려고 했던 것도 이러한 맥락에서 이해할 수 있다. 송대에 인에 형이상학적 의미를 부여한 근거는 우주의 생생지리生生之理, 생물지심生物之心, 생생지덕生生之德 등 우주의 근원적 살리는 덕을 이른다. 인은 4덕을 총괄하는 온전한 덕으로 생생 불식하며 시종이 일관되어 간단히 없다. 인이 사덕을 관통하는 인간의 덕이며 동시에 천의 덕으로 인식된 것이라고 할 수 있다.

인에 대한 문헌의 글

• 《설문해자說文解字》에 "'종인이從人二'라 하여 '두 사람이 친애하는 것이라[仁 親也].'"

• 《춘초·원명포春初·元命苞》에 "인자는 마음[뜻]이 살리기를 좋아하고 사람을 사랑하는 것이라 그러므로 글자에 두 사람을 세워서 인이라 하니라[仁者 情志好生愛人 故立字二人爲仁]."

• 《예기·경해禮記·經解》에 "위와 아래가 서로 사랑하는 것을 일러 인이라 하니라[上下相親謂之仁]."

• 《예기·유행禮記·儒行》에 "온화하고 진실함이 인의 근본이라[溫良者 仁之本也]."

• 《예기·예운》에 "인이란 것은 의의 근본이며 순응하는 본체이니 얻은 자는 존귀하니라[仁者 義之本也 順之體也 得之者尊]."

• 《예기·상복사제禮記·喪服四制》에 "인자는 가히 써 그 사랑을 살펴보는 것이라[仁者 可以觀其愛焉]."

• 《시·정풍·숙우전詩·鄭風·叔于田》에 "숙이 사냥을 하니 마을에 거하는 사람 없도다. 어찌 거하는 사람 없으랴마는 숙의 믿음직하고 아름답고 또한 어짊만 같지 못하니라[叔于田 巷無居人 豈無居人 不如叔也 洵美且仁]."하였는데 여기서 인이란 사람을 사랑하는 것이다[仁 愛人也]. 라고 하였다.

• 이 인仁이란 "덕이 있는 사람을 일컬음이라[有德者之稱]."

• 송宋·범중엄范仲淹의 《악양루기岳陽樓記》에 "나는 일찍부터 옛

어진 사람들의 마음을 구하였노라[予嘗求古仁人之心]."

• 《맹자》에 "덕으로써 인을 행하는 자가 왕이라[以德行仁者王]."

• 《중용》에 "인이란 사람이라[仁者 人也]."

• 《맹자·진심하》에 "인이란 사람이라[仁者 人也]."

• 노신魯迅의 《우자유서僞自由書》에 "은택이 두텁고 인이 깊으면 드디어 천하를 두게 되니라[厚澤深仁 遂有天下]."

• 《맹자·양혜왕상》에 "어진 사람은 맞설 자가 없으니라[仁者 無敵]."

• 《맹자·양혜왕상》에 "또한 인과 의가 있을 따름이라[亦有仁 義而已矣]."

• 한유韓愈는 "널리 사랑하는 것을 인이라 이르고 행하여 합당 한 것을 의라 이르니라[博愛之謂仁 行而宜之之謂義]."

• 《묵자·절장墨子·節葬》에 "어진 자가 천하를 위하여 헤아리는 것은 비유하자면 효자가 어버이를 위하여 헤아리는 것과 다름이 없느니라[仁者之爲天下度也 辟之 無以異乎孝子之爲親度也]."

• 송대 석연년石延年 《조태위서사曹太尉西師》시에 "인자는 비록 대적할 자가 없지만 왕사는 오히려 부를 수 있는 것이라[仁者雖 無敵 王師尚有徵]."

• 《한비자·해로韩非子·解老》에 "인자는 그 가운데 마음이 기뻐서 사람을 사랑함을 이르니라[仁者 謂其中心欣然愛人也]."

• 《근사록집해近思錄集解》〈도체道體〉에 "묻기를 '인과 마음이 어

떻게 다릅니까?'〈이천伊川〉이 답하기를 '마음은 비유하면 곡식의 씨와 같으니, 낳는 성[이치]이 곧 인이요 양기가 발하는 곳이 곧 정이라' 말하기를 '심과 인이 어떻게 다릅니까?' 답하기를 '정자가 말씀하기를 "주장함을 가지고 심이라 하고 그 덕을 이름하여 인이라 하니라.'" 말하기를 '인은 마음의 용입니까?' 대답하기를 '그렇지 아니 하니라.' 말하기를 '그렇다면 오곡의 종자가 양기를 기다려 발생하는 것과 같습니까?' 말하기를 '양기가 발하는 것은 정과 같고 마음은 종자와 같으며 낳는 덕은 바로 인仁이라.'" 곡식의 종자를 가지고 마음을 비유하였으니, 낳는 성은 곧 사랑의 이치이고 양기가 발하는 곳은 곧 측은한 정이니라["問 '仁與心 何異'曰 '心 譬如穀種 生之性 便是仁 陽氣發處 乃情也'問 '心與 仁何異'程子曰 '於所主曰心 名其德曰仁'曰 '謂仁者 心之用乎'曰 '不可'曰 '然則猶五穀之種 待陽氣而生乎'曰 '陽氣所發 猶之情也 心 猶種焉 其生之德 是謂仁也'以穀種喩心 生之性 便是愛之理 陽氣發處 便是惻隱之情]."

• 주희朱熹《논어집주論語集註》〈학이學而〉에 "인이란 사랑의 이치이요 마음의 덕이라[仁者 愛之理 心之德也]."

• 청대 담사동潭嗣同〈인학계설仁學界說〉에 "인은 천지와 만물의 근원이 되나니, 그러므로 유심이라 하고, 그러므로 유식이라 하니라[仁爲天地萬物之源 故唯心 故唯識]."

• 청대 담사동〈인학계설〉에 "지혜는 인에서 생기니라[智慧生

於仁]."

• 청대 담사동 〈인학계설〉에 "인자는 움직이지 않다가 감응함에 마침내 천하의 모든 일에 통하나니라[仁者 寂然不動 感而遂通天下之故]."

• 청대 담사동 〈인학계설〉에 "불생불멸은 인의 체이니라[不生不滅 仁之體]."

논어에 나타난 인仁

《논어》란 공자의 언행을 집대성한 책으로 이 가운데 인에 대한 글귀를 전반에 걸쳐 찾아 차례대로 열거하면 다음과 같다.

•《논어》〈학이〉에 "유자가 말하기를 '그 사람됨이 효성스럽고 공손하면 윗사람을 범하기를 좋아하는 자 드문 것이라 윗사람 범하기를 좋아하지 않는 자가 난을 일으키기를 좋아하지 않는 것이라 군자는 근본에 힘쓰는 것이니 근본이 서게 되면 도가 생기는 것으로 효도와 공손은 그 어짊을 행하는 근본이라'[其爲人也孝弟而好犯上者 鮮矣! 不好犯上 而好作亂者 未之有也 君子務本 本立而道生 孝弟也者 其爲仁之本與!]."

•《논어》〈학이〉에 "공자께서 말씀하시기를 "말을 교묘하게 하고 얼굴빛만 좋게 하면 어짊이 드무니라[巧言令色 鮮矣仁]."

•《논어》〈학이〉에 "제자가 집에 들어가서는 효도하고, 밖에 나가서는 공경하며, 삼가고 믿어지며, 널리 무리를 사랑하되 어진

이를 가까이할지니 실행하고 남은 힘이 있으면 글을 배울지라[弟子入則孝 出則悌 謹而信 汎愛衆 而親仁 行有餘力 則以學文]."

• 《논어》〈자한〉에 "지혜로운 사람은 미혹되지 아니하고 어진 사람은 근심하지 아니하며 용기 있는 사람은 두려워하지 아니하니라[知者 不惑 仁者 不憂 勇者 不懼]."

• 《논어》〈팔일〉에 "사람이 어질지 않다면 예를 해서 무엇을 하자는 것이며 사람이 어질지 않다면 음악을 해서 어찌 하겠는가[人而不仁 如禮何 人而不仁 如樂何]?"

• 《논어》〈이인〉에 "마을에 인후 함이 아름다우니 선택하되 인에 처하지 않는다면 어찌 지혜롭다 하리오[里仁爲美 擇不處仁 焉得知]?"

• 《논어》〈이인〉에 "어질지 못한 자는 가히 써 궁한데 오래 머물지 못하며, 가히 써 즐거운데 오래 처하지 못하나니, 인자는 인에 편안하고 지자는 인을 이롭게 하나니라[不仁者 不可以久處約 不可以長處樂 仁者安仁 知者利仁]."

• 《논어》〈이인〉에 "오직 어진 사람만이 능히 사람을 좋아하고 능히 사람을 미워하느니라[唯仁者 能好人 能惡人]."

• 《논어》〈이인〉에 "진실로 인에 뜻을 두면 악함이 없느니라[苟志於仁矣 無惡也]."

• 《논어》〈이인〉에 "부와 귀는 사람이 바라는 것이지만 그 도로써 얻지 아니하면 처하지 아니하며, 가난과 천함은 사람이 싫

어하는 것이지만 그 도로써 얻어지지 아니할지라도 버리지 아니하나니라[富與貴-是人之所欲也 不以其道得之 不處也 貧與賤-是人之所惡也 不以其道得之 不去也].”

• 《논어》〈이인〉에 “군자가 어진 것을 버리면 어찌 이름을 이루겠는가? 군자는 밥을 먹는 사이라도 어짊에 어김이 없는 것이니 급할 때라도 반드시 이렇게 하고 역경이라도 반드시 이렇게 하나니라[君子去仁, 惡乎成名? 君子無終食之間違仁 造次必於是 顚沛必於是].”

• 《논어》〈이인〉에 “내가 어진 것을 좋아하는 자와 어질지 않은 것을 미워하는 자를 보지 못하였노라. 어진 것을 좋아하는 자는 써 더할 것이 없다 하고 어질지 못한 이를 미워하는 것 그것이 어짊이 되나니 어질지 않은 것이 그 몸에 더하지 않게 하나니라. 능히 하루 동안이라도 그 힘을 어진 것에 쓸 사람이 있는가? 나는 어짊에 힘쓰기를 넉넉하게 하는 자를 아직 보지 못하였노라. 있을 것이지만 나는 아직 보지 못 하였노라[我未見好仁者 惡不仁者 好仁者 無以尚之 惡不仁者 其爲仁矣 不使不仁者 加乎其身 有能一日 用其力於仁矣乎 我未見力不足者 蓋有之矣 我未之見也].”

• 《논어》〈이인〉에 “사람의 허물이 그 무리에 각각인 것이니 허물을 보면 이에 어짊을 알게 되느니라[人之過也 各於其黨 觀過 斯知仁矣].”

• 《논어》〈공야장〉에 "어떤 사람이 말하기를 '옹은 어질기는 하지만 말은 잘못합니다'공자께서 말씀하기를 '어찌 말 잘함을 쓰겠는가? 사람을 구변으로써 막으면 자주 사람에게 미움이 되느니 그가 어질는지 알지 못하겠지만 어찌 말 잘함을 쓰리오?'[或曰 '雍也 仁而不佞' 子曰 '焉用佞 禦人以口給 屢憎於人 不知其仁 焉用佞']"

• 《논어》〈공야장〉에 "맹무백이 묻기를 '자로가 어집니까?' 공자께서 말씀하기를 '알지 못하노라' 또 물으니 공자께서 말씀하기를 '유[由, 자로의 이름]는 천승지국[마차가 천 대나 있는 커다란 나라]에서 능히 군대[賦]를 다스릴만하지만, 그가 어질는지는 알지 못하겠노라."'구[求, 염구의 이름]는 어떻습니까?' 공자께서 말씀하기를 '구는 천실지읍[천 개의 집이 모인 마을]이나 백승지가[고대의 지방 행정 단위]에서 가히 재상이 될 만하지만 어진지는 알지 못하겠노라' '적[赤, 공서화의 이름]은 어떻습니까?' 공자께서 말씀하기를 '적은 관복을 입고 조정에 서서 가히 빈객을 맞아 능히 말을 할 만하지만 그가 어진지는 알지 못하겠노라'[孟無伯問 '子路仁乎' 子曰 '不知也' 又問 子曰 '由也 千乘之國 可使治其賦也 不知其仁也' '求也 如何' 子曰 '求也 千室之邑 百乘之家 可使爲之宰也 不知其仁也' '赤也 何如' 子曰 '赤也 束帶立於朝 可使與賓客言也 不知其仁也]."

• 《논어》〈공야장〉에 "자장이 묻기를 '영윤[재상] 자문은 세

번이나 영윤이 되었으나 기뻐하는 기색이 없었고, 세 번 그만 두되 성내는 기색이 없어서 옛날 영윤의 정무를 반드시 새로운 영윤에게 고하였으니 어떠합니까?' 공자께서 말씀하기를 '충성스럽나니라.' 말하기를 '어질다 하겠습니까?' 말씀하기를 '알지 못하겠노라 어찌 어짊을 얻었다 하리오?'['令尹子文 三仕爲令尹 無喜色 三已之 無慍色 舊令尹之政 必以告新令尹 何如' 子曰 '忠矣' 曰 '仁矣乎' 曰 '未知 焉得仁']."

• 《논어》〈공야장〉에 "최자가 제나라 왕을 시해하자 진문자는 십승의 말이 있었는데도 이를 버리고 떠났습니다. 다른 나라에 이르러 말하기를 '우리 대부 최자와 같다'하고 떠났습니다. 한 나라에 가서 또 말하기를 '우리의 대부 최자와 같다하고 또 떠났습니다. 어떻습니까?' 공자께서 말씀하기를 '맑구나.' 말하기를 '어질다할 만합니까?' 말씀하시기를 '알지 못하겠노라 어찌 어짊을 얻었다 하리요?'[崔子—弑齊君 陳文子—有馬十乘 棄而違之 至於他邦 則曰 '猶吾大夫崔子也 違之'之一邦, 則又曰 '猶吾大夫崔子也. 違之 何如' 子曰 '淸矣' 曰 '仁矣乎' 曰 '未知 焉得仁']."

• 《논어》〈옹야〉에 "회[顔淵의 이름]는 그 마음이 석 달이나 인을 어기지 않지만, 그 나머지는 하루나 한 달 정도 인에 이를 뿐이니라[回也 其心三月不違仁 其餘 則日月至焉而已矣]."

• 《논어》〈옹야〉에 "어진 자는 어려움을 먼저하고 얻음을 뒤에 함으로 가히 어질다고 하니라[仁者 先難而後獲 可謂仁矣]."

• 《논어》〈옹야〉에 "지혜로운 사람은 물을 좋아하며 어진 자는 산을 좋아하나니, 지자는 동적이며 인자는 정적이며, 지자는 즐겁게 살며 인자는 장수 하나니라[知者樂水 仁者樂山 知者動 仁者靜 知者樂 仁者壽]."

• 《논어》〈옹야〉에 "재아가 묻기를 '어진 자에게 누가 이르기를 「우물에 사람이 있다」고 하면 그를 따르겠습니까?' 공자께서 말씀하기를 '어찌 그렇게 하겠느냐? 군자는 가히 가지만 빠지지는 않는 것이요. -이치에 맞음으로- 가히 속이기는 하지만, -이치에 어긋남으로- 가히 속이지는 못 하나니라'[宰我問曰 '仁者 雖告之曰 「井有人焉」 其從之也' 子曰 '何爲其然也 君子可逝也 不可陷也 可欺也 不可罔也']."

• 《논어》〈옹야〉에 "번지가 「알음알이」를 물었다. 공자께서 말씀하기를 '백성들이 옳다고 여기는 것에 힘쓰고, 귀신을 공경하지만 멀리한다면 가히 앎이라 이르리라.' 「어짊」을 물었다. 공자께서 말씀하기를 '어진 사람은 어려움을 먼저하고 얻음을 뒤에 한다면 가히 어질다 이르리라'[樊遲問 「知」 子曰 '務百姓之義 敬鬼神而遠之 可謂知矣' 問 「仁」 曰 '仁者 先難而後獲 可謂仁矣]."

• 《논어》〈술이〉에 "도에 뜻을 두고 덕을 잡고 지키며 어짊에 의지하며 예에 노닐지요[志於道 據於德 依於仁 游於藝]."

• 《논어》〈술이〉에 "염유가 말하기를 '스승께서 위나라 왕을 도와주려 하실까요?' 자공이 말하기를 '그럴 것이라 내가 곧바

로 물어보리라'하고 들어가서 여쭙기를 '백이와 숙제는 어떤 사람입니까?'말씀하기를 '옛날 어진 사람들이니라.' 말하기를 '원망을 하였습니까?' 말씀하기를 '어짊을 구하여 어짊을 얻었으니 어찌 원망하였겠느냐?' 나와서 말하기를 '스승님께서는 도와주지 않을 것이네'[冉有曰 '夫子爲衛君乎' 子貢曰 '諾 吾將問之' 入曰 '伯夷叔齊何人也' 曰 '古之賢人也' 曰 '怨乎' 曰 '求仁而得仁 又何怨'出曰 '夫子不爲也']."

• 《논어》〈술이〉에 "공자께서 말씀하시기를 '인이 멀리 있는 것인가? 내가 어질고자 하면 이에 어짊이 이르니라'[仁遠乎哉 我欲仁 斯仁至矣]."

• 《논어》〈술이〉에 "'만일 성인과 어짊을 내가 어찌 감당하리요, 다만 그것을 하는데 싫어하지 아니하며 사람을 가르치는데 게으르지 않다'고 가히 이를 뿐이니라. 공서화가 말하기를 '정말 오직 저희들이 능히 배울 수 없는 것입니다'[若聖與仁 則吾豈敢 抑爲之不厭 誨人不倦'則可謂云爾已矣 公西華曰 '正唯弟子不能學也']."

• 《논어》〈태백〉에 "용맹을 좋아하고 가난을 미워하는 것이 어지럽히는 것이요, 사람이 어질지 않다하여 미워하기를 너무 심하게 하는 것이 어지럽히는 것이니라[好勇疾貧 亂也 人而不仁 疾之已甚 亂也]."

• 《논어》〈자한〉에 "공자께서는 이와 더불어 명과 더불어 인

을 말씀하심이 드물었나니라[子 罕言利與命與仁].”

• 《논어》〈자한〉에 “지혜로운 사람은 미혹되지 아니하고, 어진 사람은 근심하지 아니하며, 용감한 사람은 두려워하지 아니하나니라[知者不惑 仁者不憂 勇者不懼].”

• 《논어》〈안연〉에 “안연이 ‘인에 대해 물었다’공자께서 말씀하시기를 ‘자기 사욕을 이기고 예로 돌아가는 것이 인이 되나니 하루라도 자기 사욕을 이기고 예로 돌아가면 천하가 인에 돌아오나니 인을 하는 것이 자기에게 말미암은 것이지 남에게 말미암은 것이겠는가?’ 안연이 말하기를 ‘청 하건데 그 조목을 묻습니다’ 공자께서 말씀하시기를 ‘예가 아니면 보지를 말고, 예가 아니면 듣지를 말며, 예가 아니면 말하지를 말고, 예가 아니면 행하지를 말지니라’ 안연이 말하기를 ‘제가 비록 민첩하지 못하오나 청컨대 이 말씀을 일로 삼겠나이다’[顏淵 ‘問仁’子曰 ‘克己復禮爲仁 一日克己復禮 天下歸仁焉 爲仁由己而由人乎哉’ 顏淵曰 ‘請問其目’ 子曰 ‘非禮勿視 非禮勿聽 非禮勿言 非禮勿動’ 顏淵曰 ‘回雖不敏 請事斯語矣’].”

• 《논어》〈안연〉에 “중궁이 ‘인을 물었다’ 공자께서 말씀하시기를 ‘문밖을 나서면 귀한 손님을 뵙듯이 하고 백성을 부릴 때는 큰 제사를 받들 듯이 하며 자기가 하고 싶지 않은 것을 남에게 베풀지 말아야 하나니 나라에서도 원망함이 없고 집 안에 있어서도 원망하는 사람이 없으니라.’ 중궁이 말하기를 ‘제가 비록 민

첩하지는 못하오나 청컨대 이 말씀을 일로 삼겠습니다'[仲弓 '問仁' 子曰 '出門如見大賓 使民如承大祭 己所不欲 勿施於人 在邦無怨 在家無怨' 仲弓曰 '雍雖不敏 請事斯語矣']."

• 《논어》〈안연〉에 "사마우가 '인을 물었다' 공자께서 말씀하기를 '어진 자는 그 말을 하기가 어려우니라.' 말하기를 '그 말을 하기가 어려우면 이를 인이라 이릅니까?' 공자께서 말씀하시기를 '하기가 어려우니 말하는 것이 어렵지 않겠느냐[司馬牛 '問仁' 子曰 '仁者 其言也訒' 曰 '其言也訒 斯謂之仁已乎' 子曰 '爲之難 言之得無訒乎']?"

• 《논어》〈안연〉에 "자장이 '선비는 어떻게 하는 것이 이에 가히 통달하는 것입니까?' 공자께서 말씀하기를 '무엇이냐? 네가 이른 바 통달이라는 것은?' 자장이 대하여 말하기를 '나라에 있어서 반드시 소문[명성]나고 집에 있어도 반드시 소문나는 것입니다' 공자께서 말씀하기를 '그것은 소문이지 통달이 아니니라. 대범 통달한 사람은 질박하고 정직하여 의를 좋아하고, 말을 살피고 얼굴색을 보아서 생각하여 사람에게 아래하나니 나라에 있으면 반드시 통달하고 집에 있어도 반드시 통달 하나니라. 대범 소문을 내는 사람은 얼굴색으로는 인을 취하면서 행동은 어긋나는 것이요, 살면서 의혹됨이 없나니 나라에 있어서 반드시 소문나고 집에 있어도 반드시 소문이 나나니라'[子張問 '士何如斯可謂之達矣' 子曰 '何哉 爾所謂達者' 子張對曰 '在邦必聞 在

家必聞’ 子曰 ‘是聞也 非達也 夫達也者 質直而好義 察言而觀色
慮以下人 在邦必達 在家必達 夫聞也者 色取仁而行違 居之不疑
在邦必聞 在家必聞’].”

• 《논어》〈안연〉에 “번지가 ‘인을 여쭈었다’ 공자께서 말씀하
기를 ‘사람을 사랑하는 것이니라.’ ‘앎을 여쭈었다.’ 공자께서 말
씀하기를 ‘사람을 아는 것이니라.’ 번지가 통하지 못하는지라 공
자께서 말씀하시기를 ‘강직을 등용하고 사곡을 버리면 능히 사곡
한 사람이 강직하게 되느니라.’ 번지가 물러 나와 자하를 보고 말
하기를 ‘아까 내가 공부자를 뵈옵고 앎을 여쭈니 공자께서 말씀
하시기를 ‘강직을 등용하여 사곡을 버리면 능히 사곡한 사람이
강직하게 된다. 하셨는데 무엇을 이름입니까?’ 자하가 말하기를
‘풍부하도다 말씀이여! 순임금이 천하를 두자 대중에서 선발하
여 고요를 등용하니 어질지 아니한 자가 멀어졌으며, 탕 임금이
천하를 두자 대중에서 선발하여 이윤을 등용하니 어질지 아니한
사람이 멀어졌던 것이니라’[樊遲 ‘問仁’ 子曰 ‘愛人’ ‘問知’ 子曰
‘知人’樊遲未達 子曰 ‘擧直錯諸枉 能使枉者直’ 樊遲退 見子夏曰
‘鄉也 吾見於夫子而問知’ 子曰 ‘擧直錯諸枉 能使枉者直 何謂也’
子夏曰 ‘富哉 言乎 舜有天下 選於衆 擧皐陶 不仁者 遠矣 湯有天
下 選於衆 擧伊尹 不仁者 遠矣’].”

• 《논어》〈안연〉에 “증자가 말하기를 ‘군자는 글로써 벗을 모으
고 벗으로서 인을 도웁니다’[曾子曰 ‘君子 以文會友 以友輔仁’].”

• 《논어》〈자로〉에 "만일 왕자가 있다 할지라도 반드시 세대 [30년]가 지나간 뒤에야 인하게 되니라[如有王者 必世而後仁]."

• 《논어》〈자로〉에 "번지가 '인을 여쭈었다' 공자께서 말씀하기를 '거처할 적에는 공손하며 일을 잡으면 공경하며 남으로 더불어 충심 하기를 비록 미개한 지역[오랑캐의 땅]으로 간다고 할지라도 가히 버려서는 안 되니라'[樊遲 '問仁' 子曰 '居處恭 執事敬 與人忠 雖之夷狄 不可棄也']."

• 《논어》〈자로〉에 "강직하고 굳세고 질박하고 어눌함이 인에 가까우니라[剛毅木訥 近仁]."

• 《논어》〈헌문〉에 "(원헌이 묻기를) '이기려 하고 자랑하고 원망하고 탐욕을 행하지 않으면 가히 써 어질다 하겠습니까?' 공자께서 말씀하기를 '가히 써 어렵다고 할 수는 있거니와 어진지는 내가 알지 못하겠노라'['克伐怨欲 不行焉 可以爲仁矣?' 子曰 '可以爲難矣 仁則吾不知也']."

• 《논어》〈헌문〉에 "덕이 있는 사람은 반드시 말이 있거니와 말이 있는 사람은 반드시 덕이 있지는 아니 하나니라. 어진 사람은 반드시 용맹이 있거니와 용맹한 사람은 반드시 어짊이 있는 것은 아니니라[有德者 必有言 有言者 不必有德 仁者 必有勇 勇者 不必有仁]."

• 《논어》〈헌문〉에 "군자이면서 (잠깐) 어질지 못한 자는 있거니와 소인이면서 어진 자는 있지 아니 하나니라[君子而不仁者

有矣夫 未有小人而仁者也]."

• 《논어》〈헌문〉에 "자로가 말하기를 '(제나라) 환공이 공자 규를 죽였거늘 소홀은 (따라) 죽고 관중은 죽지 않았으니 말하자면 (관중은) 어질지 못함입니까?'하니 공자께서 말씀하기를 '환공이 제후들을 규합하되 무력을 쓰지 않은 것은 관중의 힘이니 누가 그의 어짊만 하겠는가. 누가 그의 어짊만 하리오'[子路曰 '桓公 殺公子糾 召忽 死之 管仲 不死 曰 未仁乎' 子曰 '桓公 九合諸侯 不以兵車 管仲之力也 如其仁如其仁']."

• 《논어》〈헌문〉에 "자공이 말하기를 '관중은 어진 사람이 아닐 것인 저. 환공이 공자 규를 죽였거늘 능히 죽지 못하였을 뿐 아니라 도리어 환공을 도왔음이요.'하니 공자께서 말씀하시기를 '관중이 환공을 도와 제후 중의 패자가 되게 하고 한번 천하를 바로잡아 백성들이 지금까지 그 혜택을 받음에 이르니 관중이 아니면 우리는 머리를 풀고 옷깃을 왼쪽으로 하게 되었을 것이라. 어찌 필부필부들이 작은 신의를 위해 스스로 목매어서 도랑에 뒹굴어도 알아주지 않는 것과 같다 하겠는가?'[子貢 曰 '管仲 非仁者與 桓公 殺公子糾 不能死 又相之' 子曰 '管仲 相桓公霸諸侯 一匡天下 民到于今 受其賜 微管仲 吾其被髮左衽矣 豈若匹夫匹婦之爲諒也 自經於溝瀆而莫之知也']."

• 《논어》〈헌문〉에 "'군자의 도가 셋인데 나는 능히 하지 못하니 어진사람은 근심하지 아니하고, 지혜로운 사람은 미혹하지 아

니하며, 용맹한 사람은 두려워하지 않나니라.'하니 자공이 말하기를 '부자께서 스스로 겸손하여 말씀하신 것이니라'['君子道者 三 我無能焉 仁者不憂 知者不或 勇者不懼' 子貢曰 '夫子 自道也']."

• 《논어》〈위령공〉에 "큰 뜻의 선비와 어진 사람은 삶을 추구할지라도 인을 해치지 아니하고, 자신을 죽임으로써 인을 이루게 되느니라[志士仁人 無求生而害仁 有殺身而成仁]."

• 《논어》〈위령공〉에 "자공이 '인을 하는 것'을 물었다. 공자께서 말씀하기를 '장인이 그 일을 잘 하려면 반드시 먼저 그 기구를 이롭게 하는 것이니 이 나라에 살면서 그 대부에 어진 이를 섬기고 그 선비에 어진 이를 벗할 지니라'[子貢問 '爲仁' 子曰 '工欲善其事 必先利其器 居是邦也 事其大夫之賢者 友其士之仁者']."

• 《논어》〈위령공〉에 "지혜가 미칠지라도 어짊을 능히 지키지 아니하면 비록 얻었을지라도 반드시 잃게 되느니라. 지혜가 미치고 어짊으로 능히 지킬지라도 엄숙함으로써 다다르지 아니하면 백성이 공경하지 아니 하나니라. 지혜가 미치고 어짊으로 능히 지키며 엄숙함으로써 다다를지라도 움직이기를 예로써 아니 하면 착한 것이 아니니라[知及之 仁不能守之 雖得之 必失之 知及之 仁能守之 不莊以涖之 則民不敬 知及之 仁能守之 莊以涖之 動之不以禮 未善也]."

• 《논어》〈위령공〉에 "백성에게 인이라는 것이 물과 불보다 심하나니 물과 불은 내가 밟아서 죽는 것을 보았거니와 어진 것

을 밟아서 죽는 것을 보지 못 하였나니라[民之於仁也 甚於水火
水火 吾見蹈而死者矣 未見蹈仁而死者也]."

• 《논어》〈위령공〉에 "어짊을 당해서는 스승에게도 사양하지
아니 하나니라[當仁 不讓於師]."

• 《논어》〈양화〉에 "양화가 공자를 뵙고자 하지만 공자 보지
아니함으로 공자에게 돼지를 돌려보냈거늘 공자께서 그가 없을
때 가서 사례하고 길에서 만났다. 공자께서 일러 말씀하기를 '오
라! 그대와 더불어 이야기하리라.' 말하기를 '그 보배를 품고도
그 나라가 미혹되도록 두는 것이 가히 어질다 이르겠습니까?'말
씀하기를 '옳지 않습니다.' (말하기를) '일 좇기를 좋아하면서 자
주 시기를 잃음을 가히 지혜롭다 이르겠습니까?' 말씀하기를 '옳
지 않습니다.' (말하기를) '해와 달은 가고 세월은 나를 기다리지
않습니다.' 공자께서 말씀하기를 '그러지오 내 장차 벼슬[일]을
하겠습니다'[陽貨欲見孔子 孔子不見 歸孔子豚 孔子時其亡也 而
往拜之 遇諸塗 謂孔子曰 '來! 予與爾言' 曰 '懷其寶而迷其邦 可
謂仁乎?' 曰 '不可' '好從事而亟失時 可謂知乎?' 曰 '不可' '日月
逝矣 歲不我與' 孔子曰 '諾 吾將仕矣']."

• 《논어》〈양화〉에 "자장이 어짊을 공자에게 물으니 공자 말
씀하기를 '능히 다섯 가지를 천하에 행하면 어짊이 되느니라.' 청
하여 물으니 공자께서 말씀하기를 '공손과 관대와 믿음과 민첩과
은혜이니 공손하면 업신여기지 아니하고, 너그러우면 무리를 얻

으며, 믿으면 남이 맡기고, 민첩하면 공이 있으며, 은혜로우면 족히 남을 부리느니라'[子張問仁於孔子 孔子曰 '能行五者於天下爲仁矣'請問之 曰 '恭, 寬, 信, 敏, 惠, 恭則不侮 寬則得衆 信則人任焉 敏則有功 惠則足以使人']."

•《논어》〈양화〉에 "유야! 너는 '여섯 가지 말에 여섯 가지 폐단을 들었느냐?' 대하여 말하기를 '못 들었습니다.' '앉아라. 내 너에게 말하리라. 어짊을 좋아하되 배우기를 좋아하지 않으면 그 폐단은 어리석고, 알기를 좋아하되 배우기를 좋아하지 않으면 그 폐단은 방탕하며, 믿음을 좋아하되 배우기를 좋아하지 않으면 그 폐단은 해롭고, 정직함을 좋아하되 배우기를 좋아하지 않으면 그 폐단은 각박하며, 용맹을 좋아하되 배우기를 좋아하지 않으면 그 폐단은 어지럽고, 굳세기를 좋아하되 배우기를 좋아하지 않으면 그 폐단은 광적이 되느니라'[由也 汝聞 '六言六蔽矣乎?' 對曰 '未也''居! 吾語女 好仁不好學 其蔽也愚 好知不好學 其蔽也蕩 好信不好學 其蔽也賊 好直不好學 其蔽也絞 好勇不好學 其蔽也亂 好剛不好學 其蔽也狂']."

•《논어》〈양화〉에 재아가 묻기를 '3년의 상은 기한이 너무 오래입니다. 군자가 3년이나 예의를 하지 아니하면 무너지고, 3년을 풍악을 하지 아니하면 풍악이 반드시 쇠퇴해질 것입니다. 묵은 곡식이 이미 없어지고 햇곡식이 이미 올랐으며, 불을 취할 나무를 문질러 불씨를 다시 일으키니 1년에 그쳐야 합니다.' 공자

께서 말씀하기를 '쌀밥을 먹으며 비단옷을 입는 것이 너에겐 편안한가?' 말하기를 '편안합니다.' '네가 편하면 하여라. 대저 군자가 상중에 맛있는 것을 먹어도 달지 않고, 풍악을 들어도 즐겁지 않으며, 거처도 편안하지 않음이라, 그러므로 하지 않느니라. 이제 네가 편안하다니 하여라.' 재아가 나가거늘 공자께서 말씀하기를 '재아의 어질지 못함이여! 자식이 나온 3년의 뒤에 부모의 품을 면하게 되나니 무릇 3년의 상은 천하의 공통된 상례라 재아에게도 3년의 사랑이 그 부모에게서 있었을 것인져[宰我問 '三年之喪 期已久矣 君子三年不爲禮 禮必壞 三年不爲樂 樂必崩 舊穀旣沒 新穀旣升 鑽燧改火 期可已矣' 子曰 '食夫稻 衣夫錦 於女安乎?' 曰 '安' '女安則爲之! 夫君子之居喪 食旨不甘 聞樂不樂 居處不安 故不爲也 今女安 則爲之!' 宰我出 子曰 '子之不仁也! 子生三年然後 免於父母之懷 夫三年之喪 天下之通喪也 子也-有 三年之愛於其父母乎?'].

• 《논어》〈미자〉에 "(은나라 말에) 미자는 떠나고 기자는 종이 되며 비간은 간하다가 죽었다. 공자께서 말씀하기를 '은나라에 어진 세 사람이 있었노라'[微子去之 箕子爲之奴 比干諫而死 孔子曰 '殷有三仁焉!']."

• 《논어》〈미자〉에 "나의 벗 자장은 어려움은 능란하게 하지만, 그러나 인하지는 못하니라[吾友張也 爲難能也 然而未仁]."

• 《논어》〈자장〉에 "널리 배우고 뜻을 두텁게 하며 간절하게

묻고 가까이 생각하면 인이 그 가운데에 있느니라[博學而篤志
切問而近思 仁在其中矣]."

・《논어》〈자장〉에 "증자가 말하기를 '당당하구나 자장이여!
아울러 인을 하기는 어렵도다.'[曾子曰 '堂堂乎 張也 難與竝爲仁
矣']."

・《논어》〈요왈〉에 "요임금이 말하기를 '아! 순아! 하늘의 운
수가 그대의 몸에 있으니 진실로 그 중을 잡으라, 천하가 곤궁하
면 하늘의 녹이 길이 마치리라' 순임금도 또한 우임금에게 명하
여 말하기를 '저 소자 이는 감히 검은 암소를 써서 감히 크고 큰
후제에게 밝게 고하옵나이다. 죄가 있으면 감히 용서하지 아니하
고, 제의 신하라도 덮지 아니하며 제의 마음대로 간택할 것입니
다. 제 몸에 죄가 있음은 만방 때문이 아니요, 만방 죄가 있음은
죄가 제 몸에 있음이옵니다.' '주나라에 큰 하사함이 있으신데,
착한 사람이 이에 풍부함이니라.' '비록 주나라가 친함이 있으나
어진 사람만 같지 못하고, 백성이 허물 있음이 나의 한 사람에게
있느니라.' '저울과 도량을 삼가 예법과 제도를 살피며, 폐하였던
관서를 수리하니 사방의 정치가 행하여지니라.' '멸망된 나라를
일으키고 끊어졌던 대를 이어주며, 숨은 인재를 등용하니 천하
백성의 마음이 돌아왔느니라.' '중히 여기는 바는 식량과 장사와
제사이니라.' '너그러우면 민중을 얻고 신의 있으면 백성이 신임
하게 되고 민첩하면 공이 있고 공평하면 즐거워하느니라'[堯曰

'咨爾舜 天之歷數-在爾躬 允執厥中 四海困窮 天祿永終'舜 亦以命禹 曰'予小子履 敢用玄牡 敢昭告于皇皇后帝 有罪 不敢赦 帝臣不蔽 簡在帝心 朕躬有罪 無以萬方 萬方有罪 罪在朕身'周有大賚 善人 是富'雖有周親 不如仁人 百姓有過-在予一人'謹權量 審法度 修廢官 四方之政 行焉'興滅國 繼絕世 擧逸民 天下之民 歸心焉'所重 民食喪祭'寬則得衆 信則民任焉 敏則有功公則說']."

• 《논어》〈요왈〉에 "자장이 공자에게 물어 말하기를 '어찌해야 이에 가히 정치를 쫓으리까?' 공자께서 말씀하기를 '다섯 가지 아름다움을 존중하고 네 가지 악을 물리치면 이에 가히 정치를 쫓을 수 있느니라.' 자장이 말하기를 '무엇을 다섯 가지 아름다움이라 이르리까?' 공자께서 말씀하기를 '군자가 은혜롭게 하되 낭비하지 아니하고, 수고로워도 원망하지 아니하며 하고자 하되 탐하지 아니하고, 편안하여도 교만하지 아니하며, 위엄스러워도 사납지 않음이니라.' 자장이 말하기를 '무엇이 은혜롭되 낭비하지 않음이라 이르리까?' 공자께서 말씀하기를 '백성의 이익 된 바로 인해서 이익을 삼음이니, 이것이 또한 은혜롭고자 않지만 낭비하지 아니함인가? 가히 수고로움을 가려서 수고롭게 하는 것이니, 또한 누구를 원망하리오. 어질고자 하여 인을 얻음이니, 또한 어찌 탐하리오. 군자는 많고 적음이 없으며 작고 큼이 없어서 감히 교만함이 없으니, 이것이 또한 편안하려 않지만 교만하지 아니함인

가? 군자가 그 의관을 바루며 그 우러러보기를 높이 가지면 늠름
하여 사람들이 바라보아 두려워하나니 이것이 또한 위엄스러우
랴 않지만 사납지 아니함인가?' 자장이 말하기를 '무엇을 네 가지
악이라 이릅니까?' 공자께서 말씀하기를 '가르치지 아니하고 죽
임을 잔학이라 이름이요, 미리 경계하지 아니하고 이룸만 보려 함
을 포악이라 이르는 것이요, 명령을 게을리하여 기한에 이름을 해
함이라 이르는 것이요, 어차피 남에게 줄 것인데 출납에 인색함을
창고지기라 이르느니라'[子張 問於孔子曰 '何如 斯可以從政矣'
子曰 '尊五美 屛四惡 斯可以從政矣' 子張曰 '何謂五美' 子曰 '君
子惠而不費 勞而不怨 欲而不貪 泰而不驕 威而不猛' 子張曰 '何
謂惠而不費' 子曰 '因民之所利而利之 斯不亦惠而不費乎 擇可勞
而勞之 又誰怨 欲仁而得仁 又焉貪 君子無衆寡 無小大 無敢慢 斯
不亦泰而不驕乎 君子正其衣冠 尊其瞻視 儼然人望而畏之 斯不
亦威而不猛乎' 子張曰 '何謂四惡' 子曰 '不敎而殺 謂之虐 不戒視
成 謂之暴 慢令致期 謂之賊 猶之與人也 出納之吝 謂之有司']."

頌曰

1. 仁者無非逮 인자무비체   인이란 미치지 아니함이 없는 것으로
   聖人早抱膺 성인조포응   성인들은 일찍이 가슴에 품어서
   隨時施導愛 수시시도애   때를 따라 베풀고 인도하고 사랑하여

使衆善飛騰 _{사중선비등} 대중으로 하여금 잘 날아오르게 하니라.

2. 在仁施處處 _{재인시처처} 인은 곳곳마다 베푸는데 있지만
   要立自身先 _{요립자신선} 자신을 먼저 세움이 중요하나니
   然後治人及 _{연후치인급} 그러한 뒤에 정치와 사람에 미치면
   四方受信妍 _{사방수신연} 사방에서 믿음과 귀염을 받으리라.

3. 天下多艱事 _{천하다간사} 천하에 어려운 일이 많지만
   踐仁實最難 _{천인실최난} 인을 밟음이 사실 가장 어렵나니
   行斯無別礙 _{행사무별애} 이를 행하여 별다른 걸림이 없으면
   活世不些癉 _{활세불사단} 세상 삶에 조금도 괴롭지 않으리라

4. 欲仁仁自至 _{욕인인자지} 인을 하려 하면 인이 저절로 이르고
   主義義隨臻 _{주의의수진} 의를 주장하면 의가 따라서 이르네
   不在文言別 _{부재문언별} 글이나 말에 나뉨이 있는 것 아니요
   異行是假眞 _{이행시가진} 이는 거짓과 참을 행하는 데서 다르리.

5. 大凡仁也者 _{대범인야자} 대범 어짊이라는 것은
   道德最高標 _{도덕최고표} 도덕의 가장 높은 표준이니
   莫揀何人踏 _{막간하인답} 어떤 사람이든 가림 없이 밟아나가면
   非遙入聖寮 _{비요입성료} 성현의 무리에 듦이 멀어지지 않으리.

6. 欲貪貪自至 욕탐탐자지 　탐욕 하려하면 탐욕이 저절로 이르고
　 進惑惑隨臻 진혹혹수진 　미혹으로 나가면 미혹이 따라서 이르네
　 仁者能淸世 인자능청세 　어진 사람이라야 능히 세상 맑히는지라
　 如斯做寶眞 여사주보진 　이와 같기에 보배와 참됨으로 삼는다네.

7. 愛人人自逐 애인인자축 　사람 사랑하면 사람 저절로 따르고
　 施德德生連 시덕덕생연 　덕을 베풀면 덕으로 삶이 이어지리
　 眞勇心中出 진용심중출 　참 용맹은 마음 가운데서 나오나니
　 唯仁在本然 유인재본연 　오직 인이 근본에 있어서 그런다네.

8. 踏愚愚遂路 답우우수로 　어리석음 밟으면 어리석은 길 이루고
　 隨盜盜成途 수도도성도 　도둑을 따르면 도둑의 길을 이루네
　 仁義心囊滿 인의심낭만 　인과 의를 마음 주머니에 채우면
　 六根愛惠敷 육근애혜부 　육근에서 사랑과 은혜가 펼쳐지리라.

9. 於世宜途有 어세의도유 　세상에 마땅한 길이 있으니
　 唯仁實進程 유인실진정 　오직 인이 진실로 나아갈 길이라
　 爲人無脫此 위인무탈차 　사람이 되어 여기에 벗어남이 없으면
　 指指自遙橫 지지자요횡 　가리키는 손가락 저절로 멀리 비끼리.

10. 常與無些惜 상여무사석 　항상 주어도 조금도 아까움이 없고

義行不屈心 의행불굴심 의를 행해 굽혀지는 마음이 없으며

懺躬人罪惡 참궁인죄악 몸소 남의 죄와 악까지 뉘우친다면

是謂大仁任 시위대인임 이를 큰 인을 맡음이라 이르리라.

미발지중未發之中
: 자사子思의 중용中庸

'미발지중'을 도표로 그리면 다음과 같다.

원문	대종경	축자해역(逐字解譯)
未發之中	(허무적멸)이 아니면 적연부동한 중이 될 수 없다.	아직 (喜怒哀樂)이 발현하지 아니함을 중이라 하니라.

글자와 단어를 풀어보면

• 미未 : 아닐 미. 아니다. 없다.

• 발發 : 발할 발. 발하다. 피어나다.

• 미발未發 : 일이 아직 일어나지 않음. 아직 떠나지 않음. 꽃 따위가 아직 피지 않음. 어떤 감정感情이 아직 생기지 않음.

• 지之 : 갈 지. 가다. 어조사.

• 중中 : 가운데 중. 가운데. 치우치지 아니하다.

《중용中庸》이란 어떠한 책인가?

《원불교대사전》에 "유교의 기본 경전인 사서四書의 하나이다. 불편불의不偏不倚 무과불급無過不及한 중용의 도를 드러내고 이를 실현하는 힘으로 성誠을 들고 있다. 곧 '중'은 도덕적이며 형이상학적 개념으로 일체 정감의 뿌리이며 일체 현상의 근원이다.《중용》에서 '중은 천하의 대본大本'이라고 한다. 용庸의 의미에 대해 정현鄭玄은 '용庸은 용用이다.'라고 한다. 그는 또 '용庸은 상常이다. 중中을 쓰는 것이 떳떳한 도리다'고 했다. 주자는 평상平常이라고 했다. 곧 용庸에는 용用과 상常의 뜻이 있음을 알 수 있다. 떳떳한 이치는 항상 쓸 수 있으며常用 상용할 수 있는 것은 평범해 보이는 중도中道이다.

《중용》은 본래《예기禮記》49편 가운데 제31편으로 편집되어 있었으나《대학》과 함께 단행본으로 독립되었고 한대부터 중시되었다.《중용》은 보통 공자孔子의 손자인 자사子思가 지은 것으로 알려져 있다. 이 사실이 기록된 최초의 문서는 사마천司馬遷의《사기史記》이다. 이 책의 공자세가孔子世家에 "공자의 손자, 자사가 이를 지어 성조聖祖의 덕을 소명昭明했다."라고 했다. 그러나 이에 대해서는 여러 이론異論이 있다. 송대에 이르러 호원胡瑗·정호程顥 등 여러 성리학자가《중용》에 대한 주해를 지었다.

정호·정이程顥·程頤는《중용》을 공문孔門의 전수심법傳授心法으로 중시했다. 이러한 여러 주석서를 집성한 것이 주자朱子의《중용장구中庸章句》이다. 여기에서 주자는《중용》은 "자사가 도학道學의 전통이 없어질 것을 염려하여 지은 것이다."라고 하여 도통道通의 맥락을 서술하고 있다. 그는 《논어》〈요왈堯曰〉의 '윤집궐중允執厥中'과 《서경書經》〈대우모大禹謨〉의 '인심유위 도심유미 유정유일 윤집궐중'人心惟危　道心惟微　惟精惟一允執厥中을 《중용》의 유래로 보고 자사가 요순이래로 전해온 도통의 연원을 밝힌 글이라 했다.

　주자는 〈중용장구〉와 아울러 〈중용혹문中庸或問〉을 지어 '《중용》'의 뜻을 천명하고 《논어》·《맹자》·《대학》과 함께 사서로 표장表章했다. 그러나 주자가 도통의 심법이라고 인거한 〈대우모大禹謨〉의 내용이 위고문상서僞古文尚書라서 신빙성이 없다는 설이 제기되기도 했다.

　《예기》〈중용편〉은 본래 33장으로 되어 있었는데 정이는 그것이 옳지 못하다고 여겨 37장으로 나누어 《중용해中庸解》를 지었고, 주자는 다시 33장으로 하여 〈중용자구〉를 지었다. 《중용》의 구성 체재 및 내용은 대략 다음과 같이 정리해 볼 수 있다. 제1장은 전편全篇의 요체가 되는 것으로 자사의 사상이 집약되어 있다. 즉 천명天命·성性·도道·교教를 말하여 《중용》의 철학적 근거와 내용을 밝히고, '치중화致中和면 천지위언天地位焉하고 만물육언萬物育焉'이라는 중용 최고의 경지인 중화中和의 공효功效를 드러냈다.

　주자는 이에 대하여 "앞에서 도의 본원은 하늘에서 나왔으니 가히 바꾸지 못하고, 그 실체는 자신에게 갖추었으니 가히 여의지 못하며, 다음으론 간직하여 기르고 살피는 요령을 말하였고,

끝으로 성신의 공화가 지극함을 말하였다[首明道之本原出於天而不可易, 其實體備於己而不可離, 次言存養省察之要, 終言聖神功化之極].”라고 설명했다. 제2장에서 제11장까지는 공자의 말을 인용하여 제1장의 뜻을 해설했다. 주자는 “중이란 치우치거나 기울지 않는 것이며, 과불급이 없는 것을 이름이요, 용은 평상이라[中者 不偏不倚 無過不及之名 庸 平常也].”라고 했다. 중용을 실천하는 일은 일상의 삶에서 이루어지며 그 여부에 따라 군자와 소인의 구분이 있게 된다. 제2장에서 공자는 “군자는 중용하고 소인은 중용에 반하니라[君子中庸 小人反中庸].”라고 했다. 여기서부터 제11장까지는 중용의 도를 이루는 즉 치중화致中和하는 방법을 논한 것이다.

《주자어류朱子語類》에서는 중용과 중화中和의 관계를 “성정性情으로써 말하면 중화이고, 이의理義로써 말하면 중용이지만 그 실제는 동일하다”고 설명했다. 또한 중화를 체라고 한다면 중용은 용이다. 결국 중화는 성정으로서 심성을 가리키는 것이고, 중용은 그것이 행위로서 드러난 것을 가리키는 것이다. 제12~20장에서는 공자의 말과 《시경》을 인용하여 중용의 원리와 작용에 대해서 밝혔다. 제12장 본문에는 “군자지도君子之道는 비費이고, 용庸은 천하의 정리定理로서 체體요 은隱이라고 했다.

또한 중화의 중은 천하지대본天下之大本으로서 체요 은이며, 화는 천하지대본天下之大本으로서 용이요 비이다. 그리고 중용과 중화의 관계에서는 중화는 체로서 은이요, 중용은 용으로서 비이다. 제21장~26장은 성誠에 대하여 설명했다. 성은 《중용》에서 가장 중요하게 다루어지는 내용의 하나이다. 제20장에서 "정성이란 하늘의 도요, 정성 되게 하는 것은 사람의 도라[誠者 天之道也 誠之者人之道也]."라고 했다. 성은 스스로 이루어진 것이고, 사물의 끝과 시작이 되는 본체로서의 존재와 원리요, '성지'는 미숙한 인간이 진실무망하려고 노력하는 인사人事의 당연이다.

제22장에서는 '성지'하는 수양을 통하여 성을 이룬다면 천성天性을 터득하여 행할 수 있다고 했다. 제27~33장에서는 지성至誠을 체득한 성인의 도道·덕德·교화敎化에 대하여 설명했다. 이처럼 《중용》은 사람의 본성은 천天에서 부여받은 것이며 이에 따라 살아가는 것이 인도人道이며, 그 길을 닦아 밝히는 것이 교육임을 말하고, 중용의 도가 때와 장소 상황에 적절[中節]하게 실현되는 것을 화和라고 한다. 중화를 실현하는 힘은 성誠이다. 성에 이르는 방법으로 중용은 존덕성尊德性과 도문학道問學을 제시하고 있다.

미발지중未發之中

자사가 말하는 미발지중未發之中이란 어떤 의미인가?

미발지중은 《중용》에서 언급이 되는 글귀이다. 이 미발지중은 중용의 전체 사상을 관통하는 추기樞機라고 할 수 있다.

그러므로 중용에 게재된 원문을 통해서 유학儒學의 의미를 알아보고 유맥儒脈을 이해하며 유리儒理를 깨닫고 더 나아가 우리가 공부하는데 전등前燈이나 전로前路로 삼아 간다면 금상첨화錦上添花가 될 수 있으리라는 생각을 한다.

이에 원문을 잘 해득함으로써 그 내용을 바르게 터득할 수 있다.

본문에 "하늘이 명함을 성이라 이르는 것이요, 성을 따름을 도라 이르며, 도를 닦음을 교라 이르니 도란 가히 잠깐도 여일 수 없는 것이라, 이러하므로 군자는 그 보이지 않는 바를 경계하고 삼가며 그 들리지 않는 바를 두려워하느니라. 숨은 것보다 더 잘 나타나는 것이 없고, 미세한 것보다 더 잘 드러나는 것은 없나니, 그러므로 군자는 그 홀로 삼가나라. 기쁨·성냄·슬픔·즐거움이 아직 발현하지 않음을 중이라 이르고 발현하여 모두 절도에 맞음을 화라 이르니라. 중이란 천하의 큰 근본이요 화란 천하의 통달한 도라 중화를 이르면 하늘과 땅이 자리하고 만물이 길어지느니라[天命之謂性 率性之謂道 修道之謂敎 道也者 不可須臾離也 可離非道也 是故君子 戒愼乎其所不睹 恐懼乎其所不聞 莫見乎隱 莫顯乎微 故君子愼其獨也 喜怒哀樂之未發 謂之中 發而皆中節 謂之和 中也者 天下之大本也 和也者 天下之達道也 致中和 天地位焉 萬物育焉]."고 하여 미발지중의 의미를 말하고 있다.

그렇다면 과연 미발지중未發之中이란 무엇을 말하는가.

미발지중에 있어서 미발未發과 이발已發을 생각해 보자.

미발이란 외적인 어떤 경계나 자극이 있지 않고 안으로 감정이 일어나지 않는 정태靜態를 말하는 것이라면 이발은 어떤 경계나 자극을 받아들이고 감정이 산란散亂하여 갈피가 잡히지 않는 동태動態를 말하는 것이라 할 수 있다.

즉 중용에서 말하는 "기쁘고 노엽고 슬프고 즐거움이 아직 발현하기 이전이 바로 중中의 자리라 하는 것이니[喜怒哀樂之未發謂之中]"이 중의 자리야 말로 텅 비고 고요한 자리로 한 생각이 일어나기 이전[一念未生前]의 자리이며 희로애락이라는 기본적인 감정들이 발현하지 않은 상태로서 바로 우리의 본래 성품을 말하고 이체理體의 공처空處를 말하는 것이라고 할 수 있다.

그러면 중中이란 어떤 자리, 또는 어떤 상태를 말하는 것일까?

① '가운데'의 의미이다. 이쪽으로도 치우치지 않고 저쪽으로도 치우치지 않는 한 가운데를 말한다. 즉 '불편불의 무과불급不偏不倚 無過不及'이 이것이다.

② '안'곧 '속'을 말한다. 바깥이 아닌 안과 속을 말하는 것으로 외적인 경계나 사물이 침투하여 어지럽히지 않은 순수한 중심을 이른다.

③ '마음'을 말하는 것으로 이 마음은 맑고 밝은 본래 마음으로 일체의 진애塵埃가 배제排除된 청정한 본연의 마음을 말한다. 곧 청정한 본래 자성을 말한다.

④ '이理'라 할 수 있는 것으로 일체의 사물이 기동起動하기 이전이요, 음양陰陽이 분판分判 되기 이전으로 순수한 이체理體요 본원本源을 말한다.

⑤ 희·로·애·락喜怒哀樂의 감정이 요동치기 이전의 훨씬 밑의 밑을 말한다.

대개 기쁘고 노엽고 슬프고 즐거움의 정감이 아직 마음에서 일어나고 생각에서 움직임이 없을 때를 '중中'이라 한다면 마음에서 일어나고 생각으로 움직임이 있을 때를 '화和'라 할 수 있다. 따라서 '중'을 만사만물의 근본적인 도라 한다면 '화'는 위가 없는 근본적인 도를 통달해가는 방법이라 할 수 있다.

그런 의미에서 '중화'의 경지는 천지가 편안할 수 있는 정위正位이요 만물이 번영할 수 있는 자질資質이라 할 수 있다.

주자는 《중용장구中庸章句》에서 "기쁘고 노엽고 슬프고 즐거움을 정이라 한다면 그것이 아직 발현하지 않으면 성이니 치우치고 기울어짐이 없기 때문에 중이라 이른다[喜怒哀樂 情也 其未發則性也 無所偏倚 故謂之中]."고 하였으니 말하자면 마음에서든 바깥에서든 아직은 무엇이 발동發動되지 않을 때를 성이라고 하였다.

또한 주자는 정이천[程伊川, 程頤. 1033~1107 중국 북송 때의 성리학자]의 영향을 받았다. 《근사록近思錄》 1권에 이천이 말하기를 "기쁘고 노엽고 슬프고 즐거움이 아직 발현하지 않음을 일러서 중이라 한다. 중이란 고요하여 움직임이 없음을 말하는 것이라 그러므로 천하의 큰 근본이다[喜怒哀樂未發謂之中 中也者 言寂然不動者也 故曰天下之大本].라고 한 말을 인용하였다.

여기에서도 중의 자리가 바로 미발未發의 자리로 어떤 움직임이 없는 고요한 자리라고 하였다. 그리하여 공부하는 군자는 마음이 일어나고 생각이 움직이기 이전 즉 미발未發이 되어야 비로소 본성을 체오體悟하게 되는 것이라고 보았다.

《원불교대사전》에서 말하는 '미발지중'은?

사서 중의 하나인 《중용中庸》에 나오는 말. 《중용》의 저자인 자사子思는 '미발지중未發之中'에 대하여 언급했는데, 이와 관련한 《중용》의 원문을 보면 다음과 같다. '희로애락지미발위지중喜怒哀樂之未發謂之中'이라 하여 희로애락이 아직 발하지 않은 것을 중中으로 보았다. 따라서 자사는 미발지중이라는 용어의 사용에 있어서 우리의 감정인 희로애락이 어떠한 경계에 아직 반응하지 않은 본래의 상태를 드러내고자 한 것이다. 중中에 대한 자사의 견해에 대하여 주자는 아직 희로애락을 드러나지 않았을未發 때는 단지 혼연 상태일 뿐이라고 했다.

송대의 주자가 해석한 미발지중은 적연부동 또한 마음이 발동하지 않은 정적인 단계를 의미하는 것이라면, 명대 왕양명의 해석은 양지良知가 미발지중을 의미하는 것이었다. 주자는 이理의 본체를 미발지중으로 보았다면, 왕양명王陽明은 본체가 양지의 본체요, 작용은 양지의 작용이라 하여 양지의 체용 양 측면에서 미발지중을 언급하고 있다. 구체적으로 말해서 주자朱子의 입장에서 《중용》 1장의 미발지중은 무극이나 태극을 말한다. 곧 유교에 있어서 미발지중의 경지를 음양오행이 발하기 전의 상태로서 태극 또는 무극과 같은 본체의 경지를 밝힌 것이다.

이와 같은 맥락에서 소태산 대종사도 자사의 미발지중이 허무적멸이 아니면 적연부동한 중中이 될 수 없다고 《대종경》 변의품 20장에 밝힘으로서 태극도설의 무극·태극, 《논어》의 인仁, 《중용》의 미발지중, 《대학》의 명명덕, 《맹자》의 인의예지 등을 같은 경지로 일치시키고자 했다. 이 모든 것은 원불교 일원상의 본체 자리에서 보면 유·불·도 3교의 진리가 하나로 용해되고 있음을 알게 해준다.

우리는 미발지중 공부를 어떻게 할 것인가?

《중용》의 원문을 보면 "희로애락지미발위지중喜怒哀樂之未發謂之中'이라 했다. 아직 희로애락이 발현하지 않은 상태를 중中으로 표현하였다. 이와 비슷한 법문이 있다. 《대종경》 불지품 8장에 보면 "중생은 희·로·애·락에 끌려서 마음을 쓰므로 이로 인하여 자신이나 남이나 해를 많이 보고, 보살은 희·로·애·락에 초월하여 마음을 쓰므로 이로 인하여 자신이나 남이나 해를 보지 아니하며, 부처는 희·로·애·락을 노복奴僕같이 부려 쓰므로 이로 인하여 자신이나 남이나 이익을 많이 보느니라.”고 하였다.

또한 기쁘고 화나고 슬프고 즐거운 일. 세상을 살아가면서 겪게 되는 갖가지 일을 통하여 느끼는 모든 감정을 흔히 네 가지로 말한다. 소태산 대종사는 “정신의 수양력으로도 애착 탐착이 거의 떨어져서 희로애락과 원근친소에 끌리는 바가 드물고”[《대종경》 수행품 9장]라 하여 정신수양이 되면 희로애락에 끌리지 않는 것으로 보았다. 또한 정산 종사는 항상 나라는 상相이 가운데 있어서 시비를 제대로 알지 못하는 사람이 자타 없이 밝히는 방안에 대하여 “희로애락에 편착하지 아니하며, 마음 가운데에 모든 상을 끊어 없애면 된다.”[《대종경》 수행품 26장]라고 했다.

그러나 소태산은 희로애락을 없애는 대상으로 삼는 것은 경계하고 있다. “나는 그대들에게 희로애락의 감정을 억지로 없애라고 가르치는 것이 아니라, 희로애락을 곳과 때에 마땅하게 써서 자유로운 마음 기틀을 걸림 없이 운용하되 중도에만 어그러지지 않게 하라고 하며”[《대종경》 수행품 37장]라고 하고 있다. 이를 보면 희로애락의 감정들을 없애기보다는 걸림 없이 중도로써 운용할 것을 당부하고 있다.

다시 말하면 우리가 직접 세상의 경계를 대하여 공부를 하는 데 있어서 희로애락이라는 감정을 어떻게 조절하고 또 사용하느

나에 따라서 불보살이 될 수도 있고 중생이 될 수도 있으며, 또는 군자가 될 수도 있고 소인이 될 수도 있으며, 또는 성현이 될 수도 있고 범인이 될 수도 있음을 알아야 한다. 그리하여 희로애락을 내가 주체가 되어 사용은 할지언정 희로애락에 국집局執이 되거나 계박繫縛이 되어 질질 끌려다녀서는 안 된다.

頌曰

1. 夫中庸册者 부중용책자 — 대범 중용이라는 책은
   孔裔子思文 공예자사문 — 공자의 후예인 자사의 글로
   誠謂全篇骨 성시전편골 — "정성 성"자가 전편 골자라 이르니
   心身體得勤 심신체득근 — 심신으로 체득하기에 부지런 할지라.

2. 未發時中者 미발시중자 — 아직 발하지 않았을 때의 중이란
   此書重理源 차서중리원 — 이 글(책)의 중요한 이치요 근원이니
   是含原性道 시함원성도 — 이는 원래 성과 도가 머금어졌고
   兼併敎行門 겸병교행문 — 아울러 교가 행해지는 문이어라.

3. 喜怒兼哀樂 희로겸애락 — 기쁨과 성냄 아울러 슬픔과 즐거움
   不過是感情 불과시감정 — 이는 감정에 지나지 않는 것이네
   眞中無雜物 진중무잡물 — 참 중 자리는 사물에 섞임이 없으니

未失自淸明 미실자청명 잃지 않으면 저절로 맑고 밝으리라.

4. 起心非動念 기심비동념 마음 일어나고 생각 움직이지 않으면
   未發怒哀時 미발노애시 아직 성냄과 슬픔 발하지 않을 때이라
   是謂原來性 시위원래성 이를 원래의 성품이라 이르나니
   淸明至寂儀 청명지적의 맑고 밝아 지극히 고요한 大本이네.

명명덕 明明德
: 대학大學

도표로 그리면 다음과 같다.

원문	대종경	축자해역(逐字解譯)
明明德	(허무적멸)이 아니면 명덕을 밝힐 수 없는 바라.	밝은 덕을 밝힌다.

글자와 단어를 풀어보면

- 명明 : 밝을 명. 밝다. 환하다.
- 덕德 : 큰 덕. 덕. 행위. 어진 이.
- 명덕明德 : 공명정대하며 도리에 맞는 행동.
- 명명덕明明德 : 밝은 덕을 밝히다.

• 인仁 : 어질 인. 어질다. 자애.

《대학大學》이란 어떠한 책인가?

《대학》이란 유교의 경전에서 공자의 가르침을 정통正統으로 나타내는 사서四書 중 중요한 경서經書이다. 본래 《예기禮記》의 49편에서 《대학》은 제42편이었던 것을 송宋의 사마 광司馬光이 처음으로 따로 떼어서 《대학광의大學廣義》를 만들었다고 한다. 그 후 주자朱子가 《대학장구大學章句》를 만들어 경經 1장章, 전傳 10장으로 구별하여 주석註釋을 가하고 이를 존숭尊崇하면서부터 널리 세상에 퍼지게 되었다.

주자는, 경은 공자의 말씀을 증자曾子가 기술記述한 것이고, 전은 증자의 뜻을 그 제자가 기술한 것이라고 단정하였다. 경에서는 "명명덕[明明德, 명덕을 밝히는 일]·신민[新民, 백성을 새롭게 하는 일]·지지선[止至善, 지선에 머무르는 일]"을 《대학》의 3강령三綱領이라 하고, "격물格物·치지致知·성의誠意·정심正心·수신修身·제가齊家·치국治國·평천하平天下"의 8조목八條目으로 정리하여 유교의 윤곽을 제시하였다. 실천과정으로서는 8조목에 3강령이 포함되고, 격물 즉 사물의 이치를 구명究明하는 것이 그 첫걸음이라고 하였다. 이것이 평천하의 궁극 목적과 연결된다는 것이 대학의 논리이다. 전은 경의 설명이라는 뜻이다.

주자는 본문에 착간[錯簡, 책장 또는 편장의 순서가 잘못된

것]과 오탈誤脫이 있다 하여 교정하고, 또 '격물'의 전을 보충하였
다. 명明의 왕양명王陽明이 주자학을 비판하면서부터 주자의 《대
학장구》, 특히 그 보전補傳은 유학자 간 논쟁의 중심 문제가 되었
다. 왕양명은 《대학고본大學古本》에 따라 《대학고본방석大學古本旁
釋》을 지었다.

《대학》의 저자는 과연 누구일까?

중국에서 유교가 국교로 채택된 한대漢代 이래 오경이 기본 경
전으로 전해지다가 송대에 주희朱熹가 당시 번성하던 불교와 도
교에 맞서는 새로운 유학性理學의 체계를 세우면서 《예기》에서
《중용》과 《대학》의 두 편을 독립시켜 사서 중심의 체재를 확립
하였다고 한다.

《대학》의 저자에 대해서는 여러 가지 설이 있는데, 전통적으
로는 《중용》과 《대학》이 공자의 손자인 자사子思가 지었다는 견
해가 지배적이라고 하지만 어느 면에서는 《중용》은 자사가 짓고
《대학》은 증자曾子가 지었다고도 한다.

《공자세가孔子世家》에는 송나라에서 급[伋, 子思]이 지었다고
기록되어 있고, 한나라 때 학자인 가규賈逵도 공급孔伋이 송에서
《대학》을 경經으로 삼고 《중용》을 위緯로 삼아 지었다고 하며, 정
현鄭玄도 이 설을 지지하고, 송대의 정호程顥·정이程頤는 '공 씨가
남긴 책'이라고만 언급하였다.

주희는 전을 '증자의 사상을 그의 문인이 기술한 것'이라 하였는데, 자사가 바로 증자의 문인이기 때문에 그의 주장도 《대학》은 자사의 저작이라는 견해로 받아들여질 수 있다.

청대淸代에 오면 실증적·고증적으로 검토, 비판하는 학풍이 일어나면서, 종래의 자사 저작설도 비판되어 진한秦漢 사이에 또는 전국시대 어느 사상가의 저작이라는 설, 자사가 지은 것이 틀림없다는 설 등이 있으나, 유가의 학자가 지은 것이라는 점에 대해서는 대체로 일치한다고 할 수 있다.

《대학》의 저자인 증자曾子는 어떤 사람인가?

증자[曾子, B.C. 506~B.C. 436] 중국 춘추시대의 유학자이다. 공자의 도道를 계승하였으며, 그의 가르침은 공자의 손자 자사를 거쳐 맹자로 이어지며 동양 5성의 한 사람으로 이름은 삼[參, 참이라고 부르기도 함], 자는 자여子輿이며, 산동성山東省에서 출생하였다. 증점曾點의 아들이다. 공자孔子의 고제高弟로 효심이 두텁고 내성궁행內省躬行에 힘썼으며, 노魯나라 지방에서 제자들의 교육에 주력하였다. 공자가 제자들을 모아 놓고 '나의 도는 하나로써 일관한다[吾道一以貫之]'고 말했을 때 다른 제자들은 그 말의 참뜻을 몰라 생각에 잠겼으나, 증자는 선뜻 '부자夫子의 도는 충서忠恕뿐이라'고 해설하여 다른 제자들을 놀랍게 하였다는 이야기는 유명하다.

《효경孝經》의 작자라고 전해지나 확실한 근거는 없으며, 현재

전하는 《효경》은 진한시대秦漢時代에 개수한 것이라는 설도 있다. 증자의 사상은 《증자》 18편篇 가운데 10편이 《대대례기大戴禮記》에 남아 전하는데, 효孝와 신信을 도덕 행위의 근본으로 한다. 그는 공자의 도道를 계승하였으며, 도맥道脈이 공자의 손자인 자사子思를 거쳐 맹자孟子에게 전해져 유교사상사儒敎思想史에서 중요한 위치를 차지한다. 공자·안자顔子·자사·맹자와 함께 동양 5성五聖으로 꼽히고 있다.

《대학》이 우리나라에 들어온 경로는 어떠한가?

《대학》은 우리나라에 언제 들어왔을까? 《대학》은 《예기》 가운데 한 편의 형태로 우리나라에 들어왔을 것이라 추측된다. 7세기경의 신라 임신서기석壬申誓記石에는 《예기》를 《시경》·《서경》과 함께 습득할 것을 맹세하는 화랑의 이야기가 담겨 있다. 372년[소수림왕 2년]에 세운 태학太學을 관장한 사람이 오경박사五經博士였으니, 고구려에서도 일찍부터 《예기》가 교수 되고 있었음을 알 수 있다. 통일신라기에도 국학 3 과정과 독서삼품과의 과목으로 《예기》는 중요시된 경전이었다.

고려의 유교 학풍은 경전 중심이어서 예종 때의 국학칠재國學七齋와 사학私學 등에서도 경연의 주요과목으로 《예기》가 자주 강론되었다. 조선 태조는 《대학》의 체재를 제왕의 정치 귀감으로 편찬한 송대 진덕수眞德秀의 《대학연의大學衍義》를 유창[劉敞, 초명은 경敬]으로 하여금 진강進講하게 하였다. 그 뒤《대학연의》를 어전에서 강의하는 전통이 마련되었다.

주희가 독립시킨《대학》은 1419년[세종 1년]《성리대전》·《사서오경전》이 명나라로부터 수입될 때 함께 들어왔다.

주희의《대학장구》에 대한 최초의 비판은 이언적李彦迪에서 비롯된다. 그는《대학장구보유大學章句補遺》에서 주희의 일경십전一經十傳을 일경구전一經九傳으로 산정刪正하면서 편차의 오류를 지적하였다.

주자학이 관학으로 정립되고 성현의 편언척구片言隻句가 신성시되던 조선 중기에는 주희의 체계를 긍정한 바탕에서 나름의 해석을 모색하는 데 그쳤다.

이와 같은 고식적인 풍토에 반발한 윤휴尹鑴는《대학고본별록大學古本別錄》과《대학전편대지안설大學全篇大旨按說》에서 주희의 방법론적 준거였던 '격물格物'이 지적 탐구가 아니라, 종교적 경건으로 해석되어야 하며, 본래《예기》안에 있던《대학고본》이 아무런 착간도 없는 정본定本임을 주장하였다.

박세당朴世堂은《대학사변록大學思辨錄》에서 철저한 고증에 의해《대학》이 복원되어야 하며, 주희가 가한 해석이 지나치게 형이상학적이고 고답적이라 비판하면서, 구체적 실천의 관점을 강조하였다.

정약용丁若鏞은 정조와의 문답을 정리한《대학강의大學講義》, 그리고 《고본대학》에 입각해 《대학》 본래의 정신을 탐색한 《대학공의大學公議》를 저술해 명명덕明明德·신민新民만으로도 강령이 될 수 있으며 격물格物·치지致知는 팔조목에 들 수 없다 하여, 격물·치지에 입각한 성리학적 사유의 재검토를 촉구하기도 하였다.

명명덕明明德이란 과연 무엇을 말하는 것일까?

• 《대학》은 곧 태학太學이다. 태학이란 중국 고대의 중앙관학中央官學을 말하는 것으로 중국 고대 교육체계 가운데서 최고의 학부學府이다. 이는 주조周朝에 이미 태학太學이라는 이름이 있었으니 당시에 중앙에서 설립한 최고의 대학이다.

예기禮記 《대대례기大戴禮記》 〈보부保傅〉에 '황제가 태학에 들어가 스승을 공경하며 도를 물었다[帝入太學 承師問道]'고 하였다. 또한 한대漢代에 처음 태학太學을 중앙인 서울에 설립하였다.

그러나 이 태학이 바로 국학國學인 것만은 틀림이 없으나 이 국학은 훗날 유학儒學만이 정통 학문이라 해서 교육하는 기관과는 다른 바가 많이 있다.

서한西漢 때에는 장안[長安, 지금의 西安]에 태학을 설립하였고 동한東漢이나 서진西晉 때는 낙양洛陽에 태학을 설립하였으며 동진東晉 때는 건강[建康, 지금의 南京]에 태학을 설립하였다. 또한 진대晉代에는 오로지 공경대부公卿大夫들의 자제를 학습하는 국자학國子學과 태학을 분립하여 국자제주國子祭酒가 태학을 장령掌領하게 하였다. 또한 남북조南北朝 이후를 거치면서 수대隋代에 국자감國子監이라 명명하여 고대 중국의 최고 학부로 삼았었다.

이 대학[大學=太學]을 선진先秦 이전 주대周代에는 벽옹辟雍이라 하였고, 우순虞舜 때에는 상상上庠이라 하였으며, 오제五帝 때에는 성균成均이라 하였고, 한漢 이후는 태학太學이라 하였으며, 수조隋朝 이후로는 국자감國子監으로 이어오다가 청말淸末에 폐지하고 과거제도科擧制度를 도입하였다.

우리나라는 고려 시대 국자감國子監에 설치된 6학六學의 한 분과分科를 대학大學이라고 부른다. 인종仁宗이 국자감의 내용을 확충·정비하면서 6학을 세울 때 국자학國子學·사문학四門學·율학律學·서학書學·산학算學 등과 함께 설치되었다. 문무관 5품 이상의 자손이나 3품 이상의 증손 및 훈관勳官, 3품 이상 유봉자有封者의 아들만 입학 자격이 주어졌다. 박사博士·조교助敎를 두었으며 수업연한은 9년이었다. 《효경孝經》·《논어論語》·《서경書經》·《춘추春秋》·《역경易經》·《주례周禮》 등 유학의 주요 경전을 중점적으로 가르치고 산술·시무책時務策을 익히며 틈나는 대로 《국어國語》·《설문說文》·《자림字林》·《삼창三倉》·《이아爾雅》 등을 겸해서 읽게 했다. 정원은 300명이었다.

• 우리가 학문을 하는데 있어서 최고라고 할 수 있는 점을 어디다 두어야 하는가? 이는 이인利人과 이기利己에 두어야 한다. 학문을 한다하여 다른 사람과 다른 것처럼 생각하고 처세를 할 것

이 아니라 나의 학문이 자신의 맑고 밝은 덕[淸明之德]을 회복하여 탐욕이나 무명이나 업장에 가리고 물들고 어두워진 바가 없게 하자는 것이 첫째이며, 더 나아가 이런 학문을 통해서 대중을 교도教導하여 세상의 모든 사람들이 진眞, 선善, 미美의 인생 노정路程을 걸어가게 하자는 것이 최고의 학문을 하는 소이所以 즉 두 번째라고 할 수 있다.

《대학》의 첫 장에 "대학의 도는 밝은 덕을 밝히는데 있으며, 백성을 새롭게 하는데 있으면, 지극한 선에 그침에 있나니라[大學之道 在明明德 在新民 在止於至善]."고 하였다.

이 첫 장의 글에서 보면 '밝은 덕을 밝힌다明明德'는 의미는 이기利己의 학문하는 자세라고 할 수 있고, '백성을 새롭게 한다[新民]'는 의미는 이인利人의 학문하는 자세라 할 수 있으며, '지극한 선에 그친다[止於至善]'는 의미는 개인이든 백성이든 위정자든 가릴 것 없이 지극한 선으로 옮아가야 한다는 의미를 내포한 것으로 대기대타對己對他의 행동거지行動擧止를 말하고 있다.

특히 여기서 말하는 '귀결처歸結處로서의 지선至善'은 고정된 절대 선의 개념이 아니라 집[家]과 나라[國]와 세상[天下]이라는 시간과 공간의 무대에 올려 그야말로 무진장으로 시용施用이 될 수 있어야 한다.

예를 들면 유가의 정통적인 윤리倫理에 있어서 오륜五倫 그대로가 선善이라고 할 수 있다. 물론 엄밀히 따지면 지선至善은 아닐지

모르지만 분명 선善은 선善이다.

오륜은

부모와 자식은 친함이 있어야 하고父子有親,

임금과 신하는 의리가 있어야 하며君臣有義,

지아비와 지어미는 분별이 있어야 하고夫婦有別,

어른과 어린이는 차서가 있어야 하며長幼有序,

벗과 벗은 신의가 있어야 한다朋友有信이다.

이는 어떤 처지에서 누구에게 적용을 할지라도 선善이라고 볼 수 있기 때문에 이를 잘 실행하는 것이 올바른 선을 밟아나가는 것으로 경우에 따라서 지선至善일 수도 있고 보통의 선일 수도 있다.

이 오륜에 대해 정산 종사는 〈경의편〉 62장에서 "오륜은 동양 윤리의 도덕 표준으로서 가정 사회 국가의 모든 규범이 이에 근본 하여 세워져 있던 것이나, 근래에 와서는 이 법이 해이해지고 실천의 능력이 약화하였으므로, 이를 시대에 맞도록 하여야 할 것이니 '부자유친父子有親 군신유의君臣有義 부부유별夫婦有別 장유유서長幼有序 붕우유신朋友有信'을 '부모와 자녀는 친함이 있으며, 위와 아래는 의리가 있으며, 남편과 아내는 화함이 있으며, 어른과 어린이는 차서가 있으며, 동포와 동포는 신의가 있으라'로 함이 그 법의 본의를 살려서 전성의 뜻을 원만히 이룩하는 길인가 하노라"고 하였다.

또한 오륜에 대한 범론적泛論的인 입장에서 말하자면《원불교대사전》에서 잘 밝혀주고 있다. 유교에서 밝힌 인간으로서 마땅히 지켜야 할 다섯 가지 기본적인 윤리. 곧 부자유친父子有親·군신유의君臣有義·부부유별夫婦有別·장유유서長幼有序·붕우유신朋友有信을 말한다.

'오륜'이란 말은 명대 선종宣宗이 《오륜서五倫書》를 편찬하고, 이 책을 영종英宗이 널리 보급함으로써 일반화되었다. 오륜은《서경書經》〈순전舜典〉에서 언급한 〈오전五典〉과 〈오교五敎〉에서 기원을 찾기도 하나《맹자孟子》와《중용中庸》에 처음으로 분명하게 언급된다.《맹자》〈등문공상〉에 "사람의 도가 있는데 배부르게 먹고 따뜻하게 입고 편안히 거처하면서 가르침이 없다면 곧 금수와 가까워짐으로 성인이 이를 염려해 설을 사도로 삼아 인륜을 가르쳤으니 부자는 친함이 있어야 하고, 군신은 의리가 있어야 하며, 부부는 차별이 있어야 하고, 늙고 어린 사람에게는 순서가 있어야 하며, 벗에게는 믿음이 있어야 하니라[人之有道也 飽食煖衣 逸居而無敎 則近於禽獸 聖人有憂之 使契爲司徒 敎以人倫 父子有親 君臣有義 夫婦有別 長幼有序 朋友有信]."이라 했다.《중용》에서는 군신·부자·부부·곤제·붕우의 다섯 가지의 관계를 오달도五達道라고 하여 오륜이 인간의 가장 기본적인 윤리 규범임을 천명하고 있다.《맹자》와《중용》에서 제시된 오륜사상은 한대에 유학이 관학화 됨에 따라 일반 윤리로 널리 보급되었다.

유학사에서 오륜이 사상적으로 특히 강조된 것은 송대의 주자

朱子에 의해서였다. 주자는 〈백록동서원학규白鹿洞書院學規〉의 첫머리에서 그 중요성을 강조했고 《소학小學》에서도 다섯 가지 인륜으로 내세웠다. 유가의 윤리는 인간 본성의 자연스러운 발로에 기반하고 있다. 부모와 자녀의 관계를 가장 기본적인 인간관계라고 보고 이의 확대에 주목한다. 부모자녀의 관계가 형제, 사회, 국가의 관계로 확대된다. 사회·국가는 가정의 확대된 형태라고 할 수 있다. 효孝를 모든 윤리적 행위의 근본으로 삼는 이유가 여기에 있다.

※ 참고로 〈백록동서원학규白鹿洞書院學規〉의 전문은 다음과 같다.

父子有親 君臣有義 夫婦有別 長幼有序 朋友有信
右五教之目 堯, 舜使契爲司徒 敬敷五教 即此是也. 學者學此而已
而其所以學之之序 亦有五焉 其別如左
博學之 審問之 謹思之 明辨之 篤行之
右爲學之序 學, 問, 思 '辨四者 所以窮理也 若夫篤行之事 則自修
身以至於處事, 接物, 亦各有要 其別如左
言忠信 行篤敬 懲忿窒慾 遷善改過
右修身之要
正其義不謀其利 明其道不計其功
右處事之要
己所不欲 勿施於人 行有不得 反求諸己
右接物之要

熹竊觀古昔聖賢所以教人爲學之意, 莫非使之講明義理, 以修其身, 然後推以及人, 非徒欲其務記覽, 爲詞章, 以釣聲名, 取利祿而已也. 今人之爲學者, 則旣反是矣. 然聖賢所以教人之法, 具存於經, 有誌 之士, 固當熟讀, 深思而問, 辨之. 苟知其理之當然, 而責其身以必 然, 則夫規矩禁防之具, 豈待他人設之而後有所持循哉? 近世於學 有規, 其待學者爲已淺矣. 而其爲法, 又未必古人之意也. 故今不復 以施於此堂, 而特取凡聖賢所以教人爲學之大端, 條列如右, 而揭之 楣間. 諸君其相與講明遵守, 而責之於身焉, 則夫思慮云爲之際, 其 所以戒謹而恐懼者, 必有嚴於彼者矣. 其有不然, 而或出於此言之所 棄, 則彼所謂規者, 必將取之, 固不得而略也. 諸君其亦念之哉!

부자간의 천륜을 중시하고, 그 천륜을 자연스럽게 발전시키는 것이다. 사회, 국가 윤리는 결국 가정 윤리의 확대라고 할 수 있 다. 《속근사록續近思錄》에서 주자는 "부자와 형제는 천속[天屬=天 倫]이고, (부부 군신 붕우)는 인륜에 합당한 것으로 그 셋이 차지 하는 것이니 부부는 천속을 이음으로 말미암는 것이고, 군신은 천속의 거주에 완전한 것이며, 붕우는 천속이 의지해 바르게 되 는 것이라. 이것은 인도의 기강이 되는 것이고 인극이 세워지는 것으로 가히 하루라도 편협하고 폐지하여서는 안 되니라[父子兄 弟爲天屬而以人合者居其三焉 夫婦者 天屬之所由以續者也 君 臣者 天屬之所賴以全者也 朋友者 天屬之所賴以正者也 是則所 以綱紀人道 建立人極 不可一日而偏廢]."고 했다.

따라서 오륜은 천륜을 지속시키고, 이를 바르게 하며, 이를 완성케 하는 것이라고 할 수 있다. 실천적 면에서 보다 강조되는 것은 군신·부자·부부의 관계이다. 그러나 한대에 중앙집권적·가부장적家父長的 통치 체제가 구축되면서 종속적 윤리 성격을 띠게 되고 군신에 있어서는 신하의 충忠, 부자에 있어서는 자식의 효孝, 부부에 있어서는 지어미의 열烈이 강조되었다.

오륜이 우리나라에 전래 소개된 것은 유가의 전래와 함께했다고 할 수 있다. 신라 화랑의 세속오계世俗五戒에서도 대체적인 정신이 서로 통하고 있음을 볼 수 있다. 그러나 오륜이 적극적으로 강조된 것은 주자학의 전래 이후라고 할 수 있다. 주자학이 전래한 고려 충렬왕 때 이래로 점차 강조되었다고 추정되고 본격적으로 오륜이 장려된 것은 유교가 관학이 된 조선조에서이다. 1431년[세종 14년]《삼강행실도三綱行實圖》간행, 1518년[중종 13년]《이륜행실도二倫行實圖》간행, 1797년[정조 21년]《오륜행실도五倫行實圖》간행은 이러한 상황을 반영하였다고 볼 수 있다.

특히《오륜행실도》는 오륜의 표본이 되는 인물과 사실을 그림으로 그리고, 한문과 국문으로 그 사실을 설명하고, 다시 시로서 읊고, 마지막으로 그를 찬양하는 찬贊을 실었다.《오륜행실도》의 서문에는 '먼저 그림으로 그려서 누구나 보고 알 수 있게 하고, 국문으로 설명하여 글자를 아는 사람이면 누구나 쉽게 읽을 수 있게 했으며, 시를 읊어 정감에 호소함으로써 감동의 깊이를 더하게 한 것'이라고 했다. 이를 통해 조선왕조가 얼마나 오륜을 강조했는가를 알 수 있다.

• 명명덕明明德에 있어서 덕德은 어떠한 의미일까? 덕을 한마디로 말하자면 '인간으로서 마땅히 지켜야할 도리道理, 또는 인간의 이름에 합당한 행동기준으로 선·덕·의무·윤리[善·德·義務·倫理] 같은 것을 말한다.'고 할 수 있다.

이러한 관점에서 도덕과 법률은 같은 근원에서 발생한 것이지만 사회가 다양화되고 복잡해짐에 따라 법은 사회의 외적 규제로 도덕은 개인의 내적 규제로 분화되었다고 할 수 있다.

만일에 사람들이 사는 사회에서 법을 지키지 않을 때 혼란이 오듯이 인간이 도덕을 지키지 않을 때 자기모순과 갈등이 일어나고 사회도 큰 혼란과 무질서, 가치관의 상실이 있게 된다.

그러므로 법을 지키는 것 이상으로 인간은 마땅히 도덕적 규범을 잘 지키며 자신이 자신을 다스리고 혼탁混濁이나 불의不義나 이기利己나 악집단惡集團으로 옮아가지 않도록 근신謹愼과 조신操身을 지키고 주의注意와 조행操行을 하면서 살아야 한다.

그러므로 사회의 모든 구성원이 다른 사람 또는 집단, 사회에 대한 관계에서 양심에 의하여 다각적으로 지켜야 할 행동준칙과 규범이나 도덕은 사회를 유지하고 공고 발전시키는 데 없어서는 안 될 필수적인 요인이다. 그것은 사회와 역사가 발전함에 따라 달라지며 계급사회에서는 반드시 계급적 성격을 띤다.

무릇 동양에 있어서 도덕이란 말은 유교적인 어감이 강하고,

실상 유교의 이상을 나타내는 것이기도 하여 근대에 이르러서는 흔히 '윤리'라는 용어로 쓴다. 그리스어의 Ethos, 라틴어의 Mores, 독일어의 Sitte 등이 모두 습속習俗이란 뜻인 것과 같이, 원래 도덕이란 자연환경의 특성에 순응하고 각기 그 집단과 더불어 생활하여 온 인간이 한 구성원으로서 살아간 방식과 습속에서 생긴 것이다. 즉 생활양식이나 생활 관습의 경험 정리에서 공존을 위해 인간 집단의 질서나 규범을 정하고 그것을 엄격하게 지켜나간 데서 도덕이 생겨났다고 할 수 있다.

덕은 사람의 재예才藝와 선행善行이라고 할 수 있다.

《예기禮記》곡례曲禮에 "도덕과 인의가 예가 아니면 이뤄지지 않는다[道德仁義 非禮不成]."라고 하였다. 이를 주석한 정현鄭玄은 "주례에 이르기를 '도란 재주와 기예가 많은 것이요 덕이란 몸소 행하는 것을 지금은 도덕이라 이른다.'고 하였다. 크므로 말하자면 만사를 포괄하는 것이요, 작으므로 말하자면 사람의 재예와 선행이지만 크고 작음을 물을 것 없이 다 예로써 행하나니 이 예가 도덕의 도구가 되는지라 그러므로 '예가 아니면 이루지 못한다.'고 이른 것이라 사람의 재예와 선행은 도덕을 얻은 자라야 몸에 재예가 있어서 이에 열고 통함을 얻게 되고 몸에 아름다운 선이 있어서 이치에 얻음이 되나니, 그러므로 도덕이라 일컫는다[周禮云 '道多才藝 德能躬行' 今謂道德 大而言之 則包羅萬事 小而言之 則人之才藝善行 無問大小 皆須禮以行之 是禮爲道德之

具 故云‘非禮不成’人之才藝善行 得爲道德者 以身有才藝 事得
開通 身有美善 於理爲得 故稱道德也].”고 하였다.

• 《대학》의 주자朱子 집주集註에 “명덕이란 사람이 하늘에 얻은
바로 비고 신령하여 어둡지 않아 뭇 이치를 갖추어 모든 일에 응
하느니라[明德者 人之所得乎天而虛靈不昧 以具衆理而應萬事
者也].”는 문구가 있다.

이 글귀에서 명明을 ‘허령불매虛靈不昧’라고 하고 덕德을 ‘구중리
이응만사具衆理而應萬事’라고 할 수 있는데 여기서 ‘허령불매’는 ‘심
心’이고 ‘구중리具衆理’는 ‘성性’이고 ‘응만사應萬事’는 ‘정情’으로 ‘명
덕明德’이란 ‘심心, 성性, 정情’을 모두 포함하는 개념이라고 할 수
있다.

그리고 허령불매虛靈不昧 하기 때문에 구중리具衆理하고 응만사應
萬事 할 수 있어서 심통성정心統性情을 표현하는 말로도 쓸 수 있다.
이를 체體와 용用으로도 설명할 수 있는데, 허령虛靈은 심心의 본本
이요, 허虛는 심지체心之體이고 영靈은 심지용心之用이다. 따라서 구
중리具衆理는 덕지체德之體이고 응만사應萬事는 덕지용德之用이라고
할 수 있다.

그래서 명덕明德을 ‘마음’의 별칭으로 표현하기도 한다. 명덕明
德의 정의는 틀림없는 마음이다.

《맹자》〈진심상〉의 집주에 “마음은 사람의 신명이니 뭇 이치
를 갖추어 모든 일에 응하느니라[心者 人之神明 所以具衆理而

應萬事者也].”라고 하였는데 심心의 정의와 별반 다를 것이 없어 보인다. 명덕明德은 일단 일상에서 쓰는 심心과 같이 상용할 수 있는 말이다. 명덕과 심心은 통용하는 말이다.

그러나 명덕이라는 말이 있고, 심이란 말이 존재한다면 명덕이라고 쓸 때와 심이라고 쓸 때의 구분은 있다. 심은 마음을 나타내는 말로서는 가장 범위가 넓은 말이다. 명덕은 심에 비하여 사용 범위가 좁다. 마음을 통틀어 말하면 심心인 것이다.

우리가 명明에 초점을 맞추면 명덕明德으로 표현된 마음은 마음의 밝은 부분만을 말하고 명덕을 기준으로 마음을 말하면, 사람사람의 마음은 다 같다. 성인의 마음[明德]과 범인의 마음[明德]이 다 같다는 말이다.

그러나 심心을 기준으로 말하면 사람사람이 다르고 성인과 중인이 더욱 다르다. 성인의 마음은 밝고 맑고 순수하지만 중인의 마음은 탁하고 박駁하다.

《중용》에 “솔성지위도率性之謂道”라 하였다. 즉 ‘性을 따르는 것을 일러 도라 한다’는 말이다. 이렇게 보면 명덕明德은 곧 도심道心의 다른 말이니 바로 명덕이 도심이라고 할 수 있다.

그러므로 명명덕明明德은 도심을 밝히는 것이라고 할 때 이 도심은 인심과 상대되는 도심이 아닌 절대의 도심道心이라고 할 수 있다.

• 덕이라는 의미는 우주가 만물에 ‘봄에는 내고 여름에는 기

르며 가을에는 거두고 겨울에는 갈무리를 한다[春生夏長秋收冬藏]'고 할 수 있는데 이런 가운데 무한한 은혜가 입혀져서 만물이 숙살肅殺을 이루며 무한히 뻗어가고 성장할 수 있게 된다.

사람은 어떨까? 사람도 얼마든지 덕을 베풀 수 있다. 자신의 처지와 또 지닌 것을 가지고 구빈救貧을 할 수도 있고, 질병疾病을 치료해 줄 수도 있으며, 아는 것을 전달해 줄 수도 있고, 물질을 베풀어 줄 수도 있으며, 장학사업 등 여러 가지 방법으로 도움을 주어서 사람의 삶을 질적으로 향상해가는 것이 덕이라고 할 수 있다.

또한 덕이라는 것은 안에 있는 마음의 정감情感 혹은 신념을 가리키는 것으로 인륜에 쓰면 바로 본성本性이요 품덕品德이다. 유가儒家의 입장에서는 덕이 충忠과 효孝와 인仁과 의義와 온량溫良과 공경恭敬과 겸양謙讓 등을 포괄하고 있는 것이라고 보아야 한다.

그러면 명덕明德은 무엇일까? 명덕은 인성人性의 외적 표현이니 그 표현이 내면에 바탕을 두고 때로는 은혜恩惠로 나타나기도 하고 때로는 자비慈悲로 나타나기도 하며 때로는 어짊仁으로 나타나기도 하고 때로는 사랑愛으로 나타나기도 하는데 이는 마치 어두운 밤에 등불과 같고 목마를 때 물과 같은 것이어서 누구에게나 이로움이 된다고 할 수 있다.

이러한 명덕은 한쪽의 편이거나 아니면 어떤 집단만의 전유물專有物이 아니라 개인이나 가정이나 사회나 국가나 세계에 은혜와 자비와 어짊과 사랑이 직접으로 때로는 간접적으로 미쳐져서 생령들이 안심입명安心立命의 길을 갈 수 있도록 다리를 놓고 홍선鴻船의 역할을 하는 것이라고 할 수 있다.

또한 명덕은 현실의 삶만을 표준으로 한 것은 아니다. 어디까지나 영생이라는 인생의 역정歷程에 나락奈落에 들어가지 않고 진급을 하며 진리를 알고 자신의 심성을 가꾸어 맑은 영혼靈魂을 지니고 살아갈 수 있는 방법을 말했다고 할 수 있다.

또한 명덕은 제생의세濟生醫世라는 원력을 바탕하여 개인적으로는 종교적인 교화를 통해서 맑게 정화淨化된 자아自我로 아름다운 삶을 엮어가도록 하고 사회나 국가적으로는 사람마다 생업에 종사하며 선업善業을 쌓아가고 따라서 국가는 질서나 법령이 지켜져서 맑고 밝은 사회국가가 되어 강자들만 사는 사회국가가 아니라 약자들도 마음 놓고 살아갈 수 있는 무량한 극락세계를 건설하자는 의미를 가지고 있다.

고전古典에서 간선揀選한 덕德

우리가 덕이라고 하면 어떤 도덕률道德律의 덕일 수도 있지만 사실 은덕恩德일 수 있고 자덕慈德일 수 있으면 인덕仁德일 수 있고 애덕愛德일 수 있다. 다시 말하면 이는 바로 은혜이요 자비이며 인이요 사랑이기 때문에 대덕은 무흔無痕이요 대덕은 무상無上이며 대덕은 무양無養이요 대덕은 무덕無德이라고 아니할 수 없다.

그런 의미에서 고전에서 덕에 대한 문구를 찾아보려고 한다.

•《광아廣雅》에 "덕은 얻는 것이라[德 得也]."라고 하였다.

•《이아의소·석언爾雅義疏·釋言》에 "덕은 얻는 것이니 사물의 마땅함을 얻는 것이라[德 得也 得事宜也]."라고 하였다.

•《주역 건괘周易 乾卦》에 "군자는 덕에 나아가고 업을 닦는다[君子進德修業]."그 주석에 당唐 공영달孔穎達은 "덕은 덕행을 이르고 업은 공업을 이름이라[德 謂德行 業 謂功業]."라고 하였다.

•《예기禮記》 곡례상曲禮上에 "도와 덕과 인과 의[道德仁義]"라 하였는데 주석에 "덕이란 이치를 얻음을 일컬음이라[德者 得理之稱]."고 하였다.

•《좌씨 환이左氏 桓二》에 "덕을 밝히고 그릇됨을 막는 것이라[昭德塞違]'"고 하였고, 그 주석에 "마음에 있어 덕이 되는 것이니 덕은 행동으로 아직 발하지 않는 것이라, 덕이란 얻는다는 것이니 안으로 마음에 얻고 밖으로 사물에 얻음을 이름이라[在心爲德 德是行之未發者也 德者 得也 謂內得於心 外得於物]."라고 하였다.

•《논어 위정論語 爲政》에 "인도하기를 덕으로써 하니라[導之以德]"하였고, 그 주석에 "덕은 얻는 것이라[德 得也]"고 하였다.

•《주례 지관 사씨周禮 地官 師氏》에 "아름다운 일을 왕에게 보고하고, 왕의 아들을 삼덕으로 가르치느라[掌以媺詔王 以三德敎國子]."고 하였고, 그 주석에 "덕행이란 안과 밖을 일컫는 것이니

마음에서는 덕이 되고 베풂에서는 행이 되느니라[德行 內外之稱 在心爲德 施之爲行]."고 하였다. 또한 정현鄭玄은 "나라 안의 아들이라 한 것은 공경대부들의 자제를 말하느니라[國子 公卿大夫之子弟]."고 하였다.

• 《서·홍범書·洪範》에 "여섯 번째 삼덕은 첫째는 정직함이요, 둘째는 강으로 다스림이요, 셋째는 유로 다스림이라[六三德 一曰 正直 二曰剛克 三曰柔克]."고 하였다. 그 주석에 삼덕은 "지극한 덕이요 명민한 덕이며 효성의 덕이라[至德 敏德 孝德也]."고 하였다. 여기서 덕에 대해서는 약간의 설명이 필요하다. 즉 한대漢代에는 사씨師氏가 국자國子를 삼덕으로 가르쳤는데 첫째 지덕至德은 도를 근본으로 삼았고, 둘째 민덕敏德은 행동을 근본으로 삼았으며, 셋째 효덕孝德은 거스르는 일은 나쁘다는 것을 알게 하였다고 한다.

• 《논어 술이》에 "도에 뜻을 두고 덕을 굳게 지키며 인에 의지하고 예에서 노닐지니라[志於道 據於德 依於仁 游於藝]."고 하였다.

• 《예기 악기禮記 樂記》에 "덕이란 성품의 실마리이니라[德者 性之端者也]."고 하였다.

• 《장자 천지莊子 天地》에 "덕을 잡는 것을 기라 이르니라[執德之謂紀]."고 하였는데 그 주석에 "덕이란 사람의 강요라[德者 人之綱要]."고 하였다.

•《회남자 무칭훈淮南子 繆稱訓》에 "덕이란 성품이 북돋는 바이라[德者 性之所扶也]."고 하였다.

•《한비자 해로韓非子 解老》에 "덕이란 사람의 생애를 세우는 것이라[德也者 人之所以建生也]."고 하였다.

•《좌씨 성 십육左氏 成 十六》에 "백성의 삶이 두터워야 덕이 바르다[民生厚而德正]"라고 하였고, 그 주석에 "덕은 사람의 성행을 이른다[德 謂人之性行]."라고 하였다.

•《대대례 사대大戴禮 四代》에 "하늘의 덕이 있고 땅의 덕이 있으며 사람의 덕이 있는데 이를 삼덕이라 이른다[有天德 有地德 有人德 此謂三德]."라고 하였다.

•《백호통 봉선白虎通 封禪》에 "땅은 두터움으로써 덕을 삼는다[地以厚爲德]."라고 하였다.

•《노자 도덕경》 51장에 "도는 낳고 덕은 기르고 물은 형성하고 세는 이루나니, 그러기에 만물은 도를 존중하고 덕을 귀하게 여기지 않을 수 없음이라 도를 존중하고 덕을 귀하게 여기는 것은 명령이 아니요, 늘 저절로 그렇게 되는 것이니라[道生之 德畜之 物形之 勢成之 是以萬物莫不尊道而貴德 道之尊 德之貴 夫莫之命而常自然]."고 하였다.

•《논형 서설論衡 書說》에 "실행을 덕으로 삼는다[實行爲德]."라고 하였다.

•《논어 헌문論語 憲問》에 "어떤 사람이 '덕으로써 원망을 갚으

면 어떠합니까?' 공자가 말씀하기를 '무엇으로서 덕을 갚으리오.'하였다. 그 덕에 대한 주석에 "덕은 은혜 베풂을 이름이니라[以德報怨 如何 何以報德 德 謂恩施也]."고 하였다.

• 《여씨춘추 보은呂氏春秋 報恩》에 "장의가 천하에 덕을 베푼 바이라[張儀 所德于天下者]."고 하였는데, 그 주석에 "덕은 은혜와 같으니라[德 猶恩也]."고 하였다.

• 《순자·왕제荀子·王制》에 "왕자의 정론이 있으니 덕이 없으면 귀하게 삼지 않고 능력이 없으면 관리로 등용하지 않으며 공덕이 없으면 상을 주지 않고 죄가 없으면 벌을 주지 않으며 조정에는 요행으로 지위를 차지한 신하가 없고 백성 중에는 요행으로 살아가는 사람이 없게 할지라[王者之論 無德不貴 無能不官 無功不賞 無罪不罰 朝無幸位 民無幸生]."고 하였다.

• 《순자 비십이자荀子 非十二子》에 "알지 못하면 묻고 능하지 못하면 배워야할지니 비록 능하더라도 반드시 사양을 한 그런 뒤에 덕이 되니라[不知則問 不能則學 雖能必讓 然後爲德]."고 하였다.

• 《삼국지·제갈량전三国志·诸葛亮传》에 "나[劉備]는 덕을 헤아리거나 힘을 헤아리지 못하고 천하에 큰 의로움의 믿음을 주고자 하니라[孤不度德量力 欲信大义于天下]."고 하였다.

• 《한시외전오韓詩外傳五》에 "천지 사이에 지극히 정밀하고 오묘한 것이 덕이라[至精而妙乎天地之間者 德也]."고 하였다.

• 《논어 이인論語 里仁》에 "덕은 외롭지 않고 반드시 이웃이 있느니라[德不孤必有隣]."고 하였다.

• 《장자 천지莊子 天地》에 "천지에 통하는 것이 덕이요 만물에 행해지는 것이 도이니라. 위에서 사람을 다스리는 것이 일이요 능히 익혀진 바가 기이니라. 기는 일에 겸하였고 일은 의에 겸하였으며 의는 덕에 겸하였고 덕은 도에 겸하였으며 도는 하늘에 겸하니라[通於天地者德也 行於萬物者道也 上治人者事也 能有所藝者技也. 技兼於事 事兼於義 義兼於德 德兼於道 道兼於天]."고 하였다.

• 《관자 심술管子 心術》에 "만물을 화육하는 것을 덕이라 이르니라[化育萬物謂之德]."고 하였다.

• 《신서 도덕설新書 道德說》에 "덕이란 변화가 물리에 미쳐서 나오는 바이라[德者 變及物理之所出也]."고 하였다.

• 《춘추좌전 희공春秋左傳 僖公》에 "능히 공경하면 반드시 덕이 있으니 덕으로써 백성을 다스린다[能敬必有德 德以治民]"라고 하였다.

• 《장자 천지莊子 天地》에 "덕인은 가만히 있어도 아무 생각이 없고 움직여도 아무런 생각이 없으며 시비나 좋다 나쁘다는 느낌을 마음에 간직하지 않느니라[德人者 居無思 行無慮 不藏是非美惡]."고 하였다.

• 《좌씨 성16左氏 成十六》에 "백성의 생활이 넉넉하면 덕이 바르

게 되니라[民生厚而德正].”고 하였다.

• 《장자 천지莊子 天地》에 “천지에 통하는 것이 덕이라[通於天地者 德也].”고 하였다.

• 고경에 말하기를 “덕이란 성능 가운데서 찾아야 하니라. 대범 덕은 도가 아니면 나타날 수 없고 도는 덕이 아니면 주체가 없으니 도 밖에서 덕을 찾으면 그 덕은 멀어지느라. 덕을 북돋고 도를 체득해야 그 공이 절실하게 되니라[德者 性能中求之耳 夫德非道則無著 道非德則無主 道外覓德 其德源矣 培德體道 其功切矣].”고 하였다.

• 오균吳筠이 말하기를 “덕이란 무엇인가? 천지의 품부된 것이요 음양의 바탕이라. 날줄로 오행이요 씨줄로 사시라. 임금은 기르고 스승은 가르쳐서 어둠과 밝음, 동물과 식물이 모두 그 마땅함을 펼치면 덕택이 흘러 다함이 없는 것이지만 뭇 생령은 그 공에 감사할 줄을 알지 못하고 은혜가 끝이 없지만 백성은 그 힘에 의뢰됨을 알지 못하게 되나니 이를 덕이라 이르니라[德者 何也? 天地所稟 陰陽所資 經以五行 緯以四詩 牧之以君 訓之以師 幽明動植 咸暢其宜 澤流無窮 群生不知謝其功 惠加無極 百姓不知賴其力 此之謂德也].”고 하였다.

• 사마승정司馬承禎이 말하기를 “살리는 것은 하늘의 큰 덕이요 땅의 큰 즐거움이며 사람의 큰 행복이라[生者 天之大德也 地之大樂也 人之大福也].”고 하였다.

• 《서경 강고書經 康誥》에 "능히 덕을 밝힌다[克明德]."라고 하였다.

• 《서경 태갑書經 太甲》에 "이에 하늘의 밝은 명령을 돌아본다[顧諟天之明命]."고 하였다.

• 《서전 제전書傳 帝典》에 "능히 높은 덕을 밝힌다[克明峻德]."라고 하였다.

頌曰

1. 大學中心敎 대학중심교 대학의 중심된 가르침은
   原明德在明 원명덕재명 원래 밝은 덕을 밝힘에 있다네
   三綱兼八目 삼강겸팔목 세 강령과 아울러 여덟 조목이
   斯冊本編成 사책본편성 이 책의 본래 엮임을 이뤘어라.

2. 重要玆大學 중요자대학 귀중하고 요긴한 이 대학은
   本義在治民 본의재치민 본래 뜻이 백성 다스림에 있으니
   賢者群人導 현자군인도 어진 자가 뭇 사람을 인도하려고
   理途提示伸 이도제시신 다스림의 길을 제시하여 펼침이라.

3. 大學吾邦入 대학오방입 대학이 우리나라에 들어와서
   國民敎育行 국민교육행 나라 백성 가르침을 행 하였네
   賢人原所意 현인원소의 어진 사람이 원래 뜻했던 바는

步義路心明 보의로심명　옳은 길 걸으며 마음을 밝힘이리.

4. 積德仁慈發 적덕인자발　덕을 쌓으면 어짊과 자비 발하고
   鴻功學道成 홍공학도성　큰 공은 도를 배움으로 이뤄지네
   本來賢性備 본래현성비　본래 어진 성품을 갖추었으니
   勿力外途明 물력외도명　바깥 길 밝히기를 힘쓰지 말라.

5. 夫存於學道 부존어학도　무릇 도를 배움에 있어서는
   賢備稟人程 현비품인정　어진 품격을 갖춤이 사람 길이네
   明德明持己 명덕명지기　밝은 덕을 밝혀서 몸에 지니면
   行程至善成 행정지선성　행하는 길 지극한 선을 이루리라.

6. 人行基準者 인행기준자　사람이 행해야할 기준이란
   善德義常倫 선덕의상윤　착함과 덕과 의리가 떳떳한 윤리이니
   雜藝心中棄 잡예심중기　잡다한 기예를 마음 가운데서 버리면
   生程美麗伸 생정미려신　사는 길이 아름답고 곱게 펼쳐지리라.

7. 古典多言德 고전다언덕　고전에 덕을 말함이 많으니
   人生指指標 인생지지표　인생의 지표를 가리킴이라
   恒遊斯位匿 항유사위익　항상 이 자리에 숨어서 노닐면
   能近聖賢寮 능근성현료　능히 성현의 집에 가까워지리.

8. 通常云道德 통상운도덕　통상적으로 이르는 도덕은
　　節操謹行途 절조근행도　절조로 삼가 행하는 길이라
　　謂惠兼眞理 위혜겸진리　은혜와 아울러 진리를 이름이니
　　懷胸敬戴趨 회흉경대추　가슴에 품어 공경하고 받들어 갈지라.

9. 大凡明德者 대범명덕자　대범 밝은 덕이라는 것은
　　人得九天源 인득구천원　사람이 구천의 근원에서 얻었네
　　自覺虛靈物 자각허령물　스스로 허령한 물건 깨달아서
　　能開衆理門 능개중리문　능히 뭇 이치의 문을 열지라.

10. 夫德臻於物 부덕진어물　무릇 덕이 만물에 이르게 되면
　　春生夏毓長 춘생하육장　봄에는 내고 여름에는 기르며
　　秋收冬韞蓄 추수동온축　가을에 거둬 겨울에 갈무려 쌓으니
　　逮厥惠繁昌 급궐혜번창　그 은혜 미쳐서 번성하고 창성하누나.

궁궁을을
ㄹㄹ乙乙

궁궁과 을을

조원선曹元善이 여쭙기를 동학 가사에 "이로운 것이 궁궁을을에 있다[利在弓弓乙乙] 하였사오니 무슨 뜻이오니까?"대종사 말씀하시기를 "세상에는 구구한 해석이 많이 있으나 글자 그대로 궁궁弓弓은 무극無極 곧 일원이 되고 을을乙乙은 태극太極이 되나니 곧 도덕의 본원을 밝히심이요, 이러한 원만한 도덕을 주장하여 모든 척이 없이 살면 이로운 것이 많다는 것이니라."또 여쭙기를 "궁을가弓乙歌를 늘 부르면 운運이 열린다고 하였사오니 무슨 뜻이오리까."대종사 말씀하시기를 "그러한 도덕을 신봉하면서 염불이나 주송呪誦을 많이 계속하면 자연 일심이 청정하여 각자의 내심內心에 원심怨心

과 독심毒心이 녹을 것이며, 그에 따라 천지 허공 법계가 다 청정하고 평화하여질 것이라는 말씀이니 그보다 좋은 노래가 어디 있으리오. 많이 부르라."고 하시었다. 　　　　　　《대종경》변의품 29장

원문에 있는 숙어를 풀어보면 다음과 같다.

• 조원선曹元善 : 본명은 경환坰煥. 법호는 회산回山. 1896년 1월 13일 전남 영광군 묘량면 신천리에서 부친 경일敬─과 모친 장남기화張南基華의 장남으로 출생했다. 품성이 강직·명쾌하며 진취적 기상이 강했다. [《원불교법보》] 7세 때부터 한학을 공부했고, 행실이 비범하여 항상 연상의 사우와 강론하기를 즐겼다. 원기14년(1929) 이재철의 연원으로 소태산 대종사를 처음 뵙고 암야暗夜에 광명을 얻은 듯 앞길이 열림을 느껴 입교했고, 원기15년(1930) 정산 종사의 추천으로 전무출신했다.

부를 이루어 고향에서 교리선양과 문맹 퇴치를 목적으로 개량서당改良書堂을 설립 운영하며 훈장으로 아동들을 가르쳤고, 신흥지부장, 영산 서무부장, 원평교당 교무, 총부 산업부장을 역임했다. 회산이 소태산에게 동학의 '이재궁궁을을利在弓弓乙乙'의 뜻을 묻자 소태산은 "세상에는 구구한 해석이 많이 있으나 글자 그대로 궁궁은 무극 곧 일원이 되고 을을은 태극이 되나니 곧 도덕의 본원을 밝히심이요, 이러한 원만한 도덕을 주장하여 모든 척隻이

없이 살면 이로운 것이 많다는 것"[《대종경》 변의품 29장]이라
고 답했다.

원기29년(1946) 동선冬禪에서 '위로 하늘에 원망하지 아니하고
아래로 사람에게 부끄럽지 않게 하라[上不怨天 下不尤人]'고 휘호
했고, 원기33년(1948) 남원교당의 봉불을 기념한 한시 모임에서

大地精靈聚此城 대지정령취차성	대지의 정령은 이 성에 모이고
新營佛宇一道名 신영불우일도명	새로 지은 교당은 일원대도라 이름했네
風來蓼水心神爽 풍래요수심신상	요천수에 바람 불어 마음과 정신 상쾌하고
月上錦峰意思淸 월상금봉의사청	금암봉에 달이 떠서 생각마다 맑아라
吹無孔笛千人樂 취무공적천인락	구멍 없는 젓대를 부니 천만인이 즐기고
照暗破燈萬國明 조암파등만국명	어둠 부수려 등불비치니 만국이 밝도다
斯居不願身安穩 사거불원신안온	이곳에 살며 몸 편함을 원치 말게
永世難忘度衆生 영세난망도중생	영세토록 중생제도 잊기 어려워라.

원기35년(1950) 8월 향년 55세로 열반했다. 공부성적은 예비
법마상전급이며 1985년 3월 21일 정식법강항마위로 추존되었다.

• 동학東學 : 1860년 최제우水雲 崔濟愚가 창립한 종교로 천도교天道敎의 옛 이름. 동학은 서교西敎에 대하여 동쪽 나라인 우리나라에서 도를 일으킨다는 뜻이다. 천주天主, 곧 한울님을 모시고 받드는 시천주侍天主 신앙을 근본으로 하고 보국안민輔國安民과 광제창생廣濟蒼生을 통해 지상천국 건설을 이상으로 하는 민족주체성과 사회 개혁적 성격이 두드러진 종교였다.

최시형海月 崔時亨에 의해 사인여천事人如天, 사사천물물천事事天物物天의 범재신적汎在神的 신관이 대두되고 손병희義庵 孫秉熙에 이르러 인내천人乃天을 종지로 하는 교의가 형성되었다. 내 몸에 천주를 모시는 입신에 의하여 스스로 군자가 되고, 사회 부조리의 강력한 개혁을 통해 고통에 헤매는 민중을 널리 구원하여 보국안민의 주체가 될 수 있다는 나라 구제의 신앙이다. 반왕조·반봉건적 민중 층의 종교로 양반사회와 신분 차별 제도의 해체기에 민중을 일깨워 평등 세상을 건설하기 위한 다양한 활동을 전개했다.

동학혁명을 비롯해 개화기의 단발령斷髮令 지지, 갑진개혁운동甲辰改革運動의 전개, 신교육운동, 3·1 독립운동, 1920년대의 신문화운동으로 이어지는 동학·천도교의 활동은 이와 같은 사상을 바탕으로 하고 있었다. 《동경대전東經大全》과 《용담유사龍潭遺詞》를 소의경전으로 하고 있다.

• 도덕道德 : 인간으로서 지켜야 할 마땅한 도리. 선·덕·의무·윤리 같은 규범. 원래 도덕은 인간이 사회를 구성하여 살아오면서

생활습관이나 행동 양식 속에 야기되는 문제를 해결하고 인간집단의 질서나 규범을 지키기 위해 생겨났다. 이런 의미에서 도덕과 법률은 근원을 같이한다. 법률이 타율적 규제가 중심이라면 도덕은 자율적 조정이 중심을 이룬다.

원불교에서의 도덕은 도를 본받아 행하므로 나타나는 결과를 의미한다. 소태산 대종사는 '도道'를 '무엇이든지 떳떳이 행하는 것'이라고 하여 '하늘이 행하는 것을 천도天道라 하고, 땅이 행하는 것을 지도地道라 하고, 사람이 행하는 것을 인도人道'라 했다. 소태산은 사람이 행해야 할 도道 가운데에도 부모와 자녀, 상하上下, 부부, 붕우朋友, 동포 사이에 육신이 행하는 길과 정신이 행하는 길 두 가지가 있음을 밝히고 있으며, 가장 큰 도를 '생멸 없는 도와 인과보응 되는 도'라 하여 우주 만물과 모든 생명체의 근본된 도리라고 보고 있다.

덕은 '어느 곳 어느 일을 막론하고 오직 은혜恩惠가 나타나는 것'이다. 하늘이 도를 행하면 하늘의 은혜가 나타나고, 땅이 도를 행하면 땅의 은혜가 나타나고, 사람이 도를 행하면 사람의 은혜가 나타나서, 천만 가지 도를 따라 천만 가지 덕이 나타나게 된다 [《대종경》 인도품 1장]. 이러한 도덕의 원리를 알지 못하고 역리逆理와 패륜悖倫의 일을 행하면서 입으로만 도덕을 일컫는다면 사회는 좋아질 수가 없다. 일의 본말本末과 주종主從의 근본을 찾아서 힘쓰면, 근본적인 문제가 해결될 수 있는 것이라 보았다.

정치와 종교의 조화와 병진을 체·용體用 또는 근본과 활용의 입장에서 보면, 종교 곧 도덕은 정치의 체體가 되고 정치는 도덕의 용用이 된다. 정산 종사는 '정치의 근본은 도덕이요 도덕의 근본은 마음이니, 이 마음을 알고 이 마음을 길러 우리의 본성대로 수행하는 그것이 우리의 본분이며 소임'[《정산종사법어》 국운편 27장]이라 하면서, 종교의 교화를 잘 받은 사람이라야 능히 훌륭한 정치가가 될 것을 8·15광복 후 건국 초기 정객들에게 충고했다. 이런 점에서 원불교는 종교와 도덕이 정치의 근간이 되며, 정치는 종교 곧 도덕을 바탕을 두어 활용할 수 있어야 함을 분명히 한 셈이다.

정산 종사는 "과학교육은 물질문명의 근본으로서 세상의 외부 발전을 맡았고 도학교육은 정신문명의 근원으로서 세상의 내부 발전을 맡았나니, 마땅히 이 두 교육을 아울러 나아가되 도학으로써 바탕을 둔 교육으로 삼고 과학으로써 사용하는 교육으로 삼아야 안과 밖의 문명이 겸전하고 인류의 행복이 원만하리라[《세전》 교육]."라고 보았다. 과학교육과 도학교육의 조화로운 병진이 종교교육의 근간이 됨을 제시하고 있다.

또한 개인·가정·사회·국가·세계를 다스리고 교화하는데 도치道治·덕치德治·정치政治 등 삼방면에서 교화가 조화롭게 이루어져야 함을 강조했다. 그 역할의 구분에 있어서, 도치의 교화는 곧 원리와 신앙으로 교화함이요, 덕치의 교화는 곧 인정과 덕화로 교화함이요, 정치의 교화는 곧 규칙과 방편으로 교화함이라고 구분했다[《정산종사법어》 경륜편17장]. 이처럼 원불교는 과학과 도학의 병진, 그리고 도치·덕치·정치의 조화로운 교화에 의해 이상적인 세계가 이루어진다고 보고 있다. 이런 의미에서 도덕과 법률은 근원을 같이한다. 법률이 타율적 규제가 중심이라면 도덕은 자율적 조정이 중심을 이룬다. 원불교에서의 도덕은 도를 본받아 행하므로 나타나는 결과를 의미한다.《원불교대사전》

• 염불念佛 : 아미타불의 명호名號를 일심으로 부르면서 부처님의 상호相好·공덕을 생각하는 것이고, 나무아미타불南無阿彌陀佛을 청정 일심으로 외우는 것이며, 천만 경계를 하나로 모으는 것이며, 천 가지 만 가지 생각을 한 생각으로 만들고, 그 한 생각을 계속 이어 가는 것이다. 붓다하누 스므르띠Buddhānu-smṛti의 한역이다.

염불은 좌선과 함께 불교의 중요한 수행 방법이다. 원불교의 경우 염불의 의미는 불교와 다르지 않으나, 불교처럼 부처님의 색상이나 법신의 실상을 보는 관상염불이나, 아미타불과 같은 부처님의 명호를 부르는 칭명염불이 아니다. 원불교의 염불은 삼학수행 중 정신수양의 한 방법으로서, 천만 가지로 흐트러진 정신을 일념으로 통일시키고 순역 경계에 흔들리는 정신을 안정시키는 공부법으로서, 자심미타를 발견하여 자성극락에 돌아가기를 목적하는 공부법이다. 그래서 원불교에서도 염불을 할 때에 나무아미타불을 염송하지만, 마음속에 외불을 구하거나 미타색상이나 극락장

엄을 그려내지 않고 오직 자심미타를 찾아 합일하고자 한다.

이 염불의 방법에는 몸의 자세, 음성, 정신 등에 관련한 일곱 가지가 있으며, 그 방법대로 오래오래 하게 되면 염불삼매를 얻게 되고 원하는 극락을 수용할 수 있게 된다. 염불의 공덕으로는 첫째 경거망동하는 일이 차차 없어진다, 둘째 육근 동작에 순서를 얻게 된다, 셋째 병고가 감소되고 얼굴이 윤활하여진다, 넷째 기억력이 좋아지게 된다, 다섯째 인내력이 생겨나게 된다, 여섯째 착심이 없어진다, 일곱째 사심이 정심으로 변하게 된다, 여덟째 자성의 혜광이 나타나게 된다, 아홉째 극락을 수용하게 된다, 열째 생사에 자유를 얻게 된다 등의 열 가지가 있다.《원불교대사전》

• 주송呪誦=송주誦呪 : 주문을 암송한다는 의미. 산스크리트어로 만트라mantram라고 하고 우리말로는 주문 또는 진언眞言이라고도 하는 참된 말을 외운다는 의미이다. 만트라 또는 진언은 진리를 상징하는 또는 진리나 우주의 신비로운 힘에 다가가고 그 힘으로 자신의 마음을 확장할 수 있는 참된 말이다. 따라서 주문 또는 만트라는 신비로운 소리의 힘을 빌려 자기 변화의 수행을 목적으로 송誦하는 것이다.

탄트라 요가Tantric Yoga에서 사용하는 주문은 원래 특정한 의미를 나타내기보다는 신성한 힘에 접근하는 소리의 형태였으나 티베트의 밀교를 비롯하여 대승불교에서는 주요 경전을 암송하기 좋게 만든 다라니와 같은 형태로 나타난다. 따라서 주문은 옴Aum 과 같은 간단한 언어에서 다라니Dhāraṇī와 같은 긴 내용으로 된 것도 있다. 일반적으로 송주誦呪를 할 때는 그 의미를 생각하기보다 일심으로 주문을 외우면서 정신을 집중하는 것이 바른 송주의 방법이다.《원불교대사전》

• 허공법계虛空法界 : 보이지 않는 진리를 텅 빈 허공에 비유한 말. 진리는 허공과 같아서 텅 비어 있되 모든 법과 조화를 다 포함하고 있다. 소태산 대종사는 "천지 만물 허공법계가 다 부처 아님이 없다[《대종경》 교의품 4장]."고 했는데, 이때의 허공법계는 보이지 않는 진리계를 말한다.

궁궁을을 弓弓乙乙

도표로 그리면 다음과 같다.

원문	대종경	축자해의(逐字解義)
弓弓	무극(無極) 곧 일원이 되고	휜 활 두 개(弓弓)를 맞대면 원이 되고
乙乙	태극(太極)이 된다.	원을 곡선으로(乙乙) 가로지르면 태극이다.

글자와 단어를 풀이하면

• 이利 : 이로울 이[리]. 이롭다, 이하다[利: 이익이나 이득이 되다]. 이롭게 하다. 유익하다.

• 재在 : 있을 재. 있다, 존재하다. 찾다. 보다, 살피다.

• 궁弓 : 활 궁. 활모양. 궁술弓術.

• 궁궁弓弓 : 활 두 개兩弓를 합한다는 의미로 일원一圓을 의미한다.

• 을乙 : 새 을. 굽다. 십간十干의 둘째.

• 을을乙乙 : 을을 두게 합하면 곡선을 이룬 태극太極이 된다.

궁궁을을의 출처

첫째, 《정감록鄭鑑錄》에 수록되어 있다.

먼저 《정감록》은 어떠한 책인가를 알아보자. 《원불교대사전》에는 조선 시대부터 민간에 유포되어 온 우리나라의 대표적인 예언서. 참위설讖緯說에 바탕을 둔 여러 감결류鑑訣類와 비결서秘訣書를 집성하고 있다. 《정감록》은 이칭異稱이 많아 감결鑑訣·정감록鄭堪錄·유산록遊山錄·징비록徵祕錄·운기구책運奇龜策·감인록鑑寅錄·비지론秘知論·정이감여론鄭李堪與論·정이문답鄭李問答 등으로도 부른다. 이 책에 수록된 비결은 여러 이본을 합해 보면 50여종이나 된다. 이 중에 이름이 다르나 내용이 같은 것과 그 외의 비결까지 합하면 73종이나 된다.

그러나 일반적으로 《정감록》이라 하면 감결鑑訣만을 지칭하기도 하고 여기에 동국역대본궁음양결東國歷代本宮陰陽訣·역대왕도본궁수歷代王都本宮數·삼한산림비기三韓山林秘記·화악노정기華岳路程記·구궁변수법九宮變數法·무학비결無學秘訣·도선비결道詵秘訣·남사고비결南師古秘訣·징비기徵祕記·토정가장비결土亭家藏秘訣·경주이선생가장결慶州李先生家藏訣·삼도봉시三道峰詩·옥룡자기玉龍子記 등을 포함한다. 저작연대에 대하여는 여러 설이 있다. 고려 초엽, 고려 말엽 또는 조선 초엽이라 보기도 하나 임진왜란과 병자호란 이후로 보는 것이 타당하다. 그 이유로는 조선 시대 개칭된 지명이 많이 나온다. 세조·성종 때의 분서 목록에 이 책이 보이지 않는다.

《인조실록》에 있는 초포조입계룡건도草浦潮入鷄龍建都라는 계룡천도설이 나타나는 점 등이다. 저작자 역시 누구인지 알 수 없다. 한 사람의 저작이 아니요 시대에 따라 내려오면서 여러 사람에 의해 첨가된 것으로 보인다. 내용은 난세가 극에 이르면 정씨鄭氏의 성을 지닌 진인眞人이 출현하여 조선왕조가 멸망하고 새로운 세상이 도래될 것을 중심으로 하는 예언이다. 표현은 직설을 피하고 은어隱語·우의寓意·시구詩句·파자破字를 사용하여 해석이 난삽하고 애매한 것이 많다.

둘째, 《격암유록格庵遺錄》에 수록되어 있다.

먼저 《격암유록》은 어떠한 책인가를 알아보자. 《격암유록》은 1977년에 처음 소개되고 1987년에 처음 번역되어 출간된 한국의 역사서이자 예언서로, 총 60장으로 구성되어 있다. 조선 명종 때의 예언가 격암 남사고[格庵 南師古, 1509년~1571년]가 어린 시절 '신인神人'을 만나 전수받았다고 주장하고 있으나, 현재 대한민국의 역사학계에서는 검토할 가치가 없는 위서라는 견해가 지배적이다. 현재 전해지는 것은 1977년 이도은[李桃隱, 본명 이용세, 1907년~1998년]이 필사, 기증한 것으로, 국립중앙도서관에 소장되어 있다.

〈세론시世論視〉, 〈계룡론鷄龍論〉, 〈궁을가弓乙歌〉, 〈은비가隱秘歌〉, 〈출장론出將論〉, 〈승지론勝地論〉 등 60여 장의 논論과 가歌로 구성되어 있다. 역학·풍수·천문·복서 등의 원리를 이용해 한반도의 미래를 기록하였다. 임진왜란, 동학농민운동, 국권침탈 조약뿐 아니라 한반도의 해방과 분단, 한국전쟁, 4·19혁명과 5·16군사정변 등 역사적 사건뿐 아니라 한국의 역사적 인물의 행적을 정확히 예언하고 있어 '450년 만에 신비의 베일을 벗는 민족의 경전'이라는 평가를 받았다.

이에 《격암유록》가운데서 '궁을弓乙'이 들어있는 문장을 몇 개 골라 풀어보면 다음과 같다.

〈궁궁가弓弓歌〉에서 "세상 사람들은 알기 어려운 궁궁인가? 궁궁을 알아야 살 수 있다네. 활을 배궁하면 만궁[무극]이 나온다네. 이로움이 있는 궁궁은 비결 문장인가? 사궁지간[무극과 태극]에 신명神明을 공부하는 것이라네[世人難知弓弓인가 弓弓矢口生이라네 兩弓不和背弓이요 雙弓相和彎弓이라 利在弓弓秘

文인가 四弓之間神工夫라 老少男女有無識間ㅡ無文道通世不知
라].”하였다.

　이를 더 상세하게 말하자면 ‘세상 사람들은 알기 어려운 궁궁
弓弓인가! 궁궁을 알아야 살 수 있다네’하였으니 궁궁의 모습은
배궁하여 화목하지 못하고 쌍궁인 궁궁이 서로 화하면 만궁이라
고 표현했는데 나란히가 아닌 하나를 뒤집으면 열십자로 십승이
된다. 이렇게 이로움을 궁궁이라 하니 역시 비결이며 이 십승지
를 아는 공부가 사궁지간에 있으니 이 이치를 깨닫는다면 공부
와 상관없이 도통하는데 사람들은 알지 못한다는 의미이다.

　또한 〈을을가乙乙歌〉에서 “큰 자든 작은 자든 계급의 고하를 막
론하고 만에 하나도 잃지 않는 나 십승[乙乙]을 공부하오, 모든
것에 으뜸 되는 것이라 배궁지간 공工을 공부하오, 이로움이나 십
승[乙乙]에 있음이니 도道를 통하면 아래로부터 위에 도달함을
세상 사람은 모르리라[大小上下勿論階級 萬無一失十工夫라 乙
乙縱橫十字는 乙乙相和 元之數 背乙之間工夫工字 利在乙乙道
通之理 自下達上世不知].”고 하였다.

　이를 더 자세하게 말하자면 을을가乙乙歌의 문장에서 주장하고
자 하는 것은 상하대소上下大小에는 계급이 존재하는데 이러한 계
급과는 무관하며 세상 많은 물건 중에서 아무것도 가지고 있지
않은 사람은 하나도 잃을 것이 없는 사람으로서 십자十字에 대하
여 공부나 하라는 의미이다. 즉 이러한 십자十字의 구성은 을을乙

乙의 을乙 자가 각기 종횡縱橫으로 세로 가로의 역할이 십자의 역할이라는 것이며, 을을乙乙의 역할이 또다시 서로 화합하면 '책상 궤几'자가 되면서 '으뜸 원兀'자의 운명과 같이 근원의 존재가 된다는 의미이다.

또한 〈초창결蕉蒼訣〉에 "옛 비결秘訣에 '이로움이 궁궁을을弓弓乙乙 사이라 했는데, 궁을弓乙이 무엇이냐 하면 대궁大弓은 무궁武弓이며, 소을小乙은 무을武乙인 것이라. 지자가 아니면 그 뜻을 알 수가 없는 말인데, 보통 말하기를 혈하궁신穴下弓身이라 하는데, 이는 즉 혈하궁신을 하나의 글자로 하여 궁窮이라고도 한다'[古訣云 '利在弓弓乙乙間 弓乙乎 曰大弓武弓 小乙武乙 非知者 莫如然以 普通言之 血下弓身 卽窮居 以弱爲本一']."하였다.

이 뜻은 즉 혈穴 아래下에 궁弓이신 분身이 계신다는 말이며, 또한 약弱이란 궁궁을을弓弓乙乙의 파자로, 이 약弱의 바로 근본인 일[本一]이란 말이다. 즉 궁궁을을弓弓乙乙이란 근본인 일[本一]이라는 뜻이며, 일一이란 태을太乙을 말하는 것이라고 할 수 있다.

《격암유록格庵遺錄》은 장문의 문장으로 되어 있다. 그 가운데서 '궁을弓乙'이 들어간 문장이 120여개가 넘음으로 위에서 몇 개를 골라 해설하였고 나머지의 원문을 제공한다.

남사고비결南師古秘決

- 兩弓雙乙知牛馬 田兮從金槿花宮 精脫其右米盤字 落盤四乳 十重山 八力十月二人尋 人言一大十八寸 玉燈秋夜三八日

- 龍龜河洛兩白理 心淸身安化生人 世人不知雙弓理 天下萬民 解冤世 渡海移山海印理 天下人民神判機 四口合體全田理

- 十二門開大和門 日月明朗光輝線 美哉此運弓乙世 白日昇天 比比有 田中生涯雅淸曲 不知歲月何甲子 欲識雙弓脫劫理

- 弓乙弓乙何弓乙 天弓地乙是弓乙 一陽一陰亦弓乙 紫霞仙人 眞弓乙 牛性牛性何牛性 天道耕田是牛性 牛性在野牛鳴聲

- 地理天理十勝 弓弓地萬無一失 入者生 有智無智分別時 禍 因惡積不免獄 人獸分別兩端日 飛火落地混沌世

세론시世論視

- 世有其人 公察萬物 其姓爲誰不知也 橫二爲柱 左右雙三 勿 恨其數 勿上追衣 又爲其誰 如短如長 種德半百 久粧弓磨

- 白木靈木 雙絲人 姓負合之 弓弓人 辰巳之生 統一天下 復何 在洲江 兩合白一如亡 一人日匕 世事何然 不變仙源

- 活萬非衣 活天弓長 此我後生 勿慮徐曹呂金 非運愛國 天運 違逆必亡當害 守從聖設 所願成就 此書不信英雄自亡

- 不尋俗離 難免塗炭 黃金之世 遇者何辨 入於俗離 尋於智異 尋山鷄龍遇哉 深量白轉必死 盡力追人追人 其誰弓弓之朴也

• 天旺之近 水唐之廣野 鷄龍創業 曉星照臨 草魚禾來之山 天下名山 老姑相望 三神役活 非山十勝 牛聲弓弓

• 三豊白兩 有人處 人字勝人 勝人神人 別天是亦武陵之處 世願十勝 聖山聖地 嗟我後生勿離此間 弓弓之間 天香得數

• 三神山下 牛鳴地 牛聲浪藉 始出天民 人皆成就 弓弓矢口 入於極樂 乙乙矢口 無文道通 仁人得地 近今不參 其庫何處

계룡론 鷄龍論

• 天下列邦回運 槿化朝鮮 鷄龍地 天縱之聖 合德宮 背弓之間 兩白仙 血遺島中 四海通 無后裔之 何來鄭 鄭本天上 雲中王

• 終忍之出 三年間 不死永生 出於十勝 不入死又次運出現 四面如是十勝 百祖十孫好運矣 南來鄭氏誰可知 弓乙合德眞人來

• 南道蛇龍 今安在 須從白鳩 走靑林 一鷄四角邦無手 鄭趙之變 一人鄭矣 無父子正道令 天地合運出柿木 弓乙兩白十勝出

• 背天之國永破滅 富貴貧賤反覆日 弓乙聖山無祈不通 金銀寶貨用剩餘 和平用官正義立爲鑑督 更無强 日光晝更無月光之極

말운론 末運論

• 隱居密室生活計 弓弓乙乙避亂國 隨時大變 彼枝此枝鳥不離枝 龍蛇魔動三八相隔 黑霧漲天秋風如落 彼克此負十室混沌

• 中生涯抱 琴聲淸歌一曲 灑精神勿思 十處十勝地 獨利在弓弓

間 申酉兵四起 戌亥人多死 寅卯事可知 辰巳聖人出 午未樂堂堂

• 一道合而人人合 德心生合無道滅 入生出死弓乙村 天定人心
還定歌 魑魅發不奪人心 信天人獲罪於天 無祈禱空虛事無人間

• 背弓不知雙山和 先后天地不亞兩白間 背山十勝兩白圖 腹山
工夫道通世不知 種桃人仙源種桃 弓弓裡十處十勝十字處

• 上中下異運 中晴一二三 聖壽何短十勝說 入於三時無用 忠則
盡命悲極運 穴下弓身一二九 日月無光五九論 一二三五豫定運

• 白馬神將出世時 赤火蛇龍林出運 十處十勝非別地 吉莫吉於
弓弓村 勝者出入人人從 有智者世思勿慮 中入生

• 肇乙矢口氣和慈慈 二七龍蛇是眞人 三八木人十五眞主 兩人
相對 馬頭角榮字之人 變化君乘柿之人 弓乙鄭 前路松松不遠開

• 儒佛柿人是何人 東西末世預言書 神人預言世不覺 此運之論
十處十勝無用 十勝不現出 但在弓弓乙乙間 世人尋覺落盤四乳

• 四口之田利用時 田退四面十字出 甚難甚難弓弓地 悲哉悲運
何日時 靑槐滿庭之月 白楊無芽之日 此時變運之世 柿獨出世

• 人心卽天心 規於十勝 弓弓之間 生旺勝地 非山非野仁富之
間 人山人海萬姓聚合 小木多積之中 三神山人出生地

• 山川日月逢此運 君出始祖回運來 訪道君子解冤日 柿謀者生
弓乙裏 釋迦之運三千年 彌勒出世鄭氏運 斥儒尙佛西運來

• 十處以外小吉 坊坊谷谷結定地 不入正穴者死 有福之人或希
生 穴下弓身 巽門 弓乙圖用必要矣 天擇弓弓十勝地

• 利在弓弓十勝村 不利山不近不聽 天民十勝地 赤運蔽日火烟蔽月 盜賊不入安心之地 出死入生 自古預言秘藏之文

• 隱頭藏尾不覺書 自古十勝弓乙理 由道下止從從金說 無物不食人人知 何物食生命 何物食死物 艸早三鷄愛好者

• 牛鳴在人弓乙仙 地斥山川不避居 天崩混沌素沙立 弓乙仙境種桃地 蒼生何事轉悽然 初樂大道天降時 前無后之中原和

• 八人登天火字印 甘露如雨雙弓印 雙弓何事十勝出 乙乙何亦無文通 先后兩白眞人出 三豊吸者不老死 石井何意延飮水

• 鷄龍何意變天地 海印何能利山海 石白何意日中君 生旺勝地弓白豊 十五眞主擇現出 末世聖君容天朴 鷄有四角邦無手

• 神妙無弓 造化難測 鷄龍其楚何之年 病身之人多出之時 一國分列何年時 三鳥吹鳴 靑鷄之年也 又分何之年 虎兎相爭

성산심로 聖山尋路

• 絶倫者怨無心 盜賊者必先凶 保身者乙乙保命者弓弓人去處四口交人留處 害國者陰邪 輔國者陽正 强亡柔存 肇心從心

• 三豊之穀善人食料 世人不見俗人不食 一日三食飢餓死 三旬九食不飢長生 弓弓勝地求民方舟 牛性在野 非山非野 牛鳴聲

• 嗚呼悲哉 依外背內一怨無心 玄妙精通誰可知 誤求兩白負薪入火 求弓三豊不飢長生 求地三豊食者不生 求鄭地者平生不得

• 求地田田平生難得 求道田田無難易得 求地十勝異端之說 求

地弓弓一人不得 求靈弓弓人如反掌 十勝覺理一字縱橫

• 求十弓乙延年益壽 十勝居人 入於永樂 萬無一失 心覺心覺 貧者得生富者不得 虛中有實 聖山水泉藥之又藥 一飲延壽飲之

생초지락 生初之樂

• 多會仙中弓乙間 寶血伸寃四海流 心覺訪道皆生時 罪惡爭土 相害門 上帝之子科牛星 西洋結寃離去后 登高望遠察世間

• 憂愁思慮雪氷寒 無愁春風積雪消 涌出心泉功德水 一飲延壽 石井崑 毒氣除去不懼病 大慈大悲弓弓人 博愛萬物夜獸將

• 再定小白后天數 是故 弓乙兩白間 圖書分明造化定 堯舜以 后孔孟書 字字權善蒼生活 傳來消息妄眞者 自作之孼誰誰家

• 落盤四乳弓乙理 葉錢世界紙貨運 小頭無足殺我理 弓弓矢口 誰知守 世人自稱金錢云 天下壯士未能覺 投鞭四海滅魔爭

• 萬壑千峯弓弓士 天地都來一掌中 四方賢士多歸處 聖山聖地 日月明 靈風潤化見天根 神心容忽看月窟 戊己分合一氣還

• 逐魔試舞劍輝電 此世號歌聲振雷 幾千年之今始定 大和通路 吉門開 此言不中非天語 時不開否道令 如今未覺弓弓去

• 誤貪利欲 人去弓弓 我來矢矢 出判天 有勢弓弓去 屈無勢矢 矢來 空中和言心中化 道通天地無形外

새삼오^{賽三五}

• 萬民之衆 奉命天語 弓乙之人 諄諄敎化 弱者爲强 戰勝爲堅 却者劫萬民聽示 西氣東來 求世眞人 天生化柿 末世聖君

• 愚昧行人不正路 天釋之人 兩手大擧 天呼萬歲 惡臭永無全 消 中動不知 末動之死 人皆心覺 不老永生 從之弓乙 永無失敗

새사일^{賽四一}

• 弓乙十勝 轉白之死 黃腹再生 三八之北 出於聖人 天授大命 似人不人 柿似眞人 馬頭牛角 兩火冠木 海島眞人

새사삼^{賽四三}

• 上帝之子 斗牛天星 葡隱之后 鄭正道令 北方出人 渡於南海 安定之處 吉星照臨 南朝之紫霞仙中 弓弓十勝桃遠地

새육오^{賽六五}

• 不飽飢渴 弓乙之人 無愁恒樂 假牧從民 不免羞恥 兩白之人 咏歌踏舞 不吠之狗 切齒痛歎 三豊之人 入於仙境獸從之人

• 落齒神化 復達生 澤人手苦 不歸虛 生産之物 不逢災 非山非 野 居主人 子孫世世 萬代榮華 獸動物心政和 弓弓聖地無害喪

궁을론弓乙論

• 弓弓不和 向面東西 背弓之間 出於十勝 人覺從之 所願成就
弓弓相和 向面對坐 灣弓之間 出於神工 人人讀習 無文道通

• 玉燈秋夜 戊己之日 海印金尺 天呼萬歲 三分鼎峙 龍兎之論
李鄭爭鬪 各守一鎭 無罪蒼生 萬無一生 長弓射矢 萬人求活

도하지道下止

• 道者弓弓之道 無文之通也 行惡之人 不覺之意 尋道之人 覺
之得也生也 訣云 人惠無心 村十八退 丁目雙角 三卜人也

• 千口人間 以着冠也 破字妙理 出於道下止也 不閣此意 平生
修身 不免怨無心矣 愼覺之哉 弓弓之道 儒佛仙合一之道

• 天下之倧也 訣云 利在弓弓 乙乙田田 是天坡之 三人一夕 柿
從者生矣 一云人合千口以着冠 此言不中非天語

은비가隱秘歌

• 兩白三豊名勝地 望遠耳廳心不安 時來運到細推究 從橫一字
分日月 弓不在山弓不水 牛性在野四乙中 武陵挑源仙境地

• 一片福州聖山地 鷄龍白石平砂間 三十理局天藏處 三神聖山
何處地 東海三神亦此地 甘露如雨海印理 小弓武弓生殺權

• 天下一氣弓乙化 東走者死西入生 靑春男女老小間 虛火亂動
節不知 天地震動舞哭聲 生死判端仰天祝 山魔海鬼隱藏世

• 鷄鳴龍叫道下止 淸水山下定都處 小頭無足飛火理 化在其中 從鬼死 雙弓天坡乙乙地 三人一夕修道生 夜鬼發動鬼不知

• 鬼殺神活銘心覺 眞人出世朴活人 弓弓合德末世聖 三豊妙理 人不信 一日三食飢餓死 眞理三豊人人覺 天下萬民永不飢

• 二人太田水田穀 利在田田陰陽田 田中十勝我生者 田中又田 又田圖 當代千年訓諫田 弓弓乙乙我中入 隱然十勝安心處

• 天下紛紛大亂世 入者動理同一理 訪道君子尋牛活 死人失依 出世世 先動反還不入時 長弓出世當時運 中動自生道覺人

• 末復三合一人定 三家三道末運一 仙之造化蓮花世 自古由來 預言中 革舊從新訪道覺 末世聖君容天朴 弓乙之外誰知人

• 鄭本天上雲中王 再來春日鄭氏王 馬妨兒只誰可知 馬姓何姓 世人察 眞人出世分明知 愼之愼之僉君子 銘心不忘弓乙歌

• 末復合一聖一出 武弓白石三豊理 移山倒海變化運 乾上坤下 天地否 義易之理先天運 離上坎下火水未 周易之理後天運

• 不如臥眠臥身 巡簷 簷名全字 十口入 兩弓間生 不如修道 正 己 田名 三數之理 弓乙田一理貫通 三妙之十勝

• 全全田田 陰陽兩田之間 弓弓雙弓 左右背弓之間 乙乙四乙 轉背四方之間 單弓武弓 天上靈物 甘露如雨 心火發白 永生之物

• 卽三豊之穀也 白石卽武弓 夜鬼發東鬼不知 項鎖足鎖下獄之 物 一名曰海印 善者 生獲之物 惡者死獄之物 卽三物也

• 三物卽一物 生死特權之物也 單乙謂不死處 牛吟滿地 惡人

多生之地 見不牛而牛聲出處 卽非山非 野兩白之間 卽弓乙三豊
之間

• 海印用事者 天權鄭氏也 故曰弓乙合 德眞人也 兩白三豊之
間 得生之人 卽謂黎首之民矣 此意何意名勝 末世矣

• 邊木木村 人禁人棄之地 獨居可也 朴固鄕處處 瑞色也 是亦
十勝地矣 兩雄相爭長弓一射 二十九日疾走者 仰天通哭怨無心矣

• 風驅惡疾雲中去 雨洗寃魂海外消 別有天地非人間 武陵桃源
弓弓地 聖山聖地吉星地 兩白三豊有人處

농궁가 弄弓歌

• 許多衆生만은 四覽 弄弓歌을 불러보소 句中有意弄弓家를
男女老少 心覺하소 貴여웁다 우리아기 壽命福祿祈禱하자

• 指路指路直界指路 不赦晝夜指掌指路 作掌作掌作作弓 血脈
貫通作作弓에 섬마섬마道路섬마 道路道路道路섬마

• 拜獻高堂白髮親 紫霞島中弓乙仙 三八雨辰十二月 一于從行
東運柱 四九八兄一 去酉中 始數橫行西運樑

• 九變之使立大道 弓乙山水十勝坮 千萬星辰一時會 四象八卦
白十勝 十極世界蓮花坮 似人不人金鳩鳥 見而不知木兎人

• 弓乙大道天下明 不老長生化仙國 天降弓符天意在 拯濟蒼生
誰可知 舊染儒者不覺理 孔孟以后混精神 水流不息當末世

• 搖頭轉目人不見 千變萬化弓乙道 불亞倧불天下通 鷄酉四角

邦無手 十八卜術出世知 外有八卦九宮裡 內有十勝兩白理

• 天地都來一掌中 執衡按察心靈化 眞人用事海印法 九變九復
變易法 天之運乘但當人 弓乙合德朴活人 修道先出容天朴

가사요^{歌辭謠}

• 魚羊之末 愚昧之人 先祖之德 學習文字 儒道精神 心不離於
四書三經 誤讀誤習 弓乙道德 不覺之人 出死入生永不覺

• 自下達上千萬外 凡夫士女人人覺 中入此時十勝和 預言有書
世不知 晚時自歎弓乙覺 念念知十勝不忘時 惶惚心思更精出

정각가^{精覺歌}

• 從道合一解寃知 天藏地秘十勝地 出死入生弓乙村 種桃仙境
紫霞島 日日硏究今不覺 欲知弓弓乙乙處 只在金鳩木兎邊

궁궁가^{弓弓歌}

• 世人難知弓弓 弓弓矢口生 兩弓不和背弓 雙弓相和彎弓 利在
弓弓秘文 四弓之間神工夫 老少男女有無識間 無文道通世不知

을을가^{乙乙歌}

• 大小上下勿論階級 萬無一失十工夫 乙乙縱橫十字 乙乙相和
几元之數 背乙之間工夫工字 利在乙乙道通之理 自下達上世不知

반사유가盤四乳歌

· 落盤中乳弓弓乙乙 解知下避亂處 落盤四乳十字 四乙中 十勝

십성가十姓歌

· 地理十處十姓 千里弓弓十勝 訪道君子愼之下 誤入十勝 後悔莫及通嘆下

격암가사格庵歌辭

· 河圖洛書 無弓理에 大聖君子나시도다 紫霞仙中南朝鮮에 人生於寅나온다네 天下一氣再生身 仙佛胞胎幾年間

궁을도가弓乙圖歌

· 此時 訪道僉君子 弓弓乙乙何不知 左弓右弓 弓弓 臥立從橫乙乙 泛濫無味弓乙 深索有理弓乙

· 弓弓理致알람이면 兩白之理心覺하소 先後天地通合時에 何洛圖書兩白이라 兩白之意알랴거든 兩白心衣仔細知라

· 衣白心白奧妙理 心如琉璃行端正 大小白之兩白山 天牛地馬兩白 弓弓之圖詳見 左山右山兩山 所謂兩山兩白 亦謂兩山雙弓 東西多敎來合 弓乙外 不通일세 어소오소 피난차로 不老不死仙境 南海東半 紫霞島는 世界萬民安心地 保惠大師계신 곳이 弓乙之間仙境 失時中動 부디마소 末動而死可憐 至誠感天되올째

에 弓乙世界 들어가니 三豊兩白 이곳이요 非山非野十勝일세 天
藏地秘十勝地를 道人外는 못 찾으리 大病 걸인者들 萬病回春시
키랴고 편만조야 내릴 때도 弓乙外는 不求로세 東海三神不死藥
은 三代積德之家外는 人力으로 雙弓之理覺心하소 斥儒尙亞 오
년 時代 人日稱弟僧日稱師 佛道佛道何佛道오 弓弓之間眞仙佛
을 左右弓間彌勒佛이 龍華三界出世에 三位三聖 合力하니 四海
之內 登兄弟라 人人合力 一心合이면 原子不如 海印이라 天恩之
聽 感格하니 萬歲三唱 부르리라

계룡가鷄龍歌

• 鷄龍石白非公州 平沙之間眞公州 靈鷄之鳥知時鳥 火龍變化
無雙龍 鷄石白聖山地 非山非野白沙間 弓弓十勝眞人處

가사총론歌辭總論

• 黑龍壬辰初運으로 松松之生 마쳤으며 赤鼠丙子中運으로 家
家之生 마쳐있고 玄兎癸卯末運으로 弓弓之生傳 햇다네 松松家
家以後에는 弓弓乙乙田田으로 河田洛田天地兩白 弓圖乙書兩白
人을 三秘中出十勝之理 易理八卦推算하면 雙弓四乙隱秘中에
避亂處發見하야 天波弓弓道下處가 十勝福地아니든가 此外十勝
찾지 말고 雙弓之間 차질세라
• 河圖天弓甘露雨 雨下三貫三豊理 洛書地乙報答理 牛吟滿地

牛聲出 生我弓弓無處外 雨下三迎者生

· 弓弓猫閣藏穀之處 牛聲出現見不牛 六坎水之一坎水 河洛易數 마치연네 利在石井靈泉之水 寺畓七斗作農

· 變化數 以小成大 海印化 盤石湧出生命水 萬國心靈다通 不老不死陰陽道理 雙弓雙乙造化 四八四乙雙弓之中

· 白十勝之 出現 落盤四乳 黃入服而 雙乙之中 黑十勝 天理弓弓 地理十處 皆曰十勝 傳

· 參禪性覺道通 肉死神生重生法 河洛運去來世事 先覺無疑知之故 中天弓符先天回復 四時長春新世界

· 三人一石雙弓알소 訪道君子修道人아 十勝福地弓乙일세 無道大病 걸인者들 不死海印 나왓다네 和氣東風盡悲에 小産魚鹽富饒하나 他國兵船往來하니 弓不在水分明하다 不利山水非野處를 仁富平沙桃源地로 東半島中牛腹洞이 山中滋味閒寂하나 魑魅魍魎虎狼盜賊 是亦弓不在山일세 斗牛在野勝地處엔 彌勒佛이 出現건만 儒佛仙이 腐敗하야 地理諸山十處에도 天理十勝될 수 있고 天理弓弓元勝地도 人心惡化無用으로 弓乙福地一處인가 好運이면 多勝地라

출장론出將論

· 所得함이 死亡일세 大亂之中避亂民들 男負女戴 가지말고 一心合力家族이 弓乙村을 차자보소 牛聲之村見不牛로 人言一

大尺八寸을 恨心하다 草露人生 弓乙村을 모르거든 呼天村을 先
尋後에 呼母村을 更問하소 父母村을 모르거든 三人一夕雙弓道
에 至誠感天天神化로 武陵桃源 차자보자 修道先出容天朴에 天
崩地坼素砂立을 靑鶴福處牛腹洞이 一心修道 심었더니 甘露如
雨循環裏에 日就月將結實하니 盤石湧出生命水로 天下人民解渴
하니 弓乙十勝易經法이라

십승론十勝論

• 十勝之人箇箇得生 天理十勝傳 九宮八卦十勝大王 靈神人士
眞人 弓字海印降魔之道 弓乙之間十勝地를

양백론兩白論

• 先天河圖右太白과 後天洛書左小白數 左右山圖弓弓之間 白
十勝이 隱潛하니 山弓田弓田弓山弓 兩白之間十勝

삼풍론三豊論

• 穀種求於三豊也 三豊論을 또 들으시오 先天河圖後天洛書
中天海印理氣三豊 三天極樂傳한 法이 兩白弓乙十勝理
• 十皇兩白弓乙中에 三極三豊火雨露로 兩白道中十坤이요 三
豊道師十乾일세 坤三絶과 乾三蓮을 兩白三豊傳했으니 四覽四
覽天心化로 不入中邊일치마소 七年大旱水垠境에 三豊農事지어

보세 十皇兩白弓乙中에 三極三乾三豊道師

계룡론鷄龍論

• 鷄龍白石武器故 田末弓者田鎌 平沙三里福地 非山非野傳
人民避兵之方 三災不入仙境故
• 六角八人殺我理 弓弓十勝天波生 見鬼狷獗見野卽止 畵豕卽
音道下止 風紀紊亂雜柔世上 十勝大道 알아보소
• 海印三豊不覺 十勝弓乙獲得 須從白兎走靑林 西氣東來仙運
滿七加三避亂處 鷄龍白石傳

승운론勝運論

• 鷄龍都邑海島千年 上帝之子無疑 雙弓雙乙矢口者生 訪道君
子不知人 弓弓之間背弓理 불亞倧佛傳

도부신인桃符神人

• 一天下之登兄弟로 一統和가 되단말가 末世死運 當한者들
疑心말고 修道하소 乾牛坤馬雙弓理로 地上天使出現하니 見而
不識誰可知오 弓弓隱法十勝和라 非山非野不利水에 天神加護吉
星照로 東西運行往來하니 大白金星曉星照라
• 伽倻靈室挑源境은 地上仙國稱號로서 最好兩弓木人으로
十八卜術誕生하니 三聖水源三人之水 羊一口의 又八일세

• 世人嘲笑譏弄이나 最後勝利弓弓일세 彌勒世尊無量之意 宇宙之尊彌天이요 着金冠의 馬首丹粧飛龍馬의 勒馬로써 弓弓乙乙修道人이 運去運來循還也니 天鷄龍을 先覺後에 地鷄龍은 再尋處라 天十勝을 先覺後에 地十勝은 再尋地,

• 天兩白 先覺後 地兩白後尋處, 天三豊 先覺後 地三豊 後尋處 天弓弓 先覺後 地弓弓 後尋處,

• 山金剛 海金剛 鬼神兩端갈라거든 一心修道弓弓人 十字陰陽 判端하소 天神地鬼分明 男尊餘卑分明

• 東西金木相合之運 地上仙國福地 開闢以後初有之時 前無後 之長春世 天上玉京弩弓火 橄樹油에 불을 켜서 …….

• 弓乙仙人 上逢하야 不死消息 다시 듯고 風浪波濤빠진 百姓 生命線路 건질적에 紛骨碎身 되지라도 …….

성운론聖運論

• 鷄龍三月震天罡 三碧眞人 나오시고 金鳩木兎雙弓理로 三八之木仙運 바다 四綠徵破四月天의 東方一人出世이라

미중운末中運

• 欲識推算末世事댄 兩人相爭長弓射요 二十九日疾走者는 仰 天痛哭怨無心을 失路彷徨 人民들아 趙張낫다 絕斷일세

• 死人失衣暗暗理로 怨無心을 所望이요 惡善者亡增聖者滅 害

聖者는 不生이라 長弓勝敗白金鼠牛 中入正當되오리라

• 都是天運不避오니 生命路를 찾을세라 鄭堪預言元文中에 利 在田田弓弓乙乙 落盤四乳알았던가 可解하니 十勝道靈이라

• 弓乙田田道下知가 分明無疑十勝일세 吉星所照入居生活 綜 爲公卿子孫으로 無病長壽安心處를 아니 찾고 어디 갈꼬

• 無誠無知難得處로 百無一人 保生者라 非山非野仁富之間 弓弓吉地傳했지만 小木多積萬姓處를 無德之人 獲得하랴

• 靑龍黃道大開年 王氣浮來太乙船 靑槐萬庭之月 白楊無芽之 日 靑龍之歲 利在弓弓 白馬之月 利在乙乙

• 石井嵬 不覺하니 寺畓七斗 엇지알며 寺畓七斗不覺하니 一 馬上下 엇지알며 馬上下路不覺하니 弓弓乙乙 엇지알며

• 弓弓乙乙不覺하니 白十勝을 엇지알며 白十勝을 不覺하니 불亞宗佛 엇지알며 불亞倧佛不覺하니 鷄龍鄭氏 엇지알며

갑을가 甲乙歌

• 弓矢弓矢竹矢來 九死一生女子佛 何年何月何日運 是非風波 處處時 避亂之方何意謀 黙黙不答不休事 甲乙相隔龍蛇爭

• 左衝右突輔眞主 所向無敵東西伐 沙中紛賊今安在 落落天賜 劍頭風 天門開戶進奠邑 地闢草出退李亡 人皆弓弓去

셋째, 동경대전 東經大全에 수록되어 있다.

먼저 《동경대전》은 어떠한 책인가를 알아보자. 《원불교대사전》에는 동학東學의 창시자 최제우水雲 崔濟愚가 지은 경전으로 《용담유사龍潭遺詞》와 함께 동학계 종교의 기본 경전이다. 〈포덕문布德文〉·〈논학문論學文〉·〈수덕문修德文〉·〈불연기연不然其然〉의 네 편으로 되어있다. 〈탄도유심급歎道儒心急〉·〈팔절八節〉·〈필법筆法〉·〈우음偶吟〉 등 각종 시구가 포함된다. 제2대 교주인 최시형崔時亨이 1880년 5월에 강원도에 경전인간소經典印刊所를 설치하여 간행했다.

〈포덕문〉은 최제우가 1861년 전북 남원 교룡산성蛟龍山城에 있는 선국사善國寺에 들어가 한 암자를 빌려 은적암隱寂庵이라 이름 짓고 피신 생활을 하면서 지은 것으로 552자의 한문으로 되어있다. 자신이 상제上帝로부터 "그 이름은 선약仙藥이요 그 모양은 태극太極이요 또 궁궁弓弓이라"는 영부靈符를 받게 되는 과정과 깨달은 각覺의 내용 그리고 자기의 도道가 서학西學과는 다른 동학이라는 내용이 강조되어 있다. 천도天道인 한울의 조화로 밝은 덕을 온 천하에 베풀어 널리 알리겠다는 일종의 선언문 성격을 띠고 있다.

일찍이 성인이 나서 모든 일을 천명天命에 맡겨, 천명을 따르고 천리天理에 순종한 까닭에 사람이 성인에까지 이르게 되었으나, 근래에 이르러 사람들이 천명을 가벼이 알고, 천리에 순종하지 아니하는 모습을 걱정하고 있다. 아울러 이 나라가 악질惡疾이 가득하여 상해지수傷害之數에 빠져 있음을 진단하고, 특히 당시 서학

의 잠입과 서세동점西勢東漸을 크게 우려하고 있다. "서양 사람들
이 부귀는 바라지 않는다고 하면서 천하를 쳐서 빼앗아 교당을
세우고 그 도를 행한다 하니 차마 그럴 수가 있을까"라고 개탄하
고 있다. 그러므로 동학을 바로 세워야 보국안민輔國安民과 광제창
생廣濟蒼生할 수 있음을 강조한 내용이다.

〈논학문〉은 최제우가 1861년 은적암에 있을 때 저술한 것으
로 1,338자의 한문으로 되어 있다. 이 글은 동학을 논한 경문이
라는 뜻으로 천지창조의 무궁한 운수와 천도의 무극한 이치를
설명하고 있다. 동학을 창도하게 된 연유와 각을 이루게 된 경위,
'지기금지원위대강 시천주조화정 영세불망만사지[至氣今至願爲
大降 侍天主造化定 永世不忘萬事知]'라는 21자의 주문과 그 해
석 그리고 서학에 대한 비판, 동학의 교리와 사상의 우수성에 대
한 내용을 문답형식으로 서술하고 있다. '오심 즉 여심吾心卽汝心'
'천심 즉 인심天心卽人心'이라는 표현은 후에 천도교 사상이 인내천
人乃天으로 대표되는 근거가 되기도 한다.

〈수덕문〉은 최제우가 은적암에서 1862년 새해를 맞아 각지
문도들에게 수덕修德에 힘쓸 것을 당부한 경문으로 1,060자의 한
문으로 되어있다. 〈권학가勸學歌〉와 함께 지은 것으로 알려져 있
다. 수심정기守心正氣와 성·경·신誠敬信이 중심을 이루는 내용이다.
수심정기란 안에 있는 신령한 마음을 잘 지키고 밖으로 기운을
바르게 하라는 의미이다. 곧 마음을 바로잡고 몸가짐을 바르게

하는 것을 말한다. 그는 "인의예지仁義禮智는 옛 성인의 가르친 바요 수심정기는 내가 다시 정하는 것이니라."라고 말하고 있다.

성은 참된 마음을 잃지 아니하도록 지키고 잠시도 쉬지 아니하고 개으르지 않도록 힘쓰는 모습이요, 경은 서로 어울리는 인간관계의 윤리로 협력의 질서를 이루는 바탕이 되며, 신은 믿음으로 인간과 인간, 인간과 만물 사이에 관계의 바탕이 되는 덕목이다. 이 같은 덕목들을 잘 지키기 위해서는 《주역周易》의 괘卦에서 대정지수大定之數를 살피고, 하·은·주 3대에 걸쳐 하늘을 공경한 경천지리敬天之理를 알아야 하며, 궁을기형弓乙其形의 불사선약不死仙藥을 가슴에 간직하고, 21자의 장생주長生呪를 입으로 암송하며, 원형이정元亨利貞은 천도의 떳떳한 도요, 유일집중唯一執中은 인사의 살핌임을 먼저 알아야 한다고 강조한다. 그리고 일상생활 속에서 의복 음식 행동 등을 조심할 것을 당부한다.

궁을弓乙에 대해 《동경대전》에서는 "'나에게 영부가 있으니 그 이름은 선약이요 그 형상은 태극이요 또 형상은 궁궁이니 나의 이 영부를 받아 사람을 질병에서 건지라'하였으니, 궁을의 그 모양은 곧 마음 심 자이니라['有靈符 其名仙藥 其形太極 又形弓弓 受我此符 濟人疾病'弓乙其形 卽心字也]."라 하였다.

또한 "마음이 화하고 기운이 화하면 한울과 더불어 같이 화하리라. 궁은 바로 천궁이요, 을은 바로 천을이니 궁을은 우리 도의 부도요 천지의 형체이니라. 그러므로 성인이 받으시어 천도를 행하시고 창생을 건지시느니라[心和氣和與天同和 弓是天弓 乙是天乙 弓乙吾道之符圖也 天地之形體也故 聖人受之以行天道以濟蒼生也].”고 하였다.

〈포덕문布德文〉에 “나에게 영부 있으니 그 이름은 선약이요 그 형상은 태극이요 또 형상은 궁궁이니라[吾有靈符 其名仙藥 其形太極 又形弓弓].”고 하였다.

〈수덕문修德文〉에 “가슴에 불사약을 지녔으니 그 형상은 궁을이요, 입으로 장생하는 주문을 외우니 그 글자는 스물한 자라[胸藏不死之藥 弓乙其形 口誦長生之呪 三七其字].”고 하였다.

경전에 담긴 내용은 거의 비슷한 말씀으로 결국 동학을 바로 세워서 혼란한 시국에 보국안민輔國安民하고 도탄에 빠진 민중을 광제창생廣濟蒼生할 수 있음을 강조한 내용이라고 할 수 있다.

《원불교대사전》에서 영부靈符에 대하여 이렇게 설명하고 있다.

① 신령스러운 부적符籍이다. 부적의 신비성을 강조하기 위해 쓰는 말이다.

② 동학의 대표적인 부적. 1860년 4월 5일 동학東學의 교조 최제우水雲 崔濟愚가 영감으로 상제[上帝, 한울님]에게서 받았다는 천신天神을 그림으로 표상한 부도符圖이다. 최제우는 상제로부터 영부를 받고 그것을 선약仙藥이요, 태극太極이요, 궁궁弓弓이라 표현

했다. 영부의 모양이 어떤 것이었는가에 대해 최제우는 "상제께서 '너의 백지를 펴서 영부를 받으라.'하거늘 백지를 편즉 영부 백지 위에 비추어 뛰고 동動하는 것이 그 형상이 태극의 형용과 같고 굽은 선의 움직이는 모양이 궁을과 같았다.

또 공중에서 상제의 말이 들리기를 '영부는 사람의 병을 건지고 사람의 죽은 혼을 구하여 산 혼으로 돌리며 인간 사회의 모든 죄악과 폐막弊瘼을 다스리는 불사약不死藥이니 네 손으로 종이 위에 그려 불에 태워 맑은 물에 타서 마셔라.'고 하는 것이었다. 그렇게 했더니 그동안 구도 과정에서 야위고 병약했던 몸이 금방 회복되어 건강하게 되었다. 그리하여 사람들에게도 시험해 본즉 효험이 있는 자도 있고 전혀 효험이 없는 자도 있는지라 그 연유를 생각해 본즉 정성과 공경으로 한울의 덕에 잘 순응하면서 영부를 마시면 효험이 있고 그렇지 않으면 효험이 없는 것을 알게 되었다. 결국 영부는 천지 만물의 생명이며 사람의 생혼生魂이며 세상을 다스리는 한울의 대혼大魂임을 알게 되었다."고 하였다.

넷째, 〈궁을가弓乙歌〉에 수록되어 있다.

먼저 〈궁을가〉는 어떠한 노래인가 알아보자. 1932년에 경상북도 상주의 동학 본부에서 국한문 혼용본과 국문본 2종의 목판본으로 간행되었다. 『용담유사龍潭遺詞』 권36에 실려 있다.

작자는 김주희金周熙라는 설과 용호대사龍虎大師가 지은 것을 김

주희가 장편으로 개작했다는 설이 있어 더욱 자세한 고증을 필요로 한다. 이 작품은 4·4조로 된 장편 가사인데, 1행이 끝날 때마다 "궁궁을을^{弓弓乙乙} 성도^{成道}로다."를 후렴구처럼 반복하고 있는 것이 특색이다. 4음보 1행으로 총 341행이다.

이 가사는 어린이들을 상대로 〈궁을가〉를 동요로 부르도록 권유하면서 당시의 시대적 상황을 비판하고 그 극복의 길을 제시하고 있다. 곧 무도한 외국 병마가 우리나라를 침범하는 상황에서 〈궁을가〉를 지성으로 부르면 외국 병마가 침범하지 못하고 성궁성을^{成弓成乙} 성도하면 온갖 허깨비들도 스스로 멸망한다고 하였다. 또 고국산천을 버리고 떠나는 사람들에게는 태평천하가 곧 될 것이니 정심수기^{正心修己}하여 〈궁을가〉를 부르라고 하였다. 궁을에 대한 평이한 설명보다는 "궁궁을을 성도로다."의 반복을 통한 〈궁을가〉 자체의 신통력을 강조하고 있다.

이 궁을가 외에도 〈궁을신화가^{弓乙信和歌}〉·〈궁을십승가^{弓乙十勝歌}〉·〈궁을전전가^{弓乙田田歌}〉 등의 동학가사가 있다.

'이재궁궁을을^{利在弓弓乙乙}'에 있어서 이 〈궁을가〉에 "구변구복^{九變九覆} 차시지화^{此時之化} 궁궁을을^{弓弓乙乙} 용화^{龍華}로다 이재궁궁^{利在弓弓} 이것이라 늘 부르면 용화^{龍華}로다."라는 구절에 '이재궁궁^{利在弓弓}'이라는 가사가 나온다. 여기에서는 "이재궁궁을을^{利在弓弓乙乙}"이 아니라 '을을^{乙乙}'이 빠진 '이재궁궁^{利在弓弓}'만 나온다.

소태산 대종사는 "이로운 것이 궁궁을을[利在弓弓乙乙]에 있다"했으니 무슨 뜻이냐는 제자의 질문에 "궁궁은 무극無極 곧 일원이 되고 을을은 태극太極이 되나니, 곧 도덕의 본원을 밝히심이요, 이러한 원만한 도덕을 주장하여 모든 척이 없이 살면 이로움이 많다는 것이다."라고 했다. 또한 정산 종사는 선원생들에게 "너희들《정감록》비결에 '궁궁을을지간弓弓乙乙之間이라'했는데 그것이 무슨 뜻인지 아느냐? 그것은 다름이 아니라 바로 '일원一圓'이다."라고《한 울안 한 이치에》에서 말씀하였다.

　이러한 의미는 궁弓과 을乙, 을과 궁, 즉 "궁을弓乙"이라는 두 글자를 가지고 우주의 진리를 요리하여 인간의 용심용행用心用行과 결부를 시켜 인간의 삶을 엮어가라고 가르친 것이라 할 수 있다.

　다시 말하면 진리의 본원本源은 언어나 형상이나 행위가 있어야 하는 것은 아니지만 각자覺者들이 생각할 때는 이렇게 알았던 이치를 혼자만 가질 수 없다는 것을 익히 아는지라 표현하는 방법과 가르치는 방법을 다양하게 모색하여 그 세상, 그 시대에 포양하여 사람들이 깨달음에 나아가게 하고 세상의 행방行方이 되는 지표指標를 제시하여 이 길을 밟고 나아감으로써 진리와 인간과의 사이를 이으려고 노력하게 된 것이라고 할 수 있다.

　참고로 〈이재궁궁利在弓弓〉에 대한 사람들의 한 말을 종합적으로 간추리자면 다음과 같다.

우리나라에 전해지는 예언서預言書의 대부분에 "이재궁궁利在弓弓"또는 "최호양궁最好兩弓"이란 말이 자주 나오는 데 어떠한 의미가 있을까?

《정감록鄭鑑錄》의 〈감결鑑訣〉에 정감鄭鑑 선사가 이르기를 "대개 사람이 (어지러운) 세상에 몸을 피하려면, 산도 이롭지 아니하고 물도 이롭지 아니한 것이니 가장 좋은 것은 두 활이라[蓋人世避身 不利於山 不利於水 最好兩弓]."고 하였다.

또한 《도선비결道詵秘訣》에 "임진년에는 섬 오랑캐가 나라를 좀먹겠고, 이때에는 가히 송백에 의지할 것이요, 병자년에는 북쪽 오랑캐가 나라에 가득할 것인데, 산도 불리하고 물도 불리하고, 이로움이 궁궁에 있다[壬辰 島夷蠻國 可依松栢 丙子 陷胡滿國 山不利水不利 利於弓弓]."고 하였다.

이에 대해 더 설명을 붙이자면 임진왜란[壬辰倭亂. 1592년(조선 선조 25년 임진) 음력 4월 14일부터 1598년(선조 31년 무술년) 음력 11월 19일까지 7년간] 때는 왜군倭軍이 침략하면서 가는 곳마다 닥치는 대로 약탈, 방화, 살인 등을 자행하여 집에 남아 있던 사람들은 대부분 화禍를 당했지만, 산속으로 피신한 사람들은 화를 면했다는 의미이다.

그 후 병자호란[丙子胡亂, 1636년(인조 14) 12월부터 이듬해 1월에 청나라가 조선에 대한 제2차 침입으로 일어난 전쟁] 때에는 그 해 겨울에 눈이 많이 내렸는데, 그때에도 사람들은 임진왜란 때처럼 집에 있다가 화를 당할 줄 알고, 미리 산속으로 피신하였다고 한다.

그런데 청靑나라 군사들은 왜군들처럼 사람들을 해치지 않았기 때문에, 오히려 산속으로 피신한 사람들은 추위와 허기로 죽어간 반면, 집에 가만히 있던 사람들은 무사했다고 한다.

또한 〈서계이선생가장결西溪李先生家藏訣〉, 〈마상록馬上錄〉, 〈격암유록格菴遺錄〉, 〈초창결蕉蒼訣〉 등에서 '임진왜란 후 300년 뒤에는, 임진왜란보다 더 큰 재난災難이 닥치니, 이때는 산도 불리하고 물도 불리하고 이로움이 궁궁弓弓에 있는데, 이 궁궁을 혈하궁신穴下弓身이라고도 하고, 또한 혈하궁신穴下弓身을 하나의 글자字로 하여, 궁핍할 궁窮 자로, 혹은 궁궁을을弓弓乙乙을 하나의 글자字로 하여, 약할 약弱 자로 표현表現하기도 하며, 이때 궁궁弓弓이 무엇인지 아는 자는 산다고 하였다.'

《격암유록格菴遺錄》의 〈가사총론歌辭總論〉에 "黑龍壬辰 初運으로 松松之生 마쳤으며 赤鼠丙子 中運으로 家家之生 마쳐있고 玄兎癸卯 末運으로 弓弓之生 傳했다네."라고 하였다. 다시 말하면 '임진왜란을 초운으로 보고, 병자호란을 중운으로 보며 계묘[癸卯, 1963]년을 말운末運으로 본다. 즉 4·19, 5·16 직후에 궁궁弓弓이 이롭다'고 한 것이다.

또한 〈토정가장결土亭家藏訣〉에 "이씨왕조李氏王朝의 운運에 깊은 의미가 있는 비밀스러운 글자가 3개 있으니, 송가전松家田 3자인 것이다. 먼저는 송松으로 임진왜란壬辰倭亂 때 이로운 것인데, 이는 명明나라 장수 이여송李如松을 말한 것이다. 중운中運의 가家는 병자호란丙子胡亂에 이로운 것인데, 즉 피난 가지 말고 집[家]에 있으라는 것이다. 말운末運의 전田 자는 흉년凶年에 이로운 것으로, 흉凶 자는 병기兵器인데, 병기兵器는 기아飢餓 즉 굶주림이라는 것이다. 대大란 무궁武弓으로 이로운 것이고 소[小, 아이]란 토[土, 黃]인 궁弓으로 이로운 것이라 경에게 말하기를 '9년 기아의 곡식의 종자는 삼풍三豊에서 구하고, 12년 전쟁에 사람의 종자는 양백兩白에서 구하는데 이는 정도령의 백성을 이르는 것이라'비록 창생을 위해서 십승十勝을 가리키지만, 또한 먼저가 어려움이 있으리니, 선후를 알지 못하고 믿고 들어가면, 필히 예측하지 못한 화禍를 보는 수가 있으니, 가히 삼가지 아니하랴! 이때 가히 이로움은 궁궁弓弓이니, 궁궁이란 밥상의 네 모서리[젖가슴 모양]가 떨어져 나가서 외로운 것이라[李氏之運 有三秘字 松家田 三字也 松先利於倭 家中利於胡 田末利於凶 凶字 兵器 兵器曰歟也 弓弓者 大利於武弓 小利於土弓 經曰 九年之歟 求穀種於三豊 十二年兵火 求人種於兩白 此乃鄭氏 黎首之云耳 雖爲蒼生 指示十勝 或有先難 不知先後而信入則不測之禍也 可不愼哉 當此之時 可利弓弓 弓弓者 落盤孤四乳].”고 하였다.

〈초창결蕉蒼訣〉에 “옛 비결秘訣에 '이로움이 궁궁을을弓弓乙乙 사이라'했는데, 궁을弓乙은 무엇을 말한 것이냐면 '대궁大弓은 무궁

武弓이며, 소을小乙은 무을武乙인 것이라'지자가 아니면 그 뜻을 알수가 없는 말인데, 보통 말하기를 '혈하궁신穴下弓身을 하나의 글자로 하여 궁窮이라고도 한다. 이 뜻은 즉 혈 아래穴下에 궁弓이신 분身이 계신다는 말이며, 또한 약弱이란 궁궁을을弓弓乙乙의 파자로, 이 약弱이 바로 근본인 일[本一]이란 말이다[古訣云 利在弓弓乙乙間 弓乙乎 曰大弓武弓小乙武乙 非知者 莫如然以 普通言之穴下弓身 卽窮居 以弱爲本一]."

〈마상록馬上錄〉에 "궁弓은 인간의 시조 되니라[弓爲人始祖矣]"고 하였다.

그렇다면 인간人間의 시조가 누구냐?

《격암유록格菴遺錄》의 〈생초지락生初之樂〉에 "바로 태초太初에 우성인牛性人, 즉 최초의 인간人間이 우성인인데 우성인이 북두칠성北斗七星이며, 하나님上帝의 아들子이라[太初之世 牛性人 牛性牛性斗牛 上帝子]."고 하였다.

《격암유록格菴遺錄》의 〈세론시世論視〉에 "궁궁인弓弓人이 진사년辰巳年에 나타나서 천하를 통일한다[弓弓人 辰巳之生 統一天下]."고 하였다.

이 궁궁弓弓이란 사람을 칭하기 때문에, 산도 불리不利하고 물도 불리하니 궁궁인弓弓人을 찾으라 한 것이다.

그렇다면 혈하궁신穴下弓身이란 혈 아래[穴下]에 정도령[弓身]이 있다는 말이 되는데, 여기서 말하는 혈穴이란 무엇을 의미하는가?

혈穴이란, 땅의 기운인 지기地氣 또는 땅의 영靈인 지령地靈 즉 생기生氣가, 한 지점에 모여 있는 것으로, 음양陰陽이 배합하여 산수山水의 정기精氣가 모여 있는 곳을 말한다. 이러한 곳에 터를 잡고 살거나 묘를 쓰면 대길大吉하다는 곳으로, 보통 사람들은 이를 명당明堂이라 하며, 길지吉地 혹은 승지勝地라고도 한다.

그러나 풍수지리학風水地理學에서는 혈穴 자리와 명당明堂을 구분하여 말을 하는데, 명당明堂이란 혈穴 아래에 있는 넓은 뜰을 말하는 것이다. 일반적으로 사람이 사는 집터, 즉 양택陽宅과 묘지인 음택陰宅의 길지吉地를 총칭總稱하여 명당明堂이라 한다.

이처럼 생기生氣가 집결한 곳을 진혈眞穴이라고 하며, 태극太極이라고 하기도 한다. 이 혈穴 주위에 있는 좌측을 청룡靑龍, 우측을 백호白虎, 전면을 주작朱雀, 후면은 현무玄武라 하는데, 이는 모두 혈을 보호해 주는 역할을 한다.

그렇게 전후좌우前後左右에서 보호를 받는 길지吉地가 바로 명당明堂이며, 대명당大明堂은 천자天子가 거居하는 곳으로 수도가 되는 곳이라고 할 수 있다. 그러니까 말 그대로 명당明堂이란, 천자 즉 정도령, 바꿔 말해 구세주救世主가 있는 곳이니까 이롭다는 뜻으로 결국 정도령을 찾아 따르라는 말이다.

또한 《토정가장결土亭家藏訣》에 나온 "궁궁자 낙반고사유弓弓者落盤孤四乳"란 어떤 의미인가?

《격암유록格菴遺錄》의 〈초장初章〉에 "양궁쌍을[兩弓雙乙, 弓弓

乙乙]이란 우마[牛馬, 天地를 말함]이며, 전田이란 종금從金이며, 무궁화궁槿花宮이며, 정精 자에서 우右측인 청青 자가 떨어져 나가면, 미米 자 만이 남게 된다. 이 미米 자에서 사유四乳인 네 모서리[젖꼭지 네 개]가 떨어져 나가면 열 십十 자가 나온다[重山은 出 자의 파자]. 이는 즉 십十 자를 만들어 내기 위한 말이요, 또한 낙반사유落盤四乳란 바로 십자의 十字 이치라[兩弓雙乙 知牛馬 田兮 從金 槿花宮 精脫其右 米盤字 落盤四乳 十重山 落盤四乳 十字 理].”고 하였다.

그러면 궁궁弓弓에서 십十 자가 어떻게 나왔으며 십十 자가 의미하는 바는 무엇인가?

《격암유록格菴遺錄》의 〈궁을론弓乙論〉에 “궁궁弓弓이 불화不和해서 동서東西로 등을 돌리면 불亞 자 또는 버금 아亞 자가 되어 그 사이에 십十 자가 나오는데, 이 십 자는 승인勝人 즉 이긴 자[이긴 사람]인데, 그 의미를 깨달아 따르는 사람은 소원을 성취하게 된다는 의미이다[弓弓不和 向面東西 背弓之間 出於十勝 人覺從之 所願成就].”라고 하였다.

이렇게 보면 불亞 자나 아亞 자의 속[內]은 십十 자가 되고, 밖[外]은 궁궁弓弓이 되는 것을 쉽게 알 수가 있다. 또한 십十 자를 승인勝人 즉 이긴 자라 했는데, 십승인十勝人이 누구냐 하면 진인眞人 정도령이라고 《격암유록》의 〈초장初章〉에서 밝혀 놓았다.

《격암유록》의 〈초장初章〉에 “정씨정씨鄭氏鄭氏 하는데 무엇이

정씨鄭氏냐 하면, 7에다 3을 더한즉 십十이 정씨鄭氏이고, 역시 일자一字를 종횡縱橫하면, 즉 일一을 세우고 누이면 열 십十자가 나온다[鄭氏鄭氏 何鄭氏 滿七加三 是鄭氏 何性不知 無後裔 一字縱橫 眞鄭氏].”고 하였다.

즉 십十이 진짜 정 씨이자, 대를 잇게 할 후손이 없는[無後裔, 자식이 없는 사람] 사람이며, 진인眞人 정도령이라는 것이다.

《격암유록》의 〈궁을도가弓乙圖歌〉에 “궁궁弓弓 사이 십승인十勝人이 진인眞人이며, 선인仙人이며, 부처佛인데, 좌우궁左右弓 사이에 계신 미륵불이 곧 정도령이며, 궁궁인弓弓人이 곧 대자대비大慈大悲하신 분이라[弓弓之間 眞仙佛 左右弓間 彌勒佛. 大慈大悲 弓弓人].”고 하였다.

또한 《격암유록格菴遺錄》의 〈은비가隱秘歌〉에 “십승지十勝地란 바로 인간으로 오신 미륵불彌勒佛인 진인眞人 정도령이 머물고 계신 곳을 말한다[眞人 居住之地也 故曰十勝也].”고 하였다.

즉 산山도 불리하고 물水도 불리하고, 이로움이 궁궁弓弓에 있으니, 구세주救世主이며 피난처避難處 되시는 십승인十勝人 정도령을 찾으라는 것이다.

《정감록鄭鑑錄》이나 《남사고비결南師古秘訣》에 “사람이 오악으로 돌아가면 죽고 사람이 서쪽 바다로 돌아가면 산다[人歸 五岳者 死 人歸 西海者生].”고 하였다.

《정감록鄭鑑錄》을 보면 십승지十勝地라고 해서 태백산, 소백산,

가야산, 계룡산, 지리산 등 깊은 산 속 열 군데가 기록되어 있으면서도, 궁궁ㄹㄹ이란 말은 산불리山不利, 수불리水不利라고 해서 산이 아니라며, 입산入山하는 자는 죽는다고 거듭 주의를 환기한 것이다.

또한 서해西海 쪽으로 찾아가는 사람은 산다고 하였다. 즉 진짜 진인眞人 정도령이 계신 십승지十勝地를 은폐하기 위한 양동작전이다. 반면에 선각성현先覺聖賢들의 진의眞意를 깨달은 자가 이때까지 거의 없었다고 보아야 한다.

《격암유록格菴遺錄》의 〈도부신인桃符神人〉에 "지리십승지地理十勝地와 천리십승지天理十勝地를 구별하여, 천리십승지天理十勝地를 먼저 깨달으라고 말한 것이다[天十勝을 先覺 後에 地十勝은 再尋地라]."고 하였다.

어쩌면 사람들이 살아가는 데 있어서 대인접물待人接物이 순수하고 순탄할 수만은 없다. 자신도 의식하지 않고 알아차릴 수 없는 사이에 사사건건이 일어나고 사라진다. 개인의 문제나 사회 또는 국가, 세계와 지구, 나아가 천리天理에 이르기까지 안심하고 살 수 있는 곳이 없다 해도 과언이 아니다.

이에 대하여 명각明覺을 이루지 못한 몇몇 부류들은 혼란을 틈타거나 조장하여 취리取利의 기회로 삼아 그야말로 부끄러운 짓을 많이 하였다.

반면에 진리를 확철대오確徹大悟한 성자나 진인들은 미래의 어려움에 대하여 직접적인 언행으로 보여주거나 가르치기도 하였지만 비결秘訣이나 비서秘書를 통해 담아두고 후인들이 스스로 깨우침을 가지도록 하였으니 경앙敬仰하지 않을 수 없는 성사聖事이다.

따라서 사람은 본래 열린 마음을 가진 고등한 존재이기 때문에 비결에 의지하거나 신뢰하지 말고 각자의 마음작용 곧 마음쓰기를 잘하여 맑고 밝게 살아간다면 영생의 십승지十勝地가 족하足下에 있는 것이라고 할 수 있다.

頌日

1. 弓弓無極謂 궁궁무극위 궁궁은 무극을 이르는 것이요
   乙乙道源云 을을도원운 을을은 도덕의 근원을 이름이니
   兩者心中韞 양자심중온 두 가지를 마음 가운데 갈무리면
   四方大聖聞 사방대성문 사방에 큰 성자로 소문나리라.

2. 靈符余心在 영부여심재 영부가 하늘 가운데 있고
   乙弓我意存 을궁아의존 을과 궁은 나의 뜻에 있다네
   先知斯世出 선지사세출 선지자가 이 세상에 나와서
   眞理闢鴻門 진리벽홍문 진리의 큰 문을 열었어라.

3. 亂世癡治起 난세치치기 어지러운 세상 어리석은 정치에서 일고

清心苦惱盲 청심고뇌맹 맑은 마음이라도 쓰라린 번뇌로 어둡네

修人成大覺 수인성대각 수행하는 사람이 깨달음을 이루어서

救濟衆愚生 구제중우생 많은 어리석은 생령을 구제하였어라.

청풍자명
清 風 自 明

맑은 바람에 저절로 밝아진다

대종사 대각을 이루시고 그 심경을 시로써 읊으시되 "청풍월상
시淸風月上時에 만상자연명萬像自然明이라." 하시니라.　《대종경》성리품 1장

이 글은 《불법연구회창건사》 제5장에 대략 실려 있다. "대종
사가 정定에 들었을 때 우연히 정신이 쇄락하여 새 기운이 열리
는지라, 창을 열고 나와 사방四方을 살펴보니, 천기天氣가 매우 청
랑淸朗하고 별들이 교교皎皎한지라, 맑은 공기를 호흡하며 장내場
內를 두루 배회하니 문득 마음이 밝아져 모든 의두를 차례로 연

마해 본즉 모두 한 생각을 넘지 아니하여 드디어 대각을 이루었
다."라고 되어 있다.

'청풍월상시 만상자연명淸風月上時 萬像自然明'을 도표로
그리면 다음과 같다.

원문	원불교대사전	축자해역(逐字解譯)
淸風月上時	맑은 바람 달 떠오를 때	맑은 바람 달이 오를 때에
萬像自然明	만상이 자연히 밝아오도다	온갖 형상은 저절로 그렇게 밝아지네

글자와 단어를 풀어보면

- 청淸 : 맑을 청. 맑다. 빛이 선명하다. 사념이 없다. 탐욕이 없다.
- 풍風 : 바람 풍. 바람. 바람이 불다.
- 청풍淸風 : 부드럽고 맑게 부는 바람.
- 월月 : 달 월. 달. 달빛. 광음光陰.
- 상上 : 위 상. 위. 하늘. 오른다.
- 시時 : 때 시. 때. 때맞춘다. 때를 어기지 아니하다.
- 만萬 : 일만 만. 일만. 수의 많음을 나타내는 말. 다수.
- 상像 : 형상 상. 형상. 본뜬 형상. 닮는다.
- 만상萬像=만상萬象 : 형상이 있는 온갖 물건.
- 자自 : 스스로 자. 스스로. 몸소. 저절로.

- 연然 : 그러할 연. 그렇다. 그렇다고 여기다. 그리하여.
- 명明 : 밝을 명. 밝다. 환하다.

청풍월상시]清風月上時
: 맑은 바람 달이 오를 때에

1) 청풍清風은 '부드럽고 맑게 부는 바람'이라는 의미이다. 폭풍처럼 몰아쳐서 만물을 눕히고 뽑아내는 것이 아니라 부드럽게 감싸 안아서 자양滋養이 되도록 역할을 하는 부드러우면서도 맑게 불어오는 바람이다.

그렇다면 옛사람들은 청풍을 어떻게 보았을까?

- '청미한 바람清微之風, 청량한 바람清凉之風'이다. 《시전》〈대아·증민大雅·烝民〉에 "길보가 노래를 지어서 조화로움이 맑은 바람 같아라[吉甫作誦 穆如清風]."고 하였다. 《모전毛傳》에 "청풍은 맑고 미미한 바람이니 만물을 화하여 기르는 것이라[清微之風 化養萬物者也]."고 하였다.

- '맑고 은혜로워 풍습을 교화하는 바람[清惠之風化]'이다. 《문선文選》〈장형·동경부張衡·東京賦〉에 "맑은 바람은 하늘의 덕과 한가지니 순화되는 것이 자연[神明]과 통하느라[清風協於玄德 淳化通於自然]."고 하였고 설종薛綜의 주석에 "맑고 은혜로운 바

람은 하늘의 덕과 한가지라[清惠之風 同於天德].”고 하였다.

• '고결한 품격[高潔之品格]'이다. 남조南朝 양유협梁劉勰《문심
조룡文心雕龍》〈뇌비誄碑〉에 “사람의 풍성한 덕행을 새겨 넣기 위
해서는 반드시 청순한 풍격을 명백히 보여야 하니라[標序盛德
必見清風之華].”고 하였다.

2) 월상月上은 '달이 오르다. 달이 떠오르다. 달이 솟아오르다'
는 의미이다. 그렇다면 여기에서는 달에 대해 의미를 두어서 옛
문헌에서 고증을 해보려고 한다. 따라서 달은 두 가지 측면에서
보면 하늘에 뜬 달과 한 달, 두 달하는 달의 의미로 나누어 볼 수
있다.

•《설문해자說文解字》에 “이지러지다. 태음의 정수精髓라[闕也
太陰之精].”고 하였다. 그《석명釋名》에 '달은 이지러지는 것이니
가득하면 이지러지니라[月缺也 滿則缺也].'고 하였다.

•《주역》〈계사繫辭〉에 “음양의 뜻이란 일월의 (운행과) 짝한
것이라[陰陽之義配日月].”고 하였다.

•《서전》〈요전堯典〉에 “윤달을 두어야 사시를 정하여 해를 이
루니라[以閏月定四時成歲].”고 하였다. 그 전傳에 “한 해는 열두
달이고 한 달은 삼십 일이니 세 해마다 윤달을 두니라[一歲十二
月 月三十日 三歲則置閏焉].”고 하였다.

•《서전》〈홍범洪範〉에 “둘째는 달이라[二日月]”고 하였다. 그

전[공안국전(孔安國傳)]에 '한 달이 벼리 되는 까닭이라[所以紀一月].'고 하였고, 그 소疏에 '초하루부터 그믐에 이르기까지 큰 달은 삼십 일이고 작은 달은 이십구 일이라[從朔至晦 大月三十日 小月二十九日].'고 하였다.

• 《사기》〈천관서주天官書注〉에 "해는 양정의 으뜸이요, 달은 음정의 으뜸이며, 별은 오행의 정이라[日者 陽精之宗 月者 陰精之宗 五星 五行之精]."고 하였다.

• 《예기》〈예운禮運〉에 "달의 소장消長으로 분량을 삼으리라[月以爲量]."고 하였다. 그 주에 '하늘의 운행은 매양 삼십 일을 한 달로 삼으리라[天之運行 每三十日爲一月].'고 하였다.

• 《예기》〈예운禮運〉에 "(달은) 삼오 십오 일에 차고 삼오 십오 일에 이지러지느라[三五而盈 三五而闕]."고 하였다.

• 《예기》〈제의祭義〉에 "해는 동쪽에서 나오고 달은 서쪽에서 나오느라[日出於東 月生於西]"고 하였다.

• 《회남자》〈천문훈天文訓〉에 "양을 쌓은 뜨거운 기는 불을 만들어내고, 불기운의 정수는 해가 되었으며, 음을 쌓은 차가운 기는 물이 되었으며, 물기운의 정수는 달이 되니라[積陽之熱氣生火 火氣之精者爲日. 積陰之寒氣爲水 水氣之精者爲月]."고 하였다.

• 《공양전公羊傳》〈장이십오년주莊二十五年註〉에 "달은 토지의 정수精髓라[月者 土地之精]."고 하였다.

3) 때[時]는 어떠한 규정의 시간을 이르는 것이 아니라 '찰나刹那의 찰나'로 장단을 짐작하거나 측량할 수가 없는 그때이다. 즉 대종사께서 20여년의 수행 끝에 최후각最後覺을 이룬 최단지단最短之短의 때를 말하는 것이고 할 수 있다.

만상자연명萬像自然明
: 온갖 형상은 저절로 그렇게 밝아지네.

1) 만상萬像이란 어떠한 의미인가?

• 만상萬像은 만상萬象과 같은 단어이다.

• 온갖 사물의 드러난 형상.

• 유형무형을 통틀어 이르는 말이지만 유형을 지칭하는데 가까운 것이라고 할 수 있다.

• 삼라만상森羅萬象 : 우주 사이에 벌여 있는 온갖 사물과 현상.

• 자연自然 : ① 저절로 그렇게 되는 모양. 사람의 힘을 더하지 않는 천연 그대로의 상태. ② 조화造化의 힘으로 이루어진 일체의 것. ③ 자연이란 낱말을 언제부터 사용했는지는 명확하지 않으나 도덕경의 여러 곳에서 이미 쓰이고 있다. 도덕경에 나타난 자연의 의미는 인간 사회에 대해 대응하여 원래부터 그대로 있었던 것, 또는 우주의 순리를 뜻한다. 도덕경에 나오는 자연은 현대

어의 자연과 달리 명사가 아닌데, 원래는 '스스로 그러하다'라는 뜻이다. 예를 들어 도덕경 주해에 '천지임자연天地任自然'이라는 말이 있는데, '천지[하늘과 땅]는 현대어의 자연Nature이고', '자연'은 '스스로 그러하다'라는 뜻이므로, 이를 요즘 말로 옮기면 '자연은 스스로 그러함에 있다'라는 뜻이다. 한편 유럽의 여러 언어에서 자연을 뜻하는 낱말은 라틴어의 natura를 어원으로 하고 있는데, 영어와 프랑스어의 nature, 독일어의 natur, 이탈리아어, 스페인어 등의 natura 등이 그것이다. 라틴어의 natura는 '낳아진 것'이라는 뜻으로, 그리스어 φύσις의 번역어로 채택되어 '본성', 즉 우주나 동물, 인간 등의 본질을 가리키는 낱말로 사용되었다. 현재 우리가 쓰고 있는 자연이란 낱말은 서구의 nature를 번역하여 들여온 것으로 중세 기독교 신학에서 비롯된 인간에 의해 정복되어야 할 것이란 관념과 17세기 과학혁명 이후의 자연주의적 관점 등이 함께 혼합되어 있다고 할 수 있다.

2) 전체의 의미를 해설하면

• 청풍이란 어떤 의미일까?

글자그대로 해설을 한다면 '맑은 바람'이라는 뜻이다. 우리나라 동요에 '산 위에서 부는 바람 서늘한 바람 그 바람은 좋은 바람 고마운 바람 여름에 나무꾼이 나무를 할 때 이마에 흐른 땀을 씻겨준대요'라고 어려서 불렀던 그러한 바람을 말하는 것인가.

아니면 무더운 여름 날 바다에서 불어 안면을 서늘케 하는 해풍 海風을 말하는 것인가. 그도 아니면 삼라만상을 삼킬 듯이 불어오는 폭풍을 말하는 것인가.

아마 생각하건대 이러한 바람은 아니다. 그러면 어떤 바람인가. 진리의 바람[理風]이요 도의 바람[道風]이며 덕의 바람[德風]이요 법의 바람[法風]이며 은혜로운 바람[恩風=慈悲風. 仁風. 愛風等]이요 불보살의 바람[佛風] 등등이라고 할 수 있다.

• 달[月]이란 어떤 것인가.

사전적인 의미로 보면 지구의 유일한 천연의 위성으로 지구에 가장 가까운 천체이다. 지구에서 달까지의 평균 거리는 38만 4400㎞로 지구에서 태양까지 거리의 400분의 1이다. 지구에서 보는 크기는 약 0.5°로 태양과 같으나, 거리가 다르기 때문에 실제 크기는 지구의 약 4분의 1[반지름, 1,740㎞], 질량은 지구의 약 81분의 1로, 다른 행성의 위성에 비해서 그 비율이 월등하게 높아서 지구와는 형제 행성으로 볼만하다. 달이 지구를 도는 주기인 27.32일을 항성월恒星月이라고 한다. 달은 궤도 위에서 태양에 대한 위치가 달라짐에 따라 햇빛을 반사하는 면의 모습이 달리 보이기 때문에, 차고 기우는 삭망朔望의 변화가 눈에 두드러지게 나타난다. 그래서 예로부터 이 변화의 주기인 29.53일, 즉 삭망월이 알려져 음력의 기준으로 쓰이게 되었다. 삭망월이 항성월보다 약 2일 긴 까닭은 지구의 공전 때문에 태양이 360°/365일

＝약 1°/일씩 움직이고, 달은 360°/27.32일＝약 13°/일씩 움직여서, 결국 하루에 달이 약 12°씩 앞서가서 29.53일 지나면 12°×29.53＝360°로 되어 보름달이나 삭[朔, 달이 안 보이는 음력 초하루]이 되돌아오기 때문이다.

그러나 여기서 말하는 달은 현상의 달만을 이야기하는 것은 아니다.

"지여일 혜여월智如日 慧如月"이라는 문구가 있다. 즉 '지智는 해와 같고 혜慧는 달과 같다'는 말로 지혜智慧를 뜻한다.

《육조단경六祖壇經》〈참회품懺悔品〉에 "선지식아, '지'는 해와 같고 '혜'는 달과 같아서 지혜는 항상 밝은데 밖으로 경계에 집착해서 헛된 생각의 뜬구름에 덮이므로 자성이 밝지를 못하다가, 만일 선지식을 만나서 참된 정법을 듣고 스스로 어리석음과 망령됨을 없애어 안과 밖이 밝게 통철하면 자성 가운데에 만법이 모두 다 나타나니라[善知識, 智如日 慧如月 智慧常明 於外著境 被妄念浮雲 蓋覆自性 不得明朗, 若遇善知識 聞眞正法 自除迷妄 內外明徹 於自性中 萬法皆現]."고 하였다.

또한 명明의 장원신[莊元臣, 1560~1609, 字忠甫, 一作忠原, 號方壺子, 歸安(今浙江湖州)人, 又自署松陵(今江蘇吳江)人. 隆慶二年(1568)進士. 有《曼衍齋文集》,《莊忠甫雜著》二十八種七十卷. 生平略見《松軒書錄》]은 "성인의 지혜는 해와 같고 현인의 지혜는 달과 같으며 선비의 지혜는 촛불과 같다. 해와 같다는

것은 비추지 아니한 바가 없고 통철하지 아니한 바가 없다는 것이요, 달과 같다는 것은 비추지 아니한 바가 없지만 통철하지 못한 바가 있는 것이다. 촛불과 같다는 것은 생각이 이르면 보이고 생각하지 않으면 보이지 않는 것이라[聖人之智如日 賢人之智如月 士人之智如燭. 如日者 無所不照 無所不徹也。如月者 無所不照 有所不徹也. 如燭者 思至則見 不思不見也]."고 하였다.

이렇게 보면 달이라는 존재는 불교나 유학에서 볼 때 지혜의 상징으로 여기는 것이라고 할 수 있다.

• 만상이란 무엇을 말하는 것일까?

우주에 벌려있는 현상만을 이야기하는 것은 아니다. 수도하는 사람에게 있어서 귀원歸源이나 귀성歸性, 또는 귀리歸理나 귀도歸道 등을 방해하는 내면의 망념이나 외면의 마군 곧 내외의 모든 번뇌 망상이나 무명업장을 말하는 것이라고 할 수 있다.

그리하여 이 만상에 진리의 바람이나 도의 바람이 불면 자연 내외에서 수도를 방해하는 모든 것을 한 번에 날려버린다는 의미가 갈무리되어 있다고 할 수 있다.

• 자연이라는 의미는 무엇을 말하는가?

자연이라는 의미는 앞에서 대략 말하였다. 여기서는 주시注視하는 몇 가지만 들어보려 한다.

① 자연에서 부여받은 품성을 말한다. 《사기》〈평진후주부열전平津侯主父列傳〉에 "신이 마음속에 폐하는 천연의 성스러움과 관

인의 자질을 가졌으니 정성스럽게 천하를 위해 힘쓴다면 탕 임금이나 무왕의 명성과 가지런하기가 어렵지 않고 성왕이나 강왕 때의 아름다운 풍속을 가히 다시 일으키리다[臣竊以爲陛下天然之聖, 寬仁之資, 而誠以天下爲務, 則湯武之名不難侔, 而成康之俗可復興也].”고 하였다.

② 천연天然의 본디 자연스러움을 가리킨다. 《송서宋書》〈효의전·엄세기孝義傳·嚴世期〉에 “엄세기는 회계 산음 사람이다. 베풀기 좋아하고 선을 사모하는 것이 천연으로부터 나왔다[嚴世期 會稽山陰人也. 好施慕善 出自天然].”고 하였다.

③ 당唐 피일휴皮日休 《오황시·태호연五貺詩·太湖硯》에 “화석의 사이에서 구했는데 괴이한 모양이 이에 천연이어라[求於花石間 怪狀乃天然].”고 하였다.

④ 청淸 유월俞樾의 《춘재당수필春在堂隨筆》 2권에 “다가서니 이른바 향로봉은 지극히 높고 험준하다. 두 봉우리가 좌우에 서 있는 것이 천연의 문과 같다[至所謂香爐峯者 極高峻 雙峯左右立 天然如門].”고 하였다.

⑤ 당 이백李白 《경란리후천은류야랑억구유서회증강하위태수량재[經亂離後天恩流夜郎憶舊遊書懷贈江夏韋太守良宰]》의 시에 “맑은 물속에서 부용꽃이 피어오른 듯하였고, 천연으로 조작의 가식을 여의었어라[淸水出芙蓉 天然去雕飾].”고 하였다.

⑥ 원元 두인걸杜仁傑 《안아락과득승령·미색雁兒落過得勝令·美色》의

곡曲에 "붉은 분가루를 바르지 않았어도 저절로 천연의 자태가 있어라[不將朱粉施 自有天然態]."고 하였다. 시문詩文이나 화서畵書에 있어서 풍취風趣나 정취情趣를 말한다. 금金 원호문元好問《논시論詩》 4에 "한 마디 시어는 천연스러워 만고에 새롭고 호화로움을 떨치고 다한다면 진실하고 간곡하니라[一語天然萬古新 豪華落盡見眞淳]."고 하였다. 이치의 당연한 바이요 자연의 그러함이라[理所當然 自然而然]

노사[老舍, 중국소설가, 극작가, 1899~1966]의《사세동당四世同堂》 32에 "서풍이 생각하기를 만일 관 선생이 나서서 동양[일본]과 경쟁을 한다면 나는 천연적[반드시]으로 관 선생을 도와주어야 하리라[瑞豐覺得 假若冠先生出頭和東陽競爭 他天然的應當幫助冠先生]."고 하였다.

• 결론을 지어서 말하자면 바람이란 바로 진리의 바람, 자성의 바람, 도의 바람을 말한다. 계절도 동남풍이 불면 부는 곳마다 새싹을 돋아나게 하고 자라게 하여 결국 아름다운 꽃을 피워 열매까지 맺어지게 한다.

또한 달이란 바로 지혜이다. 이 지혜는 우주의 진리와 자성의 원천과 사물의 근저根柢를 한 생각, 한 마음 넘지 않고 해득하는 최상승의 알음알이라고 할 수 있다.

또한 만상이라는 것은 천지의 물물인 사事를 말하기도 하고 우주의 진리인 이理와 자성의 근원인 성性을 말하기도 하는 것으로 상융호소相融互疏하여 불이불리不二不異라는 사실에 확신을 가지고 있음을 말한다.

또한 자연이라는 것은 억지가 아니고 인위人爲가 아닌 저절로 그러한 것이며 저절로 운행되는 것이니 이러한 상황을 안다면 함설폐구含舌閉口할 수밖에 없다. 즉 자연의 운행에 대해서 왈가왈부日可日否를 하는 것은 우매한 행위라고 아니할 수 없다.

또한 밝다는 것은 큰 깨달음 곧 대각大覺을 이루었다는 의미이다. 다시 말하면 해각解覺을 하였기 때문에 우주나 천지나 만물이나 마음이나 성품에 대하여 무소부지無所不知하고 무소불통無所不通한 대성자가 되어 세상과 인류를 위해 해야 할 일을 실측하고 차서를 따라 해나간다면 얼마나 기쁘고 즐거운지 모른다.

그러므로 우리들이 확철대오確徹大悟를 이룬 성자의 심경을 말이나 글을 통해 짐작한다는 것은 우치愚癡한 일이라고 아니 할 수 없을 것이지만 그래도 사자獅子에서 꼬리나 발톱이라도 잡거나 보아야 따라잡을 수가 있다는 생각을 하게 된다.

우리가 일원상의 속성이라 할 수 있는 '불생불멸 인과보응'을 '청풍월상시 만상자연명'과 결부시켜 보면 다음과 같다고 할 수 있는데 이는 필자가 가지고 있는 생각이다.

不生不滅=空. 無. 隱. 本體. 靜. 理. 圓滿具足: 淸風月上時	
因果報應=色. 有. 顯. 現象. 動. 事. 至公無私: 萬像自然明	

위의 도표에서 보듯이 '불생불멸'은 곧 텅 빔이요 없음이며 숨음이요 본체이며 고요함이요 이치이며 원만구족이라고 할 수 있으니 바로 '청풍월상시'의 의미를 지니고 있다.

또한 '인과보응'은 곧 형색이요 있음이며 드러남이요 현상이며 움직임이요 일이며 지공무사라고 할 수 있으니 '만상자연명'의 의미를 지녔다고 볼 수 있다.

그러므로 일원 진리에 근거를 둔 '불생불멸과 인과보응'의 깨달음이 시적인 표현을 빌려서 '청풍월상시 만상자연명'이라 하였으니 이 시를 알고 깨달으면 일원의 진리를 알게 되고 일원의 진리를 알게 되면 이런 시구가 자연스럽게 솟아나서 많은 사람에게 큰 깨달음과 큰 감동을 줄 수가 있다.

이러한 의미에서 우리들도 공부하는 가운데 깨달음을 적어두고 연마하여 시로 표현한다면 공부 길의 결과도 되고 좌표도 되며 다짐이나 서원도 될 수 있다.

이러한 의미에서 한시 20수를 지어서 송頌으로 달았다.

頌曰

1. 清風雲霧逐 ^{청풍운무축} 맑은 바람은 구름안개 쫓아내고
   明月業障推 ^{명월업장추} 밝은 달은 업력 장애를 미뤄내네
   萬像無非實 ^{만상무비실} 온갖 형상은 실상 아님이 없고
   自然衆理恢 ^{자연중리회} 자연이란 뭇 이치 넓음이어라.

2. 淸風圓理顯 ^{청풍원리현} 맑은 바람에 둥근 진리 드러나고
   明月慧知抽 ^{명월혜지추} 밝은 달에 지혜가 뽑혀지누나
   萬像原來物 ^{만상원래물} 온갖 형상은 원래의 물건들이니
   自然永劫留 ^{자연영겁류} 저절로 그러니 긴긴 세월 머물리.

3. 淸風煩惱颺 ^{청풍번뇌양} 맑은 바람은 번뇌를 날려버리고
   明月性心醒 ^{명월성심성} 밝은 달은 성품과 마음 깨우네
   宇宙浮圓理 ^{우주부원리} 우주에 둥그런 진리가 떠오르면
   無非照處靈 ^{무비조처령} 비추는 곳마다 영험치 않음 없으리.

4. 淸風神本瀞 ^{청풍신본정} 맑은 바람에 정신 근본 맑아지고
   明月性源開 ^{명월성원개} 밝은 달은 성품 근원을 열었누나
   慧福儲心用 ^{혜복저심용} 지혜 복락이 마음 활용에 쌓이니
   永生作耦徘 ^{영생작우배} 긴긴 생애에 짝을 지어 노닐리라.

5. 淸風天霧颯 청풍천무삽 맑은 바람이 하늘 안개에 불면
   暗月一時明 암월일시명 어두운 달은 일시에 밝아지네
   圓理胸中座 원리흉중좌 둥근 진리가 가슴속에 자리하면
   妙機造化生 묘기조화생 오묘한 기틀 조화가 생기리라.

6. 淸風昇月際 청풍승월제 맑은 바람 불고 달이 오를 때에
   天廣少雲晴 천광소운청 하늘 넓어 조그만 구름도 없어라
   萬像非埋蔽 만상비매폐 모든 형상 묻히고 가리지 않았으니
   自然匪不明 자연비불명 저절로 그렇게 밝아지지 않음 없네.

7. 圓理之風颯 원리지풍삽 둥근 진리의 바람이 불면은
   生靈本性明 생령본성명 생령의 본래 성품 밝아지리
   無窮眞諦覺 무궁진체각 다함없는 진리를 깨닫는다면
   鴻聖自然成 홍성자연성 큰 성자가 자연히 이뤄지리라.

8. 開闢之風颯 개벽지풍삽 개벽의 바람이 불면은
   先天換後天 선천환후천 선천이 바뀌어 후천이리
   文明新發展 문명신발전 문명이 새로 발전한다면
   世界自然仙 세계자연선 세계는 자연 선경이리라.

9. 正法之風颯 정법지풍삽 바른 법의 바람이 불면은
   衆生自得拯 중생자득증 뭇 생령은 저절로 건져짐 얻어
   樂園嘉世活 낙원가세활 낙원의 아름다운 세상에 살고
   不入獄中氷 불입옥중빙 옥중의 차가움에 들지 않으리.

10. 佛祖之風颯 불조지풍삽 부처와 조사의 바람이 불면은
    理源大覺成 이원대각성 진리 근원 큰 깨달음 이루리
    宏天登法月 굉천등법월 넓은 하늘에 법의 달이 오르니
    宇宙自然明 우주자연명 우주가 자연스럽게 밝아지누나.

11. 碧山雲霧蔽 벽산운무폐 푸른 산을 구름과 안개가 가린다면
    如有實難看 여유실난간 있는 것 같으나 실로 보기 어려워라
    圓理原來在 원리원래재 둥그런 진리가 원래 있는 것이지만
    暗心見不觀 암심견불관 어두운 마음으론 보려 해도 보지 못하네.

12. 淸風慈惠現 청풍자혜현 맑은 바람은 자비 은혜가 나타남이요
    明月智知揚 명월지지양 밝은 달은 지혜 알음알이 드러남이네
    圓理心中覺 원리심중각 둥근 진리를 마음 가운데서 깨달으면
    自然佛祖光 자연불조광 자연스럽게 부처 조사로 빛이 나리라.

13. 空屋無攸賊 공옥무유적　빈집은 도둑맞을 바가 없고
　　虛心不所修 허심불소수　빈 마음이면 닦을 바도 없어라
　　淸風飛暫定 청풍비잠정　맑은 바람 잠깐 멈추었다가 날고
　　明月放光留 명월방광류　밝은 달도 빛을 놓아 머무누나.

14. 虛橐乾坤入 허탁건곤입　텅 빈 전대에 하늘땅이 들었고
　　空囊宇宙存 공낭우주존　텅 빈 주머니에 우주가 있지만
　　至終塵做滅 지종진주멸　끝에 이르면 티끌로 소멸케 되리니
　　醒理口開呑 성리구개탄　진리를 깨치고 입을 열어 삼킬지라.

15. 淸風圓理顯 청풍원리현　맑은 바람은 둥근 진리 드러내고
　　明月九天抽 명월구천추　밝은 달 높은 하늘에 뽑혔어라
　　萬像無非佛 만상무비불　온갖 형상이 부처 아님이 없으니
　　自然永歲留 자연영세류　저절로 그러하니 긴긴 세월 머물리.

16. 淸風雲霧逐 청풍운무축　맑은 바람은 구름안개 쫓아내고
　　明月業障推 명월업장추　밝은 달은 업력 장애 미뤄내며
　　萬像無非實 만상무비실　온갖 형상은 실상 아님이 없으니
　　自然道體恢 자연도체회　자연이란 도의 바탕 넓음이어라.

17. 淸風煩惱滅 청풍번뇌멸　맑은 바람은 번뇌를 소멸하고
　　明月性源醒 명월성원성　밝은 달은 성품 근원 깨우네
　　宇宙盈圓理 우주영원리　우주에 둥그런 진리가 채워지면
　　無非到處靈 무비도처령　이르는 곳마다 영험치 않음 없으리.

18. 淸風天界颯 청풍천계삽　맑은 바람이 하늘 경계에 불면
　　暗月一時明 암월일시명　어두운 달은 한때에 밝아지네
　　圓理胸中座 원리흉중좌　둥근 진리가 가슴속에 자리하니
　　無窮造化生 무궁조화생　다함없는 조화가 생겨나리라.

19. 淸風三毒翅 청풍삼독시　맑은 바람은 삼독을 날리고
　　明月本源開 명월본원개　밝은 달은 본래 근원 여누나
　　智慧儲心拭 지혜저심식　지혜를 마음 닦아 쌓아서
　　永生與衆徘 영생여중배　긴긴 생애 대중과 더불어 노니리.

20. 碧山雲霧瀞 벽산운무정　푸른 산 구름과 안개가 맑고
　　江海水眞淸 강해수진청　강과 바다의 물도 참으로 맑아라
　　圓理森羅亮 원리삼라량　둥그런 진리가 삼라만상 밝히면
　　明心不影盈 명심불영영　밝은 마음 그림자 채워지지 않으리.

※ 사족蛇足을 하나 붙이고 싶다. 위에서 제시한 '청풍월상시淸風月上時 만상자연명萬象自然明'도 일종의 '게송偈頌'이라고 할 수 있다. 우리가 유불선儒佛仙의 종교를 보더라도 교조敎祖로부터 전승이 되는 후계자 간에 각오이법覺悟理法의 핵核을 뭉뚱그린 진의眞意를 글로 표현하여 이어오는데 이것이 바로 '게송'이다. 이런 게송을 전법게송傳法偈頌이라고 말할 수 있다. 그러면 교조나 후계자만 게송을 쓰거나 지으라는 법은 없고 누구든지 앎이 있고 깨달음이 있으면 그 뜻을 글로 옮겨놓으면 바로 게송이 될 수 있다.

그러므로 우리도 사문師門에 들어와 일생을 살면서 어떤 상相을 내고 자랑을 하자는 것이 아니라 자기 나름의 결정結晶이나 표식標識은 남겨두는 것도 절대 나쁘지는 않다는 생각을 자연 해 보게 된다. 즉 누구나 그럴만한 자격을 가졌고 지혜 또한 솟아있음으로 송으로 남겨서 후인들의 귀감이 되게 한다면 법향法香을 보방普放할 수 있고 도형道馨을 장유長遺할 수 있는 일이라 꼭 게송 한두 개씩 남겨 놓으면 참으로 좋겠다.

만법귀처
萬 法 歸 處

뭇 법이 돌아갈 곳은

대종사 봉래정사에 계시더니 때마침 큰 비가 와서 층암절벽 위
에서 떨어지는 폭포와 사방 산골에서 흐르는 물이 줄기차게 내리
는지라, 한참 동안 그 광경을 보고 계시다가 이윽고 말씀하시기를
"저 여러 골짜기에서 흐르는 물이 지금은 그 갈래가 비록 다르나
마침내 한곳으로 모이리니 만법 귀일萬法歸一의 소식도 또한 이와 같
으니라." 《대종경》성리품 10장

대종사 봉래정사에 계시더니 한 사람이 서중안徐中安의 인도로
와서 뵈옵거늘 대종사 물으시기를 "어떠한 말을 듣고 이러한 험로
에 들어왔는가." 그가 사뢰기를 "선생님의 높으신 도덕을 듣고 일

차 뵈러 왔나이다." 대종사 말씀하시기를 "나를 보았으니 무슨 원 하는 것이 없는가." 그가 사뢰기를 "저는 항상 진세塵世에 있어서 번 뇌와 망상으로 잠시도 마음이 바로 잡히지 못하오니 그 마음을 바로잡기가 원이옵니다." 대종사 말씀하시기를 "마음 바로잡는 방 법은 먼저 마음의 근본을 깨치고 그 쓰는 곳에 편벽됨이 없게 하는 것이니 그 까닭을 알고자 하거든 이 의두疑頭를 연구해 보라." 하시 고 "만법귀일萬法歸一하니 일귀하처一歸何處오"라고 써 주시니라.

《대종경》 성리품 17장

원문에 있는 숙어를 풀어보면 다음과 같다.

• 만법귀일萬法歸一 : 이 "만법귀일"이라는 글귀는 두 곳에 나온 다. 한 곳은 "만법귀일"이고 다른 한 곳은 "만법귀일 일귀하처萬 法歸一一歸何處"이다.

따라서 교단 최초의 교과서인 《수양연구요론修養硏究要論》[원기 12년(1927)]의 '각항 연구문목各項 硏究問目'에 '일만 법이 하나에 돌아갔다 하니 그 하나는 어느 곳으로 돌아갔는지 연구할 사事' 로 수용된 후, 원기47년(1962)에 완정된 현 《정전》 수행편의 '의 두요목疑頭要目'에 수록되었다.

• 봉래정사蓬萊精舍 : 전북 부안군 변산면 실상동의 실상 초당과 석두암을 통칭하여 봉래정사라 한다. 봉래정사라고 이름 하는 것

은 변산을 소금강小金剛으로 여기어 금강산의 별칭인 봉래산의 이름을 따 그 수양처를 봉래정사라 했다. 소태산 대종사는 원기4년(1919)부터 원기9년(1924)까지 5년간 봉래정사에 머물렀다. 소태산이 하산한 뒤, 경상도에서 이주해 온 이춘풍이 산외山外 변산 초입인 신복리 종곡에서 산내[山內:內邊山] 실상동으로 들어와 봉래정사를 수호하며 스스로 봉래산인蓬萊山人이라 칭했다. 이춘풍의 가족들이 길룡리로 이사한 뒤에 이보국·이준경 등이 한때 봉래정사 수호주로서 주재하다가 이후 관리하는 사람이 없어 퇴락되어 버렸고, 원기33년(1948) 오창건이 1개월간 머물며 개축 공사를 하여 초가지붕을 양철지붕으로 개수했으나 한국전쟁으로 실상사 등 일대가 소실되어 그 흔적을 찾아볼 수 없게 되었다.

• 서중안徐中安 : 서중안(1881~1930)은 《원불교대사전》에 보면 본명은 상인相仁. 법호는 추산秋山. 법훈은 대호법이다. 원기8년(1923) 입교하여 초대 불법연구회 회장을 역임했고, 중앙총부 건설 사업에 크게 기여했다.

서중안은 1881년 11월 21일 전북 김제군 진봉면 가실리에서 부친 치욱致旭과 모친 반월경화潘月鏡華의 11남매 중 넷째 아들로 출생했다. 일찍이 집안에서 조부에게 글을 익히다가 12세 때 비로소 서당에 나갔는데 가세가 빈한하여 형제가 하루씩 번갈아 나무를 하러 다니며 글공부를 했다. 어릴 적부터 타고난 천성이 인후하고 침착했으며 강직하고 세밀했다. 16세에는 근동의 오씨

吳氏와 결혼했다. 17세에는 향교 출입을 하며 선비들과 문장을 주고받았고, 만경면 향교의 유사有司로 추천되었다.

하지만 서중안은 유학에만 사로잡혀 있지는 않았다. 당시 자유 평등의 진취적 사상의 영향을 받아 향교 책임자로 있을 때 반상 차별로 죄 없는 사람을 압박하고 착취하던 폐풍을 반대했다. 그리하여 가문에 내려오던 노비 문서를 불살라버렸다. 20세부터는 각처의 서당 훈장으로 초빙되었다. 서중안은 한가한 시간을 이용하여 의서醫書를 탐독하며 연구했고 틈만 있으면 서예와 묵화도 그리며 거문고를 뜯기도 했다. 근동에서는 명필, 명강의로 소문이 자자했다. 28세에는 성덕면장에 추천되어 6년간 근무했는데, 이때 민심이 그를 따랐다.

일제의 압정에서 면민들의 권익을 보호하기 위해 최선을 다했지만, 날이 갈수록 가일층 압정을 가하는 일제에 더 앞잡이 노릇하기가 싫었다. 30세 때에 부인이 세상을 떠나자 전북 김제군 만경면 인홍리 사람인 정세월七陀圓 鄭世月을 부인으로 맞이했다. 35세에 충남 논산시 강경읍에 한약방을 열었으나 실패하고 고향으로 돌아와 김제면 교동리에 '인화당한약방'을 개설했는데, 명의로 이름을 떨치기 시작했고 각처에 신용을 얻어 번창했다. 원기8년(1923)에 친형인 서동풍春山 徐東風으로부터 소태산 대종사의 도덕 말씀을 듣고 원불교에 입교했다.

그 당시 여러모로 보아 김제 사회에서 비교적 명망을 갖추고 부유하게 살던 서중안의 입교는 원불교 창립기의 간고한 시절에 큰 도움이 되었다. 평소에 종교라면 기피해오던 그였지만 자연 중 마음에 감동된 바 있어 친형의 인도로 험로를 찾아들어 부안 변산 봉래정사에서 새 회상 교법을 초안하며 수양 중인 소태산을 뵙게 되었다. 소태산을 만난 서중안은 감복하여 그 자리에서 사제지의師弟之義를 맺었으며 하룻밤을 지내고 난 뒤에는 그것도 부족하다 하여 소태산보다 10여세 연상임에도 불구하고 부자지의父子之義로서 결연하여 주기를 간청하며 자기 심신의 일체 지도권을 소태산에게 일임했다.

그때부터 얼마 후에 부인 정세월과 함께 봉래정사를 다시 찾은 서중안은 소태산에 간곡히 청했다. 상인[중안]이 사뢰었다. "이곳은 도로가 험난하고 장소가 협착하옵니다. 교통이 편리하고 장소가 광활한 곳을 택하여 도량을 정하시고 여러 사람 전도를 널리 인도하심이 시대의 급무일까 하나이다."대종사 때가 온 것을 짐작하시고 말씀하셨다. "내가 세상에 나가기는 어렵지 아니하나 그대가 그 일을 감당하겠는가."상인이 사뢰었다. "소자 비록 물질이 많지 않고 정성이 부족하오나 능히 담당하겠나이다."

대종사 드디어 허락하시고 이로부터 정식으로 회상 여실 준비를 시작하시었다[《대종경선외록》 사제제우장 18]. 소태산은 서중안의 말에 응하여 장차 정식으로 회상을 열 계획을 함께 의논한 후 그 준비에 착수했다. 소태산으로부터 새 회상 공개에 따른 제반 실무를 하명 받은 서중안은 정산 종사를 비롯한 수인의 동지와 더불어 그 준비에 박차를 가했다. 원기9년(1924) 2월에는 소태산 최초의 상경 길에 동행하여 소태산이 머물 임시출장소를 서울 종로구 당주동에 자비로 주선했다. 그리하여 한 달 동안 곁에 시봉하며 서울의 박사시화·성성원·이동진화·김삼매화 등 중요 인연들을 모으는 데 힘을 썼다.

원기9년(1924) 3월에 서울을 떠나 전주로 내려온 소태산은 새 회상 공개에 더욱 박차를 가하여 4월 29일 이리 보광사普光寺에서 불법연구회창립총회를 열었다. 이날 총회에서 소태산은 불법연구회 총재로 추대되고 초대회장에는 서중안이 선정되었다. 새 회상 공개의 기지를 물색하던 소태산은 8월에 전북 익산시 신룡동 344-2번지를 기지로 확정했다. 익산 총부 건설은 서중안·정세월 부부가 당시 3,495평 기지의 대금 전부와 건축비 일부를 희사한 것이 그 토대가 되었다. 익산 본관인 도치원을 건축할 때에 총부 기지 대금은 물론이요 회관 건축비도 상당 부분 희사했다.

총회에서 회장으로 선출된 그는 회관 건축 당시 김제 약방에서 불이 났다는 전보를 받고도 "천지공사天地公事를 다 마치지 못했는데 사사私事 일에 마음이 끌려 중간에 갈 수 없지요."라고 했다. 일을 마치고 약방에 돌아와 보니 방 한 칸 남기지 않고 약방은 다 타버렸다. 화재를 위문하는 친지들에게 "불은 이왕에 난 것이고 공사가 더 중하지. 사람은 주인이고 물건은 끝인데 본말이 바꾸지 않는 이상 걱정할 것 없지."라고 말했다. 원기9년(1924) 12월에 완공된 '불법연구회' 본관은 서중안의 글씨로 기둥에 '불법연구회'라는 이름을 걸어 처음으로 세상에 공개되었다.

서중안은 공도자 숭배의 정신에 입각하여 익산 본관 유지대책을 위한 후원기관으로 장차 약업 기관을 경영하는 것이 바람직하다고 생각하여 자신의 한약방을 내놓을 작정했으나 양자로 들인 조카가 소유권 분쟁을 일으켜 서중안이 40여년 사회적으로 쌓아올린 인망과 공신력을 실추시켰다. 이 일로 여론이 악화되자 소태산은 서중안을 불러 "공도사업은 재물로만 하는 것이 아니다. 중안의 그 금강 같은 오롯한 마음이 더 중한 것이니 약방을 양자인 조카에게 내주는 것이 좋겠다."고 하여 약방을 조카에게 넘겨주었다. 서중안은 46세 되던 원기12년(1927)에는 가산을 정리하고 본교의 사업에 전일하기 위해 총부 구내로 이사했다.

그러나 서중안은 좌절로 인한 발병으로 백방의 치료에도 효과를 보지 못하고 부인 정세월과 은법자恩法子인 성정철誠山 成丁哲에게 살아계신 모친의 후사를 부탁한 후 원기15년(1930) 6월 2일 49세를 일기로 열반했다. 서중안의 열반을 추모하는 글 중에 대표적인 것으로 정산 종사는 "익산 본관이 터도 없을 때 추산당은 3천여원이란 거액을 의연하여 기초를 구성했으며 오늘날의 발전을 보게 되었습니다. 또 추산당은 문필이 출중했나니 《수양연구요론》의 표지[추산당의 친필]만 보아도 아는 일입니다. 추산당은 누구에게든지 겸손했으며 하심下心을 주장했습니다."라고 추모했다.

송도성은 감상담에서 "굴기하심屈己下心이 네 글자 아무라도 말하기는 쉬우나 행하기는 극히 어려운 것입니다. 그런데 추산당께서 능히 이것을 실행했습니다. 남녀노소를 물론 하고 서로 경어를 쓰자는 의견을 추산당이 제의했습니다. 추산당의 몸은 가시었다 할지라도 그 좋은 법만은 가지 않고 길이 우리의 마음속에 잠겨 있으니 우리 남녀노소가 그 법을 모범 하여 서로 굴기하심으로 위주하면 떠나신 영가에게 보답이 되는 동시에 본회의 전도가 양양 평화할 것입니다."라고 회고하여 그 인품을 기리고 있다. 서중안은 익산 총부 건설의 선구자였고 물질적 후원자였다. 기지 대금을 쾌척하여 오늘의 중앙총부가 있게 했고 교단의 크고 작은 일에도 힘 미치는 한 자기 일로 삼은 대공심가大公心家였다고 말할 수 있다.

• 진세塵世 : 티끌 세상. 번뇌 망상·사심 잡념·삼독 오욕에 사로잡힌 사람이 사는 세상. 티끌에는 더럽다는 의미와 많다는 의미가 복합적으로 들어 있다. 인간의 현실 세계는 온갖 죄악·범죄·부정·부패·부조리·고통 등이 많아서 티끌처럼 더럽다는 뜻에서 이렇게 말한다. 마음이 청정하면 진세를 떠나 청정도량에서 살게 된다.

• 번뇌망상煩惱妄想 : 번뇌와 망상을 합친 말. 번뇌는 사념·망상

등 정신작용을 소란케 하는 마음작용. 번뇌는 곧 수면隨眠이라 하여 '심신을 소란케 하여 적정寂靜을 방해하는 것'이라는 의미로 해석하고 있다. 마음을 깨치고 맑혀 열반에 드는 것이 불교의 이상이라고 한다면, 그것을 방해하는 중요한 요소가 번뇌, 곧 미혹이므로 불교에서는 전통적으로 이에 대한 연구와 대처방안이 강구되어 왔다. 망상이란 객관적으로는 잘못되었으나 자기의 입장에서는 진실이라고 확신하여 고집하고 집착하는 망녕된 생각을 말한다. 번뇌와 망상을 합하여 관용적으로 수행인의 향상을 방해하는 부정적인 생각들을 대표하는 용어로 사용한다.

소태산 대종사는 봉래정사에서 "저는 항상 진세塵世에 있어서 번뇌와 망상으로 잠시도 마음이 바로잡히지 못하오니 그 마음을 바로잡기가 원이옵니다."라고 하는 제자에게 "마음 바로잡는 방법은 먼저 마음의 근본을 깨치고 그 쓰는 곳에 편벽됨이 없게 하는 것이니 그 까닭을 알고자 하거든 이 의두疑頭를 연구해 보라" 하면서 "만법귀일萬法歸一하니 일귀하처一歸何處오"라고 써주었다 [《대종경》성리품 17장]. 이를 보면 마음을 바로잡지 못하게 하는 것이 번뇌 망상이며 그것을 다스리는 방법은 마음의 근본을 깨치고 사용함에 편벽됨이 없게 하는 것임을 알게 된다.

또한 "사람의 정신은 원래 온전하고 밝은 것이나, 욕심의 경계를 따라 천지만엽으로 흩어져서 온전한 정신을 잃어버리는 동시에 지혜의 광명이 또한 매하게 되므로, 일어나는 번뇌를 가라

앉히고 흐트러진 정신을 통일시키어 수양의 힘과 지혜의 광명을 얻기 위함이라"는 제자의 말에 그것이 수양의 공덕임을 지적한다[《대종경》 수행품 13장]. 소태산은 번뇌 망상을 없애는 방법으로 무시선법과 염불·좌선법을 제시한다.

"사람이 만일 오래오래 선을 계속하여 모든 번뇌를 끊고 마음의 자유를 얻은즉슨, 철주의 중심이 되고 석벽의 외면이 되어 부귀영화도 능히 그 마음을 달래어 가지 못하고 무기와 권세로도 능히 그 마음을 굽히지 못하며, 일체 법을 행하되 걸리고 막히는 바가 없고, 진세에 처하되 항상 백천 삼매를 얻을지라[《정전》 무시선법]."고 하여, 번뇌를 끊는 방법이 무시선법이라 하고 있다. 또한 염불에 대하여 "만일 번뇌가 과중하면 먼저 염불로써 그 산란한 정신을 대치하고 다음에 좌선으로써 그 원적의 진경에 들게 하는 것이라[《정전》 염불법]."하여 과중한 번뇌를 잠재우는 데에 염불과 좌선이 효과적인 방법임을 말한다.

그 밖에도 내정정과 외정정을 구분하여 "무릇 사람에게는 항상 동과 정 두 때가 있고 정정定靜을 얻는 법도 외정정과 내정정의 두 가지 길이 있나니, 외정정은 동하는 경계를 당할 때 반드시 대의大義를 세우고 취사를 먼저 하여 망녕되고 번거한 일을 짓지 아니하는 것으로 정신을 요란하게 하는 마魔의 근원을 없이하는 것이요, 내정정은 일이 없을 때 염불과 좌선도 하며 기타 무슨 방법으로든지 일어나는 번뇌를 잠재우는 것으로 온전한 근본정신을 양성하는 것이니, 외정정은 내정정의 근본이 되고 내정정은 외정정의 근본이 되어, 내와 외를 아울러 진행하여야만 참다운 마음의 안정을 얻게 되리라[《대종경》 수행품 19장)]."고 말한다.

이상으로 볼 때 소태산은 대체로 번뇌 망상을 없애는 것을 정신수양의 주된 목적으로 보았으며, 염불·좌선 등 정기훈련 방법이나 무시선 등의 일상적인 수행 방법도 번뇌 망상을 제거하여 마음의 안정을 취하는 주된 방법으로 제시하고 있음을 알 수 있다.

도표를 그려보면 다음과 같다.

원문	원불교대사전	축자해역(逐字解譯)
萬法歸一	만법이 하나에 돌아갔다 하니	모든 법이 하나에 돌아갔으니
一歸何處	하나 그것은 어디로 돌아갈 것인가	하나는 어느 곳으로 돌아갈 것인가

글자와 단어를 풀어보면

• 만萬 : 일만 만. 수의 많음을 나타내는 말. 다수. 크다.

• 법法 : 법 법. 예의. 도리. 모범.

• 만법萬法 : 우주 안의 온갖 법도法度. 물질적 정신적 모든 차별법을 말한다. 우주 안의 일체의 존재, 삼라만상·제법諸法을 말한다.

• 귀歸 : 돌아갈 귀. 돌아오다. 돌아가다. 돌려보내다. 시집가다.

- 일一 : 한 일. 하나. 한번. 처음.
- 귀일歸一 : 여러 갈래로 나뉘거나 갈린 것이 하나로 합쳐짐. 여러 가지 현상이 한 가지 결말이나 결과로 돌아감.
- 하何 : 어찌 하. 어찌. 어디. 무엇. 얼마.
- 처處 : 곳 처. 살 처. 장소. 살다. 머물러 있다. 묵다. 쉬다. 마음을 두다.
- 하처何處 : 어디. 어느 곳.

공안公案과 성리性理와 의두疑頭는 어떤 의미를 가지고 있는가?

• 공안이란 《원불교대사전》에 불교, 특히 임제종臨濟宗에서 선禪을 시작하는 사람들에게 정진精進을 돕기 위해 사용하는 간결하고도 역설적인 문구나 물음으로 선가禪家에서 스승이 제자에게 깨침을 얻도록 인도하기 위해 제시한 문제. 인연 화두因緣話頭라고도 한다. 화두話頭 또는 공안을 풀기 위해 분석적인 사고와 의지적인 노력을 다하는 동안 사고의 전환이 이루어져 직관 수준에서 적절한 답을 찾을 수 있는 준비가 이루어진다. 이러한 과정을 통해 선사禪師는 수행자에게 참선에서 얻은 경험의 어떤 부분을 전수해주고, 또한 수행자의 역량을 시험해본다.

예를 들면 '양손이 마주칠 때 소리가 난다. 한 손으로 손뼉을 칠 때 나는 소리를 들어 보라.'라고 문제를 제공하는 식이다. 때로 문답식으로 된 경우도 있다. 예를 들어 '부처란 무엇인가?'라는 질문에 '뜰 앞의 잣나무'라는 대답을 공안으로 들기도 한다. 공안[화두]은 깨침의 기연이 된다. 수많은 선사가 이 공안의 참구·연마로 깨쳤고, 수많은 제자들을 이 공안으로 깨침의 세계로 인도했다. 공안은 선승들의 언행을 간단하게 표현한 것이다.

그래서 1,700공안이 표현은 각각이지만 그 해답의 궁극처는 하나이다. 곧 우리의 본래마음과 그 마음을 깨치는 길을 인도하는 것이다. 공안은 글자 해석을 통해서는 그 뜻을 깨칠 수 없다. 마음의 체험을 통해서 깨치게 되는 것이다. 수많은 화두 중에서 어느 것 하나를 깨칠 때까지 참구·연마하는 것이다. 글자 해석이 아니기 때문에 어느 공안이든지 하나만 깨치면 다른 공안도 따라서 깨치게 되는 것이다.

근래에 와서 글자 해석을 통해서 공안을 깨치려 하는 경우가 흔히 있는데, 이는 불법의 진리를 크게 그르치는 것이다. 공안이란 말의 기원은 원래 중국에서 공부公府의 안독案牘이라고 하는 말, 곧 관공서의 문서 이름에서 나왔다. 현재 모두 1,700개의 공안이 전해지는데 이는 선사의 언행록에서 뽑아 모은 것이다. 널리 알려진 공안집으로는 1125년에 중국 승려 원오극근圜悟克勤이 이전부터 있던 공안집에서 100개 정도를 가려내어 편집·주석한 《벽암록碧巖錄》과 1228년에 중국 승려 혜개慧開가 48개를 모은 《무문관無門關》이 있다.

• 성리란 《원불교대사전》에 "우주만유의 본래 이치와 인간의

자성 원리를 궁구하는 공부법으로 사리연구의 한 과목이다. 성리란 성리학의 성性과 이理에서 나온 말로, 성즉리性卽理라고 한다. 인성과 천리를 하나로 보아 마음의 성性과 심心, 우주의 이理와 기氣를 논한다. 불교에는 마음의 근본을 불성佛性 또는 자성自性이라 하는데, 이를 선종에서는 화두를 간看하여 견성을 구하는 간화선看話禪, 자성을 적묵영조寂黙靈照하여 적적성성寂寂惺惺한 경지에 이르게 하는 묵조선黙照禪이 발달했다. 원불교의 성리는 성리학과 선종의 가르침을 다 포함한다.

① 성리의 중요성

《정전》'정기훈련법'에서는 "성리란 우주만유의 본래 이치와 우리의 자성 원리를 해결하여 알자 함이라."고 정의한다. 이의 중요성이 《대종경》에 성리품을 둔 데서도 나타나는데, 소태산 대종사는 "종교의 문에 성리를 밝힌 바가 없으면 이는 원만한 도가 아니니 성리는 모든 법의 조종祖宗이 되고 모든 이치의 바탕이 되는 까닭이니라[《대종경》 성리품 9장]."고 하여, 모든 법의 근본과 모든 이치의 바탕이 성리에서 이루어진다고 보았다.

결국 근원적인 이치, 곧 일원상의 진리를 깨쳐서 활용해 가는 것이 성리를 궁구하는 목적이다. 소태산은 지금까지의 모든 종교 교리체계가 성리에 근거한 경우도 있고 그렇지 못한 경우도 있으며, 성리에 근거한 경우에도 성품을 깨치는데 중심을 두고 성품을 활용하는 면이 부족한 면이 있다고 보았다. 불교는 성리의 혜慧에 근거를 했고, 성리학은 성리의 체體에 근거를 두었는데, 소태산은 이를 한 면에 치우친 것이라 보았다. 성리가 모든 법의 조종이라는 것은 모든 법의 근본이라는 뜻이므로, 기존의 장엄종교가 성리에 바탕한 절대적 진리의 종교로 거듭나야 한다고 했다.

② 원불교의 성리

소태산은 "근래에 왕왕이 성리를 다루는 사람들이 말 없는 것으로만 해결을 지으려고 하는 수가 많으나 그 것이 큰 병이라 참으로 아는 사람은 그 자리가 원래 두미頭尾가 없는 자리이지마는 두미를 분명하게 갈라 낼 줄도 알고 언어도言語道가 끊어진 자리지마는 능히 언어로 형언할 줄도 아나니"[《대종경》 성리품 25장]라고 했다. 성품은 원래 언어의 도가 끊어진 자리이지마는 분명하게 드러낼 줄도 알아야 한다. 과거의 성리가 주로 성품의 체를 밝힌 것이라면 소태산은 묘유의 용까지 밝혔다. 진공의 체와 묘유의 용을 하나로 밝힌 것이다.

공空의 체를 철저히 깨쳐 체험했을 때, 묘유의 용은 철저한 진공의 체험에서 나타나므로 성품의 체를 밝히는 데 머물지 않고 활용해야 한다. 묘유로 용으로 삼으면 진공이 바로 묘유가 된다. 일원상의 진리를 언어도단의 입정처로 철저히 깨쳐서 유무초월의 생사문으로 설명할 수 있어야 한다. 소태산은 "사람의 성품이 정한즉 선도 없고 악도 없으며, 동한즉 능히 선하고 능히 악하나니라[《대종경》 성리품 2장]."고 했다. 불교에서는 성품을 선과 악이라 하지 않고 미迷와 오悟로 밝힌다. 미는 중생의 상태이며, 오는 부처의 상태이다. 성리학에서는 인성의 문제를 선악론으로 다루는데, 소태산이 성품을 지극히 고요하다고 한 것은 분별성과 주착심이 없는 경지를 말한 것이며, 그러므로 선도 없고 악도 없다는 것이다.

이를 성론으로 표현하면 무선무악無善無惡이다. '성품이 정한즉, 동한즉'이란 성품을 '정한 면으로 보면, 동한 면으로 보면'이라는 의미이다. 성품을 체와 용으로 분리하면 안 된다. 왜냐하면 체와 용은 성품을 이해하기 위한 방법일 뿐이기 때문이다. '능선능악能善能惡'은 선과 악으로 나타나게 하는 성품의 작용을 말한다. 능선능악은 업력으로 지은 선과 악을 나타나게 하는 능동적인 작용이다. 성리학에서는 선과 악으로 나타난 상태를 유선유악有善有惡이라고 한다. 이理에서 받은 것은 순선무악純善無惡하지만 기氣의 청탁으로 나타난 것이 유선유악이다. 그러므로 원불교에서는 성리학의 순선무악·유선유악과 불교의 무선무악을 넘어선 능선능악을 말한다. 성품은 정한 면으로 보면 무선무악이며 동한 면으로 보면 능선능악이다.

③ 의두란

《원불교대사전》에 "화두話頭·공안公案과 같은 뜻. 일원상의 진리를 깨치기 위해 갖는 큰 의심. 정기훈련 11과목의 하나로서, 대소유무의 이치나 시비이해의 일 또는 과거 불조의 화두 중에서 의심나는 제목을 선택하여 깊이 연구하는 것.《정전》'정기훈련법'에서 "의두는 대소유무의 이치와 시비이해의 일이며, 과거 불조의 화두 중에서 의심나는 제목을 연구하여 감정을 얻게 하는 것이니, 이는 연구의 깊은 경지를 밟는 공부인에게 사리 간 명확한 분석을 얻도록 함이요."라고 했다. 그러므로 수행인의 근기 따라 의두는 각각 다를 수가 있다.

《정전》에는 '의두요목' 20개[《정전》 의두요목]가 선택 제시되어 있다. 의두는 불보살이 깨친 오묘 불가사의한 진리의 세계를 언설로써는 어떻게 표현해서 가르치기 어렵기 때문에 방편으로써 어떤 문제를 제기하여 그것을 계속 연마하고 궁구하여 마침내 진리를 체득하게 하는 방법이다. 소태산 대종사가 의두를 정신수양 과목이 아닌 사리연구 과목에 두었다는 점이 특징이라 할 수 있다."

"만법귀일 일귀하처萬法歸一 一歸何處"는 어떠한 의미인가?

이 선어禪語는 조주 선사[趙州禪師, 778~897 중국 스님. 임제종 남천 보원(南泉普願. 748~835)의 법제자. 법호法號 조주趙州

는 그가 주석하던 지역의 이름]의 어록에 나오고 조법사[肇法師, 384~414]의《보장론寶藏論》에도 나오는 유명한 어구이다.

그렇다면 '만법萬法'은 무엇이고 '하나一'는 무엇인가. 만법은 '뭇 법[모든 법, 현상]'이라 풀이한다면 일은 '하나[總攝, 本體]'라고 풀이할 수 있다. 이를 알기 쉽게 하기 위하여 문장을 바꾸어서 짐작해보면 이해하기가 훨씬 쉽다. 즉 "귀일이만법歸一而萬法"으로 보자는 것이다. 곧 귀일歸一은 바로 하나로 보아 근根이요 원源이며 체體요 정靜이며 공空의 자리지만 만법萬法은 간幹이요 파波이며 용用이요 동動이며 색色의 자리라고 할 수 있다. 그리하여 일근법간一根法幹이요 일원법파一源法派이며 일체법용一體法用이요 일정법동一靜法動이며 일공법색[一空(無)法色(有)]이라고 말할 수 있다. 다시 말하면

• 하나[一]인 대大는 알기가 쉬워도 법法인 소小는 알기가 어렵다[易知一之大位 難知法之小位].

• 하나인 근원의 물은 막기가 쉬워도 법法인 갈래[派]는 막기가 어렵다[易障一之源水 難障法之派水].

• 하나인 이체理體는 통철하기가 쉬워도 법法인 현상은 통철하기가 어렵다[易通一之理體 難通法之現象].

• 하나인 불조佛祖는 돌아가기가 쉬워도 법法인 중생은 돌아가기가 어렵다[易歸一之佛祖 難歸法之衆生].

• 하나인 성품은 회복하기가 쉬워도 법法인 마음은 회복하기가

어렵다[易復一之性稟 難復法之心出].

• 하나인 텅 비어 없음은 찾기가 쉬워도 법法인 색[色=有]은 찾기가 어렵다[易覓一之空無 難覓法之色有].

• 하나인 정멸靜滅은 잠기기가 쉬워도 법法인 번뇌煩惱는 잠기기가 어렵다[易潛一之靜滅 難潛法之煩惱].

• 하나인 진공眞空은 합일하기가 쉬워도 법法인 묘유妙有는 합일하기가 어렵다[易合一之眞空 難合法之妙有].

• 하나인 지혜智慧는 밝히기가 쉬워도 법法인 지해知解는 밝히기가 어렵다[易明一之智慧 難明法之知解].

• 하나인 일원一圓은 깨닫기가 쉬워도 법法인 사은四恩은 깨닫기가 어렵다[易覺一之圓理 難覺法之四恩].

이러한 의미에 근거하여 몇 가지 예를 들어보면 다음과 같다.

• 일종법별一宗法別 : 하나는 종지宗旨이요 법은 차별이다.

각국에서 시행하는 법률을 보더라도 헌법이 모법이 되는 것이라 한다면 규율이나 규약은 자법이 되는 것으로 여러 가지로 나누어있지만 근원에 있어서는 모법인 헌법에 근간을 두고 있다.

따라서 종교라는 법도 주체가 되는 한 법은 절대 불변불역不變不易한 종지로서 존재하지만 그 외의 규약 정도는 상황을 좇고 형편을 따라 만들어지는 차별의 법이라고 할 수 있다.

• 일리법교一理法敎 : 하나는 일원진리이요 뭇 법은 사은사요, 삼

학팔조이다.

종교는 반드시 주체가 되는 진리가 있어야 한다. 만일에 주체가 되는 진리가 없으면 도덕 단체에 지나지 않는다. 우리는 법신불 일원상을 하나의 근본 진리로 모셨으니 이 자리는 절대불환截對不換, 절대불변絕對不飜의 진체이다. 따라서 여기에 뿌리를 두고 교리가 되는 사은사요와 삼학팔조와 각가지 수행방법을 제시하여 진리를 깨우치고 교리와 교의를 알도록 하였다.

• 일성법심一性法心 : 하나는 본래 성품이요 뭇 법은 마음의 작용이다.

심통성정心統性情이라 한다. 즉 '마음은 성정性情을 다스린다.'또는 '마음은 성정을 거느린다.'는 의미이다. 사실 성품이란 다 갖추어는 있으나 스스로 동용動用을 할 수가 없기 때문에 반드시 마음이 거들어주어야 조화의 작용을 부릴 수가 있다. 따라서 정情이 되는 칠정七情 곧 희로애락애오욕喜怒哀樂愛惡欲도 저 혼자서는 어떤 작용도 할 수가 없기 때문에 마음이 들어서 움직여주어야 발용發用이 된다.

• 일즉법체一卽法切 : 하나는 나아감이요 법은 온통[전체]이다.

"일즉일체 일체즉일一卽一切 一切卽一"이라는 말은 '하나가 곧 전체이고 전체가 바로 하나라'는 의미이다. 이와 비슷한 말에 의상 조사義湘祖師의 법성게法性偈가 있다. 이 게 가운데 "일중일체다중일 일즉일체다즉일 일미진중함시방 일체진중역여시一中一切多中

一 一即一切多即一 一微塵中含十方 一切塵中亦如是"이라 하였다. 곧 '하나 안에 일체이요 다多 안에 하나이며, 하나가 곧 일체요 다가 곧 하나라. 한 티끌 속에 시방세계가 포함되고 모든 티끌 속도 또한 이와 같으니라'는 의미이다. 다시 말하면 '하나 가운데에 모든 것이 다 들었으니 그 모든 것은 다시 하나로 모여 텅 빔으로 돌아가는 것이요, 하나로부터 많은 것이 터져 나왔으니 그 많은 것은 다시 하나로 모여 텅 빔으로 돌아가는 것이며, 하나의 티끌 가운데 시방이 함축되었으니 그 시방은 다시 하나로 모여 텅 빔으로 돌아가는 것이라'는 의미이다.

• 일불법성一佛法聖 : 부처는 하나이요 법은 성범[聖凡, 성인과 범부]이다.

여기서 성범이라는 말은 원래 사성육범四聖六凡을 가리키는 말이다. 즉 사성에서 불佛이 빠짐으로 삼성[三聖, 보살菩薩과 연각緣覺과 성문聲聞]을 이른다. 또한 육범[六凡, 지옥과 아귀와 축생과 아수라와 인간과 천상을 이른다. 부처는 오직 한 부처이다. 이 부처가 나누어질 때 삼성이 되기도 하고 육범이 되기도 한다.] 즉 삼성과 육범이 일불一佛과 나누어진 것이 아니라 하나이지만 원력이나 수행의 천심淺深을 따라서 나누이게 된다.

• 일리법상一理法象 : 하나는 이치[宇宙理體=本體]이요 법은 형상[森羅萬象=現象]이다. 이는 바로 《화엄경華嚴經》의 사법계四法界를 말하지 않을 수 없다. 이 4법계는 이 우주를 본체와 현상의

두 측면을 네 가지로 관찰하고 파악한 것이라도 할 수 있기 때문이다.

이 4법계의 대략적인 의미는 다음과 같다.

① 사법계事法界 : 낱낱의 차별 현상을 말한다. 사事는 '현상'을 뜻한다. 낱낱 현상은 인연으로 화합된 것이므로 서로 구별된다. ② 이법계理法界 : 모든 현상의 본체는 동일하다. 이理는 '본체'를 뜻한다. ③ 이사무애법계理事無礙法界 : 본체와 현상은 둘이 아니라 하나이고, 걸림 없이 서로 의존하고 있다. 마치 물이 곧 물결이고, 물결이 곧 물이어서 서로 걸림 없이 융합하는 것과 같다. 일체는 평등 속에서 차별을 보이고, 차별 속에서 평등을 나타내고 있다. ④ 사사무애법계事事無礙法界 : 모든 현상은 걸림 없이 서로가 서로를 받아들이고, 서로가 서로를 비추면서 융통하고 있다. 이것이 곧 화엄의 무궁무진한 법계연기法界緣起이다. 일체의 대립을 떠난 화합과 조화의 세계이고, 걸림 없는 자재한 세계이며 비로자나불毗盧遮那佛의 세계이다. 그리하여 화엄의 보살행은 이 사사무애의 세계를 드러내고 있는 것이라고 할 수 있다.

• 일극법양一極法兩 : 하나는 무극[無極=太極]이요 법은 양의[兩儀, 陰陽]이다.

무극과 태극은 결국 하나이지만 굳이 말하자면 무극은 '○'이라는 형태의 표시가 없는 것이고 태극은 '○'이라는 형태의 표시가 있는 것이라고 강연이 말을 할 수 있다. 또한 양의兩儀는 음陰

과 양陽이다. 즉 이 음양이 저절로 생겨난 것이 아니라 반드시 무극[태극]에 근원을 두고 벌어진 거동擧動이기 때문에 일극一極이 근본이라 한다면 양의는 행법行法이라고 할 수 있다.

• 일도법물一道法物 : 하나는 도이요 법은 만물이다.

노자의 《도덕경道德經》 42장에 "도는 하나를 낳고, 하나는 둘을 낳고, 둘은 셋을 낳고, 셋은 만물을 낳는다[道生一, 一生二, 二生三, 三生萬物]."라고 하였다. 즉 만물의 벌려진 것이 우연히 아니라 도라는 하나의 모체母體가 있음으로 인하여 차례로 파생하여 천지의 만물을 이루게 된다. 여기서 낳는다는 의미는 새끼를 낳듯 한다는 의미라기보다는 도라는 자연의 운행에 의하여 만물이 각각으로 파생되어지는 것이라고 할 수 있다.

• 일리법기一理法氣 : 이치는 하나이요 법은 기氣이다.

'이일분수理一分殊'라 한다. 이는 '모든 사물은 하나의 이치[理]를 지니고 있으나 개개의 사물·현상은 상황에 따라 그 이치가 다르게 나타난다[分殊]'는 의미이다. 《주자어류朱子語類》에 임기손[林虁孫, 南宋經師. 字子武, 號蒙谷. 福州古田(今屬福建)人. 朱熹門人]이 이와 기에 대해서 물으니 주자가 대답하기를 "(이와 기에 관해선) 이천 선생이 잘 설명하였다. '이는 하나이지만 나뉘면 달라진다.' 천지 만물을 통괄하여 말하면 단지 하나의 이가 있을 따름이지만, 사람의 경우를 말하자면 한 사람 한 사람에게 각각 이가 구비 되는 것이라[問理與氣 曰 '伊川說得好' 曰 '理一分

殊 合天地萬物而言 只是一箇理 及在人 則又各自有一箇理'].”고
하였다. 즉 개별적 이를 초월하는 보편적 이, 곧 태극太極은 '이일
理一'로서의 '통체일태극統體一太極'이며, 개개의 사물에 내재해 있
는 개별적 이, 즉 성性은 '분수分殊'로서의 '각구일태극各具一太極'이
라고 할 수 있다.

• 일불법인一不法因 : 하나는 불생불멸不生不滅이요 법은 인과보응
因果報應이다.

우주의 진체 구조는 불생불멸과 인과보응으로 조합을 이루어
무시무종으로 운전을 하고 있으니 자연의 법칙이라고 할 수 있
다. 따라서 불생불멸이라는 것은 원만구족圓滿具足하다는 의미이
고 인과보응이라는 것은 지공무사至公無私하다는 의미이니 두 진
체가 서로 떨어져있는 것이 아니라 하나이다. 그리하여 불생불멸
하지 않으면 인과보응이 이뤄지지 않고 인과보응이라야 불생불
멸이 드러나게 된다.

• 일무법유一無法有 : 하나는 무[無=空]이요 법은 유[有=色]이다.
노자의 《도덕경》 40장에 “천하의 만물은 유에서 생겨났고 유
는 무에서 생겨났다[天下萬物生於有 有生於無].”라고 하였다.
세상에 존재하는 모든 것들이 기멸起滅을 이루는 것은 자연의 섭
리라고 할 수 있다. 그렇다면 이 자연의 섭리는 무엇일까? 이는
곧 무無이요 공空이다. 이 무나 공이 만물을 나열하는 유를 내어서
유무有無나 공색空色의 균형을 이루는 것이라고 할 수 있다.

• 일체법용—體法用 : 하나는 체이요 법은 용이다.

하나는 체體인 바탕이며 정靜으로 현물現物 이전의 제반이 단멸된 근본자리라고 할 수 있다. 이 자리는 언어나 글자나 형상으로 나투는 자리가 아닌 근원자리이다. 반면에 용用은 현상이며 동動으로 현물의 개개가 역력한 현상 독립의 자리이다. 따라서 이는 나눠진 게 아니라 서로서로 연결되어 있기 때문에 만일 결일缺— 이 있게 되면 완전할 수가 없다.

• 일원법사—圓法四 : 하나는 일원 진리이요 법은 천지 부모 동포 법률의 사은이다.

일원과 사은과 만물의 관계는 '생生의 관계'가 아니라 '즉卽의 관계'라고 할 수 있다. 곧 "일원이 사은을 낳고 사은이 만물을 낳는다[—圓生四恩. 四恩生萬物]."는 관계가 아니다. 즉卽이란 '나아가다'의 의미이다. 그러므로 "순順으로 보면 일원이 사은에 나아가고 사은이 만물에 나아가며[順觀—圓卽四恩. 四恩卽萬物] 역逆으로 보면 만물이 사은에 나아가고 사은이 일원에 나아간다[逆觀萬物卽四恩. 四恩卽—圓]"는 뜻이다. 그러기 때문에 우리 교단에서는 일원이나 사은이나 만물을 동일시同—視하고 동일시同—侍하는 것이니 '처처불상處處佛像'이요 '물물원리物物圓理'라고 아니할 수 없다.

경전에 실리고 선사들이 제시한 "만법귀일 일귀하처"

• 어떤 스님이 조주 스님께 물었다. "만법이 하나로 돌아가는데 그 하나는 어느 곳으로 돌아갑니까?" 조주 스님이 말하였다. "내가 청주에 있을 때 베적삼 한 벌을 만들었는데 그 무게가 일곱 근이더라[僧問趙州 '萬法歸一一歸何處' 州云 '我在靑州 作一領布杉 重七斤']."고 하니라.

• 《고존숙어록古尊宿語錄》 35권 대수개산 신조선사 어록大隨開山神照禪師語錄에 "스님이 물었다. '만법이 하나로 돌아가는데 그 하나는 어느 곳으로 돌아갑니까?' 선사가 말하였다. '만법이 원래 돌아가지 않느니라'[僧問 '萬法歸一一歸何處' 師云 '萬法元不歸']."고 하니라.

• 《종경법림宗鑑法林》 51권에 "스님이 물었다. '만법이 하나로 돌아가는데 그 하나는 어느 곳으로 돌아갑니까?' 문수 선사가 말하였다. '황하는 아홉 구비니라'[僧問 '萬法歸一一歸何處' 文殊禪師曰 '黃河九曲']."고 하니라.

• 《선종결의집禪宗決疑集》 해태면근문懈怠勉勤門에 "성범의 정을 다하고 몇 개 화두를 참구함에 혹 무자를 참구하고 연구하고 혹 만법이 하나로 돌아가고 하나는 어디로 돌아가는가를 듦에 이르려 한 어깨에 짊어지고 분력하여 앞을 좇다가 다시 돌아보지 말고 바로 집에 돌아가 편안하게 앉으면 바야흐로 안락한 시절이니라[聖凡情盡 到此參個話頭 或參無字話 或擧萬法歸一 一歸何

處 一肩領荷奮力趨前更莫回顧 直至歸家穩坐 方是安樂底時節
也].”고 하니라.

· 스님이 물었다. ‘만법이 하나로 돌아가는데 그 하나는 어느
곳으로 돌아갑니까?’하니 선사가 두 손가락을 세우니라[問 萬法
歸一 一歸何所 師竪兩指].

· 스님이 물었다. ‘만법이 하나로 돌아가는 것은 묻지 않겠지
만 필경 하나는 어디로 돌아갈 것입니까?’ 명도정각明道正覺 선사
가 말하였다. ‘어제는 전좌가 오더니 오늘 아침은 나무꾼이 가는
구나’[僧問 ‘萬法歸一即不問 畢竟一歸何處’ 師云 ‘昨日典座來
今朝柴頭去’].

· 스님이 물었다. ‘어떤 것이 만법이 하나로 돌아가는 것입니
까?’ 선사가 말하였다. ‘하늘은 둥글고 땅은 모 나니라’나아가 말
하였다. ‘하나는 어느 곳으로 돌아가는 것입니까?’ 선사가 말하
였다. ‘땅은 모나고 하늘은 둥그니라’[僧問 ‘如何是萬法歸一’ 師
云 ‘天圓地方’ 進云 ‘一歸何處’ 師云 ‘地方天圓’].

· 만참[晚參, 저녁때에 잠깐 하는 참선]에 선사가 말하였다.
‘만법이 하나로 돌아가는데 그 하나는 어느 곳으로 돌아갑니까?
하하하, 학인도 달려가고 스님도 달려가는 구나’ 불자를 털더니
한 번 더 털고 잠자는 방으로 돌아가니라[晚參 師云 ‘萬法歸一一
歸何處 呵呵 學人也有趣 和尚也有趣’拂一拂 歸臥室].

· 스님이 물었다. ‘만법이 하나로 돌아가는데 그 하나는 어느

곳으로 돌아갑니까?' 선사가 말하였다. '소가죽 (신을) 해골에다 신겼구나'[問 '萬法歸一一歸何所' 師云 '牛皮鞔髑髏'].

• 목암법충 선사가 위산영우 선사를 찾아갔는데 영우 선사가 물었다. '만법이 하나로 돌아가는데 그 하나는 어느 곳으로 돌아갑니까?'함에 법충 선사가 불자를 세워 위산 선사에게 보이니 위산 선사가 깨우침이 있다 하여 바로 돌아와 업을 받으니라[訪潙山牧庵忠禪師 師問 '萬法歸一一歸何處'忠公豎拂示師 師有省 即回受業]

• 새해 아침에 상당하여 '만법이 하나로 돌아가는데 그 하나는 어느 곳으로 돌아가는가?' 하고 (주장자로 한번 치고) 문득 좌석에서 내려오느라[歲旦上堂 '萬法歸一一歸何處'(卓拄杖一下)便下座].

• 스님이 물었다 '만법이 하나로 돌아가는데 그 하나는 어느 곳으로 돌아갑니까?' 선사가 말하였다. '눈썹이 떨어지리라'[僧問 '萬法歸一一歸何處' 師曰 '眉毛下']

• 스님이 물었다 '만법이 하나로 돌아가는데 그 하나는 어느 곳으로 돌아갑니까?' 선사가 말하였다. '와서 시비를 말하는 자가 문득 이것이 시비하는 사람이라'[問 '萬法歸一一歸何處' 師云 '來說是非者 便是是非人'].

• 스님이 물었다. '만법이 하나로 돌아가는데 그 하나는 어느 곳으로 돌아갑니까?'선사가 말하였다. '한 잎이 떨어지면 천하가

가을이니라.'나아가서 말하였다. '어떻게 알아야 합니까?' 선사가 말하였다. '30년 뒤이니라'[問 '萬法歸一 一歸何所' 師云 '一葉落天下秋'進云 '如何領會'師云 '三十年後'].

• 스님이 물었다. '만법이 하나로 돌아가는데 그 하나는 어느 곳으로 돌아갑니까?' 선사가 말하였다. '물이 깊으면 밑바닥이 보이지 아니 하니라'[僧問 '萬法歸一 一歸何所' 曰 '水深不見底'].

• 스님이 물었다. '만법이 하나로 돌아가는데 그 하나는 어느 곳으로 돌아갑니까?'선사가 말하였다. '만법은 머물지 않나니 하나에 집착하지 않으면 마음이 고요하여 돌아갈 게 없는 것이니라'[曰 '如何是萬法歸一 一歸何處'師曰 '萬法不住 一以不著 坦然無歸'].

• 스님이 물었다. '만법이 하나로 돌아가는데 그 하나는 어느 곳으로 돌아갑니까?'선사가 말하였다. '물을 움켜쥐면 달이 손안에 있고 꽃을 희롱하면 향기가 옷에 가득하니라'스님이 말하였다. '이것이 만법이 하나로 돌아가는 것과 같은 것이라면 마침내 하나는 어느 곳으로 돌아가는 것입니까?'선사가 문득 때리느라[問 '萬法歸一一歸何處'師曰 '掬水月在手 弄花香滿衣'曰 '猶是萬法歸一 畢竟一歸何處'師便打].

• 보 스님이 물었다. '만법이 하나로 돌아가는데 그 하나는 어느 곳으로 돌아갑니까?'선사가 말하였다. '코는 우뚝 세워지고 눈은 가로로 찢겼느니라'[普問 '萬法歸一 一歸何處'師曰 '鼻豎眼橫'].

頌曰

1. 澗水深江匯 간수심강회　산골짜기 물은 깊은 강에 모였다가
   隨溪諸畓洹 수계제답원　시내를 따라 여러 논으로 흐르네
   衆相原體現 중상원체현　뭇 상이 원래 바탕서 나타나더니
   迺結局歸源 내결국귀원　이에 결국은 근원으로 돌아가누나.

2. 萬億柢於壹 만억저어일　만이나 억은 하나에 뿌리 하듯이
   延枝繼一根 연지계일근　뻗은 가지 한 뿌리에 이어짐이라
   積塵能作嶽 적진능작악　티끌 쌓이면 능히 뫼가 지어지고
   豵養做丕豚 종양주비돈　새끼돼지 기르면 큰 돼지 된다네.

3. 一理通千理 일리통천리　한 이치는 천 이치에 통하고
   壹程續萬程 일정속만정　한 길은 만 길로 이어지누나
   本無生佛境 본무생불경　본래 중생과 부처 경계가 없거늘
   何有覺迷成 하유각미성　어찌 깨달음 미혹 이룸이 있을까?

4. 有是云叢象 유시운총상　유는 이에 모임의 모양을 이름이고
   空斯謂曠相 공사위광상　공은 이에 텅 빈 모양을 이름이네
   本來無一物 본래무일물　본래부터 한 물건이라는 것 없으니
   喘息莫尋喪 천식막심상　숨 헐떡이며 찾으려다 잃지 말지요.

5. 原無痕點物 ^{원무흔점물} 원래 흔적의 점도 없는 물건이

　敷體覆乾坤 ^{부체복건곤} 몸을 펼쳐서 하늘과 땅 덮어라

　此裏山川吐 ^{차리산천토} 이 속에서 산도 내도 토해내니

　皆藏造化源 ^{개장조화원} 모두 갈무린 조화의 근원이어라.

통법명심
通 法 明 心

만법을 통하여 한 마음 밝히라

대종사 말씀하시기를 "큰 도는 서로 통하여 간격이 없건마는 사람이 그것을 알지 못하므로 스스로 간격을 짓게 되나니, 누구나 만법을 통하여 한마음 밝히는 이치를 알아 행하면 가히 대원정각 大圓正覺을 얻으리라."

《대종경》성리품 5장

원문에 있는 숙어를 풀어보면 다음과 같다.

• 간격間隔 : ① 물건과 물건과의 거리. 뜬 사이. 간각間刻. 간통間通
② 시간과 시간과의 동안. 인터벌. ③ 인간관계의 소원한 정도. 틈.

• "만법을 통하여 한마음 밝히라"를 한문으로 쓰면 "通萬法明
一心"이다.

• 만법萬法 : 우주 안의 온갖 법도法度. 물질적 정신적 모든 차별
법을 말한다. 우주 안의 일체의 존재, 삼라만상·제법諸法을 말한
다. 제법諸法이라고도 한다. 색色과 심心에 걸친 모든 차별법. 삼라
만상이라는 것과 같다.

• 일심一心 : ① 사심 잡념·번뇌 망상이 끊어진 온전한 마음. 자
성 청정심. 정신수양의 핵심적 개념으로 정신이 두렷하고 고요해
서 일체의 사심 잡념이 없이 온전한 마음의 경지를 말한다. 《반
야경般若經》에서는 자성 청정심自性淸淨心을 뜻한다. 《대승기신론
大乘起信論》에서는 일심에 진여문眞如門과 생멸문生滅門의 두 가지를
포함시켜 일심의 작용에 의해 천차만별의 분별이 전개됨을 말하
고 있다. 정토문淨土門의 일심은 아미타불에 두 마음이 없음을 말
한 것으로 일심전념一心專心, 일심불란一心紛亂 등의 뜻이 된다. ②
그 일 그 일에 오롯이 전일 하여 마음 흐트러짐이 없음. 온전한
마음으로 취사함을 의미한다. 곧 "이 일을 할 때 저 일에 끌리지
않고 저 일을 할 때 이일에 끌리지 아니하여 오직 그 일 그 일에
전일 하는 것[《대종경》 수행품 2장]"을 뜻한다. 이는 한 가지 일
에만 전일함에 그치지 않고 맡은 바 책임을 모두 잘한다는 의미
도 내포하고 있다.

예를 들면 '약을 달이면서 바느질을 하는 것'은 두 가지 일을

동시에 하는 것으로 그 일 그 일에 전일하지 못하는 것이 아니냐는 질문에 소태산 대종사는 "네가 그때 약을 달이고 바느질을 하게 되었으면 그 두 가지 일이 그때 네 책임이니 성심성의를 다하여 그 책임을 잘 지키는 것이 완전한 일심이요 참다운 공부니 그 한 가지에만 정신이 뽑혀서 실수가 있었다면 그것은 뚜렷한 일심이 아니라 조각의 마음이며 부주의한 일이라, 그러므로 열 가지 일을 살피나 스무 가지 일을 살피나 자기의 책임 범위에서만 할 것 같으면 그것은 방심이 아니고 온전한 마음이니라[《대종경》 수행품 17장]."고 답한다.

• 대원정각大圓正覺 : 원불교에서 말하는 가장 큰 깨달음의 경지. 진리를 원만하고 크고 바르게 깨닫는 것. 소태산 대종사의 대각을 말한다. 부처의 경지도 천층만층이 있고, 진리에 대한 깨달음의 경지도 크고 작고, 넓고 좁고, 깊고 옅고, 영원하고 일시적인 차이가 있다. 우물 안에서 개구리가 하늘을 쳐다보아도 하늘을 본 것임에는 틀림이 없으나 하늘의 일부분에 불과하다. 이처럼 진리의 한 부분만을 깨치고서 진리 전체를 깨친 것처럼 착각하는 수가 있다. 대원정각은 진리의 한 부분이 아니라 진리 전체를 크고 바르게 깨친 경지이다. 도통과 영통은 대원정각을 못 해도 얻을 수 있다. 대원정각은 진리를 가장 원만하고 크고 바르게 깨친 경지이므로 도통·영통·법통을 다 얻을 수 있다.

출가위 도인이 되어야만 대원정각을 할 수 있고, 대원정각을 하면 순일純一한 도심道心, 공심公心, 희사심으로 마음도 화和하고, 기운도 화하고, 사람도 화하게 하여 모든 계한界限과 국한이 툭 트인 도인이 된다. 그리하여 남녀의 상相도 초월하고, 자타의 상도, 원근 친소의 상도 초월하여 모든 사상에 얽매이고 구애된 바 없이 활달자재闊達自在한 기풍과 원융무애하고 호호탕탕한 기상으로 세상일을 내 일로 알아 제도 사업에 헌신 봉공한다.

소태산은 "공부가 최상 구경에 이르고 보면 세 가지로 통함이 있나니 그 하나는 영통靈通이라, 보고 듣고 생각하지 아니하여도 천지 만물의 변태와 인간 삼세三世의 인과보응을 여실히 알게 되는 것이요, 둘은 도통道通이라, 천조의 대소유무와 인간의 시비이해에 능통하는 것이요, 셋은 법통法通이라, 천조의 대소유무를 보아다가 인간의 시비이해를 밝혀서 만세 중생이 거울하고 본뜰 만한 법을 제정하는 것이니, 이 삼통三通 가운데 법통만은 대원정각을 하지 못하고는 얻을 수 없나니라[《대종경》 불지품 10장]." 고 했다. 《원불교대사전》

전문全文을 도표로 그리면 다음과 같다.

원문	대종경	축자해역(逐字解譯)
通萬法	만법을 통하여	모든 법을 통하여다가(알아다가)
明一心	한 마음 밝히라.	한 마음을 밝힐지니라.

글자와 단어를 풀어보면

• 통通 : 통할 통. 통하다. 내왕하다. 알리다. 알다.

• 만萬 : 일만 만. 대단히. 매우. 매우 많은. 여럿. 절대로. 전혀. 많다. 만무[萬無:절대로 없음].

• 법法 : 법 법. ① 법. 방법. 불교의 진리. 모형. 꼴[사물의 모양새나 됨됨이]. 본받다. ② 사회의 질서를 유지하고 그 구성원 상호 간의 관계를 규율하기 위해 어떤 강제 권능에 의한 효력이 확보된 규범 체계. 이 경우 넓은 뜻의 법은 법률이나 명령뿐만 아니라 도덕률이나 습관까지 포함된다. 좁은 뜻의 법은 내면적·개인적·비강제적인 도덕을 제외하고 외면성·사회성 및 특히 강제 규정을 갖춘 사회 통제를 위한 규범을 말한다. 한편으로는 어떤 일을 진행하는 양식이나 방법을 의미하기도 한다.

불교에서 말하는 삼보三寶의 하나. 부처의 가르침이나 계율. 달마達摩·담마曇摩·담무曇無 등으로 음사音寫 하는 불교의 중심개념이다. 즉 법의 의미는 매우 중요하면서도 다양한 의미로 사용된다. 법은 산스크리트어의 '다르마dharma'의 한역어漢譯語이다. 기원은 인도의 고전인 《베다》에까지 소급된다. 베다 시대의 달마는 리타[rta: 天則] 등과 함께 자연계의 법칙, 인간계의 질서를 나타내는 용어로 사용되었다. 그 후 브라마나·우파니샤드 시대에는 '인간의 행위'의 규정으로 사용되어, 법칙·질서의 의미 외에 정당正當·정의正義로 변하여, 권리의 관념 및 의무·규범과 같은 뜻이 첨

가되었다. 빠알리[팔리, Pali] 주석서에 따르면 다음과 같은 네 가지 의미가 있다고 한다.

첫째, 인[因, hetu]으로서의 법 : 올바른 인과 관계로 합리성·진리를 가리킨다. 연기緣起는 법이라고 하는 말이 이 뜻이다. 연기의 도리는 영원히 변하지 않는 보편타당성이 있는 진리라는 말이다. 이것은 규칙·법칙 등의 의미와도 상통한다.

둘째, 덕[德, guṇa]으로서의 법 : 인간이 지켜야 할 정도, 곧 윤리성을 가리킨다. 아소카 왕의 법칙문法勅文은 상기한 합리성과 윤리성을 동시에 포함하고 있다.

셋째, 가르침[敎, śāsana]으로서의 법 : 특히 불법佛法 곧 석가의 가르침을 말한다. 팔만사천법문, 불佛·법法·승僧의 삼보三寶 중 법보 등이 이러한 의미로 사용되며, 나아가 경전을 의미하기도 한다. 또한 법통法統·법호法號·법회法會·법고法鼓·법등法燈 등은 모두 불법의 의미이다. 그리고 불법은 합리성·윤리성이 있어 이상理想·궤범軌範을 나타내는 것이기 때문에 제1·제2의 의미도 당연히 포함하고 있는 것이다.

넷째, 사물事物로서의 법 : 일체법一切法·제법무아諸法無我·법성法性 등이 이러한 의미로 사용된다. 후에 아비달마阿毘達摩 철학에서는 '독자의 성질[自性]' 또는 '존재의 본질[自相]'을 유지하기 때문에 법이라 한다고 정의하여, 법을 실체 개념으로 설명했다. 그러나 대승불교는 사물을 실체로 보는 데 반대하여 법공法空 또는 법무아法無我를 주장한다. 사물을 실체로 보아서는 안 된다는 사상은 12처설十二處說에 잘 나타나 있다. 여섯 인식기관[六根: 眼·耳·鼻·舌·身·意]과 그에 대응하는 여섯 인식대상[六境: 色·聲·香·味·觸·法]에서 특히 법은 인식·사고의 기능을 갖는 의[意: manas]와 밀접히 관련되어 있다는 점이다.

③ 원불교에서 법의 의미는 주로 진리 그 자체, 부처님·하느님·도·무극·태극 등과 같은 개념으로 쓴다. 그리고 우주의 근본, 인간의 본래 성품의 의미로 사용하기도 한다. 또한 진리를 깨친 성자가 인간을 교화하기 위해 내어놓은 가르침, 곧 종교적인 교법이다. 소태산 대종사의 가르침을 대도 정법이라 하고, 석가모니불의 가르침을 불법·정법·교법이라 한다. 한편으로는 그 자체의 독특한 성품을 가지고 있어 그 자성을 지켜 불변하는 것, 곧 존재를 의미하기도 한다. 이 경우 현상적인 존재를 말할 때는 제법諸法이라 하고, 근본적인 존재를 말할 때는 진여법이라고 한다. 일원상의 진리를 법신불이라고 말할 때는 근본적인 존재를 말하는 것이다.《원불교대사전》

• 명明 : 밝을 명. 밝다. 밝히다. 날 새다. 나타나다, 명료하게 드러나다. 똑똑하다. 깨끗하다, 결백하다.

• 일一 : 한 일. 하나, 일. 첫째, 첫 번째. 오로지. 온, 전, 모든. 하나의, 한결같은.

• 심心 : ① 마음 심. 마음, 뜻, 의지. 생각. 염통, 심장. 가슴. 근

본, 본성. 가운데, 중앙, 중심. 도의 본원. ② 인간의 내면과 우주 만유의 본질을 이루는 요소. 좁은 의미의 마음은 육신에 상대되는 인간 내면의 지각능력을 중심으로 인식된다. 마음은 사람의 내면에서 지각하고 사유하고 추론하고 판단하는 성性·정情·의意·지志를 포함하는 주체로 몸을 주재한다.

넓은 의미로 유심론적唯心論的 세계관에서 보는 마음이 있다. 우주의 본체를 정신적인 것으로 파악하고 물질적 현상도 마음의 발현으로 보는 이론이다. 불가의 마음에 대한 인식이 이를 대표한다. 원불교사상에서도 마음은 매우 포괄적인 의미를 함축하고 있다. 마음은 성품, 정신, 뜻을 총체적으로 표현하기도 하고, 분별심에 국한하여 말하기도 한다. 마음은 현상으로 드러날 때 매우 역동적으로 활동하므로 살피고 조절하여 마음의 역량이 바르게 발현되도록 해야 한다. 이런 의미에서 마음수행을 마음공부, 용심법 등으로 부르며 과학과 구별되는 독자적 영역으로 중시한다.

해의解義

① 밖으로 천만 사물의 모든 이치를 꿰뚫어 안으로 나의 본래 마음을 밝힌다는 뜻이다. 만법이란 일체 현상, 곧 우주만유를 가리킨다. 우주의 모든 차별 현상을 꿰뚫어서 그 이치를 막힘없이

알아 안으로 평등하고 청정한 성품을 찾는다는 의미이다. 만법을 응용하여 일심을 밝히기도 하고, 일심을 깨달아 만법을 건설하기도 하는 경지로서 대원정각의 경지를 말한다. 정산 종사는 우주의 대소유무와 인간의 시비이해, 이러한 만사 만리를 보아서 나의 마음을 밝히고 또 밝히고 이것을 활용하라고 했다[《한울안 한 이치에》]. '통만법하여 명일심하고 명일심하여 통만법하라'는 의미이다.

② 법이란 경계境界 곧 사물이라는 의미도 있다. 글에 '만법은 일체 사물을 가리킨다[萬法 指一切事物]'고 하였다. 그러므로 경계란 우주나 천지를 비롯한 삼라만상을 통틀어서 말한다. 다시 말하면 나라는 육근이 경계라는 육진을 대하는 것과 또한 경계가 경계에 대하여 파생되는 경계 등, 이러한 경계가 마음을 밝히는데 과연 도움이 될 것인가. 아니면 해로움이 될 것인가. 다시 말하면 경계가 들어서 마음을 밝힐 수 있다면 법法이 된다고 하겠지만, 만일 밝힐 수 없다면 마魔가 될 수밖에 없다. 즉 어두운 경계[暗境]면 마음을 밝힐 수 없고 오직 밝은 경계[明境]라야 마음을 쉽게 밝힐 수 있다.

③ 우리가 공부의 요체要諦로 잡고 있는 공안公案, 의두疑頭, 화두話頭, 성리性理, 문건問件, 문목問目 등도 모두 법이다. 이 법이 마음을 밝혀가는 데 길라잡이가 될 수 있다. 이 공안이나 문건 등은 대체로 두 가지 의미를 가지고 있다. 하나는 없는 면[無, 空]을 내

포하고 있고 또 하나는 있는 면[有, 色]을 간직하고 있다. 다시 말하면 마음을 밝히는 데 있어서 있는 면을 연구함으로써 밝아질 수도 있고, 또한 없는 면을 연마함으로써 밝아질 수 있으니 결국 어떻게 공부를 하고 얼마만큼 정성을 들여 꾸준하게 하느냐에 달려 있다고 볼 수 있다.

④ 아무리 좋은 법이라 할지라도 법 자체가 마음을 밝혀줄 수 없고, 아무리 바른 법이라 할지라도 법 자체가 마음을 깨워줄 수 없다. 오직 어떤 종교의 법이 되었든 좋은 법, 바른 법을 잘 가려서 자기에게 맞추어 오래오래 단련함으로서 성품[마음]의 근원자리를 회복할 수 있다. 이러한 의미에서 본다면 마음이 밝혀지는 법은 좋은 법이요 바른 법이지만 그러하지 않으면 사법邪法이요 말법末法이라고 할 수 없다.

⑤ 일심一心이 첫째이요 만법萬法은 다음이다. 만일 마음이 모두 밝아 지혜롭고 맑아 진애塵埃가 없다면 법이 무슨 필요가 있겠는가. 그러므로 법은 마음을 밝히고 맑히는 도구에 지나지 않다는 것임을 알아서 법에 집착한다거나 편신偏信하여 마음 밝히기를 소홀히 해서는 안 된다.

⑥ 무법명기심無法明其心이 제일이다. 즉 '법이 없어도 그 마음이 밝아지는 것'이 으뜸이라는 의미이다.

선인들이 말한 만법과 일심

• 남송南宋 주소지朱昭之《난고도사. 이하론難顧道士. 夷夏論》《금강반야金剛般若》에 "글이 사천구를 넘지 않지만 큰 도는 만법에 두루 하니라[文不逾千四句 所弘道周萬法]."

• 송대 소식蘇軾《동림제일대광혜선사진찬東林第一代廣慧禪師眞贊》에 "하물며 삼계를 뛰어넘고 만법을 요달하여 나지도 않고 늙지도 않으며 병들지도 않고 죽지도 않아서 사물에 응하여 감정이 없는 사람이겠는가[而況於出三界 了萬法 不生不老 不病不死 應物而無情者乎]?"

• 명대 왕정눌汪廷訥《사후기·섭대獅吼記·攝對》에 "유는 만법이 함께 오고, 무일 때도 한 실 끝만큼도 걸리지 않으니 빈승인 불인 선사가 이런 사람이니라[有則萬法俱來 無時一絲不掛 貧僧佛印是也]."

•《서전書傳》〈태서상泰誓上〉에 "주왕에게 신하가 억만 명이 있었지만, 오직 억만 명의 마음이거니와 나[주나라 무왕]에게는 신하가 3천명이 있는데 오직 한마음이니라[受(商紂의 이름)有臣億萬 惟億萬心 予有臣三千 惟一心]."

•《한시외전韓詩外傳》 6권에 "가까운 사람이 친애하기를 다투면 먼 사람들은 이르기를 소원하리니 위와 아래가 한마음이 되고 삼군이 한 힘이 되리라[近者競親而遠者願至 上下一心 三軍同力]."

• 《후한서後漢書》〈주준전朱儁傳〉에 "만 사람이 일심이면 오히려 가히 당할 수 없는데 하물며 십만이겠는가[萬人一心 猶不可當 況十萬乎]!"

• 《안자춘추晏子春秋》〈문하問下〉 29에 "한마음으론 가히 써 백 명의 임금을 섬기지만, 세 마음이면 가히 써 한 임금도 섬기지 못 하리라[一心可以事百君 三心不可以事一君]."

• 송대 소식蘇軾《곽광론霍光論》에 "그러자 곽광이 또한 능히 자 기 몸을 잊고 한결같은 마음으로 어린 임금을 보필하니라[而霍 光 又能忘身一心 以輔幼主]"

• 《장자莊子》〈천도天道〉에 "'천지의 덕을 밝게 아는 사람'은 움 직이는 것은 하늘이요, 고요한 것은 땅이라, 한마음이 안정되면 천하에 왕 노릇을 하리라. 그 귀[육체]를 끝나게 아니하고 그 혼 [정신]을 피로하게 아니하며 한마음을 안정시키면 만물이 복종 하니라[其動也天 其靜也地 一心定而王天下 其鬼不祟 其魂不疲 一心定而萬物服]."

• 《맹자》〈고자상告子上〉에 "한 사람은 비록 듣기는 하나 마음 한편에 기러기와 큰 새가 장차 이르거든 활과 주살을 당겨서 쏠 것을 생각한다면, 비록 그와 더불어 똑같이 배운다 하더라도 그 만 못할 것이니, 이것은 그 지혜가 그만 못해서인가? 말하자면 그렇지 아니하니라[一人雖聽之, 一心以爲有鴻鵠將至, 思援弓繳 而射之 雖與之俱學 弗若之矣 爲是其智弗若與 曰非然也]."

• 《송사宋史》〈악비전岳飛傳〉 "전쟁터에서 포진하고 나서 싸우는 것은 병법의 상식이지만 운용의 묘수는 한마음에 있느니라[陳而後战 兵法之常 運用之妙 存乎一心]."

頌曰

1. 功夫成覺在 공부성각재　공부는 깨달음을 이룸에 있고
   萬法理源生 만법이원생　모든 법은 진리 근원에서 나오네
   境界非心亮 경계비심량　경계가 마음을 밝혀주는 것 아니니
   勤修積力明 근수적력명　부지런 닦아 힘이 쌓여야 밝아지리.

2. 修行原性復 수행원성복　수행은 원래 성품을 회복함이요
   公案理源醒 공안이원성　공안은 진리근원을 깨침이어라
   萬法心中出 만법심중출　만법이 마음 가운데서 나오나니
   迷其不亮靈 미기불량령　그게[마음] 미혹하면 영혼 밝지 못하리.

3. 法二心唯一 법이심유일　법은 둘째요 마음이 오직 첫째이니
   無修亦匪醒 무수역비성　닦을 것 없고 또한 깨칠 것도 없네
   妙知眞理在 묘지진리재　묘한 알음알이는 참 이치에 있으니
   實物一圓惺 실물일원성　실제 물인 일원 진리를 깨우칠지라.

변산구곡
邊山九曲

변산의 아홉 구비

대종사 봉래정사에서 제자들에게 글 한 수를 써 주시되 "변산구곡로邊山九曲路에 석립청수성石立聽水聲이라 무무역무무無無亦無無요 비비역비비非非亦非非라."하시고 "이 뜻을 알면 곧 도를 깨닫는 사람이라."하시니라.

《대종경》성리품 5장

시가 나오게 된 배경

이 시가 나오게 된 배경 곧 상황을 말하자면 다음과 같다.

변산은 마른 바위산이라 많은 비가 내려도 몇 시간쯤 수량이 풍부하다가도 이내 골짜기가 말라버리기 일쑤다. 내변산의 모든 개울물은 백천百川으로 모이고 백천은 한줄기로 해서 해창海蒼으로 흘러 서해가 된다.

어느 여름에 큰비가 내려 봉래정사蓬萊精舍 건너의 층암절벽 위에서 떨어지는 폭포와 사방 산골에서 흐르는 물이 줄기차게 내렸다. 한참 동안 그 광경을 바라보던 소태산 대종사는 제자들에게 말하였다.

"저 골짜기에서 내리는 물이 지금은 갈래가 비록 다르나 마침내 한 곳에 모이니 만법귀일萬法歸一의 소식도 이와 같으니라."

봉래정사에서 실상사를 지나 직소폭포로 300m 남짓 가면 넓은 너럭바위에 동초 김석곤이 '봉래구곡蓬萊九曲'이라 새긴 계곡이 나온다. 이곳은 새로운 왕국 건설을 꿈꾸던 조선 태조 이성계가 팔도 강산을 돌며 기도할 때 내변산 초입 청림리 어수대御水臺에서 물을 길어와 천왕봉을 향하여 기도를 올렸다는 전설이 어린 곳이다.

소태산 대종사가 봉래정사에 있을 때 이 '무이구곡武夷九曲'의 시를 즐겨 읊었고 제자들에게도 읊도록 권하였다.

내변산의 물줄기는 제1곡 대소大沼에서 시작하여, 제2곡 직소폭포直沼瀑布, 제3곡 분옥담噴玉潭, 제4곡 선녀탕仙女湯, 제5곡 봉래곡蓬萊曲, 제6곡 영지影池, 제7곡 금강소金剛沼, 제8곡 백천百川, 제9곡 암지暗池로 흐르는 아름다운 골짜기가 금강산의 아름다움에 버금간다 하여 변산을 봉래산蓬萊山이라고도 하고 계곡을 봉래구곡逢萊九曲 또는 변산구곡邊山九曲이라 부른다. 봉래구곡 중 봉래곡이 구곡의 중심으로 이곳을 봉래구곡, 변산구곡, 구곡로九曲路라고도 부른다. 소태산 대종사는 이 봉래구곡에 자주 산책을 즐기기도 하고 너럭바위에 앉아 물아일여物我一如로 흐르는 개울물 소리에 취하곤 하였다.

어느 날 소태산 대종사는 봉래구곡에 다녀와 봉래정사에서 여러 제자들에게 말씀하였다.

"내 전일에 한 생각을 얻은 후 문자를 많이 기록해 놓았다가 여러 가지 사정으로 소화燒火한 후, 그것이 본시 나의 정신에서 나온 것이므로 나의 생전에는 다시 저술하기가 용이할 줄 알았더니, 이제는 여러 가지 사무에 끌리는 관계인지 혹 상기上氣도 되고 정신이 혼미해지니 한恨이로다."하고 한시 두 귀를 써주신 시가 이 시로

"邊山九曲路 石立聽水聲 無無亦無無 非非亦非非"이다.

이어서 소태산 대종사는 말씀하셨다.

"이 뜻을 알면 곧 도를 깨닫는 사람이니라." 하였으니 이 시가 도를 깨닫고 알 수 있는 자원資源과 묘법妙法이 무궁무진하게 갈무리되어 있다는 강력한 의미가 있다. 그러므로 공부하는 우리는 조조석석朝朝夕夕에 권권복응拳拳服膺하여 오도悟道의 길을 자신 있게 걸어가야 한다.

다시 말하면 소태산 대종사가 봉래정사 주석 기간(1919~1924)에 제자들에게 써준 글귀로 격외格外의 성리性理 소식을 암시해 준 것이라고 할 수 있다. 격외 소식은 언어나 사량思量으로 분석할 수 없는 것으로 다만 관조觀照를 통해서 깨쳐 얻을 수 있기 때문에 소태산은 이 뜻을 알면 곧 도를 깨닫는 사람이라 했다. 그러나 글자에 나타난 의미를 생각해 보면 돌이 서서 물소리를 듣는다는 것은 논리를 초월한 진체眞體의 소식이며 의리義理 면으로는 유정有情·무정無情이 상주常住 설법 청법說法聽法하는 소식이기도 하다. '무무역무무 비비역비비'는 언어나 사량으로는 헤아릴 수 없는 성리의 진체이면서 또한 없다는 한 생각마저도 공空한 우주 대성宇宙大性의 근본 법신根本法身의 뜻으로 생각해 볼 수 있는 의미이기도 하다.

전문全文을 도표로 그리면 다음과 같다.

원문	원불교대사전	축자해역(逐字解譯)
邊山九曲路	변산 아홉 구비 굽은 길에	변산 아홉 굽은 길에
石立聽水聲	돌이 서서 물소리를 듣는다	돌이 서서 물소리를 듣누나
無無亦無無	없고 없으며 또한 없다는 것도 없으며	없고 없으며 또한 없다 함도 없고
非非亦非非	아니고 아니며 또한 아니다는 것도 아니다	아니고 아니며 또한 아니다 함도 아니어라

변산구곡로邊山九曲路
: 변산 아홉으로 굽은 길에

글자와 단어를 풀어보면

- 변邊 : 가 변. 가. 가장자리. 근처 부근. 일대. 끝. 한계.
- 산山 : 뫼 산. 뫼. 산 산신山神.
- 구九 : 아홉 구. 아홉. 아홉 번. 수효의 끝.
- 곡曲 : 굽을 곡. 굽다. 휘다. 마음이 바르지 아니하다. 사악하다.
- 노路 : 길 로. 길. 거쳐 가는 길. 겪는 일.
- 변산邊山 : 전라북도 부안군 변산면에 위치한 산이다[고도:510m]. 최고봉은 의상봉이며 예로부터 능가산, 영주산, 봉래산이라 불렸고 호남의 5대 명산 중 하나로 꼽혀왔다. 서해와 인접해 있고 호남평야를 사이에 두고 호남정맥 줄기에서 떨어져 독립된 산군을 형성하고 있다. 내변산에는 높이 20m의 직소폭포直沼瀑布, 높이 30m와 40m의 2개 바위로 된 울금바위, 울금바위를 중심으로 뻗은 우금산성禹金山城 외에 가마소, 봉래구곡, 분옥담, 선녀당, 마소, 용소龍沼, 옥수담玉水潭 등 명소가 있다. 또 내소사來蘇寺, 개암사開岩寺 등 사찰이 있고 호랑가시나무, 꽝꽝나무, 후박나무 등 희귀식물의 군락이 서식하고 있다. 서해를 붉게 물들이는 '월명낙조'로 이름난 낙조대落照臺의 월명암月明庵도 유명하다. 외변산에는 해식단애海蝕斷崖의 절경을 이루는 채석강[採石江, 도 기념물 28호],

적벽강[赤壁江, 도 기념물 29호]이 있고, 그 밑 해안에는 경사가
완만한 변산 해수욕장을 비롯해 고사포해수욕장, 격포해수욕장
등 여름철 휴양지가 많다. 1988년 국립공원으로 지정되었다.

• 구곡九曲 : 전라북도 부안군 변산에 있는 절경 중의 하나. 변
산을 봉래산이라고도 부르며 변산을 대표하는 계곡 이름이 변산
구곡이다. 신선대와 망포대에서 발원한 물줄기가 대소에서 굽이
굽이 돌아 흐르며 아홉 연주連珠의 못을 이루며 빼어난 풍광을 이
루고 있다. 구곡에는 각각 다음과 같은 이름이 전해온다. 1곡 대
소大沼, 2곡 직소폭포直沼瀑布, 3곡 분옥담墳玉潭, 4곡 선녀탕仙女湯, 5
곡 봉래곡蓬萊曲, 6곡 금강소金剛沼, 7곡 영지[影池, 부안댐에 잠김],
8곡 백천[百川, 중류와 하류는 부안 댐에 잠김], 9곡 암지[暗池,
부안 댐에 잠김]이다.

그중에서 제5곡인 봉래곡이 가장 중심인 관계로 어느 때부터
인지 변산구곡을 봉래구곡이라고 부르게 되었다. 소태산 대종사
가 주석하던 봉래정사에서 실상사를 지나 직소폭포로 가는 길을
500m 남짓 가면 변산 제일의 풍광인 봉래구곡이라는 계곡이 나
온다. 소태산은 이곳을 '변산구곡'이라고 했다. 새로운 왕국 건설
을 꿈꾸던 이성계가 팔도강산을 돌며 기도할 때 청림리 어수대
에서 물을 길어와 봉래구곡에서 천왕봉을 향하여 기도를 올렸다
는 전설이 있다. 넓은 소와 펑퍼짐한 바위에 '봉래구곡소금강蓬萊
九曲小金剛'이란 글이 새겨져 있으며, 그 위에 바위 두 개가 올연히

서 있다.

해의解義

변산은 불교에서 말하는 수미산須彌山이라고 가정의 이름을 붙여 본다. 수미산은 범어로 Sumer-parvati 또는 수미루須彌樓·修迷樓·소미로蘇迷盧. 줄여서 미로迷盧. 번역하여 묘고妙高·묘광妙光·안명安明·선적善積이라 하는데 4주세계의 중앙이다, 금륜金輪 위에 우뚝 솟은 높은 산이다. 둘레에 7산山 8해海가 있고 또 그밖에 철위산鐵圍山이 둘려 있어 물속에 잠긴 것이 8만 유순, 물 위에 드러난 것이 8만 유순이며, 꼭대기는 제석천, 중턱은 4왕천의 주처住處가 있다. 앞으로 변산이 수미산처럼 드러날 날이 있을 것이니 그때를 대비하여 성리공부를 잘해놓아야 한다.

구곡九曲이라는 말은 꼬불꼬불하고 구부러졌다는 뜻이다. 세상의 모든 길은 구부러졌다. 아무리 잘 닦아놓은 고속도로라 할지라도 지형을 따라 길을 만들기 때문에 구부러질 수밖에 없다. 모든 땅덩어리는 어떠한가? 어느 나라나 땅은 변邊이 있고 그 변은 구부러지지 않은 지형은 없다. 만일에 기기묘묘하게 구부러져 있다면 천하의 절경을 이루고 있다고 할 수 있다.

그렇다면 인생살이는 어떠할 것인가? 구절양장九折羊腸이다. 즉 아홉 번 꺾인 양의 창자란 뜻으로, 꼬불꼬불하고 험한 산길을 말하는데 이것이 사람의 살아가는 길과 다름이 없다. 시비是非, 선악善惡, 친소親疏, 갑을甲乙, 상하上下, 좌우左右 등등, 곡절도 많고 탈도 많은 것이 세상에 처해서 살아가는 인생길이라고 아니할 수 없다.

우리는 이러한 인생길을 걸어갈 때 성자의 가르침을 모본模本으로 하여 펼쳐가야 한다. 즉 가르침대로 살아가면 아무리 구곡지란九曲之亂이나 구곡지난九曲之難이 있을지라도 무란무난無亂無難하게 살아갈 수 있다. 노路란 길이다. 뒤의 길, 곧 걸어왔던 길도 중요하지만 앞으로 뻗쳤고 또 뻗어가는 길, 나아가야 할 길이 훨씬 중요하다. 그러니 우리는 쉼이 없이 길을 확장하고 개척해 가야 한다. 도덕지로道德之路를 닦아야 하고, 정법지로正法之路를 넓혀야 하며, 제도지로濟度之路를 제시해야 하고, 혜복지로慧福之路를 축적해야 한다. 그리하여 주세 부처님의 가르침인 일원의 진리를 양견兩肩에 부담負擔하고 사바세계娑婆世界의 고난지로苦難之路를 향해 나아가야 한다.

변산에 대해서 여담 비슷한 이야기 하나 해보려 한다. 즉 그 이야기는 "변산에서 성인이 나온다."는 말이다. 변산은 옛날부터 미륵이 나타난 땅이고 관세음보살의 성지이다. 원효대사元曉大師, 진표율사眞表律師, 진묵대사震黙大師 같은 큰 스님들이 와서 도를 닦았고 그 외의 수많은 도꾼들이 드나들며 도를 닦은 것을 보면 변산이 보통의 땅은 아니라고 할 수 있다. 따라서 근세에는 증산교甑山敎를 세운 강일순姜一淳. 원불교의 소태산 대종사도 변산에 한 때 자리를 잡았다.

어찌 되었든 변산 일대로는 수많은 절들이 분포되어 있고 암자도 많이 있다. 그 가운데서도 유명한 상서면 감교리의 개암사開巖寺는 백제 무왕 35년(634)에 묘련왕사妙蓮王師가 창건했고, 변산면 석포리의 내소사來蘇寺는 백제 무왕 34년(633) 백제의 승려 혜구두타惠丘頭陀가 창건하여 처음에는 소래사蘇來寺라고 하였다. 또한 일설에는 신라 때에 중국의 소정방蘇定方이 세웠다하지만 와전일 뿐이다. 또한 산내면 중계리의 월명암月明庵도 신라 신문왕 12년(692) 부설거사浮雪居士가 창건 했다. 그 뒤 수많은 세월이 흘러서 백학명白鶴鳴 선사가 월명암에 거주하면서 그 아래 석두암에 주석한 대종사와의 조우遭遇는 결코 우연이라고 말할 수 없다.

이렇게 유추해보면 "변산에서 성인이 나온다."는 말도 가히 틀린 말은 아니다. 비록 변산부근에서 직접 탄생은 안했지만 변산에 들어와 수도를 함으로서 한 경지를 이룬 성인이 되었고, 특히 우리 대종사는 만고대법을 여기에서 제법 하였으니 성인을 배출할 성성지문成聖之門을 크게 열은 것이라고 할 수 있다.

頌曰

1. 砂積砂成礒 사적사성의 모래 위에 모래를 쌓아 바위 이루고
   土儲土逐坵 토저토수구 흙에 흙이 쌓여서 언덕을 이룬다네
   邊山含道氣 변산함도기 변산은 도의 기운을 머금었으니
   近到理醒收 근도이성수 가까이 이르면 진리 깨달아 거두리.

2. 越嶺淸風颯 월령청풍삽 고개를 넘어서 맑은 바람 부니
   邊山道朶開 변산도타개 변산에 도의 꽃송이 피어나네
   潺溪群鮒泳 잔계군부영 물 흐르는 개울엔 뭇 붕어 헤엄치고
   山麓衆獐徊 산록중장회 산기슭에 무리를 지은 노루 노닐어라.

3. 邊山仁聖出 변산인성출 변산에 어진 성인이 나온다하니
   爲實匪虛言 위실비허언 사실이요 헛된 말이 아니어라
   自古高僧駐 자고고승주 예로부터 학덕 높은 승려 머물러
   懋修本性惇 무수본성돈 힘써 닦아 본성을 도탑게 하였네.

석립청수성 石立聽水聲

: 돌이 서서 물소리를 듣누나

글자와 단어를 풀어보면

• 석石 : 돌 석. 돌로 만든 악기. 비석.

• 입立 : 설 립. 서다. 확고히 서다. 정해지다 이루어지다.

• 청聽 : 들을 청. 듣다. 자세히 듣다. 받다. 받아드리다.

• 수水 : 물 수. 물. 홍수. 오행의 하나.

• 성聲 : 소리 성. 소리. 음성. 음향.

• 석립石立 : 석립이 아니라 원칙적으로는 입석立石이라 해야 한
다. 입석이라는 의미는 선돌. 무덤 앞에 비갈碑碣 따위의 석물을
세움. 도정표道程標 따위 표석標石으로 세운 돌.(기념하는 뜻으로)
큰 돌로 비碑 따위를 만들어 세운다는 뜻이다.

• 수성水聲 : 물소리. 물이 흐르거나 부딪치거나 하여 나는 소
리. 〈민속〉 관상에서, 사람의 목소리를 오행五行으로 나누었을 때
수水에 해당하는 소리.

해의 解義

태초에 아득하고 하늘은 검었다. 땅도 없었으며 사위四圍는 그

야말로 암흑이었다. 이때 어느 곳에 하늘과 닿아 있는 별이 있었다. 여기에 "반고盤古"가 있었다. 그는 애초에는 알속에 있었는데, 도끼로 알을 깨고 나왔다. 알을 깨고 나오자마자 하루에 석 자씩 자라났다. 그러자 머리가 하늘에 닿았다. 그러므로 어쩔 수 없이 하늘을 두 손으로 받쳐 들었다.

그러자 하늘과 땅의 사이가 매일 석 자씩 벌어졌다. 세월이 흘렀고 반고도 나이가 들었다. 그러나 키는 계속하여 자랐고 하늘과 땅은 그 사이가 많이 벌어져서 이제는 그 중간에 대단히 넓은 공간이 생겨났다. 이렇게 계속 자랐는데, 그 키가 9만 자가 되었다고 한다. 어느덧 반고는 하늘과 땅을 분리시키고는 또 다시 하늘과 땅이 붙는 것을 막기 위해 거북을 잡아서 그 다리를 잘라 네 기둥으로 삼아 하늘과 땅을 받쳐 놓았고 거북의 껍질은 하늘을 가리는 덮개로 썼다. 그래서 하늘을 보면 둥글게 보인다고 한다. 그러나 북쪽에 받쳐진 거북의 한쪽 다리가 짧아서 지구는 북쪽으로 약간 기울어지게 되었다.

마침내 반고는 힘이 다하여 쓰러져서 죽었는데, 반고의 두 눈은 각기 해와 달이 되었고 머리카락은 별이 되었다. 수염과 몸의 털은 지상의 수목이 되었다. 그리고 살은 땅이 되었으며 뼈는 산맥이 되고 피는 물이 되었다.

옛날의 전설이지만 하늘을 받치는 네 기둥이 있다고 하였다. 그러면 지금은 없는가. 있다. 바로 석립石立이다. 돌이 서 있다. 돌이 서서 그 역할을 한다. 누운 돌이 아닌 선돌이기 때문이다.

돌은 서 있어야 한다. 서 있는 돌이라야 귀가 열린다. 누워있으면 귀가 닫혀서 소리를 들을 수 없다. 열린 귀라야 우주宇宙의 소리, 진리眞理의 소리, 만물萬物의 소리, 심성心性의 소리, 사람의 소리, 물의 소리를 들을 수 있다.

소리란 무엇인가? 닭이 울어야 새벽이 열린다. 이처럼 우주도 처음에는 혼돈混沌으로 있다가 태초의 한 소리에 의하여 열렸다고 한다. 이를 기독교에서는 "태초에 말씀이 계시니라"고 하였다.

미국 시애틀 워싱턴대학교 존 크래머 물리학과 명예교수는 138억 년 전 우주가 탄생했을 때 빅뱅big bang의 소리를 재현해 냈다. 그는 초기 우주 진화의 빅뱅의 소리를 고감도 연주와 동영상으로 만들어 냈다고 한다.

이처럼 태초에 우주가 열리는 소리가 기독교에서는 말씀의 소리라 하였고, 존 크래머 교수도 빅뱅big bang의 소리를 재현再現했다 하였으니 돌이 서서 물소리를 듣는다는 것은 우주로부터 저 미물微物에 이르기까지 태초의 소리를 들어왔기 때문에 새삼스러울 것 없이 들을 뿐이다.

頌曰

1. **邊山天透顯** 변산천투현 변산은 하늘을 뚫어 드러나고

九曲法身流 구곡법신류 구곡에는 법신이 흐르누나
石立含圓理 석립함원리 돌이 서서 둥근 진리 머금고
水澄濁世瘳 수징탁세추 물 맑아 오탁악세 치유하여라.

2. 一聲天下破 일성천하파 한 소리가 천하를 부숴버리고
未語晤心知 미어오심지 말하지 않아도 마음은 듣고 아누나
石水無間遂 석수무간수 돌과 물은 사이가 없음을 이뤘으니
響非響不憂 향비향불우 울리든 울리지 않던 근심치 않으리.

3. 立石非聽水 입석비청수 선돌만 물소리를 듣는 것이 아니요
臥巖弗耳聆 와암불이영 누운 바위는 귀가 없을지라도 듣네
理源聲本絶 이원성본절 진리 근원은 소리가 본래 끊겼으니
能晤自心醒 능오자심성 능히 자기 마음이 깨어나야 들으리.

무무역무무 비비역비비 無無亦無無 非非亦非非

글자와 단어를 풀어보면
• 무無 : 없을 무. 없다. 허무의 도.
• 역亦 : 또 역. 또한. 모두. 대단히.
• 비非 : 아닐 비. 아니다. 부정의 조사. 등지다. 배반하다.

해의解義

첫째, 한문 문자의 특징에 '부정否定 + 부정否定=긍정肯定'이라는 공식이 있는데 이것은 이중부정二重否定이다. 즉 한번 부정한 것을 다시 부정함으로써 강한 긍정肯定의 결정結晶을 끌어내기 위한 구법句法이라고 할 수 있다.

몇 개 글자를 들어보면 無[莫, 靡], 不[非], 非[匪] 등이니 주로 이런 글자가 조합을 이루어서 보다 확실한 긍정을 이루게 된다.

예를 들어서 문장을 만들어보면

① 莫不 : 아니함이 없다. "막불탄복莫不嘆服": 탄복하지 않을 수 없다. ② 莫非 : 아님이 없다. "보천지하 막비왕토普天之下 莫非王土": 넓은 하늘 아래 왕의 토지 아님이 없다. ③ 無不 : 하지 않음이 없다. "무불변색無不變色": 안색을 변하지 않는 이 없다. ④ 無非 : 아닌 것이 없다. "무비인욕無非人欲": 사람의 욕심이 아닌 것이 없다. ⑤ 非無 : 없는 것이 아니다. "편안한 곳이 없는 것이 아니라, 나에게 편안한 마음이 없는 것이요, 만족할 만한 재산이 없는 것이 아니라, 나에게 만족할 만한 마음이 없다[非無安居 於我無安心也 非無足財 於我無足心也]."

둘째, 이렇게 볼 때 "무무역무무無無亦無無 비비역비비非非亦非非"에서 유추類推를 해봐야 한다.

① 無는 부정이다. ② 無無는 부정의 부정이다. ③ 無無亦無無에

있어서 앞의 무무는 부정의 부정이요, 또한 뒤의 무무는 (그 부정의 부정에 대한) 부정을 또 부정한 것이다. ④ 無無亦無無에 앞의 두 무무는 하나로 합한 명사名詞로서의 부정이요, 뒤의 무무는 그 명사의 부정을 함축含蓄해서 부정한 말이다. 다시 말하면 "無無即一無之否定 於此否定 無無即以一否定 再加一否定也"이다. 이를 풀어서 말하면 '無無는 곧 하나의 無로서의 부정이니 이 부정에 無無 곧 하나로서의 否定을 다시 더 한번 부정함이라'고 할 수 있다.

셋째, ① 非는 부정이다. ② 非非는 부정의 부정이다. ③ 非非亦非非에 있어서 앞의 비비는 부정의 부정이요, 또한 뒤의 비비는 (그 부정의 부정에 대한) 부정을 또 부정함이다. ④ 非非亦非非에 앞의 두 비비는 하나로 합한 명사名詞로서의 부정이요, 뒤의 비비는 그 명사의 부정을 함축含蓄해서 부정한 말이다. 다시 말하면 "非非即一非之否定 於此否定 非非即以一否定 再加一否定也"이다. 이를 풀어서 말하면 '非非는 곧 하나의 非로서의 부정이니 이 부정에 非非 곧 하나로서의 否定을 다시 더 한번 부정함이라'고 할 수 있다.

넷째, 이렇게 두 글귀에서 부정의 글자인 "無" "非"를 써서 부정했고, 대對를 지어서 또한 부정했으며, 두 문장을 맞대어서 부정하고 있다.

이렇게 부정한다는 것은 무엇을 의미하는가?

이는 강력한 긍정肯定이 이뤄짐을 나타내기 위해서라고 할 수 있다. 즉 진리가 되었든, 천지가 되었든, 우주가 되었든 간에 "무엇"인가는 있다. 다만 그 있는 것을 입으로써 말을 못하고[以口不言], 그림으로써 그리지 못하며[以畵不繪], 글로써 쓰지 못하고[以書不寫], 물건으로써 전해주지 못하며[以物不傳], 형상으로써 보여주지 못할[以形不示] 뿐이지 "있기는 분명히 있다."고 확언確言과 확신確信을 할 수 있다.

다섯째, 자천지지自天至地와 자우지주自宇至宙와 자중지변自中至邊과 자상지하自上至下에 다 있다. 즉 하늘로부터 땅에 이르기까지[天地], 우로부터 주에 이르기까지[宇宙], 가운데로부터 가에 이르기까지[中邊], 위로부터 아래에 이르기까지[上下] 들어있지 않음이 없고 펼쳐있지 않음이 없으며 드러나지 않음이 없고, 운전하지 않음이 없으니 이를 부정하여 "없다" "끊어졌다" "아니다" "텅 비었다"는 등의 말이나 글로 부정을 하거나 전혀 없고 허망한 것이라고 말하는 것은 크게 잘못을 범하는 것이 된다.

여섯째. 또한 게송偈頌에서 유有는 무無로 ① 있는 것은 없는 것으로, ② 변變하는 것은 불변不變하는 것으로. 무는 유로 ① 없는 것은 있는 것으로, ② 불변하는 것은 변하는 것으로. 돌고 돌아 지극至極하면 유와 무가 구공俱空이나 ① 없음과 있음, 있음과 없음이 없으나, ② 변함과 불변, 불변과 변함이 없으나. 구공 역시 구족具足이라 ① 없음과 있음, 있음과 없음이 있고, ② 변함과 불변, 불변과 변함이 있다고 하였다.

이렇게 볼 때 "있다", 또한 "없다"라고 하다가 "없다", 또한 "있다"라고 하였으니 無無亦無有 : '없다'는 것은 없는 것이지만 또한 없는 것으로서 있고, 非非亦非有 : '아니다'란 것은 아니지만 또한 아닌 것으로서 있다. 즉 '없는 것으로서 있다'고 하였고 '아닌 것으로서 있다'는 것은 강연이 덧붙인 희언戲言에 지나지 않음을 알아야 한다.

그러므로 "무무역무무無無亦無無 비비역비비非非亦非非"처럼 진리의 원체元體를 확연하게 드러낸 말씀은 어디에도 없다.

일곱째. 우리가 통상적으로 진리를 말할 때 "없다[無]", "아니다[非]", "텅 비었다[空]"는 등으로 설명을 한다. 그러나 근원에서는 무엇인가를 들어서 어떠한 설명을 할지라도 군더더기에 지나지 않는 것이지만 강연强然이라도 말이나 글이나 행동이나 그림으로 나타낼 수도 있어야 현실과 가깝게 된다.

이렇게 말은 할지라도 꼭 들어맞는 답은 사실적으로 없다는 것을 기본으로 삼아야 한다. 그렇지만 누구든 나름대로 의지의 피력披瀝은 할 수 있어야 하고 그 피력에 대하여 어떤 비판도 감내할 수 있어야 한다.

이런 의미에서 공[空=無]에 대해 설명을 해 보려고 한다.

① 체공體空이다. 바로 체성體性 자체가 텅 비었다는 의미이다. 어떤 언행이나 서화書畵도 닿지 않는 구극의 근원 자리이다. 곧 "본래무일물本來無一物"이다. 다시 말하면 대소유무大小有無나 생멸

거래生滅去來나 선악업보善惡業報나 언어명상言語名相이 돈공頓空한 자리이다. ② 만공滿空이다. 바로 가득 찼다는 의미이다. 시방삼계十方三界가 찼고 일월성신日月星辰이 찼으며 삼라만상森羅萬象이 찼고 산하대지山河大地가 조화調和롭게 꽉 차 있어서 무흠무여無欠無餘한 자리이다. 즉 "무일물중에 무비진장이니 유화용월이요 고산여수[無一物中 無非盡藏 有花聳月 高山麗水]이다."즉 '한 물건도 없는 가운데 모두 갈무리지 아니함이 없으니 꽃도 있고 달도 솟으며 산은 높고 물은 빛난다.'는 뜻이다. ③ 화공化空이다. 온갖 조화造化를 다 부린다는 의미이다. 세상에 변화되거나 환역換易되지 않는 것은 하나도 없다. 이러한 변역變易은 공리空理에 인과因果라는 원리가 있어서 유상有常의 입장에서는 상주불멸常住不滅로 여여자연如如自然하여 무량세계가 전개되는 것이지만 무상無常의 입장에서는 우주의 성주괴공成住壞空과 만물의 생로병사生老病死와 사생四生의 심신작용心身作用에 의하여 무량세계가 전개되는 것이니 이것이 바로 조화이다. 다시 말하면 '무시광겁無始曠劫에 은현자재隱顯自在 한다'는 의미이다. ④ 귀공歸空이다. 결국 공空의 본연으로 되돌아간다는 의미이다. 일원一圓이라는 진리 속에 들어있는 모든 것은 성주괴成住壞의 과정을 겪으면서 궁극의 공空으로 돌아간다는 뜻이다. 보라! 시방세계에 유여有餘하고 영존永存하는 것이 무엇이 있는가? 다만 시간의 장단 차이는 있다 할지라도 일원이라는 진리 이외에는 영겁토록 존재하거나 남는 것은 절대로 없다.

결론적으로 말하자면 체공體空은 진공眞空이요 공적空寂이며 구공俱空이요 원만圓滿이며 체體이다. 따라서 만공滿空과 화공化空과 귀공歸空은 묘유妙有이요 영지靈知이며 구족具足이요 용用이다.

또한 우주 자체에 갈무리된 진리는 곧 '불생불멸不生不滅과 인과보응因果報應'이다. 이러한 진리를 깨쳐 뭉뚱그려 대선언大宣言을 한 분이 석가모니 부처님이요, 소태산 대종사 부처님이다. 그러므로 진공의 체體는 곧 '불생불멸'이요 만공·화공·귀공의 용用은 곧 '인과보응'이라고 할 수 있다.

이해를 돕기 위하여 육조 대사六祖大師의 글 하나를 소개한다.

"나에게 한 물건이 있으니 머리도 없고 꼬리도 없으며 이름도 없고 글자도 없으나 위로 하늘을 기둥하고 아래로 땅을 기둥하며 밝기는 해와 같고 검기는 칠과 같아 항상 움직이고 쓰이는 가운데 있지만 움직이고 쓰이는 가운데서도 거둬도 얻지 못하는 것이 이것이라[有一物 無頭無尾 無名無字 上柱天下柱地 明如日 黑似漆 常在動用中 動用中收不得者是]."고 하였다.

또한 함허 득통[涵虛得通, 1376~1433] 선사의 글 하나를 더 소개한다. 이 글은 《금강반야바라밀경金剛般若波羅密經》의 〈오가해서설五家解序說〉에 있는 글이다.

"여기에 한 물건이 있으니 이름이나 모양이 없다. 예와 지금을 꿰뚫었으며 한 티끌에 처했으되 육합[天地, 四方]을 에워쌌다. 안으로는 뭇 묘함을 머금고 밖으로는 온갖 근기에 응하며, 하늘과 땅과 인간의 주인이 되고, 만법의 왕이 되니 넓고 넓어 그에 비할 것이 없고 높고 높아서 그에 짝할 것 없다. 신비하다 말하지 않을 것이며 엎드리고 우러르는 사이에 밝고 밝으며 보고 들을 때에 은은하니 현묘하다 않겠는가. 천지보다 먼저지만 그 비롯함이 없고 천지보다 뒤라도 그 마침이 없으니 텅 빈 것인가 있는 것인가 나는 그 까닭을 알지 못하겠노라[有一物於此 絶名相 貫古今 處一塵 圍六合 內含衆妙 外應群機 主於三才 王於萬法 蕩蕩乎其無比 巍巍乎其無倫 不曰神乎 昭昭於附仰之間 隱隱於視聽之際 不曰玄乎 先天地而無其始 後天地而無其終 空耶 有耶 吾未知其所以].”고 하였다.

여덟째, 《열반경涅槃經》에 “본래 있지만 지금 없고 본래 없지만 지금 있는 것이니 삼세에 법이 있다 한다면 옳다 할 수 없다[本有今無 本無今有 三世有法 無有是處].”라고 하였다. 이는 본래는 있는 것이지만 지금 보거나 알려하면 없고, 본래는 없는 것이지만 지금 보거나 알려하면 있다. 그러나 이미 ‘법[造作의 뜻]’이라고 단정斷定을 지어서 ‘있다’고 하는 것은 ‘옳은 것이 아니다’고 말할 수 있다. 그러나 어떤 언어나 문자나 형상이나 행위로 되기 이전은 분명히 ‘있다’고 해야 한다지만 이도 결국 희언戱言에 지나지 않는다.

아홉째, 물리학에서 빅뱅Big Bang이라는 말을 한다. 이는 138억 년 전에 일어난 것으로 추정되는 우주의 대폭발을 의미한다. 그렇다면 이 우주가 폭발되어 형성되었다는 138억 년 이전은 아무것도 없었을까? 흔히 혼돈混沌이었다고 한다. 아무리 혼돈이라 할지라도 무엇인가는 있었던 것은 분명하다.

또한 블랙홀black hole도 분명히 밝혀졌다. 이는 매우 큰 중력장에 의하여, 빛조차 빠져나올 수 없는 경계로 둘러싸인 시공간의 영역이다. 블랙홀의 중심에는 알려진 물리 법칙이 더 성립하지 않는 중력 특이점特異點, singularity, singular point이 존재한다. 이 블랙홀의 모양은 둥근 구멍으로 바로 일원상一圓相의 모습이 뚜렷이 나타나고 있으니 이도 또한 존재하는 것이라고 보아야 한다.

특이점에 대해서 더 이야기를 하자면 일반상대론에서 부피가 0이고 밀도가 무한대가 되어 블랙홀이 되는 질량체가 붕괴하게 된다는 이론적인 점을 말한다. 특이점의 대폭발로 생긴 원시우주는 폭발 후 짧은 시간 동안 지수함수指數函數적으로 급격히 팽창하다가 온도와 밀도가 빠르게 떨어졌다.

다시 말하면 우리 우주의 고향원리라고 해도 그것은 우주 그 이상의 우주를 인지하는데 아주 작은 시작일 뿐이다. 빅뱅은 특이점에서 대폭발이 이뤄졌다. 특이점은 크기는 제로(없음)이면서 그 안에 밀도·곡률·온도가 무한대라는 점에서 말 그대로 도무지 상상하기 어려울 만큼 특이한 그 무엇이다. 따라서 이 우주에서 우리가 감지할 수 있는 것은 5프로에 불과하고 95프로는 감지할 수가 없다고 한다. 그러나 과학이 더욱 발달하면 블랙홀의 안, 곧 그 너머까지도 증명할 수 있다고 말하고 있다. 곧 95프로를 증명할 수 있다는 말이기도 하다.

열째, 후담^{後談} 하나 해보려 한다. 필자가 변산의 '원광선원'에 살면서 봉래구곡을 자주 갔었다. 그때 지은 시이다.

蓬萊山麓兎獐遊 봉래산록토장유
봉래산 기슭에는 토끼와 노루가 노닐고
九曲溪中鯽鯉游 구곡계중즉리유
구곡 시내 가운데 붕어와 잉어 헤엄쳐라
立石延枝鐫佛貌 입석연지전불모
선돌과 뻗친 가지에는 부처 모습 새겨졌고
人聽水響自心幽 인청수향자심유
사람들 물 울림 듣고 저절로 마음 그윽하누나.

봉래산에는 토끼나 노루들이 짝을 지어 노닐고 구곡의 시내 물에는 붕어나 잉어가 무리를 지어 헤엄친다. 서 있는 돌이나 뻗친 가지에는 부처의 열매가 매달려있다. 사람들이 아름다운 경치를 구경하며 물가를 거닐다가 문득 물의 울림소리를 듣고 마음이 쇄락灑落해지고 깊어져서 자신도 모르게 명상冥想에 잠겨 산아일체山我一體를 이루고 수아일원水我一源을 이루어 '앉았지만 앉은 바가 없고 가지만 가는 바가 없다[坐也不所坐 行而不攸行].'

변산은 깊은 산이다. 그리고 국립공원으로 지정이 된 아름다운 산이다. 특히 봄이 더욱 아름답다. 그래서 "춘변산 추내장春邊山 秋內藏"이라 한다. '봄에는 변산의 파릇파릇한 싹과 산 벚꽃의 경치가 아름답고, 가을에는 내장산의 노랗고 붉은 단풍이 아름답다'는 뜻이다.

또한 변산은 정감록鄭鑑錄에서 십승지지十勝之地로 꼽고 있다. 병란兵亂을 피하기에 알맞다고 전해지는 열 군데 가운데 하나이다.

변산은 이렇게 거닐기만 하여도 저절로 수양이 되는 곳으로 과거에 많은 도꾼이나 수행자들이 드나들며 진리를 깨우치려고 정진을 하였다던 곳이다. 지금도 변산 주변의 사찰들이 많이 있다. 내소사來蘇寺, 개암사開巖寺, 월명암月明庵, 실상사實相寺, 청련암靑蓮庵, 연화정사蓮花精舍, 백룡사白龍寺 등이 있고 우리 기관으로 원광선원圓光禪院이 있다.

변산이 자리 잡은 부안에 대해서 조금 더 이야기를 해보자.

옛말에 "생거부안 사거순창生居扶安 死居淳昌"이라 하였다. 이는 부안이 그만큼 양택[陽宅, 집터] 곧 명당明堂이 많다는 것이고 순창은 음택[陰宅, 묫자리] 곧 명당이 많다는 말이다.

살아서는 부귀하고 죽어서는 좋은 땅에 묻히는 것이 사람이 소망일진대 좋은 땅을 가리는 것은 당연하다. 실제로 부안은 집 짓고 살만한 자리가 많이 있고 순창은 산과 물이 잘 어우러져 묘자리가 많다.

부안은 "복조리형"이어서 부안에 집을 짓고 살면 복조리로 쌀을 뜨듯이 재물을 모은다고 한다. 순창은 "중소혈中小穴"로 명당이 많이 있기도 하지만 호남팔대지인 회문산回文山의 오선유기[五仙圍碁, 다섯 신선이 바둑을 두고 있는 모습]가 특히 유명하다. 오선유기가 순창. 임실 산천의 기운 절반을 차지하고 있다고 한다.

원래 "생거부안"이라는 말은 조선시대 어사 박문수에게서 나왔다고 한다. 하루는 영조대왕이 박문수를 불러 '조선에서 가장 살기 좋은 곳이 어디냐?'고 묻자 박문수는 한 치의 머뭇거림도 없이 '사람 살기에는 부안이 최고입니다.'라고 대답을 하였다.

박문수는 그 이유를 묻는 질문에 풍부한 어류에 집집마다 소금 가마니가 높이 쌓여있고 농토가 기름지고 사람 곧 인심이 후덕하기 때문이라고 설명을 덧붙였다.

풍수적으로 보면 부안군은 산들이 순하게 내려와 기운을 간직하고 있어 산자락마다 큰 명당은 아닐지라도 집을 짓고 살만한 조건을 구비하고 있다. 따라서 부안에 집 짓고 살면 재산을 금방 모은다는 옛말도 전해온다.

변산邊山을 예로부터 봉래산蓬萊山이라 이름하고 아름다운 골짜기 굽이굽이를 봉래구곡蓬萊九曲이라 하였다. 대종사는 봉래정사蓬萊精舍에서 생활하며 봉래곡蓬萊谷 산책을 자주 즐기시며 흐르는 개울물 소리에 취하곤 하였다.

봉래곡에 산책하러 다녀온 어느 날, 제자들에게 "많은 문자를 기록해 놓았다가 소화한 후, 다시 저술하기가 여의치 않다."하시며 '邊山九曲路^{변산구곡로}에 石立聽水聲^{석립청수성}이라 無無亦無無^{무무역무무}요 非非亦非非^{비비역비비}라.'는 한시漢詩 두 귀를 써주시며 "이 뜻을 알면 곧 도道를 깨닫는 사람이니라."하였다.

어느 구절에 중점을 두고 이해하고 해설하느냐에 따라 조금씩 다를 수 있다. 전반부 두 귀에 중점을 두면 용用을 중시함이 되고, 후반부 두 귀에 중점을 두면 체體를 중시함이 된다. 용이란 현상現象의 나타난 면이라 한다면 체는 본원本源의 숨어있는 면이라고 할 수 있다. 그러나 궁극에 이르러서는 은현隱顯이 동원同源이요, 체용體用이 불이不二라고 할 때 명심明心으로 각오覺悟를 이루고 정안正眼으로 실견實見을 하면 하나이니 그 하나는 무無요 공空이라고 할 수 있다.

頌曰

1. 無無無亦滅 ^{무무무역멸} 없고 없다는 것도 없으며 또한 멸하였고
   匪匪匪還非 ^{비비비환비} 아니고 아니라는 것도 아니며 또 아니라
   兩物微原有 ^{양물미원유} 두 가지가 원래 있는게 아니지만
   難斟造化揮 ^{난짐조화휘} 짐작하기 어려운 조화를 발휘하누나.

2. 無也眞空處 ^{무야진공처} 무란 참으로 텅 빈 곳이요

有爰本位虛 유원본위허　유도 이에 본래자리는 비었네

蝸頭如兩角 와두여양각　달팽이 머리에 두 뿔과 같으니

事實在源如 사실재원여　사실 근원에 있어서는 같음이라.

3. 觀無離執著 관무이집저　없음을 보아서 집착을 여의고

看有脫虛亡 간유탈허망　있음을 보아서 허망을 벗을 지라

本始皆空處 본시개공처　본래부터 모두 비어버린 물건이니

要醒隔重牆 요성격중장　깨치려 한다면 무거운 장벽 막히리.

4. 十方三界裏 시방삼계리　시방과 삼계 속에

群物滿完充 군물자완충　모든 물이 가득하고 완전히 채워져

隱顯兼生滅 은현겸생멸　숨고 나타남과 아울러 생멸함은

一圓理化空 일원이화공　일원의 진리인 공도리 조화여라.

삼가 소태산 대종사님의 시를 한시의 틀에 맞게 조금 변형을 시켜보면 다음과 같이 쓸 수 있다.

九曲邊山路 구곡변산로　아홉 구비 진 변산의 길에

水聲立石聽 수성석립청　물 흐르는 소릴 서 있는 돌들 듣누나

謂無非强否 위무비강부　없다 아니다 함은 강한 부정 이름이니

空與有丕醒 공여유비성　텅 빔과 더불어 있음을 크게 깨칠지라.

참고로 주자의 "무이구곡가武夷九曲歌"와 정지상의 "변산소래사
邊山蘇來寺" 시를 소개한다.

주자朱子의 무이구곡武夷九曲

중국 송나라 때의 주자가 중국 복건성福建省과 강서성江西省의
경계지대에 무이산武夷山이 있고, 그 산에는 경치가 매우 좋은 명
승지가 많아 "무이구곡武夷九曲"이라 하는데, 주자가 무이구곡의
아름다운 경지를 찬탄하는 〈무이구곡가武夷九曲歌〉를 지었다고 한
다. 주자의 무이구곡에 유래해서 우리나라에서도 경치 좋은 계곡
을 구곡이라 하게 되었다.

그러면 주자가 지은 무이구곡가를 소개하면 다음과 같다.

武夷山上有仙靈 무이산상유선영

무이산 위에 선영이 있으니

山下寒流曲曲淸 산하한류곡곡청

산 아래 한류가 굽이굽이 맑아라

欲識箇中奇絶處 욕식개중기절처

그 가운데 기절한 곳 알고자 할진댄

櫂歌閑聽兩三聲 도가한청양삼성

돛대 노래 한가히 두세 소리 들어보게.

1곡

一曲溪邊上釣船 일곡계변상조선

한 굽이 시냇가 낚싯배에 오르니

幔亭峰影蘸晴川 만정봉영잠청천

만서봉 그림자 맑은 내에 담겼네

虹橋一斷無消息 홍교일단무소식

무지개다리 한 번 끊겨 소식 없는데

萬壑千巖鎖翠煙 만학천암쇄취연

만 구렁 천 길 바위 푸른 연기에 잠겼어라.

2곡

二曲停停玉女峰 이곡정정옥녀봉 두 굽이 곱디고운 옥녀봉아

揷花臨水爲誰容 삽화림수위수용

꽃 꽂고 물에 임하니 누를 위한 단장인가

道人不復荒臺夢 도인부부황대몽

도인은 다시 영화를 바라지 않는다지만

興入前山翠幾重 흥입전산취기중

흥이 겨워 앞산에 드니 푸른빛이 몇 겹이어라.

3곡

三曲君着袈壑船 삼곡군착가학선

세 굽이 그대가 골짜기에 매어 둔 배가

不知停棹幾何年 부지정도기하년

돛대 머문 지 그 몇 년임을 알 수 없네

桑田海水今如許 상전해수금여허

뽕나무밭 바닷물 지금 저와 같으니

泡沫風燈敢自憐 포말풍등감자련

물거품 바람 앞 등잔이 감이 애련하누나.

4곡

四曲東西兩石巖 사곡동서양석암

네 굽이 동쪽과 서쪽 두 바위에

巖花垂露碧氈滲 암화수로벽전삼

바위에 꽃들 이슬 머금어 푸르게 드리웠네

金鷄叫罷無人見 금계규파무인견

금 닭이 울다가 그침을 본 사람이 없는데

月滿空山水滿潭 월만공산수만담

달은 빈산에 가득하고 물은 못에 가득하여라.

5곡

五曲山高雲氣深 오곡산고운기심

다섯 굽이 산은 높고 구름 기운 깊은데

長時煙雨暗平林 장시연우암평림

기나긴 때 안개비에 평림이 어두워라

林間有客無人識 림간유객무인식

숲 사이 객 있음을 아는 이 없는데

欲乃聲中萬古心 욕내성중만고심

뱃사공 노래 소리에 만고 수심 깊어지네.

6곡

六曲蒼屛繞碧灣 육곡창병요벽만

여섯 굽이 푸른 병풍, 푸른 물굽이 둘렀고

茅茨終日掩柴關 모자종일엄시관

띠로 이은 집은 왼 종일 사립문 가려졌어라

客來倚櫂巖花落 객래의도암화락

나그네 노에 의지해 와도 바위 꽃 떨어지는데

猿鳥不驚春意閑 원조불경춘의한

원숭이 새들 놀래지 않고 봄의 정취 한가롭네.

7곡

七曲移船上碧灘 칠곡이선상벽탄

일곱 굽이 배를 옮겨 푸른 여울 올라서

隱屛仙掌更回看 은병선장경회간

은병봉, 선장암을 다시 돌아보누나

却憐昨夜峰頭雨 각연작야봉두우

어젯밤 내린 비에 봉우리가 가련하니

添得飛泉幾度寒 첨득비천기도한

비천은 얼마나 차가움을 더했는고.

8곡

八曲風煙勢欲開 팔곡풍연세욕개

여덟 굽이에 바람일자 연기의 형세 열리고

鼓樓巖下水瀠廻 고루암하수영회

고루암의 아래서는 물이 엉켜 도누나

莫言此處無佳景 막언차처무가경

이곳에 아름다운 경치 없다 말하지 말게

自是遊人不上來 자시유인불상래

여기부터 노는 사람들 오를 수가 없어라.

9곡

九曲將窮眼豁然 구곡장궁안활연

아홉 굽이 장차 다해 눈이 훤히 열리니

桑麻雨露見平川 상마우로견평천

뽕나무 삼나무 비이슬에 평천이 보이네

漁郞更覓桃源路 어랑갱멱도원로

어부는 다시 무릉도원의 길을 찾겠지만

除是人間別有天 제시인간별유천

이 인간을 제하고 다른 하늘이 있으랴!

주자[朱子, 1130~1200] : 이름은 희熹, 자는 원회元晦 또는 중회仲晦, 호는 회암晦菴·고정考亭·자양紫陽·둔옹遯翁·우계尤溪. 중국 송대의 유학자. 휘주徽州 무원挵源에서 주송朱松의 아들로 태어났다. 어려서부터 매우 총명하여 겨우 말을 배우기 시작할 때 아버지가 하늘을 가리켜 천天이라 하니 주자는 '하늘 위에 어떤 물건이 있습니까?'라고 물었다고 한다. 《효경》을 읽고는 그 위에 '이같이 하지 않으면 사람이 아니다'라고 썼다고 한다. 14세 때 아버지를 여의고 부친의 유명에 따라 호헌胡憲·유면지劉勉之·유자휘劉子翬 등에게서 배웠는데 그가 불교·도교에 드나든 것도 이들의 영향을 받은 것이다.

24세 때부터 이연평李延平에게 사사하여 정자程子의 학에 몰두했다. 경학經學과 사학史學 등도 광범위하게 연구했고, 당시 여러 저명한 선비들과 학문을 토론했다. 그는 집이 가난하여 젊어서 아버지의 친구였던 유자우劉子羽에게 의지하여 건안建安의 숭안崇安에 살았는데 집에 자양서실紫陽書室이라 써 붙였다. 뒤에 고정考亭에 옮겨 살았으나 언제나 청빈하여 사람들이 찾아오면 콩밥에 아욱국을 끓여 먹으면서 도를 즐겼다고 한다.

그는 많은 저술을 했는데 《사서집주四書集註》·《근사록近思錄》·《자치통감강목資治通鑑綱目》등 100여 권과 제자와의 문답 80여 권 등이 있다. 그가 민[閩]에 살았으므로 그 학파를 민학閩學이라 하며, 주렴계周濂溪·정명도程明道·정이천程伊川·장횡거張橫渠와 더불어 송나라 오현五賢으로 일컬었다. 그가 죽은 뒤 나라에서 문文이라 시호諡號를 내리고, 1227년에는 태사太師를 주고, 휘국공徽國公에 봉했다. 1241년에는 문묘文廟에 배향되었다.

주자의 학문은 주렴계·이정자二程子·장횡거 등의 사상을 종합하고 있기 때문에 이들의 학문을 포함하여 주자학朱子學이라 하기도 하고, 직접 정이천程伊川의 학문을 이어받고 있어서 정주학程周學이라고도 한다. 그러나 그의 학문의 특색이 이기철학理氣哲學에 있었으므로 성리학性理學이라도 불린다. 요지는 이기설理氣說과 심성론心性論에 근거하여 격물치지格物致知를 중심으로 하는 실천도덕과 인격완성의 학문 성취를 강조하는 내용이다.

이 학문은 고려 말에 우리나라에 소개되어 퇴계退溪·율곡栗谷 등에 의해 대성되었고, 국가통치의 기본이념으로 활용되었다. 정산 종사는 "가시나무는 쳐내도 다시 길어나는데 지란芝蘭은 길러도 죽기 쉽다."고 했던 주자의 말을 인용하면서 우리가 선은 하기 어렵고 악은 범하기 쉽나니 악심은 처음 날 때에 끊어버리고 선심은 놓지 말고 잘 배양하여 수 만생 불종선근이 뿌리깊이 박히도록 힘쓰라 했다.

정지상의 변산소래사邊山蘇來寺

고려 중엽에 발생한 서경 천도 운동을 주도한 묘청[妙淸, ?~1135]의 요청으로 변산에 내려온 정지상鄭知常이 지금의 내소사를 방문하여 깊은 산속의 고즈넉한 사찰과 맑은 분위기와 스님들의 한적한 생활을 읊은 것이 "변산소래사邊山蘇來寺"이다.

古徑寂寞縈松根 고경적막영송근

오래된 길 적막한 채 솔뿌리가 얽히었고

天近斗牛聊可捫 천근두우요가문

하늘이 가까워 두우성은 손에 잡힐 듯하네

浮雲流水客到寺 부운유수객도사

뜬구름 흐르는 물인 양 나그네 절에 이르니

紅葉蒼苔僧閉門 홍엽창태승폐문

붉은 잎 푸른 이끼에 스님은 문을 닫았어라

秋風微凉吹落日 추풍미량취낙일

가을바람 선선하여 떨어지는 해에 불고

山月漸白啼淸猿 산월점백제청원

산중 달이 차츰 훤해지니 원숭이 울어대네

奇哉厖尾一老衲 기재방미일노납

기이하구나! 눈썹이 긴 한 늙은 스님은

長年不夢人間喧 장년불몽인간훤

긴긴 세월 인간의 시끄러움 꿈도 꾸지 않았으리.

고려 중기에 정지상鄭知常이 지은 한시. 칠언율시로 《동문선東文
選》 제12권에 전한다. 시선집에 따라서는 '변산소래사' 또는 '소
래사'로 적는 등 제목이 일정하지 않다. 부안군 변산에 있는 소래
사에서 지은 것으로 뜬구름, 흐르는 물처럼 자신도 모르게 절에
까지 이르게 된 작가가 승려들의 한적한 생활 모습을 읊은 것이
라고 할 수 있다.

정지상[鄭知常, ?~1135, 인종 13]은 서경西京 사람으로 초명은 지
원之元이다. 어려서 아버지를 여의고 편모슬하에서 성장했다. 1112
년[예종 7]에 과거에 급제하여 1113년에 지방직으로 벼슬을 시작
했다. 시詩에서뿐만 아니라 문文에서도 명성을 떨쳐 당대에 김부식金
富軾과 쌍벽雙璧을 이루었다. 1135년 묘청妙淸은 인종仁宗의 서경천도
西京遷都 뜻이 미약해지자 성급하게 난을 일으켰다. 관군官軍 총사령
관으로 반란 진압에 나선 김부식은 먼저 국론을 통해 정지상·김안·
백수한 등이 반역에 가담했으니 제거해야 한다고 주장해, 개경에
있었던 그는 즉시 체포되어 궁문 밖에서 죽임을 당하고 말았다.

〈장원정長源亭〉·〈개성사開聖寺〉·〈제등고사題登高寺〉 등과 더불어
명시로 알려진 작품이다. 특히, 제2련의 '부운유수객도사 홍엽창
태승폐문浮雲流水客到寺 紅葉蒼苔僧閉門'은 명구로 알려져 있으며, 이것
이 요체要諦로 되어 있다.

종사학명
宗 師 鶴 鳴

소태산 대종사와 학명 선사

하루는 학명 선사鶴鳴禪師가 글 한 수를 지어 보내기를 "투천산 절정透天山絕頂이여 귀해수성파歸海水成波로다 불각회신로不覺回身路하여 석두의작가石頭倚作家로다."라 한지라, 대종사 화답하여 보내시기를 "절정천진수絕頂天眞秀요 대해천진파大海天眞波로다 부각회신로復覺回身路하니 고로석두가高露石頭家로다."라고 하시니라. 《대종경》성리품 19장

이 글은 소태산 대종사가 원기4년(1919)부터의 봉래산 주석 시기에 백학명白鶴鳴 선사와 주고받은 시문이다. 이 시문의 번역

은《원불교대사전》에 실려 있는 번역을 끌어왔다.

　학명 선사의 시

透天山絶頂 투천산절정　하늘을 뚫을 듯한 산의 절정이여

歸海水成波 귀해수성파　바다에 돌아간 물이 파도를 이룰지로다

不覺回身路 불각회신로　몸 돌이킬 길을 알지 못하며

石頭倚作家 석두의작가　석두에 의지하여 집을 짓도다.

　대종사의 화답한 시

絶頂天眞透 절정천진투　절정도 천진 그대로 빼어남이요

大海天眞波 대해천진파　대해도 천진 그대로의 파도로다

復覺回身路 부각회신로　다시 몸 돌이킬 길을 깨달으니

高露石頭家 고로석두가　높이 석두가에 드러났도다.

　백학명[白鶴鳴, 1867~1929] 본명은 낙채樂彩. 법명은 계종啓宗. 법호는 학명鶴鳴. 한국 근대불교의 대표적인 고승의 한 사람. 반농반선半農半禪을 주장한 선사로, 월명암과 실상사에 주석하며 소태산 대종사와 친교가 깊었고, 소태산과 선문답을 자주 했다. 1867년 전남 영광에서 출생, 1886년 불갑사에서 출가했으며, 내소사·월명암·내장사 주지를 지냈다. 교단에서 원기73년(1988) 명예대호법으로 추서했다.

　1867년 전남 영광군 불갑면 모악리에서 부친 중수重洙와 모친

한양조의 4형제 중 장남으로 출생했다. 어려서는 서당에 나가 공부하며 자랐으나 15·6세가 되면서 가세가 점점 기울자 모필毛筆 제조 기술을 습득하여 생계를 도왔다. 20세시 부친상을 당하자 초종장례를 지낸 후 편모의 봉양을 아우들에게 맡기고 붓 장사통을 둘러메고 전국 각지를 돌아다니다가 순창 구암사에서 당대의 고승 설두雪竇 화상의 설법을 듣고 출가를 결심하게 되었다. 백학명은 1886년 불갑사 환송幻松 장로의 인도로 출가하고 금화錦華 선사에게 득도했다.

그는 1890년 24세에 구암사를 찾아가서 내전內典을 수학하고 설유雪乳 강백을 계사로 하여 구족계具足戒를 받았다. 그 이후 10여 년 동안 지리산의 영원사·벽송사와 조계산의 선암사·송광사 등 이름 있는 선찰과 선지식을 두루 참방하면서 경·율·논 삼장經律論 三藏을 널리 통달했다. 1900년 3월 금화의 법통을 이었으니 백파白坡의 7대 법손이 되고 설두의 종손이 된다. 학명이라는 법호는 이때 받은 것이다. 그는 주로 구암·운문의 두 절에서 강회를 열었으나 36세 되던 1902년 가을 교편을 던지고 참선하는 곳을 찾아가 십 수 년간을 정진했다.

그래서 부처님과 조사들의 깨친 경지를 깨닫게 되었다. 이 기간 동안 그는 부안 내소사와 변산 월명암의 주지를 맡아 크게 선풍을 일으켰다. 특히 월명암에서는 요사와 선실을 중건 또는 신축하여 일반 선객들이 수행하는 데에 불편이 없게 했다. 10년 동안의 수행과정을 마치고 백양선원으로 와서 선실을 증축했다. 백학명은 48세 되던 1914년에 중국의 사찰을 두루 살피는 1년간의 행각을 마치고 일본의 임제종 본산이었던 원각사에 들러 관장이던 석종연釋宗演과 아사히朝日신문사 기자들이 지켜보는 가운데 고도의 선문답을 했다.

학명은 해외에서 돌아와 다시 내소사와 월명암의 주지로 있으면서 월명선원을 중창했다. 이때 석두암石頭庵에 머물던 소태산과 선문답을 하게 된다. 백학명이 글 한 수를 지어 보내기를 "하늘을 뚫는 듯한 산의 절정이여 바다에 돌아가 물결을 이룰지어다. 몸을 돌이킬 길을 알지 못하여 석두암이라는 집에 의지하고 있도다透天山絶頂 歸海水成波 不覺回身路 石頭倚作家"라 했다. 이에 대해 소태산은 화답하여 보낸 시에 "절정도 천진 그대로 빼어난 것이요 큰 바다도 천진 그대로 물결이다. 다시 몸 돌이킬 길을 알고 있으니 석두암의 집이 높이 드러나 있다[絶頂天眞秀 大海天眞波 復覺回身路 高露石頭家]."라고 했다.

문답의 핵심은 백학명이 소태산을 보니 큰 경륜과 포부를 가지고 중생제도를 할 사람이 오두막집에 있으니 참으로 안타깝다는 내용이다. 이에 대해 소태산은 나는 이미 석두암 집에서 중생제도를 하고 있다고 말한 것이다.

백학명은 1929년 57세시에 내장사 주지로 부임하여 선농일치禪農一致라는 기치를 내걸고 내장사 중창 불사를 일으킨다. 이

때 소태산의 새 회상 창립에 대해 듣고 말하기를 "내가 이미 선생[대종사]의 경영하신 바를 잘 아는지라 내가 내장사로 가게 된 원인이 선생의 취지에 동감한 바 있어 그곳으로 가게 되었으니 '불법연구회'의 장소를 그곳에다 정하고 고내장古內藏에 선원급 강원을 설립하여 모든 학인과 선원을 양성하고 그 학인과 선원에게 선생님이 말씀하신 주작야선晝作夜禪·영육쌍전靈肉雙全을 장려하여 호수를 막아 수전水田을 만들면 근 백여 두락이 될 것이다.

그리고 산에는 감나무, 밤나무 몇 만 주를 심어서 그 수입으로 후일 인재 양성의 기금으로 삼으면 될 것이다. 대종사 그 말씀을 들으시고 현재 이론으로는 그럴 듯하나 내장사로 말하면 개인 소유가 아니라 공유물이니 어찌 1, 2인의 생각으로 단정하리요마는 될 수만 있다면 그와 같이 주선하여 주는 것이 미래 불교계에서 서광이 될 것이라 했다"[《불법연구회창건사》본회의 창립]. 백학명의 생각과는 달리 승려들의 반대로 성사되지 못했다. 소태산이 변산에서 내려와 서울에 왕래하면서 백학명에게 편지를 보낸 일이 있다. 이에 대한 백학명의 답서는 다음과 같다. "깊은 산 속 오래된 절에 홀로 누워 신음하다가 생각 밖에 전해온 혜서惠書로 학명을 병상에서 불러일으키니 이 기쁨을 어찌하리오. 일차 상경하심에 필히 얻은바 적지 않으리라 생각하니 부러움을 어찌하리오. 산문을 두드려 보이심은 그 말씀도 의례적인 말씀이라 듣는 사람 또한 의례적인 말씀으로 알 것이나 그러나 어찌 한 형상과 뼈가 다르듯이 수승한 일이 될 것이라 여기십니다. 자못 희유稀有한 심월心月로 비추는데 결례가 없었는지 모르겠습니다. 을축년 10월 백학명.”[원불교역사박물관 소장]

1929년 3월 27일 백학명은 효상좌孝上佐인 고벽古璧을 불러 짚세기[짚신] 네 죽과 당목 한 필을 사오게 하고 하오 2시에 권속을 모이게 한 뒤《원각경》보안장을 송경케 하고 미소를 머금으며 입적했다.

백학명은〈신년가〉·〈원적가〉·〈해탈곡〉·〈왕생가〉·〈참선곡〉·〈망월가〉 등《백농집》을 남겼다. 백학명에게 추서한 명예대호법 법훈 서훈공적은 다음과 같다. “학명 선사가 변산 월명암 주지로 있을 당시 정산 종사를 상좌로 받아 주어 과거 불교의 제도와 방편을 알게 했으며 실상사의 한만허 주지와 상의하여 석두암 터를 사용하도록 한 것이다. 또한 대종사께 세상 구원 사업을 제의하기도 하는 등 대종사의 변산 제법 때 많은 후원을 했다. 대종사께서 새 회상 터전을 물색할 때 승려들의 반대로 좌절되기는 했으나 내장사 일부를 사용할 것을 제의하는 등 과거 불교의 승려 직분으로 새 회상 창립을 후원하고 격려한 호법 공덕이 높았다.” 원기73년(1988) 9월 제124회 수위단회에서는 백학명의 호법 공덕을 추모하면서 명예대호법의 법훈을 추서키로 결의했다.《원불교대사전》에서 전재轉載하였다.

학명 선사의 시를 도표로 만들면 다음과 같다.
특히 축자해역逐字解譯은 필자의 번역이다.

원문	원불교대사전	축자해역(逐字解譯)
透天山絶頂	하늘을 뚫을 듯한 산의 절정이여	하늘을 뚫은 산은 절정이 되고
歸海水成波	바다에 돌아가 물이 파도를 이룰지로다	바다로 돌아간 물은 물결을 이룰 텐데
不覺回身路	몸 돌이킬 길을 알지 못하며	몸을 돌이킬 길을 깨닫지 못하였는지
石頭倚作家	석두에 의지하여 집을 짓도다	돌 머리에다 집을 짓고 기대였어라.

글자와 단어를 풀어보면

• 투透 : 통할 투. 뚫을 투. 통하다. 뚫다.

• 천天 : 하늘 천. 하늘. 천체. 태양.

• 산山 : 뫼 산. 뫼. 산. 산신.

• 절絶 : 끊을 절. 끊다. 가로막다. 그만두다. 없애다.

• 정頂 : 정수리 정. 이마 정. 정수리. 꼭대기.

• 절정絶頂 : 산의 맨 꼭대기. 사물事物의 치오른 극도極度. 고조高潮. 사물의 정점.

• 귀歸 : 돌아갈 귀. 돌아가다. 돌아오다.

• 해海 : 바다 해. 바다. 바닷물. 물산이 풍부한 모양.

- 수水 : 물 수. 물. 홍수. 물의 범람. 오행의 하나.

- 성成 : 이룰 성. 이루다. 정하여지다.

- 파波 : 물결 파. 물결. 물결이 일다. 파도가 일어나다. 주름.

- 불不 : 아닐 불. 아니다. 말라.

- 각覺 : 깨달을 각. 깨닫다. 깨우치다. 터득하다. 도리를 깨달아
아는 일.

- 회回 : 돌 회. 돌다. 돌다. 돌아오게 하다.

- 신身 : 몸 신. 몸. 신체. 나 자신.

- 노路 : 길 로. 길. 거쳐 가는 길. 겪는 일.

- 석石 : 돌 석. 돌. 돌로 만든 악기. 비석.

- 두頭 : 머리 두. 머리. 머리 털. 꼭대기. 맨 앞.

- 의倚 : 의지할 의. 의지하다. 기대다.

- 작作 : 지을 작. 짓다. 일어나다. 일으키다.

- 가家 : 집 가. 집. 집안. 지아비.

학명 선사를 이야기하자면 월명암月明庵을 말하지 않을 수 없
다. 월명암은 전북 부안 변산에서 세 번째로 높은 쌍선봉[498m]
근처에 위치한 절이다. 행정구역상으로 전북 부안군 변산면 중계
리에 속하는 산상의 절로서 통일신라 신문왕 11년(691) 부설 거
사浮雪居士가 창건했다. 월명암이라는 절 이름은 부설 거사의 딸
이름에서 유래된다. 부설 거사가 창건한 월명암은 신라 때 의상

대사가, 조선조에는 선조 26년(1592)에 진묵 대사震默大師가 중창, 철종 14년(1863)에 성암 화상性庵和尚이 3창, 1915년에는 학명 선사鶴鳴禪師가 4창四創했다.

그 뒤 한국전쟁으로 소실되고 용성·고암·서옹·해안 등 고승대덕이 머물렀으며 1956년에 원경圓鏡 선사가 5창하여 오늘에 이르고 있다. 소태산 대종사의 월명암 방문은 원기4년(1919) 봄과 초겨울 일경에 두 차례나 체포되었다가 풀려난 직후에 이루어졌다. 길룡리 간석지 방조제 공사가 마무리될 즈음에 전국이 만세운동으로 들끓자 소태산은 경찰에 연행되는 수난을 당하면서 수양 보림 하면서 장차 새 회상의 창립을 준비했다.

소태산은 월명암에서 선풍을 떨치는 백학명을 만나 교유하고, 정산 종사는 백학명 문하에 2년간 명안明眼이라는 법명으로 상좌 생활을 하면서 불교의 예법과 제도를 연구했다. 실상동 봉래정사와 약 4㎞의 거리에 있다. 월명암에 전하는 전북지방문화재《부설전浮雪傳》이 부안면에 위탁 관리되고 있다.

석두암石頭庵은 전북 부안 내변산 실상동 거북바위 옆에 있었던 2간 초당. 소태산 대종사가 원기6년(1921) 가을부터 원기8년(1923) 여름까지 주석했다. 소태산은 실상 초당에 머문 지 1년 반 만에 다시 새집 하나를 마련했다. 갈수록 찾아오는 신자들이 늘어남에 따라 숙소의 부족을 느껴, 김남천·송적벽이 발의하여 원기6년(1921) 음력 7월에 공사를 착수했다. 신축기지는 천왕봉 아래, 거북바위 옆에 터를 정했다. 실상초당 옆 작은 밭 다랑이를 지나 잠시 대밭 비탈에 올라서면 바로 거북바위 오른쪽이다. 개울 건너 앞산의 인장바위가 한눈에 조망된다. 여기서 선인봉 쪽으로 50보쯤 가면 몇 기의 부도가 나온다. 터의 주선과 재목 보조는 월명암 주지 백학명이, 터를 고르고 축대 쌓는 일은 송적벽이, 목수 일은 김남천, 건축 기간 중 식량과 잡비 일체를 이만갑과 구남수가 맡아 동년 음력 9월에 초당을 준공했다. 석두암 2간 초당은 흙과 짚을 잘 개어 쌓은 흙집이다. 외벽은 벽회를 발랐고 방안 천정을 만들고 벽에 도배를 했다. 2간방은 가운데 칸막이를 지르고 뒷면에 각각 벽장[다락]을 넣었다. 방문은 한식으로 쇠창살 여닫이 쌍문을 달았고 각방의 측면에 외문을 내었다. 방문을 열면 전면에는 조금 넓은 마루, 좌우에도 반간 정도씩 마루를 달았다.

초당 우측에 아궁이를 내어 두 방에 군불이 들어갈 수 있도록 하고 까대기를 달아내어 비바람을 막았다. 석두암 앞에 토사를 막기 위해 축대를 쌓았으며 거북바위 뒤에 큰 항아리를 하나 묻고 까대기를 쳐 뒷간으로 이용했다. 소태산은 거북바위 옆의 이 초당을 '석두암'이라 했다. 백학명이 검은 바탕의 목판에다가 흰 글씨로 옥호를 써 방문 위에 걸었다. 소태산 스스로 '석두거사石頭居士'라 칭했다. 신축 2간 초당 석두암은 소태산의 거실로서 최초의 조실祖室이 된다. 방 하나는 석두거사의 처소, 다른 하나는 남자 제자들의 방으로 사용했다.

전반적인 의미를 풀어본다면 보자.

학명 선사는 보기 드문 고승 대덕이다. 비록 월명암에 있지만, 안목眼目을 가진 스님으로 소태산 대종사를 알아보고 상호 교유를 했다. 그리하여 시를 지어 보냈으니 그 시의 내용을 들여다보면 몇 가지를 유추할 수 있다. 이는 필자가 학명 선사의 입장에서 정리해 보았다.

첫째, 보통 같지만 탁월卓越하고 평범하지만 비범非凡한 사람.

둘째, 능각우주지리能覺宇宙之理하고 기등성현지불旣登聖賢之佛한 사람.

셋째, 상통천문上通天文하고 하달지리下達地理한 사람.

넷째, 영방경세營邦經世의 경륜포부經綸抱負를 회흉懷胸한 사람.

다섯째, 중생도고해衆生度苦海하고 혼세성정란混世成靖亂할 사람.

여섯째, 호풍환우呼風喚雨하고 이산도수移山渡水의 신통을 자유자재로 부릴 수 있는 사람.

일곱째, 출중지혜出衆智慧하고 은애자비恩愛慈悲할 수 있는 사람.

여덟째, 현금으로부터 미래 종교의 선두가 될 수 있는 사람.

아홉째, 일호지향一號之響에 산천이 요동搖動치고 일성지책一聲之責에 마중魔衆을 곡속觳觫하게 할 수 있는 사람.

열째, 심량광대心量廣大하야 척짐尺斟하기 어렵고 위세방광威勢放
光하야 범접犯接하기 어려운 사람. 등등

이렇게 생각을 하였기 때문에 그 보내온 시에 심의深意가 내장
內藏되었다고 아니할 수 없다.

아마 학명 선사가 이러한 생각을 하고 또한 이런 의미를 담아
시를 지어 대종사에게 보인 것이 아닌가하는 생각이 들어진다.

頌曰

1. 外眼全看外 외안전간외   바깥눈은 온전히 바깥만 보고
   心瞳本見心 심동본견심   마음 눈동자 본래 마음을 보네
   大醒天地響 대성천지향   큰 깨침에 하늘과 땅이 울려서
   主佛世中臨 주불세중림   주세부처 세상 가운데 임하여라.

2. 聽言難識意 청언난식의   말만 들으면 뜻을 알기 어렵고
   看體未知心 간체미지심   몸만 보면 마음을 알지 못하리
   宿願邊山發 숙원변산발   숙세의 원력이 변산에 피어남을
   凡人豈敢斟 범인기감짐   보통 사람 어찌 감히 짐작하리오.

3. 學文賢者遂 학문현자수   글을 배우면 어진 이를 이루고
   覺理聖人尊 각리성인존   진리 깨치면 성인으로 존중되리

先後天交易 선후천교역 선천과 후천이 서로 바뀌는데

吾師闢始門 오사벽시문 우리 스승 첫 문을 열었어라.

소태산 대종사의 화답 시를 도표로 만들면 다음과 같다.

원문	원불교대사전	축자해역(逐字解譯)
絶頂天眞透	절정도 천진 그대로 빼어남이요	절정은 자연 그대로 참되게 빼어났고
大海天眞波	대해도 천진 그대로의 파도로다	큰 바다도 자연 그대로 참된 물결이라
復覺回身路	다시 몸 돌이킬 길을 깨달으니	거듭해서 몸 돌이킬 길을 깨달았으므로
高露石頭家	높이 석두가에 드러났도다	돌머리의 집이 높이 드러나리로다.

글자와 단어를 풀어보면

• 진眞 : 참 진. 참. 변하지 아니하다.

• 천진天眞 : 세파에 젖지 않은 자연 그대로의 참됨. 불생불멸의 참된 마음. 꾸밈이나 거짓이 없이 자연 그대로 깨끗하고 순진함.

• 투透 : 통할 투. 꿰뚫을 투. 통하다. 꿰뚫다.

• 대大 : 큰 대; 크다. 넓다. 두루.

• 부復 : 다시 부. 거듭, 거듭하여, 거듭하다, 다시 또 하다. 회복할 복.

- 고高 : 높을 고. 높다. 뽐내다.
- 노露 : 드러날 로. 드러나다. 나타나다. 이슬 로.

대종사가 변산 석두암에 주석하며 과연 학명 선사의 시에 어떤 뜻을 담아서 화답을 보냈을까? 이도 필자가 감히 대종사가 되어 생각을 적어 보았다.

대종사는 석두암에서

첫째, 수양보림修養保任 : 수양과 겸하여 보림하는 기간을 삼았다.

대각을 이룬 대종사가 영산에서 가장 크게 한 일은 방언공사였다고 할 수 있다. 수 만년 불고한 간석지를 막아 옥토를 만들어 낼 때 그 고초는 어느 누구도 짐작하기가 결코 쉬운 일은 아니다. 그러니 심신 간에 쌓인 피로가 누적이 되가는데 방언이 마쳐지니 수양 겸 보림하는 시간을 갖기 위하여 입산을 했다고 볼 수 있다.

둘째, 일좌회천一坐懷天 : 한 번 앉음에 하늘[우주]을 품었다.

방언공사와 아울러 기도를 마치고 변산에 들어와서 한번 앉은 그 자리가 바로 금강좌金剛座이다. 금강좌란 금강으로 된 보좌[補佐·輔佐]라는 뜻으로 석가모니釋迦牟尼 부처가 보리수 밑에서 성도成道할 때에 앉은자리를 말한다. 대종사는 성도 후에 변산에 앉음으로서 우주를 품고 하늘땅을 품었다. 나아가 중생을 품고 세계와 삼계를 품었으며 만상을 품고 미물 곤충까지 다 품었다. 만일에 대종사가 품어주지 않으면 우주의 질서가 지리멸렬支離滅裂

하게 되지만 다행히 품어줌으로써 안정을 얻게 되었다.

셋째, 숙연재우宿緣再遇 : 숙세의 인연을 다시 만나는 기간으로 삼았다.

대업을 성취하는데 있어서는 혼자 하는 일이 되겠지만 그 대업을 천하에 펼쳐서 대중을 구원하고 낙원의 세상을 구현하는데는 인연 동지가 절대적으로 필요하다. 이 필요한 인연을 대중적으로 구할 수 없고 전세에 숙약宿約된 인연이어야 하기 때문에 하나하나 만나기 위함이었다고 할 수 있다.

넷째, 개회준비開會準備 : 회상을 열기 위한 준비하는 기간을 삼았다.

대종사는 이 세상을 오가면서 세운 회상이 수없이 많았는데 이 회상처럼 큰 회상은 없다고 하였다. 그리하여 전무후무한 대도 회상이 세워지는데 그 만반의 준비를 여기서 해서 세상으로 나아가 완전무결한 일원 회상을 건설해야 한다. 즉 완전한 주비籌備를 하고 있다가 출세出世할 수 있는 시기를 관망觀望하는 기간이었다고 할 수 있다.

다섯째, 대망긴직大網緊織 : 큰 그물을 촘촘하게 짜는 기간이었다.

《한서漢書》〈동중서전董仲舒傳〉에 "임연선어 불여퇴이결망臨淵羨魚 不如退而結網"이라는 말이 있다. 이는 '못가에서 물고기를 부러워하느니 물러가서 그물을 짜는 것만 같지 못하다.'는 의미이다. 대종사는 석두암에서 그물을 짰다. 한 코에 고기 한 마리씩 낚는 그

물이 아니라 한번 던지면 사해의 고기가 한 그물에 담길 수 있도록 우주 진리의 광망廣網을 촘촘하게 준비하였다고 할 수 있다.

여섯째, 교법초안教法草案 : 초기 교서를 준비하는 기간으로 삼았다.

한유韓愈의 사위가 이한李漢이다. 한유의 문인들이《한창려문집韓昌黎文集》을 만들 때 마무리를 하고 누가 서문을 쓸 것인가를 의론한 결과 사위가 되는 이한이 지목되었다. 이에 이한은 그 서문에 "문자 관도지기야文者 貫道之器也"라 하였다. 즉 '글이란 도를 꿰는[담는] 그릇이라'는 의미이다.

다시 말하면 구전심수口傳心授가 되는 것은 스승을 모신 당시 사람이면 가능하지만 후대 사람은 경전을 통해 전수傳受를 할 수밖에 없음으로 글이 중요하다고 아니할 수 없다. 훗날 교단의 교강教綱이나 수행이나 조직의 근간이 되었던《조선불교혁신론朝鮮佛教革新論》또는《수양연구요론修養研究要論》등이 초안되게 되었다. 이러한 상황은 글이라는 매개를 통해 오늘 우리가 보고 읽게 되는 것이니 글은 요긴하지 않다고 아니할 수 없다.

일곱째, 석두홍가石頭鴻家 : 석두가 장차 큰 집이 되는 기간이었다.

오늘날은 비록 변산 유곡의 석두에 의지해 차신此身이 활거活居하고 있지만 머지않아서 대혁大革이 생겨 "세계입어석두世界入於石頭하고 석두로어건곤石頭露於乾坤하리라" 즉 '세계는 석두에 들고 석두는 하늘땅에 드러나리라.'는 의미로 포부와 경륜이 녹아있어서 우주 건곤의 성지가 된다고 할 수 있다.

여덟째, 중성공회衆聖共會 : 뭇 성현을 한데 모으는 기간이었다.

우리 회상은 뭇 성현이 모여 이루었다. 물론 주체적인 성자는 소태산 대종사이지만 그 외의 많은 성자가 모여들어 이룩한 회상이라고 할 수 있다. 보라! 대종사의 말씀을 집대성한 《대종경》에 부처님. 공자님. 노자님. 예수님. 최수운 신사. 강증산 천사 등 군현群賢들의 이름이 다 들어있다. 그리하여 앞으로 회상은 일불일성一佛一聖이나 일현일철一賢一哲만으로는 삼세 중생을 제도하기가 어렵기 때문에 우리 회상을 통해서 제도를 넓힐 수밖에 없으므로 중성衆聖이 모인 것이라고 할 수 있다.

아홉째, 후천벽문後天闢門 : 후천의 첫 문을 여는 기간이었다.

원불교에서는 1924년 갑자년甲子年을 후천개벽의 시작이라고 보고 있다. 그 첫 문을 연 성자가 바로 소태산 대종사이다. 오직 우리 회상에서 앞으로의 세상을 대비하여 일원 진리를 세우고 사은사요, 삼학팔조의 대도 정법을 제시하여 함께 갈 것을 시방세계에 천명함으로써 개벽의 문을 시방세계에 활짝 열었다고 할 수 있다.

열째, 시낙원세示樂園世 : 낙원 세계를 보인 기간이었다.

낙원의 세계란 어떤 세계일까? 소박素朴한 생각으론 아마 근심 걱정 없이 일체 생령과 더불어 사는 세상이 아닐까? 우리가 큰 스승을 모시고 진리를 깨우치며 법을 실현하고 군생群生이 제도

되어 함께 누리는 즐거움이 영속된다면 이러한 세상이 낙원이라고 할 수 있다. 즉 석두가에서 살아가는 생활의 그 모습이 이러했다. 스승 모시고 진리를 깨우치며 법을 짜고 인연을 만나 중생제도를 모색한 삶이 극락이요 낙원이었음을 보여주었다.

이러한 심의深意를 담아 화답의 시를 보내노니 걱정해줌은 고마운 일이지만 지켜보고 있으면 결과는 자연 가실嘉實을 적체摘帶하게 된다는 주세불의 당당한 포부와 경륜을 표현한 시라고 아니할 수 있다.

그러나 필자가 생각하건대 이 변산의 시대가 우리 교단 역사에서 가장 중요한 시기가 아닌가 하는 생각이 든다. 그리하여 그 시절을 생각하면서 한편의 글을 지어본다.

夫主佛宗師는 飛禽走獸하고 絶迹蓬壑에 構築草堂하고 來往幾人과 無爲閑樂하고 無事偕遊라 至朝飯飢하고 當夕飮粥하며 時隨變節하야 逍遙溪山하니 恰似仙郎하고 亦如隱者이라 然於胸中에 能懷宇宙하고 亦抱生靈하며 亦藏物類라 迺具萬能하고 又備萬智하야 能明圓理하고 併顯正法하니 前復千古하고 後易萬歲라도 遺芳長延하야 受崇無盡이니 嗚呼宗師여! 萬古大聖矣로다

무릇 주세불 대종사는 새가 날고 짐승이 달리며 자취 끊어진

깊은 골짜기에 초당을 구축하고 오고 가는 몇 사람과 함이 없는 듯 한가롭게 즐기고 일이 없는 듯 함께 노니니라. 아침이 이르면 밥을 먹고 저녁에 당하면 죽을 먹으며 때로 변화되는 계절을 따라 시내와 산자락을 소요하니 흡사 신선과 같고 또한 은자와 같음이라. 그러나 가슴 가운데는 능히 우주를 품고 또한 생령을 품으며 또한 물류를 갈무렸음이라. 이에 만능을 갖추고 또 만지를 갖추어서 능히 일원 진리를 밝히고 아울러 바른 법을 드러냈으니 앞의 천고가 돌아오고 뒤에 만세가 바뀔지라도 후세에 빛난 명예가 길이 뻗치어 숭앙을 받음이 다함 없으리니, 아아 대종사여! 만고의 큰 성현이로다.

頌曰

1. 若未其人者 약미기인자 만일 그 사람이 아니라면
   何知厥事乎 하지궐사호 어찌 그 일을 알겠는가?
   一塵天地出 일진천지출 한 티끌이 하늘과 땅을 내었고
   微滴大瀛濡 미적대영유 작은 물방울 큰 바다 적시누나.

2. 石頭深麓造 석두심록조 석두암 깊은 산기슭에 지으니
   宇宙此中盛 우주차중성 우주가 이 가운데 담겼어라
   到晝暸懸日 도주요현일 낮이 이르면 해를 달아 밝히고

當宵掛月明 당소괘월명 밤에 당하면 달을 걸어 밝히누나.

3. 主佛留於此 주불류어차 주세 부처 여기에 머물러
   敎團柱石栽 교단주석재 교단의 주춧돌을 심었어라
   大經成草案 대경성초안 큰 경전의 초안을 이루니
   濟衆樂園開 제중낙원개 중생제도 낙원건설 엶이네.

4. 不目非魚捕 불목비어포 한 코로 고기를 잡자는 것이 아니요
   一罛欲盡充 일고욕진충 한 큰 그물에 모두를 채우려 함이네
   開胸群衆抱 개흉군중포 가슴을 열어서 뭇 무리를 안으니
   得度在其中 득도재기중 제도를 얻음 그 가운데 있어라.

과거칠불
過 去 七 佛

과거의 일곱 부처

　대종사 선원에서 송도성에게 "과거칠불過去七佛의 전법게송을 해
석하라."하시니, 도성이 칠불의 게송을 차례로 해석하여 제칠 석가
모니불에 이르러 "법은 본래 무법無法에 법하였고 무법이란 법도 또
한 법이로다. 이제 무법을 부촉할 때에 법을 법하려 하니 일찍이 무
엇을 법할꼬."하거늘, 대종사 "그 새김을 그치라."하시고, 말씀하
시기를 "본래에 한 법이라고 이름 지을 것도 없지마는 하열한 근기
를 위하사 한 법을 일렀으나, 그 한 법도 참 법은 아니니 이 게송
의 참뜻만 깨치면 천만 경전을 다 볼 것이 없으리라."

《대종경》성리품 30장

원문에 있는 숙어를 풀어보면 다음과 같다.

• 선원禪院 : 원불교에서 정기훈련을 하는 훈련기관. 일정한 기간 각종 교리와 염불·좌선·경전·강연·회화·의두·성리·정기일기·주의·조행 등의 과목을 통해 수련을 쌓는다. 교단 초기에는 선원이라는 말을 많이 사용했으나, 현재에는 훈련원이라는 말을 더 많이 사용한다. 불교 선종 사찰의 수행 도량. 선방禪房·선실禪室이라고도 한다. 큰 사찰에는 강원講院·율원律院을 병설하여 총림叢林 체제 아래서 참선 수행을 한다.

• 송도성宋道性 : 본명은 도열道悅. 호는 직양直養. 법호는 주산主山. 법훈은 종사. 정산 종사의 동생이다. 영산지부장 겸 교무, 총부교무, 총무부장, 교정원장, 수위단원을 역임했다. 송도성은 1907년 12월 23일 경북 성주군 초전면 소성동에서 부친 벽조久山 宋碧照와 모친 이운외準陀圓 李雲外의 2남 1녀 중 차남으로 출생했다. 본관은 야성冶城. 조선 명종 때의 명신인 송희규宋希奎의 14세손으로, 그의 선조들은 이웃 마을 고산동에서 4백여년 동안 단일씨족으로 효행과 학문을 빛내며 살아왔다. 그의 일가가 소성동으로 이사한 것은 부모가 결혼한 후 얼마 지나서였다. 그는 어려서부터 천품이 총명정직하고 정의감이 투철했으며, 4세 때부터 조부 송훈동으로부터 한학을 익혔는데 하나를 들으면 열을 깨쳐 신동으로 불렸다.

종친인 당시 영남의 거유巨儒 송준필恭山 宋浚弼도 일찍이 문리를 얻은 송도성을 보고 장차 그 대성을 예언한 바 있었다. 친형인 정산은 원기3년(1918) 7월 방언공사가 한창일 때 영산성지로 가서 수위단 중앙단원이 되었다. 이어 부친인 송벽조는 영산성지를 찾아 소태산께 귀의했고, 원기4년(1919) 9월에 전 가족이 영광으로 이사하여 군서면 학정리 신촌에 정착했다가, 원기9년(1924)에 길룡리로 옮겼다. 송도성은 13세에 소태산을 처음 뵙고, 법문을 들은 자리에서 곧 제자 되기를 청했다. 이를 기특히 여긴 소태산이 '네가 어떻게 그런 마음이 났느냐'고 묻자 송도성은 '마음이라는 것은 지극히 넓고 큰 것이니 정신을 수련하여 지극히 큰마음을 확충하는 것입니다.'라고 대답했다.

이어 소태산이 '네가 도의 성품을 알았구나. 앞으로 도성道性이라 이름하거라.'고 하며 법명을 지어주었다. 송도성이 처음으로 집을 떠나 살기는 14세 때 영광으로 이사한 후 반년쯤 지나서였다. '도성이 하고 길선이를 한번 바꿔서 가르쳐봅시다.'하고 어른들 사이에 이야기가 되었고, 두 사람은 그 후 원기13년(1928) 22세에 결혼했다. 송도성은 원기7년(1922) 16세 때 부안 변산에 주석하며 교법을 초안하던 소태산에게 "마음은 스승님께 바치고 몸은 이 세계에 바쳐서 일원의 법륜을 힘껏 굴려 영겁토록 쉬지 않게 하리라[獻心靈父 許身斯界 常隨法輪 永轉不休]."는 출가시를 바치고 전무출신했다.

석두암에서 여섯 동지와 더불어 소태산을 모시고 낮에는 산전

山田을 개척하여 생활의 근거로 삼고 밤이 되면 법석에 참석하여 법을 듣고 즐겁게 살았다. 법설 내용은 대개 관심입정觀心入定과 견성성불見性成佛 하는 방법을 설했는데 송도성은 이 법설을 빠짐없이 기록했다. 원기9년(1924)에는 이리 보광사普光寺에서 개최된 '불법연구회'창립총회에 참석한 후, 익산 총부 건설에 혈성을 다했다. 원기10년(1925) 4월 정수위단 보궐 및 대리조직 때 이순순二山 李旬旬의 대리로 수위단 감방坎方 단원이 되었다. 원기11년(1926)에는 서울출장소 초대 교무로 파견되어 1년간 서울 교화의 기틀을 다졌으며, 원기12년(1927)에는 다시 총부 서무부 서기로 봉직했다.

원기13년(1928)에는 연구부 서기로 전임되어 교단 최초의 월간지인 《월말통신》을 간행했다. 의로움에 찬 붓으로 날카로운 시대 감각을 가지고 회중會衆 내의 상황 보고와 현실에 적절한 소태산의 법설을 기재하여 회원들의 공부 방향의 지침서로 삼게 했다. 회원들의 공부 발표와 각지 예회 상황을 기록하여 교단사의 중요한 사료를 남겼다. 원기14년(1929)에는 정식 수위단원이 되었고, 원기15년(1930)에는 교무부장의 중책을 맡아 《월말통신》을 발전시켜 《월보》를 간행했다. 원기17년(1932)에는 영광[영산]지부 교무부장 겸 지부장으로 발령되어 한발과 폭염으로 인한 극심한 재해를 극복하는 데 심혈을 기울였다.

원기22년(1937)에는 교정원장에 임명되었고 교무부장과 감찰부장까지 겸하여 교단 발전에 혼신의 정열을 다했다. 원기24년(1939)에는 총부 교감으로 부임하여 이듬해 경진년의 동선冬禪에 심혈을 기울여 법풍을 진작시켰다. 교법 실현에 앞장서 상시일기와 정기일기며 매일 좌선 시간에는 부동의 자세로 진경에 드는 모습을 학인들에게 전수시켰다. 동·하선의 전후에는 상설 학원 체제로 이끌어 학원생에게 교단의 주인정신과 신심을 심어 주기 위해 일일이 개인지도에 전념했다. 그때 학원생이었던 제자들 중에는 송도성의 따가운 회초리가 약이 되고 거름이 되어 교단의 중심 인재가 되었다.

원기27년(1942)에는 다시 영광[영산]지부 교감 겸 지부장을 역임했다. 원기28년(1943) 6월 1일 소태산의 열반을 당하여 비통한 가운데 수위단 중앙단원에 피선되어 정산을 보필했다. 원기30년(1945)에는 총무부장에 부임했다. 원기30년(1945) 8월 15일 광복을 맞아 전재민 구호사업회를 발기해 서울·익산·전주·부산 등지에서 일본·만주·중국 등 해외에서 귀환하는 전재동포구호사업戰災同胞救護事業을 전개하는데 중추적인 역할을 다했다. 고아원인 보화원을 설립하여 교단 자선사업의 효시를 이루었다. 교단의 지도자였던 송도성은 전재동포구호사업에 몰두하던 중 이재민의 전염병 발진티푸스에 걸린 채, 교단의 중대 현안을 의논하기 위해 총부에 내려오다 건강이 악화한 후, 원기31년(1946) 3월 27일 40세를 일기로 소태산의 게송을 암송하면서 열반했다.

작은 키에 위용과 정열에 넘치는 모습, 그리고 따뜻한 인간애를 지닌 송도성은 교단 창업기의 기둥으로서 괄목할만한 역할을 수행했다. 원기31년(1946) 4월 그의 유지를 받들어 발족한 금강청년단金剛靑年團은 뒷날 원불교청년회의 모체가 되었다. 특히 청년지도와 후진 양성에 열과 성을 다했으며 자신 수행에도 철저했다. 서예와 달마상達摩像 그리기에 능했으며 진보주의자로서 패기에 넘친 지도자였다. 또한 그는 각 종교의 경서經書에 통달하는 지혜와 신구학문을 이해하는 지식에 이르기까지 걸리고 막히는 바가 없었고, 신문·잡지·문학 서적을 보고 아는데 게으르지 않았다.

문필에도 능하여 '오, 사은이시여'·'진경眞境'·'적멸寂滅의 궁전宮殿'을 비롯하여 많은 시가詩歌와 논설을 남겼다. 원기39년(1954) 4월 제2회 수위단회에서 송도성을 출가위로 추존하고, 원기42년(1957) 종사의 법훈을 추서키로 결의했다. 원기76년(1991) 3월 제11회 수위단회에서는 소태산대종사탄생100주년성업봉찬대회를 맞아 송도성의 법위를 '대각여래위'로 추존했다.

• 과거칠불過去七佛 : 석가모니불이 탄생하기 이전의 지난 세상에 출현한 일곱 부처님. 비바시불毗婆尸佛, 시기불尸棄佛, 비사부불毗舍浮佛, 구류손불拘留孫佛, 구나함모니불拘那含牟尼佛, 가섭불迦葉佛, 석가모니불釋迦牟尼佛이다. 앞의 세 부처님은 과거 장엄겁에 나온 부처님, 뒤의 네 부처님은 현재의 현겁賢劫에 나온 부처님으로 본다. 불교에서는 우주의 시간을 3대겁三大劫으로 나누어 과거의 대

겁을 장엄겁莊嚴劫, 현재의 대겁을 현겁賢劫, 미래의 대겁을 성수겁星宿劫이라 한다. 또 각 대겁은 20겁 동안씩 성립되고[成], 머물고[住], 무너지고[壞], 비어 있는[空] 네 과정을 거친다. 현재 우리가 살고 있는 현겁 기간 동안 1천 명의 부처가 탄생한다고 한다. 과거의 부처 시대로 갈수록 인간의 수명도 길어 첫 번째 부처인 비바시불이 출현했을 때의 인간 수명은 8만4천 세이다.

불교에서 겁을 말할 때 인수人壽 8만4천을 기준으로 삼는 연유이다. 역사적으로 불타는 석가모니 부처님 혼자이지만, 불교 교리로는 진리를 깨달은 자는 얼마든지 있을 수 있다. 현 시대뿐만 아니라 과거는 물론 미래에도 부처님이 등장할 것이다. 따라서 과거칠불과 함께 현재불·미래불의 사상이 더욱 비약적으로 발전했으며, 이러한 사상은 본생담本生譚의 구도자상과 어울려 보살 등 대승불교의 사상적 연원이 되기도 했다.

소승에서는 현재세의 이불二佛이 같이 존재할 수 없다고 보았으나, 대승에 이르러서는 동방의 아축불阿閦佛 서방의 아미타불阿彌陀佛 등의 타방불도 인정하게 되었다. 과거 '비바시'부처님으로부터 '석가모니불'에 이르기까지의 일곱 부처님은 불교의 진리에 대해 똑같은 말을 하는 데 이를 칠불통게七佛通偈라고 한다. 이 칠불통게는 불교를 이해하는 데 유익한 게송이다. "제악막작諸惡莫作하고 중선봉행衆善奉行하라. 자정기의自淨其意하면 시제불교是諸佛教이니라."모든 악을 짓지 말고, 온갖 선을 받들어 행하라, 스스로 그 마음을 깨끗이 하는 것이 모든 부처님의 가르침이라는 의미이다.

석가모니불과 그 이전에 출현하였다는 여섯 부처는 다음과 같다.

① 비파시불毘婆尸佛. 산스크리트어 Vipaśyin-Buddha의 음사. 장엄겁莊嚴劫 중에 출현하여 파파라수波波羅樹 아래에서 성불하였다고 한다.

② 시기불尸棄佛. 산스크리트어 śikhin-Buddha의 음사. 장엄겁 중에 출현하여 분타리수分陀利樹 아래에서 성불하였다고 한다.

③ 비사부불毘舍浮佛. 산스크리트어 Viśvabhū-Buddha의 음사. 장엄겁 중에 출현하여 사라수娑羅樹 아래에서 성불하였다고 한다.

④ 구루손불拘樓孫佛. 산스크리트어 Krakucchanda-Buddha의 음사. 현겁賢劫 중에 출현하여 시리사수尸利沙樹 아래에서 성불하였다고 한다.

⑤ 구나함불拘那含佛. 산스크리트어 Kanakamuni-Buddha의 음사. 현겁 중에 출현하여 오잠파라수烏暫婆羅樹 아래에서 성불하였다고 한다.

⑥ 가섭불迦葉佛. 산스크리트어 Kāśyapa-Buddha의 음사. 현겁 중에 출현하여 이구류수尼拘類樹 아래에서 성불하였다고 한다.

⑦ 석가모니불釋迦牟尼佛. 산스크리트어 śākyamuni-Buddha의 음사. 기원전 7세기경에 인도 북부 카필라Kapila성에서 태어나 35세에 보리수菩提樹 아래에서 성불하였다.

• 전법게송傳法偈頌=게송偈頌 : 산스크리트어 가타Gāthā의 음사音寫인 게타偈佗의 게와 풍송諷頌의 송을 합하여 쓴 말. 가타伽陀·가타伽他라 음역하고, 풍송諷誦·조송造頌·게송偈頌·고기송孤起頌·부중송게不重頌偈라 번역한다. 일반적으로 운문체의 가요·성가·시구·게문偈文·송문頌文을 뜻한다.

게송의 전통과 형식은 2가지가 있다.

첫째, 불교 전적에 가장 많이 나오는 16음절[8음절 1구를 2구 합친 것] 2행의 32음절로 이루어지는 수로가[首盧迦, śloka]를 말한다. 한역은 이 1게를 4자 또는 5자의 4구로 번역하는 경우가 많다. 후에는 경론의 산문을 헤아리는 데에도 쓰인다. 좁은 의미로는 앞에 산문이 없이 운문만의 교설인 고기게孤起偈, gāthā와 산문의 교설에 이어서 거듭 운문으로 산문의 내용을 설하는 중게송重偈頌, geya이 있다. 한역의 게는 외형상 한시와 같지만 압운押韻하는 것이 적으며 중국 시의 체제를 이루고 있지 않다.

둘째, 깨달음悟道의 경지를 운문의 체재로 설한 것. 중국의 게는 압운하고 있는 것이 보통이나 파격의 경우가 많다. 경·율·논 가운데 글귀로서 부처님의 공덕을 찬탄하거나 교리를 요약해서 기록하며, 조사나 고승 석덕들이 평생을 두고 터득한 깨달음을 요약 표현해서 후학들에게 법을 전한다는 전법게송傳法偈頌이라고 한다. 또한 열반에 이르러 생사에 관한 법문을 베푸는 것을 열반송涅槃頌, 깊은 수행으로 깨침을 얻어서 진리의 세계를 읊은 것을 오도송悟道頌 등으로 부른다.

원불교의 게송에는 교조와 역대 종법사의 전법게송이 공전公傳으로 발표되어 있다. 소태산 대종사는 원기26년(1941) 1월에 '유는 무로 무는 유로 돌고 돌아 지극하면 유와 무가 구공이나 구공 역시 구족이라'는 일원상 게송을 전법게송으로 내리고, 정산 종사는 원기47년(1962) 1월 열반에 당하여 '동원도리同源道理 동기연계同氣連契 동척사업同拓事業'의 삼동윤리三同倫理를, 대산 종사는 원기83년(1998)에 '진리는 하나 세계도 하나 인류는 한 가족 세상은 한 일터 개척하자 하나의 세계'라는 '하나의 세계'법문을 전법게송으로 내렸다.

• 석가모니불釋迦牟尼佛 : 산스크리트어는 사캬무니Sakyamuni이며, '석가족의 성자'라는 뜻이고, 대체로 석가모니불이라 발음한다. 능인·적묵이라 번역하며, 의역보다는 음역으로 많이 불린다. 불교의 교조로 석가·석존 등으로 약칭한다. 기원전 623년 중인도 가비라국 성주 정반왕의 아들로 룸비니 동산 무우수 아래에서 탄생했다. 그는 태어나자마자 사방으로 일곱 걸음을 걸었으며 '천상천하유아독존天上天下唯我獨尊'이라 말했다고 한다. 이 말은 석가모니불 자신의 위대함과 아울러 모든 생명이 지니고 있는 본질적인 진아에 대한 절대가치를 주장한 것이다.

태어난 지 7일 만에 어머니 마야부인이 죽자 이모인 마하파자파제의 손에 의해 양육되었다. 어릴 때 이름은 싯다르타이며, 과학·문학·4베다 등 온갖 학문을 다 배우고 무예를 연마하여 전륜성왕의 도리를 익혔다. 19세에 선각왕의 딸 야소다라를 맞아 결혼하여 라훌라를 낳았다. 그러나 성문 밖 나들이에서 생·노·병·사의 괴로움을 보고 출가를 결심, 동쪽의 팜마성 밖 숲속에서 속복을 벗어버리고 출가했다. 그 뒤 남쪽으로 내려가 비야리, 마갈타에서 아람가람·발가파·울다라 등의 선인을 만나 배움을 얻고 6년간 고행했다.

그러나 금욕만으로는 깨달음을 이룰 수 없음을 알고 붓다 가야의 보리수 아래 앉아 깊은 사색에 잠긴 지 7일 만에 드디어 깨달음을 이루어 부처님이 되니 그의 나이 35세였다. 녹야원에서 교진여憍陳如 등 다섯 비구를 위해 첫 법륜을 굴리신 이후 가섭 3형제·사리불·목건련 등을 교화하여 교단을 조직하고 깨달음의 내용을 전했다. 그리고 가비라국으로 돌아와 부왕을 비롯하여 친족들을 제도하는 한편 빔비사라·바사익·아사세 등 여러 나라의 왕들을 불교에 귀의하게 했다.

기원전 544년 2월 15일 북방의 쿠시나가라성 밖의 발제하跋提河 강변 사라쌍수娑羅雙樹 아래에서 마지막으로 가르침을 편 후 조용히 열반에 들었다. 세수 80세이고 십대제자를 비롯하여 1,250여 명의 많은 제자를 두었으며 그의 가르침의 내용은 열반에 든 뒤 수차례에 걸쳐 편찬되었다. '게송'은 법본법무법 무법법역법 금부무법시 법법하증법法本法無法 無法法亦法 今付無法時 法法何曾法. 해석하면 '법이라고 하나 본래 법은 없는 법이요, 없는 법이라고 하나 그 법도 역시 법이라. 지금 그 무법을 부촉하노니, 법이라고 하는 그 법은 언제의 법이던가'이다.

• 경전經傳 : ① 종교 교단에서 그 종교의 중심적 교설敎說을 기록한 책. ② 원불교 정기훈련법 중 사리연구 과목의 하나. 공부의 방향로[사리를 알아 활용하는 길]를 알기 위해 지정 교서와 참고 경전을 배우고 익히는 연구의 한 방법. 여기서 지정 교서란 《원불교교전》·《불조요경》·《정산종사법어》·《예전》·《원불교교사》·《원불교교헌》·《성가》를 말하며, 참고 경전이란 7대 교서 외의 기타 원불교 교서들과 제종교의 기본 경전들을 말한다. 경전은 성불제중하고 제생의세하는 모든 방법과 원리 및 정확한 목표를 배울 수 있는 것으로 여행자를 목적지로 안내하는 지도와 같은 것이다.

옛말에 "성인 출세 이전은 도가 하늘에 있고, 성인 출세 이후는 도가 성인에 있으며, 성인이 가신 후에는 도가 경전에 있으니라."는 말이 있다. 경전은 곧 도가 수록되어 있고 성인의 심법과 인격이 들어 있는 것이다. 《정전》에서 "경전은 우리의 지정 교서와 참고 경전 등을 이름이니, 이는 공부인으로 하여금 그 공부하는 방향로를 알게 하기 위함"이라고 정의하고 있다.

도표로 그리면 다음과 같다.

원문	대종경	축자해역(逐字解譯)
法本法無法	법은 본래 무법(無法)에 법하였고	법의 본래 법은 법이라 할 수 없고
無法法亦法	무법이란 법도 또한 법이로다.	법이랄 수 없는 법도 또한 법이라
今付無法時	이제 무법을 부촉할 때에	이제 없는 법을 주려하는데
法法何曾法	법을 법하려 하니 일찍이 무엇을 법할꼬.	법 법이라지만 무엇을 일찍이 법이랄 것인가.

글자와 단어를 풀어보면

• 법法 : 법 법. 본받을 법. 법. 형벌, 제도, 상경常經, 예의, 모범, 본보기, 준칙, 도의, 가르침, 종교. 모범으로 삼음. 도리. 삼보三寶.

• 본本 : 근본 본. 근본. 밑. 뿌리. 기원. 바탕.

• 무無 : 없을 무. 없다. 허무의 도. 금지하는 말.

• 역亦 : 또 역. 또. 또한. 대단히. 모두.

• 금今 : 이제 금. 이제. 이에[사물을 가리키는 말]. 혹은.

• 부付 : 붙일 부. 줄 부. 주다. 붙인다.

• 시時 : 때 시. 때. 때맞춘다. 때를 어기지 아니하다.

• 하何 : 어찌 하. 어찌. 무엇. 얼마. 무슨.

• 증曾 : 일찍 증. 일찍. 일찍이. 이에. 곧. 거듭하다.

종교란 연원淵源이 대단히 중요하다. 나무의 뿌리이요 물의 원천과 같기 때문에 뿌리나 원천이 튼실하여 부실하지 않아야 뻗어갈 수 있으므로 절대로 소홀히 여길 수가 없다.

그래서 유교에서도 요 순 우 탕 문 무 주 公堯 舜 禹 湯 文 武 周 公을 이어서 공자孔子에 이르렀고 뒤에 안 증 사 맹安 曾 思 孟 곧 안자顔子 증자曾子 자사子思 맹자孟子로 이었으며 정 주程 朱 곧 정자程子 주자朱子로 이어오고 있다고 할 수 있으며 이후로도 끊어지지 않고 이어지고 있다.

원불교도 대종사를 위시하여 정산 종사, 대산 종사, 좌산 종사, 경산 종사에서 전산 종법사로 이어오고 있다.

이와 같이 불교는 서천의 28조와 동토의 6조가 이어져서 삼삼조사卅三祖師를 이루게 되었다.

석가모니불의 게송에 대해 도표에도 밝혔지만 워낙 다양한 해역이 있기에 몇 개만 추려본다.

① 법은 본래 무법無法에 법하였고
   무법이란 법도 또한 법이로다.
   이제 무법을 부촉할 때에
   법을 법하려 하니 일찍이 무엇을 법할꼬. (성리품)

② 법이라고 하나 본래 법은 없는 법이요,

　없는 법이라고 하나 그 법도 역시 법이라.

　지금 그 무법을 부촉하노니,

　법이라고 하는 그 법은 언제의 법이던가'

③ 법이란 본래 법은 없는 법이요

　'없는 법'이라 하는 법도 또한 법이로다.

　이제 '없는 법'을 부촉하는 때

　법이란 법은 어찌한 거듭한 법인가.

④ 법이라 하는 본래 법은 법이라 할 것도 없으나

　없는 법이란 법도 또한 법이니라

　이제 없는 법을 전하고자하는데

　법이란 법을 언제 법이라 하였던가.

⑤ 법이란 본래 법이 없는 법을 일컫나니.

　'없는 법이란 법'도 또한 법이니라.

　이제 '없는 법'을 전하고자 하는데.

　법 법 무슨 법이란 말인가?

이렇게 다섯 가지를 간추려보았다. 어느 것이 더 좋은 번역이라고 단정할 수는 없고 어떻게 알고 깨닫느냐가 중요하다고 할 수 있다.

석가모니불 전법게송의 해설

① 法本法無法 : 법의 본래 법은 법이라 할 수 없고[법을 본래 법이라지만 법이랄 수 없고].

실물이 없으면 그림자가 생기지 않는다. 실상實相의 이체理體가 있지 않으면 법이 나올 수가 없다. 이렇다면 실물에 그림자가 생기듯이 실리實理를 깨쳤다는 성자들이 실리에 가장 근접한 용어로 법이라는 글자를 취하여 본보기로 제시하였다고 볼 수 있다. 이렇게 보면 법이라는 것이 실제가 아니라 가설假設이요 위물僞物이며 방편方便이라고 하지 않을 수 없다. 그러므로 아무리 법을 드러내어보았자 영자影子에 지나지 않는 것이요 역시 파란波瀾에 지나지 않는다는 것을 안다면 구법求法을 할 필요가 없고 전법轉法도 할 필요가 없다는 사실을 자증自證해야 한다.

② 無法法亦法 : 법이랄 수 없는 법도 또한 법이라[법이랄 수 없는 법도 또한 법이라].

《금강경金剛經》에는 "시명是名"이라는 말이 많이 나온다. 이 말은 여러 가지 해설이 있을 수 있다. 《금강경》에 "……이다……가 아니다. 그것이……이다."는 관용구를 많이 볼 수 있다. 예를 들면 제 10분에 "莊嚴佛土者 卽非莊嚴 是名莊嚴"이라. 즉 '불토를 장엄한다는 것은 곧 장엄이 아니라 이는 이름일 뿐이기 때문이니라.' 고 하였다.

이처럼 볼 때 법이라고 할 수 없는 법을 법이라고 하지만 그 법도 참 법이라고 할 수는 없다.

③ 今付無法時 : 이제 없는 법을 주려하는데[이제 법이랄 수 없음을 붙여줄 때이거늘].

불교의 삼처전심三處傳心에 염화미소拈華微笑가 있다. 부처님이 1200대중을 향하여 꽃을 들었다. 아무도 말과 행위가 없었으나 오직 가섭 존자迦葉尊者만 파안미소破顔微笑를 하니 부처님이 "나에게 있는 정법안장과 열반묘심, 실상무상, 불립문자 교외별전正法眼藏 涅槃妙心 實相無相 不立文字 敎外別傳을 마하 가섭에게 부촉한다."고 하였다.

법이란 여수與受의 대상이 될 수 없다. 즉 주고받을 법도 없지만 무슨 법을 주고 무슨 법을 받는다는 말인가. 또한 누가 누구에게 준다는 말인가. 그러나 응병여약應病與藥은 가능하다. 아픈 사람에게 증상을 따라 꼭 맞는 시약施藥을 함으로서 추질瘳疾할 수가 있다. 이것이 때[시(時 : 때. 때맞추다. 때를 어기지 아니하다.)]를 알아 적체摘滯를 한 것이니 가섭의 미소에 "불불여이여佛不與而與요 섭불수이수葉不受而受이다."즉 '부처님은 줄 수 없는 것을 준 것이요 가섭은 받을 수 없는 것을 받은 것이라'고 할 수 있다.

④ 法法何曾法 : 법 법이라지만 무엇을 일찍이 법이랄 것인가 [법을 법이라 하려니 무엇을 이에 법하려는가].

법이라고 할 수 없는 법을 법이라고 규정規定을 하였으니 어찌 법이 되겠는가. 아무리 말로 하고 글로 쓰며 형상으로 나타내어도 최종最終에는 "일법야불가득一法也不可得"이라고 할 수밖에 없다. 즉 '한 법도 가히 얻을 수 없다'는 의미로 당장 볼 수도 없고 잡을 수도 없으며 알 수도 없고 깨칠 수도 없는 그 무엇을 법이나 도道, 진리나 공空으로 가설假設하고 가정假定하여 놓았으니 어찌 법이라는 허명虛名을 붙여서 전수傳受를 할 수 있을 것인가. 그러므로 결국 부처님이나 진리에 의지하거나 가르침을 받을 필요가 없이 스스로 해결하여 깨쳐 나아가는 것이 최선의 방법이요 법을 받음이 되는 것이라고 아니할 수 없다.

대종사님은 "본래에 한 법이라고 이름 지을 것도 없지마는 하열한 근기를 위하사 한 법을 일렀으나, 그 한 법도 참 법은 아니니라." 하였으니 법을 내세우는 것은 근기에 맞추는 지해知解나 오증悟證의 길이 될 수도 있기 때문이라고 할 수 있다.

그러므로 법의 여수與受는 있을 수 없지만 가설假說을 이루는 것은 자숙自熟에 대한 격려激勵요 자각自覺에 대한 인증認證 이외에 더할 수 있는 것은 없다고 해도 과언은 아니다.

절념竊念건대 석가 부처님이 왜 과거칠불過去七佛에 들어갔을까? 아마 부처님이 주세불로 온 것은 부인할 수 없는 사실이지만 부처님 법의 수명은 정법천년正法千年, 상법천년像法千年, 말법천년末法千年의 삼천년인데 이 삼천년이 지나면 용화회상의 미륵불彌勒佛이 탄생하여 법을 펼치게 된다. 따라서 이 미륵불의 법은 시공時空으로 따질 수 없는 무궁무진無窮無盡하고 무량무수無量無數한 법이기 때문에 새 법의 출현을 예시豫示하여 미리 비켜 앉은 것이라고 할 수 있을 것 같다. 다시 말하면 새로 나오는 법은 시간을 따져 규명되는 것이 아니라 이 우주와 함께하는 것이므로 살짝 뒤로 물러나는 예양豫讓을 통해서 불불계세佛佛繼世한 것이라고 할 수 있다.

법에 대해 종교적이거나 도덕적이거나 법률적인 것을 망라하여 몇 개만 간추렸다.

• 《서전書傳》 여형呂刑에 '오직 다섯 가지 사나운 형벌을 말하여 법이라 한다[惟作五虐之刑曰法].'

• 《管子》 심술心術에 '살육을 금하는 것을 일러서 법이라 한다[殺戮禁誅謂之法].'

• 《염철론鹽鐵論》 조성詔聖에 '법이란 형벌이니 강폭을 금하기 때문이다[法者 刑罰也 所以禁强暴也].'

• 《예기禮記》 곡례曲禮에 '삼가 그 예법을 닦아 자세히 살펴 행하는 것이다[謹修其法 而審行之].'

• 《관자管子》 칠신칠주七臣七主에 '무릇 법이란 공로를 일으키고 포악함을 두렵게 하는 것이라[夫法者 所以興功懼暴也].'

• 《이아爾雅》 석고釋詁에 '법은 상경常經이다[法 常也].'

• 《관자管子》 임법任法에 '법이란 천하의 지극한 도[길]이다[法者 天下之至道也].'

• 《중용中庸》에 '행함에 대대로 천하의 법도法度가 되니라[行而世爲天下法].'

• 《주례周禮》 천관天官 소재小宰에 '법으로써 제사를 관장하게 하였다[以法掌祭祀].' 주석에 '법은 그 예법이다[法 其禮法也].'

• 《순자荀子》 법행法行에 '예의를 법이라 이른다[禮義之謂法].'

• 《주역周易》 계사상繫辭上에 '성인이 덕을 높이고 업을 넓이는 방법이요. 지혜는 높이는 것이고 예는 낮추는 것이며 높은 것은 하늘을 본받고, 낮은 것은 땅을 모범으로 삼는다[聖人所以崇德廣業 知崇禮卑 崇效天 卑法地崇效天 卑法地].'

• 《도덕경道德經》 25에 '사람은 땅을 본받고, 땅은 하늘을 본받으며, 하늘은 도를 본받고, 도는 저절로 그렇게 됨을 본받는다[人法地, 地法天, 天法道, 道法自然]. 그 주석에 '법은 법칙[준칙]이다[法 則也].'

• 불도佛道나 불법佛法을 말한다. 정주자淨住子 극책신심문剋責身心門에 '부처는 중생을 위하여 법을 설하니라[佛爲衆生說法].'

• 《순자荀子》 불구不拘에 '어리석으면 정성을 다하여 법도를 지

킨다[愚則端慤而法].'주석에 '법은 법도를 지키는 것을 이른다
[法 謂守法度也].'

• 법이란 범어로 "달마"라 하는데 일체에 통용되는 말이다[法
者 梵云達磨. 爲通於一切之語].

•《유식론唯識論》에 '법은 궤지를 말한다. 궤는 해당 사물이 지
닌 궤범이 해당 사물에 대한 앎[解 : 인식, 요해, 요별, 지식]을 낼
수 있게 한다는 것을 말한다. 지는 해당 사물이 자상을 지니고 있
어서 놓아버리지 않는 것을 말한다[法謂軌持 軌謂軌範可生物解
持謂住持不捨自相].'

•《유식술기唯識述記》2말末에 '법이란 도리의 뜻이라 열반이 있
다는 뜻으로 열반법을 이름이라[法者 道理義也 有般涅槃之義
名般涅槃法].'

頌曰

1. 法非貽受物 법비이수물 법은 주고받는 물건이 아니라
   余裏內原留 여리내원류 내 속 안에 원래 머물렀으니
   眞實爲尊傳 진실위존부 정말 높은 스승이라 할지라도
   勿持缺少求 물지결소구 아쉽게 구하려 함을 가지지 말라.

2. 佛祖余心在 불조여심재 부처 조사가 내 마음에 있으니

莫尋遠處趨 막심원처추　먼 곳으로 달려가 찾으려 말라

眼前圓理轉 안전원리전　눈앞에는 둥근 진리가 구르고

坵越法聲呼 구월법성호　언덕 넘어 법은 소리 내어 부르네.

3. 龍大如珠得 용대여주득　용이 커도 여의주를 얻어야

自然造化生 자연조화생　자연스럽게 조화가 생기리라

夫人心佛識 부인심불식　무릇 사람이 마음부처 알아야

濟衆萬能成 제중만능성　중생 제도하는 뭇 능력 이루리.

4. 語法非眞法 어법비진법　말로 하는 법은 참된 법이 아니요

獨知未實知 독지미실지　홀로 앎도 실지 앎이 아니라네

道源圓理在 도원원리재　도의 근원은 둥근 이치에 있으니

行坐卽醒基 행좌즉성기　행하고 앉음 바로 깨달음 터전이라.

솔성지도
率 性 之 道

솔성의 도

　대종사 송벽조에게 "중용中庸의 솔성지도率性之道를 해석하여 보라."하시니, 그가 사뢰기를 "유가에서는 천리天理 자연의 도에 잘 순응하는 것을 솔성하는 도라 하나이다."대종사 말씀하시기를 "천도에 잘 순응만 하는 것은 보살의 경지요, 천도를 잘 사용하여야 부처의 경지이니, 비하건대 능한 기수騎手는 좋은 말이나 사나운 말이나 다 잘 부려 쓰는 것과 같으니라. 그러므로 범부 중생은 육도六道의 윤회輪廻와 십이인연十二因緣에 끌려다니지마는 부처님은 천업天業을 돌파하고 거래와 승강을 자유 자재 하시느니라."

《대종경》불지품 6장

원문에 있는 숙어를 풀어보면 다음과 같다.

• 송벽조[宋碧照, 1876~1951] : 본명은 인기寅驥. 법호는 구산
久山. 법훈은 대희사. 1876년 9월 11일, 경북 성주군 초전면 고산
동에서 부친 훈동薰動과 모친 이현덕李顯德의 독자로 전통 있는 유
가儒家에서 출생했다. 당시 영남의 거유巨儒인 사말헌 장복추四末軒
張福樞의 문하생으로서 18세 때부터는 매년 유림강습회에 참석하
고 경향간京鄉間 과장科場에도 출입한 유학자였다. 17세 때 이운외
李雲外와 결혼하여 장남 정산 종사와 차남 송도성을 낳았다. 장남
이 18세 때 "전라도에 가야 만나고자 하는 스승을 만나고 공부를
성취할 수 있겠다."라고 함에 아들을 위해 토지를 방매하여 준비
를 해준 뒤 김천역까지 전송했다.

이후 원기3년(1918) 4월 정산은 스승 소태산 대종사를 만나
제자가 되었고, 이 소식을 전해 듣고 그도 바로 전남 영광을 찾아
가 소태산을 만나보고 15세 연상임에도 스스로 제자가 되었다.
고향에 돌아온 그는 원기4년(1919) 9월, 70 노구의 부친과 전 가
족을 거느리고 영광으로 이사를 단행했다. 이후 이재철一山 李載喆
의 배려로 영광 군서면 학정리 신촌에서 약 5년간 살다가 다시
백수면 길룡리로 이사해 소태산의 가족과 한 지붕아래서 살았다.
원기9년(1924) 8월에는 부친이 열반하자 두 아들의 뒤를 이어
전무출신을 단행했다. 곧이어 영광지부[현 영산교당] 초대 교무,
원기10년(1925)부터 3년간 영광 교무부장, 1928년부터 다시 7

년간 영광지부 교무, 원기20년(1935)부터 5년간 마령지부 교무, 원기29년(1944) 이후 삼례지부[현 수계교당] 교무, 금산지부[현 원평교당] 교무 등 만 23년간 교무로 봉직했다.

불의에 굽힐 줄 모르는 강직한 성품을 가진 그는 마령지부 교무로 재직하던 원기24년(1939) 일본이 패도정치로 조선을 유린하는 행패에 분격하여 일왕에게 "지금 조선 민중이 도탄에 빠졌으니 정신을 차려 새로운 정책을 세우라"는 진정서를 써 보냈다. 이후 일경이 글쓴이를 찾고자 벌인 진안 경로잔치의 시회詩會에서 그 필체가 발각이 되면서 이후 광주형무소에서 1년 6개월 동안 영어囹圄의 생활을 보내기도 했다.

유학에 능한 그는 소태산과 유가의 경서經書에 관해 자주 문답했고, 초기 교단의 간행물인 《월말통신》·《회보》, 그리고 《원광》 등에 각종 글을 발표하고 있으며, 특히 아들의 성장과 구도 과정을 소상히 밝힌 '정산 종사의 구도역정기'[《원광》 49호]를 친히 서술하기도 했다. 또한 남원 광한루 경내에 한시 2편의 현판을 남기기도 했다. 그는 원기36년(1951) 10월 11일 중앙총부에서, 장남 정산으로부터 "서원성불제중誓願成佛濟衆 귀의청정일념歸依淸淨一念"의 최후 부탁을 받으며 76세를 일기로 열반에 들었다.

• 중용中庸 : 유교의 기본 경전인 사서四書의 하나. 불편불의不偏不倚 무과불급無過不及한 중용의 도를 드러내고 이를 실현하는 힘으로 성誠을 들고 있다. 곧 '중'은 도덕적이며 형이상학적 개념으로

일체 정감의 뿌리이며 일체 현상의 근원이다. 《중용》에서 '중은 천하의 대본大本'이라고 한다. 용庸의 의미에 대해 정현鄭玄은 '용庸은 용用이다'고 한다. 그는 또 '용庸은 상常이다. 중中을 쓰는 것이 떳떳한 도리다'고 했다. 주자는 평상平常이라고 했다. 곧 용庸에는 용用과 상常의 뜻이 있음을 알 수 있다. 떳떳한 이치는 항상 쓸 수 있으며[常用] 상용할 수 있는 것은 평범해 보이는 중도中道이다.

《중용》은 본래 《예기禮記》 49편 가운데 제31편으로 편집되어 있었으나 《대학》과 함께 단행본으로 독립되었고 한대부터 중시 되었다. 《중용》은 보통 공자孔子의 손자인 자사子思가 지은 것으로 알려져 있다. 이 사실이 기록된 최초의 문서는 사마천司馬遷의 《사기史記》이다. 이 책의 공자세가孔子世家에 "공자의 손자, 자사가 이 를 지어 성조聖祖의 덕을 소명昭明했다."라고 했다. 그러나 이에 대 해서는 여러 이론異論이 있다. 송대에 이르러 호원胡瑗·정호程顥 등 여러 성리학자가 《중용》에 대한 주해를 지었다.

정호·정이程頤는 《중용》을 공문孔門의 전수심법傳授心法으로 중 시했다. 이러한 여러 주석서를 집성한 것이 주자朱子의 《중용장구 中庸章句》이다. 여기에서 주자는 《중용》은 "자사가 도학道學의 전통 이 없어질 것을 염려하여 지은 것이다."라고 하여 도통道通의 맥 락을 서술하고 있다. 그는 《논어》 요왈편堯曰篇의 '윤집궐중允執厥 中'과 《서경書經》 대우모大禹謨의 '인심유위 도심유미 유정유일 윤 집궐중'人心惟危 道心惟微 惟精惟一 允執厥中을 《중용》의 유래로 보고 자사가 요순 이래로 전해온 도통의 연원을 밝힌 글이라 했다.

주자는 《중용장구》와 아울러 《중용혹문中庸或問》을 지어 '중용'의 뜻을 천명하고 《논어》·《맹자》·《대학》과 함께 사서로 표장表章했다. 그러나 주자가 도통의 심법이라고 인거한 '대우모'의 내용이 위고문상서僞古文尙書의 것이어서 신빙성이 없다는 설이 제기되기도 했다.

원불교에서 《중용》은 유가의 중요 경전이며 '중용의 도'를 밝힌 경전으로 중시되었다. 《대종경》 불지품 6장에서 '《중용》의 솔성지도率性之道'에 대한 소태산 대종사의 견해를 볼 수 있다. 송벽조에게 "《중용》의 솔성지도率性之道를 해석하여 보라."하시니, 그가 사뢰기를 "유가에서는 천리 자연의 도에 잘 순응하는 것을 솔성하는 도라 하나이다."대종사 말씀하시기를 "천도에 잘 순응만 하는 것은 보살의 경지요, 천도를 잘 사용하여야 부처의 경지이니, 비하건대 능한 기수騎手는 좋은 말이나 사나운 말이나 다 잘 부려 쓰는 것과 같으니라. 그러므로 범부 중생은 육도의 윤회와 십이인연에 끌려다니지마는 부처님은 천업天業을 돌파하고 거래와 승강을 자유자재하시니라."

솔성의 도에 대한 적극적이며 역동적인 의미의 해석을 접할 수 있다. 이러한 입장은 계승되어 대산 종사는 '중용'을 '천하의 대도'라고 했고, 후인들은 중용을 중요한 참고 경전으로 인식하고 해석서를 내놓기도 했다.《원불교대사전》

• 천리天理 : 하늘로부터 부여받은 사람의 착한 본성을 이르는 성리학의 기본 개념이다. 《예기禮記》의 악기樂記에서 유래한 말로 사람의 탐욕과 대비되어 사용되었다. 북송 때 정이程頤·정호程顥에 이르러 철학의 최고 범주로 인정되었다. 정이는 사람의 성性을 천리로 파악했다. 이후 주희는 이러한 논리를 한층 발전시켜, 인욕人欲과 인심人心을 구분하여 인심은 악惡이 될 수도 있고 선善이 될 수도 있는 반면에 인욕은 모두 악이라고 하며, 학문의 목적은 인욕을 없애버리고 궁극적으로 천리를 회복하는 데 있다고 했다. 그에 의하면 천리는 인의예지仁義禮智의 총명聰明이며 인륜강상人倫綱常이다. 양명학陽明學에서는 양지良知를 천리라고 하여 인욕을 없애면 천리를 얻는다고 했다. 명나라말의 이지李贄는 천리와 인욕을 대립시키는 방식을 반대하고, 인간의 의식주가 모두 인륜천리人倫天理라 주장하여 인욕을 긍정적으로 평가했다. 명말 청초의 왕부지王夫之는 '사람을 떠나 하늘이 따로 있지 않으며, 욕망을 떠나 천리가 있는 것이 아니다.'라고 하여 천리가 인욕 가운데 있음을 주장했다.

우리나라의 경우 천리가 철학의 주요 주제로 된 것은 이언적李彦迪과 조한보曹漢輔가 전개한 천리 태극 논쟁 이후이다. 이언적은 천리가 인륜일용人倫日用의 인간사人間事이므로 하학下學한 뒤 천리에 도달한다고 하며, 천리에 직통直通해야 한다고 주장하는 조한보의 불교적인 천리 이해를 부정했다. 그 후 이황李滉은 천리와 인

욕을 엄격히 구분하고, 천리를 선의 근원으로 파악했다. 이이李珥
는 사람의 마음을 인심人心과 도심으로 나누고 도심을 순수한 천
리라고 했으며, 인심 속에는 천리와 인욕이 섞여 있어서 선과 악
을 겸하고 있다고 했다. 조선 후기 이황의 학문을 계승한 학파와
이이를 계승한 학파는 천리·인욕에 대한 해석도 달랐으며 그에
따라 현실에 대한 실천적 태도도 달랐다.《원불교대사전》

• 천도天道 : ① 육도六道의 하나. 곧 천상 세계. 현실 세계에서
복을 많이 지은 사람이 태어난다는 육도 세계 중 가장 좋은 세계.
의미를 더 확장하여 욕계·색계·무색계를 총칭하기도 한다. ②
원불교에서는 천지자연의 도리, 곧 천지 팔도八道. 지극히 밝고,
지극히 정성스럽고, 지극히 공정하고, 순리 자연하고, 광대 무량
하고, 영원불멸하고, 길흉이 없고, 응용 무념한 천지의 도리를 천
지 팔도라고 하며 이를 줄여서 천도라고 한다. ③ 천명天命과 같
은 뜻. ④ 천체天體가 운행하는 길의 의미로도 쓰인다.

• 보살菩薩 : 산스크리트어로 보디사뜨바Bodhisattva의 음사音寫인
보리살타菩提薩陀의 준말. 보디Bodhi는 Budd[깨닫다]에서 파생된
말로 깨달음·지혜·불지佛智라는 의미를 지니며, 사뜨바Sativa는 생
명 있는 존재, 곧 중생衆生·유정有情을 뜻한다. 보살의 일반적인 정
의定義는 '보리를 구하고 있는 유정으로서 보리를 증득證得할 것이
확정된 유정', '구도자求道者'또는 '지혜를 가진 사람', '지혜를 본
질로 하는 사람'등으로 풀이할 수 있다. 일반적으로 사홍서원을

세우고 육바라밀을 수행하면서 상구보리 하화중생을 실천하는 사람을 말한다. 대승불교의 이상적 인간상으로 수행에 힘쓰는 사람들의 총칭이다.

보살이 모든 사람을 뜻하게 된 것은 대승불교大乘佛敎가 확립된 뒤부터이지만, 그 용어와 개념의 시초는 B.C. 2세기경에 성립된 본생담[本生譚, 석가의 전생에 관한 이야기]에서였다. 본생담은 크게 깨달음을 얻은 석가를 신성시하고, 그 깨달음의 근원을 전생에서 이룩한 갖가지 수행에서 찾는 것이다. 그러므로 보살은 구도자로서의 석가를 지칭하는 말이 되었다. 특히 연등불수기[燃燈佛授記, 석존이 연등불로부터 불타가 될 것이라는 예언을 받았다는 이야기]를 계기로 하여 석가를 깨달음을 구하는 사람, 곧 보살이라 일컫게 된 것으로 보인다.

이같이 단수로서 석가만을 가리키던 보살이 복수로서 중생을 뜻하게 된 것은 본생담의 석가가 출가出家 비구比丘에 국한되지 않고 왕·대신·직업인·금수禽獸이기도 했으며, 나아가 과거·현재·미래세계에 다수의 부처가 있다는 생각에서 비롯된 것이다. 따라서 석가보살과 같은 특정의 보살만이 아니라, 누구든지 성불成佛의 서원誓願을 일으켜 보살의 길로 나아가면 그 사람이 바로 보살이며, 장차 성불成佛할 것이라는 이른바 '범부凡夫의 보살'사상이 생겨났다. 이러한 보살 사상은 공空 사상과 결합하여 하나의 절대적 경지에 이르렀으며, 육바라밀六波羅蜜·사무량심四無量心, 慈·悲·喜·捨·

무생법인無生法忍 등의 실천을 근간으로 '대승불교의 기본적인 축軸'이 되었다.

대승불교의 보살 사상 중 기본적인 두 개념은 서원誓願과 회향回向이다. 그것은 중생을 구제하겠다는 서원이며, 자기의 쌓은바 선근공덕善根功德을 남을 위해 돌리겠다는 회향이다. 보살은 스스로 깨달음을 여는 능력이 있음에도 불구하고 이 세상에 머물러 일체중생을 먼저 이상세계彼岸에 도달하게 하는 뱃사공과 같은 자라고 설명하고 있다. 그리고 보살도 그 수행 단계에 의하여 몇 가지 계위階位로 분류할 수 있다. 곧 초발심[初發心, 최초단계로서의 진리를 추구함]·행도[行道, 번뇌의 속박에서 벗어나려고 수행함]·불퇴전[不退轉, 도달한 경지에서 물러나거나 수행을 중지하는 일이 없음]·일생보처[一生補處, 일생이 끝나면 다음에는 부처가 됨]의 4단계가 있는데, 후에《화엄경》에서는 십지[十地:歡喜·離垢·發光·焰慧·難勝·現前·遠行·不動·善慧·法雲地]로 정리되기도 했다.

보살의 개념이 확대되어 미륵불彌勒佛이 탄생했다. 미륵불은 미래에 성불할 자로서, 현재는 도솔천兜率天에 미륵보살로서 거주한다는 미래지향의 미륵신앙이 나타났다. 또한 정토 사상과 관련하여 아촉불[阿佛, 아촉보살], 아미타불[阿彌陀佛, 법장보살]의 관계가 성립되었다. 그리고 자비와 절복折伏의 신앙 대상으로 관음觀音보살과 대세지大勢至보살,《반야경》계통의 문수文殊보살,《화엄경》계통의 보현普賢보살이 성립되고, 이어 지장地藏보살 등 수많은 보살이 나타났다. 또한 보살은 실재했던 고승高僧이나 대학자에게 일종의 존칭과 같이 사용되어 인도의 용수龍樹·마명馬鳴·제바提婆·무착無着·세친世親 등도 보살이라 불렀으며, 중국에서는 축법호竺法護가 돈황敦煌 보살로, 도안道安이 인수印手 보살로, 그리고 한국에서는 원효元曉 등이 보살의 칭호를 받았다. 나아가 '범부凡夫의 보살'은 재가在家·출가出家를 불문하고 모든 불교도 전체로 확대되었는데, 특히 중기 대승불교 이후 성했던 여래장如來藏·불성佛性 사상과 표리관계를 이루며, 불—보살—일체중생[산천초목도 포함]의 활동은 '상구보리 하화중생[上求菩提 下化衆生, 위로는 보리를 구하고, 아래로는 중생을 제도한다]'"자미도 선도타[自未度 先度他, 자신보다는 다른 사람을 먼저 제도한다].'라는 말을 낳았으며, 불교 활동의 중요한 추진력이 되었다.

• 불佛=불타佛陀 : ① 부처. 산스크리트어로 붓다Buddha의 음역. 불타佛馱·부타浮陀·부도浮屠·부두浮頭라고도 하며, 줄여서 불佛이라고 표현한다. 깨달은 사람[覺者], 환히 아는 사람[知者], 지혜를 얻은 사람을 의미한다. 초기 불교에서는 석가모니불 한 분만을 부처로 인정하고 있으나 대승불교에서 다불설多佛說을 주장하면서 법신·보신·화신의 삼신불, 과거칠불 등을 말하고 있으며, 삼천대천세계에 각각의 부처가 있다고 표현하기도 한다. 또한 모든 사람은 깨달음을 얻으면 부처가 될 수 있다고 하여 석가모니불

에게만 국한된 명칭이 아니라고 간주한다. 따라서 불타는 일체법一切法, 곧 우주 만법의 참모습을 있는 그대로 보고 깨달아서 더할 나위 없는 진리를 체득한 모든 대성자大聖者를 가리킨다. ② 석가모니불. 인도 카필라국에서 출생하여 태자의 지위를 버리고 출가 수행을 통해 일체의 번뇌를 끊고 우주의 참 진리를 알아서 깨달음을 이루어 중생을 위해 설법하고 깨우쳐주었던 석가세존을 존경하여 일컫는 말. 여래십호如來十號의 하나.

• 기수騎手 : 경주용 말을 타고 경마에 출전하는 사람. 옛날에는 기수가 되려면 조교사의 문하에서 수업한 후에야 되었으나, 오늘날은 기수양성소에서 소정의 과정[1~2년]을 수료하고 기수면허 시험에 합격하면 수습기수가 된다. 필요에 따라서 단기과정[보통 6개월] 수련을 마치면 면허시험을 거쳐 기수가 되기도 한다. 기수의 업무는 경주·조교를 위해 말을 타는 외에 소속 마사의 관리 업무를 보좌하는 역할도 한다. 기수의 수입은 경마에 출주할 때마다 받는 기승료, 입상하였을 때의 상금으로 이루어진다. 외국에서는 경마 주최자, 그에 준하는 단체가 기수 후보자를 교육하는 제도는 없으며, 조교사의 양성에 일임되어 있다. 직업적으로 기승을 부리는 것이 아닌 아마추어 기수도 많은 나라에서 인정하며, 그 외에 여성 기수도 각국에서 증가하고 있다.

• 범부중생凡夫衆生 : 범부와 중생, 또는 범부를 강조하는 말. 범부는 지혜가 얕고 우둔한 사람. 중생은 불보살의 구제 대상이 되

는 모든 인간, 또는 일체 생명을 가진 존재. 곧 지수화풍 사대로
화합된 육체를 가진 모든 생명체의 총칭. 보통 사람, 깨치지 못한
사람, 갑남을녀甲男乙女, 장삼이사張三李四, 우부우부愚夫愚婦를 통칭
해서 범부 중생이라 한다.

• 육도六道 : 육취六趣라고도 함. 중생이 업의 원인에 따라 필연
적으로 윤회하는 여섯 세계. 지옥地獄·아귀餓鬼·축생畜生·아수라阿修
羅·인도人道·천도天道를 육도라 한다. 대부분의 아비달마 불교에서
는 윤회의 세계로서 천상도·인도·축생도·아귀도·지옥도의 5도
를 설했으며, 대승불교에서 인도 다음에 아수라도를 넣어 육도를
설하는 것이 일반적이다. 육도는 수직으로 배치되어 있으며, 제
일 아래쪽에 지옥이 있고, 위쪽에는 무한히 높은 천계天界가 있다.

천계는 육욕천六欲天·십팔천十八天·사천四天으로 모두 28천으로
분류되어 있으며, 사천의 제일 위는 윤회 세계의 정상인 유정천有
頂天으로 되어 있다. 유정천에서 지옥까지의 여러 세계는 계층적으
로 욕계欲界·색계色界·무색계無色界의 삼계에 배당되며,《구사론俱舍
論》에서는 수미산설과 결합하여 장대한 우주론을 설하고 있다.

대승불교에서 말하고 있는 육도에 대해 살펴보면,

① 지옥도는 육도 중 가장 고통이 심한 곳으로 분노를 일으켜
남에게 해를 입힌 사람이 태어나는 곳이다. ② 아귀도는 굶주림
과 목마름으로 상징되는 세계로 생전에 욕심을 부리고 보시를
하지 않은 사람이 태어나는 곳이다. ③ 축생도는 고통이 많고 낙

이 적은 곳으로 어리석은 짓을 많이 한 사람이 태어나는 곳이다. ④ 아수라도는 5계 10선을 닦은 사람이 태어나는 곳으로 이곳은 지혜는 있지만 싸우기를 좋아하는 세계로 묘사되고 있다. ⑤ 인간도는 5계戒와 10선善을 닦은 사람이 태어나는 세계로 탐욕·분노·어리석음이 잠재되어 있어 불법을 수행하는데 가장 적합한 곳이라고 한다. 인간에는 고苦도 있지만 이곳에서만이 수도를 할 수 있고 열반을 성취할 수 있다. 윤회의 원인이 되는 업도 인간도에서만 짓게 된다. 왜냐하면 이곳에서만 윤리적인 생활을 하기 때문이고, 다른 5도에서는 업을 소비할 뿐이다. ⑥ 천도는 모든 욕망이 충족되고 모든 즐거움이 온전히 갖추어진 세계이지만 아직 열반의 세계에는 이르지 못하는 세계로서 선정禪定을 익히고 닦아야 하는 곳이다.

육도 중에서도 지옥이 가장 괴롭고 무서운 장소이고, 천상이 가장 안락한 이상세계로 되어 있다. 이 중 지옥·아귀·축생은 삼악도三惡道라고 해서 그곳에 태어나면 부처님의 가르침을 들을 기회나 능력이 없다고 한다. 이 삼악도에 떨어진 중생은 웬만한 선업을 쌓지 않고는 삼선도三善道인 아수라·인간·천상에 오를 수 없다. 마찬가지로 삼선업의 중생도 평소에 악업을 쌓으면 삼악도로 떨어지는 윤회의 업을 받는다.

천상도 윤회의 일환으로서, 천상도에 태어나 안락하게 지낼 업이 다하면 다시 다른 세계로 옮겨 가지 않으면 안 된다. 따라서 천상도에 태어나는 것은 불교가 목표로 하는 열반과는 다른 것이다. 《법화경法華經》에서는 육도가 어떠한 장소에 있는 것이 아니라 그 사람의 생명 상태에 따라 변화되는 것이며, 범부가 끊임없이 욕망에 지배당하여 좌우되는 것을 육도윤회라고 한다. 《원불교대사전》

• 윤회輪廻 : 생명이 있는 것, 곧 중생은 죽어도 다시 태어나 생이 반복된다고 하는 사상. 동·서양의 문화권에서 익숙하게 볼 수 있는 관념이다. 불교적으로는 수레바퀴가 돌고 돌아 끝이 없는 것과 같이 중생이 지은바 업력에 따라 생사의 수레바퀴를 돌고 돈다는 의미이다. 불교에서는 중생이 삼계육도三界六道의 세계에서 미迷의 생사를 거듭하는 것을 말한다.

윤회는 산스크리트어로 삼사라Sasra를 번역한 말로, 전생轉生·재생再生·유전流轉이라고도 한다. B.C. 600년경 우파니샤드Upanisad의 문헌에서 비롯되어 대중에게 전파되었다. 이와 같은 생각은 인도의 업설業說과 결합하여 고대 우파니샤드 시대로부터 중세 베단타Vednta에 이르기까지 끊임없이 전해졌다. 이 사상은 힌두교에까지 전해져 보편적인 사상으로 자리 잡고 있으며, 특히 불교에서 윤회전생輪廻轉生이라 부르며 사상적인 한 축을 이루고 있다.

인도 브라만교의 우파니샤드에서는 인간의 행위를 선과 악이라는 도덕적 요청으로 규정하고 전생의 업에 의해 현생의 과보를 만들고, 현생의 업에 의해 미래가 결정되는 윤회전생의 사상을 발전시키는데, 초기의 윤회설이 오화이도설五火二道說이다. 오화이도는 오화설과 이도설이 합해져서 이루어졌는데, 오화설은 사람이 죽어 화장하면 달에 가서 비가 되어 지상에 내려와 곡식이 되고, 이 곡식을 섭취함으로써 남자의 육체에 들어가 정자가 되고 모태에 들어가 재생한다는 설이다.

이것은 당시의 강우현상과 화장관습이 결합하여 연기를 타고 천계에 오른 아트만이 비가 되어 다시 지상에 내려온다는 순환의 모습에 의거해 윤회를 설명하는 소박한 사상이다. 이도설은 신도神道와 조도祖道를 말한다. 신도란 수행자가 오화설을 알고 산림 속에서 고행하여 범계에 태어나 다시는 이 지상에 돌아오지 않는 것을 말한다. 이것에 반해 조도란 제사와 보시를 행하는 사람은 오화설에 의거해 윤회한다는 것이다.

원불교에서는 삼계육도의 세계관을 바탕으로 불교의 윤회 관념을 수용하되, 주로 현실세계에서 수행에 의해 윤회를 자유 하는 것에 초점을 두고 있다. 생사 윤회를 초월하는 방법을 소태산 대종사는 "사람의 영식이 이 육신을 떠날 때에 처음에는 그 착심을 좇아가게 되고, 후에는 그 업을 따라 받게 되어 한없는 세상에 길이 윤회하나니, 윤회를 자유 하는 방법은 오직 착심을 여의고 업을 초월하는 데에 있으니라[《대종경》 천도품 11장]."고 하여 현실 세계에서 일어나는 착심의 문제를 주로 이야기하고 있다.

정산 종사는 "십이연기는 부처님이나 중생이 한 가지 수생하는 과정이지마는 부처님은 그 이치와 노정을 알기 때문에 매하지 아니함이 다르며 그중에서도 현재 삼인인 애愛와 취取와 유有에 특별한 공부가 있나니 부처님은 천만 사물을 지어갈 때 욕심나는 마음으로 갈애渴愛하거나 주착 하지 아니하며, 또한 갈애하고 주착 하는 마음으로 취하지 아니하며 또한 모든 업을 지음은 있되 그 업에 주착 하는 마음은 있지 아니하나니, 그러므로 일체 모든 업이 청정하여 윤회에 미혹되지 아니하고 윤회를 능히 초월 하나니라[《정산종사법어》 경의편 45장]."고 하여 실제 현실의 삶에서 어떤 마음을 가지고 사용하는가에 따라 윤회의 세계를 자유하고 초월할 수 있는지를 심상육도心上六道 방향에서 설명하고 있다.《원불교대사전》

• 십이인연十二因緣 : 불교의 중요한 기본 교리의 하나로 십이연기·십이지연기十二支緣起라고도 하며, 12지 곧 12항목으로 된 연기의 원리. 중생 세계의 삼세에 대한 미迷의 인과를 열두 가지로 나누어 설명하는 말. 과거에 지은 업에 따라서 현재의 과보를 받고, 현재의 업을 따라서 미래의 고苦를 받게 되는 열두 가지 인연을 말한다. 십이인연법 또는 십이연기법十二緣起法이라고도 한다. 중생과 세계가 생겨나는 이치를 말한 것으로 모든 것은 인연으로부터 일어났다가 인연이 다하면 멸한다는 뜻. 연기의 법칙은 "이것이 있으면 그것이 있고 이것이 없으면 그것도 없다"라고 하는 '이것'과 '그것'의 두 개 항목에 대해서 그 두 가지가 연기관계

緣起關係에 있다고 하는 상태를 나타내는 것이다. 십이연기는 다음과 같다.

① 무명無明:미迷의 근본이 되는 무지無知. ② 행行:무지로부터 다음의 의식작용을 일으키게 되는 동작. ③ 식識:의식작용. ④ 명색名色:이름만 있고 형상이 없는 마음과 형상이 있는 물질. 곧 사람의 몸과 마음. ⑤ 육입六入:안·이·비·설·신·의의 육근六根. ⑥ 촉觸:육근이 사물에 접촉하는 것. ⑦ 수受:경계로부터 받아들이는 고통, 또는 즐거움의 감각. ⑧ 애愛:고통을 버리고 즐거움을 구하려는 마음. ⑨ 취取:자기가 욕구하는 것을 취하는 것. ⑩ 유有:업業의 다른 이름. 다음 세상의 과보를 불러올 업. ⑪ 생生:몸을 받아 세상에 태어나는 것. ⑫ 노사老死:늙어서 죽게 되는 괴로움.

이 십이인연의 전개 순서를 무명이 있기 때문에 행이 있고, 행이 있기 때문에 식이 있고 ……, 생이 있으면 노사가 있다고 보는 입장을 순관順觀이라 한다. 이와 반대로 무명이 없으면 행도 없고, 행이 없으면 식도 없고, …… 생이 없으면 노사도 없다는 것과 같이 부정적으로 보는 입장을 역관逆觀이라 한다. 십이인연은 석가모니불이 대각한 내용이라고 전해오고 있고, 불교의 기본 교리의 하나로 널리 알려져 있다. 십이인연의 내용 해석에 있어서 찰나에 십이인연이 다 들어 있다는 설도 있고, 삼세에 걸쳐 십이인연이 전개된다는 설도 있다.

원시불교의 전통적인 해석은 삼세양중三世兩重 인과설이다. 무명과 행을 과거 2인四, 식·명색·육입·촉·수를 현재 5과果, 애·취·유를 현재 3인四, 생·노사를 미래 2과果라 해서 삼세를 말하는 것이다. 정산 종사는 '십이연기는 부처님이나 중생이나 다 같이 수생受生하는 과정이지마는 부처님은 그 이치와 노정路程을 알기 때문에 매하지 아니함이 다르며, 그중에서도 현재 삼인三四인 애와 취와 유에 특별한 공부가 있다. 부처님은 천만 사물을 지어나갈 때 욕심 나는 마음으로 갈애渴愛하거나 주착 하지 아니하며, 또한 갈애하고 주착하는 마음으로 취하지 아니하며, 또한 모든 업을 짓기는 하되 그 업에 주착하는 마음은 있지 아니하나니, 그러므로 일체 모든 업이 청정하여 윤회에 미혹되지 아니하고 윤회를 능히 초월하는 것이다[《정산종사법어》 경의편 45장].'라고 하여 십이인연을 실제적으로 해석하고 있다.《원불교대사전》

• 천업天業 : ① 본래 천자나 왕이 천하를 다스리는 것. ② 우주 대자연이 천지조화로 자동적으로 운행하는 것. 우주의 성주괴공, 만물과 인생의 생로병사, 또는 춘하추동 사시의 순환이나 주야의 변화 등을 천업이라고 한다. 정업定業은 부처님도 면할 수 없으나, 자성불을 깨쳐 마음의 자유를 얻으면 천업은 임의로 하게 될 수 있다고 본다[《정전》 참회문]. 범부 중생은 육도의 윤회와 십이인연에 끌려다니지마는 부처님은 천업天業을 돌파하고 거래와 승강을 자유자재하시다고 말하고 있다.

도표로 그리면 다음과 같다.

원문	대종경	축자해역(逐字解譯)
率性之道	천리 자연의 도에 잘 순응하는 것이 솔성하는 도이다.	성품을 거느리는 길(성의 이치에 따르는 것이 곧 도를 행함이다.)

글자와 단어를 풀어보면

• 솔率 : 거느릴 솔. 거느린다. 좇는다. 이끌다. 따르다 복종하다. 행한다. 본받는다.

• 성性 : 성품 성. 성품. 생명. 성질. 목숨.

• 지之 : 갈 지. 어조사 지. 가다. 이[지시대명사]

• 도道 : ① 길 도. 길. 이치. 근원. 인의. 덕행. 사상. ② 마땅히 지켜야 할 이치. 만물을 만드는 원리 또는 법칙. 도道는 우주의 근본적인 원리를 말하며, 유교·불교·도교 등 동양종교에서 광범위하고 다양한 뜻으로 사용되고 있다. 도를 구체적으로 나누어, 우주의 근본원리인 천도天道, 인간의 올바른 길인 인도人道, 모든 만물의 이치가 정연하게 이루어지는 지도地道로 나누어 설명할 수 있다.

중국의 도道와 음양의 원리에 대한 사상은 《주역周易》을 중심으로 체계화되었으며, 유교·도교·음양오행 사상들을 중심으로 만물을 음양으로 범주화시키고, 음양의 원리에 따라 만물이 변화하는 이치를 밝혀 음양, 오행, 팔괘, 64괘卦, 360효爻 등 세분화하여 발전되었다. 후대에 사람의 이름을 짓고, 결혼 예법 및 절기 따라 행하는 의례 또한 음양오행의 원리에 따라 행하는 등 전통문화 곳곳에 영향을 끼치지 않은 곳이 없을 정도이다. 고대의 한국사상 또한 우주의 생성원리인 도와 대립적 개념의 음양 조화에 의한 우주적 순환을 밝히고 있다.

《주역》계사상繫辭上에서 '일음일양지위도一陰一陽之謂道'라고 하여 "일음一陰과 일양一陽이 곧 도道"라 본 것이다. "이를 따르는 것이 선善이며, 이를 이루는 것이 곧 성性이 된다[《주역》계사상]."고 밝히고 있다. 날마다 새로워지는 일신日新을 성덕盛德, 생기고 또 생기는 것을 역易, 상象을 이루는 것을 건乾, 법法을 형상화한 것을 곤坤, 극수極數로 미래를 아는 것을 점占, 변화에 통하는 것을 사事, 음양의 원리를 측량할 수 없는 것이 신神이라 설명하고 있다.

또한《주역》계사하繫辭下 6장에서는 건乾을 양의 존재로[陽物], 곤坤을 음의 존재로[陰物] 나누고 있으며, 음양이 합덕을 했을 때 강함과 부드러움이 겸비한 조화로운 우주적 몸體이 이루어지는 것이라 설명하고 있다. 음양합덕이 이루어질 때 굳셈과 부드러움이 형체를 갖추어 만물은 형체를 갖게 되고 하늘과 땅의 일이 실현되어 신명의 덕에 통한다[陰陽合德而剛柔有體以體 天地之撰以通神明之德]고 본 것이다.

《주역》을 포함한 동양의 전통적 사상 체계에서도 음양의 대립적 관계만을 설정한 것이 아니라 조화적 관계를 설정하여 음양의 합덕을 강조하고 있다. 《도덕경》 42장에서도 "도는 일을 생하고, 일은 이를 생하며, 이는 삼을 생하고, 삼은 만물을 생한다. 만물은 음을 업고 양을 안으며 충기로써 화를 삼는다[道生一, 一生二, 二生三, 三生萬物, 萬物負陰而抱陽, 沖氣以爲和]."고 하여, 만물의 발생이 도로부터 생성되며 음과 양으로 서로 이루어져 있어, 기운이 충만한 때 조화가 이루어지는 것이라고 보았다.

《중용》에서 '성誠 그 자체는 하늘의 도요, 성스럽게 하는 것은 인간의 도이다[誠者天之道 誠之者人之道]'라고 했다. 이렇게 천도와 인도를 일치시켜 보았다. 송대 성리학에서는 도를 형이상학적인 우주의 본체를 뜻하는 이理 또는 천리天理의 의미로 보았다. 특히 유교에서는 도를 인간의 윤리적 실천에 중점을 두어 의미지었다. 공자는 인仁과 예禮 등을 실천하는 것을 사람으로서 당연히 행해야 할 길로 보았으며, 인도의 바탕에는 천天이라는 근원적 의미가 포함되어 있다. 공자는 천명을 따르는 것을 인간의 전체적 실천으로 여겼다.

원불교의 도道는 우주의 대기大機가 자동으로 운행하는 천지의 도와 사람으로서 당연히 행해야 할 인도, 곧 진리, 일원상의 진리 작용을 말한다. 또한 우수의 대기가 자동으로 운행하는 천지의 도와 사람으로서 떳떳이 행해야 할 인도人道로 구분하고 있다. 도는 일원상의 진리이며 그 작용이라고도 할 수 있다.

소태산 대종사는 우주의 궁극적 진리인 '일원상의 진리'를 중심으로, 타력을 중심으로한 사은四恩신앙과 자력을 중심으로한 삼학三學수행의 두 측면으로 밝히고 있다. 특히 사은은 모든 존재가 '없어서는 살 수 없는 관계'로 규명하고 있으며, 그 관계를 인과보응의 원리로 설명하고 있다. 소태산의 은 사상은 한국 전래의 해원 사상과 불교의 연기적緣起的 세계관을 바탕으로 발전된 사상이다.

해원 상생의 은 세계는 우주 내의 모든 생령뿐 아니라 우주 자체가 총체적으로 연기적 은혜의 관계를 지니고 있음을 설정한다. 모든 존재가 없어서는 살 수 없는 필연적이며 원초적 은혜임을 강조하고 은혜의 구체적 범주를 4가지인 천지은·부모은·동포은·법률은으로 규정하고 있으며, 사은의 피은 강령과 조목, 보은 강령과 조목, 보은의 결과와 배은의 결과 등 소상하게 그 원리를 밝히고 있다. [《정전》 사은] 천지은에서는 나를 비롯한 모든 존재가 천지 팔도가 작용하여 나타나는 가운데 피은이 되는 생명적 관계를 설명하고 있다.

"대범, 천지에는 도와 덕이 있으니, 우주의 대기大機가 자동적으로 운행하는 것은 천지의 도요, 그 도가 행함에 따라 나타나는 결과는 천지의 덕이라, 천지의 도는 지극히 밝은 것이며, 지극히 정성한 것이며, 지극히 공정한 것이며, 순리 자연한 것이며, 광대무량한 것이며, 영원불멸한 것이며, 길흉이 없는 것이며, 응용에 무념한 것이니, 만물은 이 대도가 유행되어 대덕이 나타나는 가운데 그 생명을 지속하며 그 형각을 보존 하나니라."[《정전》천지은] 하늘의 공기, 땅의 바탕, 일월의 밝음, 풍운우로風雲雨露의 혜택, 생멸 없는 천지의 도를 따라 만물이 무한한 목숨을 얻게 되는 은혜를 입게 되기에, 인간이 천지 팔도를 실천하게 되면, 피은의 도리를 다하게 되며, 천지 같은 위력과 천지 같은 수명과 일월 같은 밝음을 얻어 자신과 천지가 하나로 합일되는 원리를 제시하고 있다.

인도人道는 《정전》 '천지은天地恩'에서 사람으로서 행해야 할 당연한 길이라 표현하고 있다. 예를 들면, "부모 자녀 사이에는 부모 자녀의 행할 바 길이 있고, 상하 사이에는 상하의 행할 바 길이 있고, 부부 사이에는 부부의 행할 바 길이 있고, 붕우 사이에는 붕우의 행할 바 길이 있고, 동포 사이에는 동포의 행할 바 길이 있으며, 그와 같이 사사물물을 접응할 때마다 각각 당연한 길이 있나니"[《대종경》 인도품 1장]라 하여 사람이 행해야 할 마땅한 길을 제시하고 있다. 또한 정신이 행하는 법의 길은 어느 세상을 막론하고 큰 도와 작은 도가 서로 병진하여 개인·가정·사회·국가에 경계를 따라 나타나서 그 수가 실로 한이 없음을 강조하고 있다.

천지의 도와 인간의 도가 일치되는 것을 제일 큰 도이다. 소태산은 "그중에 제일 큰 도를 말하면 곧 우리의 본래 성품인 생멸 없는 도와 인과보응되는 도이니 이는 만법을 통일하며 하늘과 땅과 사람이 모두 여기에 근본 했으므로 이 도를 아는 사람은 가장 큰 도를 알았다 하나니라."[《대종경》 인도품 1장]고 했다. 이와 같이 생멸 없는 도와 인과보응 되는 도를 본래 성품으로 보고 이 도가 만법을 통일하며 천도·지도·인도를 일치케 하는 것이라 보았다. 《원불교대사전》

• 솔성率性 : 천성을 좇는다[따르다]. 성품을 거느린다. 타고난 성질.

① 《원불교대사전》에서는 천도天道에 순응하고, 나아가 천도를 자유자재로 활용하는 것을 말한다고 하였다.

② 《중용》에서는 "천명지위성 솔성지위도 수도지위교天命之謂性率性之謂道修道之謂敎"라고 하여 솔성에 대해 말하고 있다. 솔성은 곧 천지의 명한 바에 순응하고 따르는 것을 의미한다.

③ 원불교에서 솔성은 모든 사람에게 본래 갖추어진 일원상의 진리 곧 불성(본성)을 회복하여 그것을 일상생활 속에서 잘 활용해 가는 것이다. 일원상의 진리와 같이 원만구족하고 지공무사한 본래 성품을 잘 사용하는 것을 말한다.

④ 소태산 대종사는 "일원의 진리를 요약하여 말하자면 곧 공空과 원圓과 정正이니, 양성에서는 유무 초월한 자리를 관하는 것이 공이요, 마음의 거래 없는 것이 원이요, 마음이 기울어지지 않는 것이 정이며, 견성에 있어서는 일원의 진리가 철저하여 언어의 도가 끊어지고 심행처가 없는 자리를 아는 것이 공이요, 지량

知量이 광대하여 막힘이 없는 것이 원이요, 아는 것이 적실하여 모든 사물을 바르게 보고 바르게 판단하는 것이 정이며, 솔성에서는 모든 일에 무념행을 하는 것이 공이요, 모든 일에 무착행을 하는 것이 원이요, 모든 일에 중도행을 하는 것이 정이니라."[《대종경》 교의품 7장]고 했고, "예로부터 도가道家에서는 심전을 발견한 것을 견성見性이라 하고 심전을 계발하는 것을 양성養性과 솔성率性이라 하나니"[《대종경》 수행품 60장]라고 했으며, "견성이라 하는 것은 비하건대 거부 장자가 자기의 재산을 자기의 재산으로 알지 못하고 지내다가 비로소 알게 된 것과 같고, 솔성이라 하는 것은 이미 자기의 소유인 것을 알았으나 전일에 잃어버리고 지내는 동안 모두 다른 사람에게 빼앗긴바 되었는지라 여러모로 주선하여 그 잃었던 권리를 회복함과 같으니라."[《대종경》 성리품 8장]고 했다. 소태산은 견성과 양성, 솔성의 수행법을 제시하고 있으며, 그 가운데 솔성은 일원상 진리에 대한 활용의 측면을 말하는 것이라고 할 수 있다.

해의解義

첫째, 성복비수性復非修 : 성은 회복해야지 닦는 것이 아니다.

성은 닦아 이루는 대상[修性]이 아니라 회복의 대상[復性]이라고 할 수 있다. 왜냐하면 일성一性 곧 한 성이기 때문이다. 다시 말하면 성은 형이상적인 것으로 자활자동自活自動의 기능이 없이 무불원만無不圓滿하고 무불완비無不完備한 자리이니 오득悟得을 통해서 순식간에 그대로 돌아가 회복하면 되기 때문이라 할 수 있다.

다시 말하면 초시지차秒時之差가 없는 일초즉입一秒卽入이요 일시 돈입一時頓入이기 때문이다.

무릇 내용은 조금 다를지라도 중국 당나라에서 복성復性을 주장한 사람은 이고[李翶, 772~841]이다. 이고는 중국 당나라의 문인으로 자는 습지習之. 당송 십육가唐宋十六家의 한 사람으로, 스승 한유가 불교를 배척한 것과는 달리, 불교 사상을 채택하여 심성心性 문제에 대한 새로운 이해를 보였다. 저서 《복성서復性書》는 성리학의 선구가 되었다. 그 밖의 저서로 《이문공집李文公集》 18권 등이 있다. 그는 《복성서復性書》라는 논문을 썼다. 그 논문 첫머리에 "사람이 성인이 된 까닭은 성이요 사람이 그 성이 미혹한 것은 정이니 환희歡喜, 분노憤怒, 비애悲哀, 공구恐懼, 애호愛好, 염오厭惡, 욕구欲求의 일곱은 모두 정의하는 바이다. 정은 어두운 것이요 성은 숨은 것이지만 성의 허물은 아니다. 일곱이 순환하여 교대로 오는지라 그러므로 성은 능히 확충되지 않는다[人之所以爲聖人者 性也. 人之所以惑其性者 情也. 喜怒哀懼愛惡欲 七者皆情之所爲也. 情旣昏 性斯匿矣. 非性之過也. 七者循環而交來 故性不能充也]."라고 설파하였다.

둘째, 성피심통性被心統 : 성은 마음의 통어[統御:統攝]를 입는다.

이 말은 심통성정心統性情이라는 말과 같은 의미이다. 그런 의미에서 《유교백과사전儒教百科事典》에서 전재하면 "이 말을 처음으로 한 장재張載는 태허太虛, 즉 기氣를 품수稟受하여 생겨난 것이 성性이며, 그것이 작용으로 나타나는 것이 정情이라고 하였다. 그러나 주희朱熹는 심·성·정의 관계를 자신의 본체론에 기초하여 새롭게 제기하였다. 성리학에서 성은 이理가 인간에게 부여된 것이라고 하며, 성이 드러난 것을 정情이라고 한다. 즉 희喜·노怒·애哀·락樂할 수 있는 가능태로 보존된 상태를 성이라 하고, 대상에 감촉해서 나타나는 희로애락 등을 정이라고 하는 것이다. 통統에 대해서 주희는 통섭統攝이라고 해석하였다. 이 통섭이라는 말이 지니고 있는 뜻은 매개媒介 또는 주재 운용主宰運用한다는 것이다. 즉심에는 내면과 외면이 있는데, 내면은 성이 되고 외면은 정이 되며, 심은 중간에서 내면인 성과 외면인 정을 매개한다는 것이다. 아직 동動하지 않은 것은 성이 되고, 이미 동한 것은 정이 되는데, 심은 성과 정을 관철한다는 것이다. 주희에 의하면 인仁·의義·예禮·지智는 성, 측은惻隱·수오羞惡·사양辭讓·시비是非는 정이다. 인으로써 애愛하고, 의로써 오惡하고, 예로써 양讓하고, 지로써 지知하는 것은 심이다. 그는 또 성은 심지리心之理, 정은 성지동性之動, 심은 성정지주性情之主라고 말하였다. 성이 갖추어져 있는 곳은 심이지만, 그 성이 발현되는 것은 정이다. 그런데 엄격히 말해서 성 그 자체가 발할 수는 없다. 그리고 정은 심의 움직임일 뿐이다. 마음의 움직임이 절도에 맞게 하는 주재자는 심이라고 할 수밖에 없다. 심은 허虛하면서 영靈한 기능에 의해서 하늘이 부여해준 명命으로서의 성을 자각함으로써 정으로 하여금 중절中節하도록 하는 것이다. 주재라는 말 자체가 성에 대한 자각을 뜻하는 것이다. 심통성정은 인간의 정신성을 심·성·정으로 분별함으로써 도덕적 주체로서의 인간과 그 마음의 탁월성을 설명한 것이다."고 하였다.

셋째, 성출위심性出謂心 : 성에서 나온 것을 마음[마음 심]이라 이른다.

성性 자를 파자하면 뜻을 나타내는 심방변[忄 (＝心, 小)⇒마음, 심장] 부部와 음音을 나타내는 생[生⇒풀이나 나무의 싹 틈, 타고난 모양→성]으로 이루어졌다. 사람이 하늘로부터 부여받은 마음[心]을 합合하여 '성품性稟'을 뜻한다. 사람이 타고난 마음의 경향傾向을 일컫는다.

성원시일性源是一이요 심용시다心用是多이다. 즉 성은 근원으로 이에 하나이요 마음은 쓰는 것으로 이에 많은 것이라고 할 수 있다. 다시 말하면 성 자체는 작용할 수 없지만, 마음이 매개媒介되어 성을 동탕[動蕩, 동요하다. 출렁인다.] 시켜서 성속에 갊아 있는 지혜와 복락과 능력과 조화 등을 유출케 하여 만유동생萬有同生하게 하는 작용을 주동적으로 하는 것이라고 할 수 있다.

또한 성은 물의 근원과 같고 마음은 그 원천에서 솟은 물이 갈래를 이루고 강해를 이루어서 관개灌溉로 논밭을 적시고 어별魚鼈을 길러 조화롭게 살아가는 비정조程을 시행하는 주체자라고 할수 있다.

솔성에 대한 선인들의 글을 몇 개 간추리면

• 《양서·문학전하·유준梁書·文學傳下·劉峻》에 "준은 성품을 거느려 움직임으로 능히 대중을 따라 침부하지 아니하니 고조가 자못 의아스럽게 여겼으므로 임용하지 아니하니라[峻 率性而動 不能隨衆沉浮 高祖 頗嫌之 故不任用]."

• 명明 방효유方孝孺 《양소재기養素齋記》에 "오직 솔성의 임질을 앎으로 몸을 곧게 하고 얼굴을 바르게 하여 사람에게 구하지 아니하니라[惟知率性任質 直躬正色 無求於人]."

• 《북제서·유맹화전北齊書·劉孟和傳》에 "맹화는 젊어서 활과 말을 좋아하여 성품에 순응하여 호방과 의협심이 있었느니라[孟和 少好弓馬 率性豪俠]."

• 명明 이지李贄 《답경중승서答耿中丞書》에 "무릇 솔성의 참됨으로써 미루어 확대하면 천하로 더불어 공공이 되느니 이에 도라고 이르니라[夫以率性之真 推而擴之 與天下爲公 乃謂之道]."

• 남조南朝 양梁 하손何遜 《추석탄백발秋夕嘆白發》 시에 "옛날 열네다섯에 성품에 순응하고 자못 바른 품위를 가지니라[昔年

十四五 率性頗廉隅]."

• 당나라. 유종원柳宗元 시에 "평소에 회포를 안고 산수 사이를 향하여 천성을 좇아 임의대로 노니니라[夙抱丘壑尚 率性恣遨遊]."

頌曰

1. 率性從天命 솔성종천명   솔성은 천명을 따르는 것이요
   自身賦與存 자신부여존   자신에 부여됨을 간직함이네
   聊堅持運用 요견지운용   왜오라지 굳게 가져 운용하면
   活路自然敦 활로자연돈   사는 길 자연히 도타워지리라.

2. 性中無不韞 성중무불온   성품 가운데 갈무리지 않음 없고
   心用未非和 심용미비화   마음을 쓰면 조화롭지 않은 없어라
   源水千般派 원수천반파   원천의 물은 천 가지로 갈래져
   自爲漑畓河 자위개답하   저절로 물대는 논의 물이 된다네.

3. 率性人宜路 솔성인의로   솔성은 사람의 마땅한 길이요
   運心蹈世程 운심답세정   운심은 세상을 밟아가는 길이네
   逍遙三界裏 소요삼계리   욕계 색계 무색계 속을 소요해도
   動蕩別無驚 동탕별무경   동탕하여 별로 놀랄 게 없어라.

부귀부운

富 貴 浮 雲

부귀는 뜬 구름이다

대종사 선원 대중에게 말씀하시기를 "범부들은 인간락에만 탐착하므로 그 낙이 오래가지 못하지마는 불보살들은 형상 없는 천상락을 수용하시므로 인간락도 아울러 받을 수 있나니, 천상락이라 함은 곧 도로써 즐기는 마음락을 이름이요, 인간락이라 함은 곧 형상 있는 세간의 오욕락을 이름이라, 알기 쉽게 말하자면 처자로나 재산으로나 지위로나 무엇으로든지 형상 있는 물건이나 환경에 의하여 나의 만족을 얻는 것은 인간락이니, 과거에 실달태자^悉^{達太子}가 위는 장차 국왕의 자리에 있고 몸은 이미 만민의 위에 있어서 이목의 좋아하는 바와 심지의 즐거워하는 바를 마음대로 할 수 있었던 것은 인간락이요, 이와 반면에 정각을 이루신 후 형상 있는 물건이나 환경을 초월하고 생사고락과 선악 인과에 해탈하시어 당하는 대로 마음이 항상 편안한 것은 천상락이니, 옛날에 공자孔子가 '나물 먹고 물 마시고 팔을 베고 누웠을지라도 낙이 그 가운데 있으니, 의 아닌 부와 귀는 나에게는 뜬구름 같다' 하신 말씀은 색신을 가지고도 천상락을 수용하는 천인의 말씀이니라. 그러나 인간락은 결국 다할 날이 있으니, 온 것은 가고 성한 것은 쇠하며, 난 것은 죽는 것이 천리의 공도라, 비록 천하에 제일가는 부귀공명을 가졌다 할지라도 노·병·사의 앞에서는 저항할 힘이 없나니 이 육신이 한 번 죽을 때에는 전일에 온갖 수고와 온갖 욕심을 다 들여놓은 처자나 재산이나 지위가 다 뜬구름같이 흩어지고 말 것이나, 천상락은 본래 무형한 마음이 들어서 알고 행하는 것이므로 비록 육신이 바뀐다고 할지라도 그 낙은 여전히 변하지 아니할 것이니, 비유하여 말하자면 이 집에서 살 때에 재주가 있던 사람은 다른 집으로 이사를 갈지라도 재주는 그대로 있는 것과 같으니라." 《대종경》불지품 15장

원문에 있는 숙어熟語를 풀어보면 다음과 같다.

• 범부凡夫 : 범인凡人. 번뇌에 얽매어서 생사를 초월하지 못하는 사람.

• 인간락人間樂 : 사람이 현실의 삶 속에서 누리는 즐거움으로 중생심을 가진 사람들이 좋아하는 세간락世間樂, 오욕락五慾樂을 말한다. 곧 식욕·색욕·재물욕·명예욕·수면욕 등 본능적 욕구가 충족되면 즐거워하는 것을 인간락이라 하며, 수壽·부富·귀貴·다남多男·강녕康寧 등 오복도 인간락에 해당한다. 이러한 인간락에만 사로잡히면 오히려 더 큰 고통을 당하게 될 수도 있으며 육도윤회를 벗어나지 못한다. 수행을 통해 심신의 자유를 얻어 누리는 천상락에 반대되는 말로 쓰인다.《원불교대사전》

• 탐착貪着 : 사랑, 사랑하는 사람, 사랑하는 물건에 대한 지나친 집착과 더 구하고자 하는 것에 집착하는 마음. 많이 구하여 결코 만족할 줄 모르는 것을 탐이라 하고, 탐하는 마음을 고집하여 버리지 않는 것을 착이라 한다.

• 불보살佛菩薩 : 부처와 보살을 합쳐서 부르는 말. 부처 또는 보살과 같은 인격자를 부르는 말. 천여래 만보살과 비슷한 의미. 진리를 깨쳐 생사고락과 선악 인과에 해탈을 얻어 자신을 제도하고, 나아가 일체중생을 구제하는 성인을 통칭하는 말이다. 원불교에서는 일원의 위력을 얻고 일원의 체성에 합한 위대한 인격자, 곧 무등등한 대각 도인과 무상행의 대봉공인을 의미한다. 소태산 대종사는 "불보살들은 행·주·좌·와·어·묵·동·정간에 무애자재하는 도가 있으므로, 능히 정할 때 정하고 동할 때 동하며, 능히 클 때 크고 작을 때에 작으며, 능히 밝을 때 밝고 어두울 때

어두우며, 살 때 살고 죽을 때에 죽어서, 오직 모든 사물과 모든 처소에 조금도 법도에 어그러지는 바가 없느니라."[《대종경》불지품 4장]라고 했다.

• 천상락天上樂 : ① 불교에서 육도 중 천상계에서 받게 되는 즐거움을 말한다. ② 천상계의 천사나 신선들이 누리는 즐거움을 비유하여 수행인들이 생사고락을 해탈하고 육도윤회를 초월하며 심신의 자유를 얻게 되는 즐거움, 곧 도로써 즐기는 마음락을 말한다. 천상락을 누리는 사람은 오욕 번뇌에서 벗어나고 사량 분별심이 끊어져서 항상 담박하고 편안하다. 인간락과는 달리 천상락은 영원히 변치 않고 무궁무진하다고 하지만 천상락을 얻은 사람이라도 계속해서 수행 정진하지 않으면 다시 육도윤회에 떨어지게 된다.《원불교대사전》

• 실달태자悉達太子 : 석가모니 부처님이 출가하기 전의 이름을 음역한 실달타悉達多의 준말인 실달에 당시 태자였으므로 그 지위를 합친 호칭. 산스크리트어로 싯다르타Siddhārtha는 목적을 이룬 자, 성취한 자, 번영을 이룬 자 등의 의미를 지닌다.

• 색신色身 : ① 빛깔과 형상이 있어서 눈으로 볼 수 있는 몸. 인간의 육신. ② 불보살의 상호신相好身. 빛깔도 형상도 없는 법신法身에 대하여 빛깔과 형상이 있는 신상身相. ③ 여자의 고운 몸매와 자태.

• 정각正覺 : 올바른 깨달음. 법신불 일원상의 진리를 바르게 깨

닫는 것. 미망迷妄을 끊어버린 여래의 참되고 바른 지혜. 부처님은 무루의 바른 지혜를 얻어 우주 만유의 실상을 바르게 깨달았기 때문에 정각이라 한다.

• 선악善惡 : 도덕실천상의 가치 개념으로 보통 '좋은 것''나쁜 것'이라는 의미, 또는 두 가지로 평가할 수 있는 대상은 사물이나 인간, 나아가 그 같은 의지意, 행위行, 제도政 등에까지 범위가 확대된다. 종교나 철학에서 대체로 선악을 판별할 수 있는 주체인 양심에 관해 선천적으로 주어진 신비로운 능력으로 생각했다. 소크라테스가 말한 양심의 소리라는 다이모니온Daimonion은 가치 판단을 주관하는 어떤 영적 능력이 인간을 초월하여 실재한다는 생각을 나타내고 있다. 도덕성이 고양된 사람은 이 다이모니온의 음성과 가르침을 직접 받을 수 있다고 한다. 맹자를 위시한 성선설을 주장하는 사람들도 그 근저에는 양심이 선천적 존재임을 긍정하고 있다.

서양철학에서의 선악 개념에 대해 칸트는 "그것을 자주 생각하면 할수록, 오래 생각하면 할수록 더욱더 새로워지며 증대하는 감격과 경외심으로 마음을 채워주는 것이 두 가지가 있다. 그것은 내 위에 있는 별이 빛나는 하늘과 내 속에 있는 도덕적 법칙이다."라고 했다. 이때의 도덕적 법칙을 양심의 작용으로 미루어 생각한다면 칸트에게 있어서 양심 능력은 선천성을 지니는 것으로 보아도 될 것이다. 다른 한편 양심에 관해 경험에서 얻어진 것이라는 관점도 있다. 양심이 작용하는 실례인 구체적 선악의 판단 기준이 시대와 지역에 따라 다르다는 것이다. 칼 융C. G. Jung은 선악의 가치관이란 대부분 사회 집단의 가치관을 대변하는 것으로 시간과 공간의 제약을 받는 경우가 많다고 보았다. 이렇게 시대와 문화에 따라 서로 다를 수 있는 가치관을 도덕으로 보고 인간의 무의식 속에 잠재해 있는 근원적인 양심인 에토스와 구분한다.

불교에서의 선악에 대한 개념은 초기 불교에서는 인간 본성에 관한 명확한 규정은 피하는 편이다. 대신 무명과 애착에 따르는 고를 벗어나 지혜와 해탈을 내용으로 하는 열반의 상태를 추구하는 실천적 가르침에 역점이 두고 있다. 불교가 추구하는 깨달음은 선악을 초월한 체험을 의미했기 때문이다. 대승 초기에서도 인간 본성은 선악에 의한 규정보다는 선악을 벗어난 공空의 상태로 보는 경향이 강했다. 그러나 《열반경涅槃經》을 비롯하여 불성론을 견지하는 대승사상에서는 본래 청정하고 순수지선純粹至善한 본성을, 지혜 덕상이 갖추어져 있는 본래의 불성을 강조하는 경우가 많다. 특히 본래의 진여각성眞如覺性이 지닌 밝음, 또는 더러움이 없는 본래 청정한 자성을 강조하는 혜능慧能 이후의 선불교의 입장은 본래 갖추어진 지선至善의 본성에 대한 확신에 바탕을 두고 있다.

유교에서의 선악에 대한 개념은 《중용中庸》에서는 인성人性에 관해 천명天命으로 주어진 것이다[天命之謂性]라고 보았다. 《주역周易》에서는 음양의 조화에 따라 만물이 생성 변화하는 것이 도[一陰一陽之謂道], 도가 작용하여 화육의 공을 나타내는 것이 선[繼之者善], 이 가운데 만물이 품부 받아 갖추고 있는 것이 성[成之者性]이라고 보았다[《주역》계사상]. 곧 선의 근원을 우주 자연의 무궁한 생성 작용에서 찾고 이를 계승하여 발현시키는 것이 선한 행위라고 생각했다. 유가에서 선악에 대한 논의를 본격적으로 시작한 학자로 맹자를 들 수 있다. 맹자는 "하고자 할 만한 것이 선이다[可欲之謂善]."라고 했다. 바람직한 의미에서 '할 만한 것'이 선이다.

곧 '순수 의욕'을 뜻하는 것이다. 예를 들면 살기를 좋아하고 죽기를 싫어하는 것은 사람의 상정이다. 여기에는 마땅히 그러함[應當]의 의미를 함축하고 있다. 성리학적 관점에 의하면 인간의 마음에서 성性은 이理로써 체體가 되고 심心으로부터 유출된 정情은 기氣로서 용用이 된다. 정은 악으로도 선으로도 표출될 수 있다. 사람의 본연의 성은 선하나 다만 기질의 청탁이 다르다는 것이다. 기질에 따라 성이 온전히 발현되면 선정이 되고 기질에 끌리면 악정이 된다. 이이李珥는 인성의 자연스러운 발현이 선이며 심중에서 비교 계산하여 사사로움에 기울어진 것이 악이라 했다.

곧 심이 본성대로 곧게 작용한 것이 선이며 심이 정에 끌리어 성이 곧게 작용하지 못한 것이 악이다. 이러한 선악은 현실로 드러날 때 중中과 과불급過不及으로 나타난다. 그는 "선과 악의 구별은 다만 중과 과불급에 있을 뿐이다. 조금이라도 중에서 벗어나면 모두 불선한 정이라고 한다."희로우구애증욕喜怒憂懼愛憎欲의 칠정이 발할 때 선은 중도에 맞는 것이며 악은 과불급한 것이다. "마땅히 기뻐할 것은 기뻐하고 마땅히 화낼 것은 화내는 것은 정의 선한 것이요, 마땅히 기뻐하지 않을 것을 기뻐하거나 마땅히 화내지 않을 것을 화내는 것은 정의 불선한 것이다."

원불교에서의 선악에 대한 개념은 원불교 사상에서 선악의 실마리는 마음에서 찾고 있다. "한 마음이 선하면 모든 선이 이에 따라 나타나고 한 마음이 악하면 모든 악이 이에 따라 일어나니 그러므로 마음은 모든 선악의 근본이 된다."선악의 근원이 스스로의 마음에 달려 있다고 보는 점은 불교적 전통과 흐름을 같이 한다. 사람의 성품은 선악을 초월하나 마음의 발함에 따라 선악이 드러난다. "사람의 성품이 정靜하면 선도 없고 악도 없으나 동動하면 능히 선하고 능히 악하다."고 한다. 본래 선도 없고 악도 없다는 것은 지선至善을 표현한다고 할 수 있다. 이는 인간의 본성을 불성, 자성으로 부르는데서 알 수 있다.

다만 마음이 발할 때 여러 여건에 따라 상대적 선악으로 분화된다. "우리의 성품은 원래 청정하나 경계를 따라 그 성품에서 순하게 발하면 선이 되고 거슬려 발하면 악이 되나니 이것이 선악의 분기점이니라."여기에서 선악의 기준에 대한 실마리를 볼 수 있다. 순하게 발한다는 것은 중절中節로, 거슬려 발한다는 것은 부중절不中節로 표현된다. 마음의 중절한 발현은 기본적으로 자기 실현의 삶을 지향한다. 인간은 만물의 영장으로 천지의 도를 주체적으로 실현할 수 있는 책임과 권능을 지닌 존재이다. 따라서 삶을 완성해 가는 것이야말로 가장 기본적인 선이며 이에 어긋나는 삶을 악이라 할 수 있다. 이를 다시 보은報恩의 삶과 배은背恩의 삶이라 보기도 한다.《원불교대사전》

• 인과因果 : ① 원인과 결과를 말한다. ② 우주 만유의 일체 현상은 상대적 의존 관계에서 이루어진다고 보는 불교의 입장. 동시인과同時因果를 주장하는 입장과 이시적異時的 의존 관계에서 선행先行하는 것을 인因이라 하고 후속後續하는 것을 과果라고 보는 입장도 있다. 곧 인과란 시간상으로 보아 인이 먼저이고 과가 나중이라고 보는 것이 이시인과론이고, 묶어 놓은 갈대가 서로 의지하고 서 있는 것처럼 동시라고 보는 것이 동시인과론이다.

모든 인因은 연緣을 매개로 하여 과果를 맺게 되고, 모든 과果는 인因에 연속되어 있으며, 일체의 존재는 이 인과의 계열 가운데에 있어서 하나라도 독존獨存하여 변하지 않는 것은 없고, 일체의 우연이라는 것은 인정하지 않는다. 또 단멸斷滅될 이유가 일어나지 않는 한 하나라도 단멸할 일이 없이 부단히 존속한다고 본다. 사실 인과 과의 깊은 관련은 일상생활에서나 시대·지역을 넘어서 반드시 전제된다.

불교에서나 인도 사상에서는 인간의 삶이나 행위를 주로 행위자 자신의 동기론動機論으로 설명하므로 인과론은 중히 여겨졌고 이러한 분석이 활발히 이루어졌다. 인도 사상에서 과果는 이미 인因 안에 포함되어 있어 그것이 외부로 나타났다고 보는 '인중유과론因中有果論', 과果는 전혀 새로이 탄생했다고 생각하는 '인중무과론因中無果論'의 두 가지 설이 있다. 불교에서는 인과 과의 직결을 배격하고 그 사이에 조건을 세워 그것을 중시하는 한편 그 과정에도 깊이 배려한다. 이 조건을 '연緣'이라고 하고 이들 인과 연과 과의 관련이 불교 사상의 근간이 되었다. ③ 과학을 비롯하여 철학이나 여러 학문은 이 두 사이에 일정한 법칙이 반드시 존재한다고 주장하여 '인과율'을 그 기초에 둔다.

불교에서의 인과설은 산스크리트어로 헤투팔라hetu-phala로 원인과 결과를 말한다. 불교에서는 일체의 현상은 상대적 의존 관계 위에서 이루어진다고 생각한다. 그 관계 중에서 유식종唯識宗같이 과미무체설過未無體說에 의해 동시인과同時因果를 주장하는 수도 있고, 이시적異時的 의존 관계에서 후속後續하는 자를 과果라고 부르는 때도 있다. 따라서 모든 인은 연緣을 매개로 하여 과를 맺으며, 모든 과는 인에 연속되어 있으며 일체의 존재는 이 인과의 계열 가운데에 있어서 하나라도 독존하고 변하지 않는 것은 없으며 일체의 우연이라는 것은 인정되지 않는다.

또 단멸될 이유가 일어나지 않는 한 하나라도 단멸하는 일이 없이 부단히 존속되는 것으로 생각한다. 불교 인과설의 특징은 인연 연기因緣緣起를 주장하는 점이다. "이것이 있으므로 또한 저것이 있으며, 이것이 없으므로 또한 저것이 없다[此有故彼有 此無故彼無]"는 도리가 그것이다. 이 인연 연기의 연쇄 과정을 기본적으로 드러낸 것이 십이인연설이다. 원인에 의하여 결과가 규정되는 관계로서 취해진 표현이다. 부파불교에서는 원인, 그것을 보조하는 연, 또한 결과라는 세 가지 원칙을 들어 모든 현상을 검토함으로써 6인六因·4연四緣·5과五果를 들고 있다.

대승불교에서는 상호 의존 관계라고 해석되어 어떠한 것이든지 실재하지 않으며, 상호 의존 관계에 의하여 존재하는 것에 지나지 않는다는 상의상자설相依相資說을 주장하는 것이다. 또한 불교 인과설의 특징은 인과 연의 2종을 들어 원인에서 결과가 나온다고 보는 이인설二因說을 주장하는 점이다. 한 개의 원인에서 한 개의 결과가 나온다고 하는 일인설一因說도 그것은 근본적으로 불교의 인과설과 다르다.

따라서 유일신唯一神이 세계를 창조했다고 하는 유대교나 기독교나 이슬람 등의 일인설은 불교에서는 인정하지 않는다. 인이란 현상의 내부에 있는 원인, 곧 결과를 낳게 하는 직접적 원인이다. 그러나 이것만으로는 결과를 낳을 수 없다. 외부적인 원인이 돕지 않으면 어떠한 결과도 낳을 수 없다. 밖에서부터의 조건이 제외되어서는 안 된다. 이처럼 제외될 수 없는 외적 원인을 연이라 하며 이를 중시한다. 이것을 무력증상연無力增上緣이라고도 부른다.

원불교에서의 인과설은 소태산 대종사는 대각의 심경을 말한 가운데 "생멸 없는 도道와 인과보응 되는 이치가 서로 바탕을 두어 한 두렷한 기틀을 지었도다."[《대종경》 서품 1장]라고 했다. 소태산은 이러한 진리를 바탕으로 교문敎門을 열 때도 인과보응의 신앙문과 진공묘유의 수행문으로 교리를 체계화했다. 따라서 원불교의 인과사상은 소태산의 대각을 계기로 밝혀진 것이며 우주와 인생의 궁극적窮極的 관계로 이를 드러냈다. 따라서 인과원리는 인간의 자각을 통하여 만유가 한 체성이요, 만법이 한 근원임을 깨달았을 때 드러난 진리이다. 소태산뿐만 아니라 누구든지 대각을 하게 된다면 이 우주는 인과보응 되는 이치가 상존함을 알 수 있게 된다. 원불교의 인과 사상의 특징을 몇 가지로 정리해본다.

첫째, 원불교의 인과사상은 대체로 불교의 인과설과 일치하고 있다는 점이다. 대종사 대각의 내용에서 인과를 밝혔고[《대종경》 서품 1], 또한 교법의 주체를 불교에다 둔다고 한 관점에서[《대종경》 서품 2장] 명확하게 드러나고 있다. 특히 "불법은 천하의 큰 도라 참된 성품의 원리를 밝히고 생사의 큰일을 해결하며 인과의 이치를 드러내고 수행의 길을 갖추어서 능히 모든 교법에 뛰어난 바 있느니라."[《대종경》 서품 3장]고 한 표현에서 더욱 불교의 인과설이 대종사의 대각에 의하여 드러난 것과 일치함을 증명해 주고 있다.

둘째, 원불교의 인과 사상은 인과를 존재론적으로 해명하려는 점을 특징으로 하고 있다. 소태산은 인과의 원리에 대해 "우주의 진리는 원래 생멸이 없이 길이길이 돌고 도는지라, 가는 것이 곧 오는 것이 되고 오는 것이 곧 가는 것이 되며, 주는 사람이 곧 받는 사람이 되고 받는 사람이 곧 주는 사람이 되나니, 이것이 만고에 변함없는 상도常道니라."[《대종경》인과품 1장]고 밝혔다. 곧 이 우주는 시작生도 끝死도 없이 영원토록 순환한다. 그 도道 곧 원리原理는 변함없이 돌고 돈다는 것이다. 죽고 나며, 가고 오며, 주고받음이 항상 도는 것이니 이는 곧 우주의 인과 이치가 있기 때문임을 밝히고 있다.

셋째, 원불교의 인과사상은 음양상승陰陽相勝의 도를 먼저 이해하지 않으면 안 되는 특징이 있다. 소태산은 '일원상 법어'에서 "인과보응의 이치가 음양상승과 같이 되는 줄을 알며"(《정전》일원상)라 했고, '참회문'에서는 "음양상승의 도를 따라 선행자는 후일에 상생의 과보를 받고 악행자는 후일에 상극의 과보를 받고 악행자는 후일에 상극의 과보를 받는 것이니"(《정전》참회문)라고 했다. 또한 소태산은 "우주에 음양상승하는 도를 따라 인간에 선악 인과의 보응이 있게 되나니"라고 했다. 여기에서 원불교의 인과설을 이해함에는 《주역》사상을 파악하지 않으면 근원적으로 이해할 수가 없다는 것을 알 수 있다. 반대로 원불교의 인과 사상은 《주역》을 깊이 파악해 들어간 사람이면 궁극에 있어서 그 인과성을 알 수 있다고도 말할 수 있는 것이다.《원불교대사전》

• 해탈解脫 : 일체의 심적心的 구속과 속박으로부터 벗어나 자유롭게 되는 것. 삼독심·오욕 등으로부터 벗어나는 것은 물론 죽음 앞에서도 초연하고 담담해 질 수 있는 마음 상태를 말한다. 소태산 대종사는 "해탈한 사람의 심경은 범상한 생각으로 측량하지 못한 바가 있나니, 무슨 일이나 그 일을 지어 갈 때에는 천만년이라도 그곳을 옮기지 못할 것 같으나 한번 마음을 놓기로 하면 일시에 허공과 같이 흔적이 없느니라."고 했다. 정산 종사는 해탈의 도를 다음 세 가지로 들고 있다.

① 생사가 원래 없는 불생불멸의 근본 진리를 철저히 관조하고 그 진리를 생사의 경계에 실지로 응용하는 것이요. ② 고락이 원래 돈공한 자성의 원리를 철저히 관조하고 그 진리를 고락의 경계에 실지로 응용하는 것이며. ③ 모든 차별과 이해利害가 원래 공空한 자리에서 인과보응 되는 이치를 철저히 관조하고 그 진리를 차별과 이해의 경계에 실지로 응용하는 것, 또 "공부하는 사람이 일심을 놓지 않는 것이 평상심을 운용하는 원동력이 되나니, 공부하는 이가 평상의 진리를 깨치면 능히 생사고락에 해탈하는 묘법을 얻을 것이라."고 했고, 삼학공부 중에 수양은 해탈이 표준이 된다고 하였다.《원불교대사전》

• 천인天人 : ① 하늘과 사람을 아울러 이르는 말. 우주와 인생. 천도天道와 인도人道를 말한다. ② 도가 있는 사람. 하늘마음을 가진 사람. 순수하고 진실한 마음을 가진 사람. 하늘처럼 한없이 맑고 넓은 마음을 가진 사람을 말한다. ③ 재질이나 용모가 비상하게 뛰어난 사람을 말한다. ④ 천계에 거주하는 자, 천중天衆이라고도 함. 하늘에 머무는 신. 산스크리트어로 수라Sura, 데바마누사Deva-Manusā 등으로 표현한다.

• 생로병사生老病死 : ① 일체 생명, 우주 만물, 모든 사람의 한 평생을 시간상으로 넷으로 분류해서 설명하는 말이다. ② 사람이라면 누구나 반드시 받아야 할 네 가지 고통. 태어나고, 늙어가고, 병들고, 죽고 하는 모든 일이 고통이라는 말. 원불교에서는 이 생로병사를 피할 수 없이 겪어야 할 고통으로 보지만, 이 고통을 극복하는 정도에 따라서 공부의 등위가 정해진다고 본다. 법강항마위 승급 조항에 '생로병사에 해탈을 얻은 사람의 위'라고 했다. 항마위에서는 생로병사에 끌리지만 않는 정도요, 출가위에 가야 자유자재할 수 있는 것이다. 《원불교대사전》

한문 인용구의 원문은 《논어論語》 〈술이述而〉에서 나왔다. 그 항목에 "반소사음수 곡굉이침지 낙역재기중 불의여부귀 어아여부운[飯蔬食飮水 曲肱而枕之 樂亦在其中 不義與富且貴 於我如浮雲]."이라 하였다.

이 글을 도표로 만들고 《대종경》의 해역과 비교하면
아래와 같다.

원문	대종경	축자해역(逐字解譯)
飯蔬食飮水	나물 먹고 물 마시고	나물밥을 먹고 물을 마시고
曲肱而枕之	팔을 베고 누웠을지라도	팔을 베고 누웠을지라도
樂亦在其中	낙이 그 가운데 있으니	즐거움이 또한 그 가운데 있으니
不義與富且貴	의 아닌 부와 귀는	옳지 아니한 부유와 또한 존귀는
於我如浮雲	나에게는 뜬구름 같다	나에게는 뜬구름과 같으니라.

글자와 단어를 풀어보면

• 반飯 : 밥 반. 밥. 먹이다. 식사. 쌀밥.

• 소蔬 : 나물 소. 푸성귀 소. 나물. 푸성귀. 남새. 채소.

• 사食 : 밥 사. 밥. 먹을 식. 먹을거리.

• 소사蔬食 : 채소 반찬뿐인 밥.

• 음飮 : 마실 음. 마시다. 잔치. 음료.

• 수水 : 물 수. 물. 홍수. 물의 범람. 냉수冷水를 '수水'라하고 열수熱水를 '탕湯'이라 한다.

• 음수飮水 : 사람이 갈증을 해소하거나 맛을 즐길 수 있도록 만

든 마실 거리.

- 곡曲 : 굽을 곡. 굽다. 휘다. 굽히다.
- 굉肱 : 팔뚝 굉. 팔뚝.
- 곡굉曲肱 : 팔을 구부림.
- 이而 : 말 이을 이. 말 이음. 순접 역접의 접속사.
- 침枕 : 베개 침. 베개. 잠잘 때 베는 베개. 잠자다.
- 지之 : 갈 지. 어조사 지. 가다. 이[지시대명사].
- 낙樂 : 즐거울 락. 좋아할 요. 풍류 악.
- 역亦 : 또 역. 또. 또한. 모두. 대단히.
- 재在 : 있을 재. 있다. 제멋대로 하다. 살피다.
- 기其 : 그 기. 그[지시대명사].
- 중中 : 가운데 중. 가운데. 마음. 치우치지 아니하다.
- 불不 : 아닐 불. 아니다. 아닌가 부. 말라. 금지.
- 의義 : ① 옳을 의. 옳다. 바르다. 평평하다. ② 유교의 도덕 범주 가운데 하나로 행동의 올바름. 사람이 국가나 집단의 구성원으로서 공통 규범에 합치하는 행동을 스스로 취하는 것을 의미한다. '의義'라는 글자는 원래 위 부분의 '양¥'과 아래의 병기 모양을 뜻하는 '아我'로 이루어진 상형문자로 고기를 써는 행위를 나타냈다. 이로부터 '사물을 세세히 자르고 나누는 것', '세세히 잘라서 고르고 질서 있게 하는 것'을 비유하게 되었고, 공정한 원칙에 따라 사회 성원의 의무와 권리를 분배하여 질서를 확립한

다는 뜻으로 발전했다. 또 사람의 입장과 지위에 따라 달리하는 용모나 행동 방식[儀]을 가리켰다. 여기에서 용모와 행동 방식의 가장 마땅한 것[宜]을 뜻하는 당위 규범으로 발전했다. 나아가 행동 방식이 당위 규범에 맞을 때 의는 선善과 같은 뜻으로 쓰이고, 이에 반하는 불선을 바로잡는다는 의미도 갖게 되었다.

원불교에서 소태산 대종사의 의에 대한 입장은 "그 의[誼=義]만 바루고 그 이利를 도모하지 아니하며, 그 도만 밝히고 그 공을 계교하지 아니한다[正其誼(義)而不謀其利 明其道而不計其功]"고 한 동중서董仲舒의 글을 보고 칭찬한 후 그 끝에 한 귀씩 더 붙이기를 "그 의만 바루고 그 이를 도모하지 아니하면 큰 이가 돌아오고 그 도만 밝히고 그 공을 계교하지 아니하면 큰 공이 돌아오느니라[正其誼(義)而不謀其利 大利生焉 明其道而不計其功 大功生焉]."[《대종경》 인도품 7장]는 표현에 근거하여 살펴볼 수 있다. '큰 이'라 함은 구도의 차원에서 확대하여 해석된 것으로 보인다.

의의 의미를 수용하고 이의 의미를 좀 더 적극적으로 제시함으로써 일반 사회적 의미에서 도道 실현의 차원으로 승화시키고 있다. 곧 원불교에서 의미는 인도정의人道正義를 뜻한다. 원불교 핵심교리인 '사은'중 법률은에서 그 의미를 확인할 수 있다. '법률이란 인도정의의 공정한 법칙'이다. 인도정의는 '사람이 마땅히 행해야 할 바른 도리'를 의미한다. 인도정의의 공정한 법칙은

'개인에 비치면 개인이 도움을 얻을 것이요, 가정에 비치면 가정이 도움을 얻을 것이요, 사회에 비치면 사회가 도움을 얻을 것이요, 국가에 비치면 국가가 도움을 얻을 것이요, 세계에 비치면 세계가 도움을 얻을 것'이라고 한다. 인간이 존재를 유지하고 살아가기 위해 없어서는 바르게 살 수 없는 은혜가 된다.

• 불의不義 : 의리·도리·정의에 어긋남. 옳지 못함. 《정전》'작업취사의 요지'에 '취사란 정의는 취하고 불의는 버림'이라 했고, '이 일을 할 때 불의에 끌리는 바가 없고, 저 일을 할 때 불의에 끌리는 바가 없게 되면 이것이 즉 취사 공부'라 했다.[《대종경》 수행품 9장] 정산 종사는 '일심이 동하면 정의가 되고 잡념이 동하면 불의가 된다'고 했고[《정산종사법어》 경의편 30장], '불의한 사람을 아무리 타일러도 듣지 않으면 큰 경계를 써서 개과를 시키는 것도 자비'라 했다[《정산종사법어》 응기편 34장].

• 여與 : 줄 여. 주다. 더불 여.

• 부富 : 부자 부. 재물이 많고 넉넉하다. 풍성

• 차且 : 또 차. 또. 잠깐. 장차.

• 귀貴 : 귀할 귀. 귀하다. 소중하다. 우수하다. 귀히 여기다.

• 어於 : 어조사 어. 어조사. −에. −에서. −을(를).

• 아我 : 나 아. 나. 우리. 외고집.

• 여如 : 같을 여. 같다. 따른다. 같게 하다.

• 부浮 : 뜰 부. 뜨다. 둥실둥실 떠 움직인다. 떠오른다.

• 운雲 : 구름 운. 구름. 습기. 높음의 비유.

• 부운浮雲 : ① 하늘을 떠돌아다니는 뜬구름처럼 인생이 덧없고 무상하다는 말. ② 아무런 사량 분별이 없이 무심하기가 뜬구름 같다는 말. ③ 하늘에 무심히 떠돌아다니는 뜬구름.

해의解義

세상에는 두 종류의 사람이 있다. 하나는 수양이 된 사람과 수양과는 거리가 먼 사람이다. 수양이 된 사람은 내면이 맑고 밝아서 외욕外慾이 삭힌 사람으로 안분安分의 자락自樂을 할 줄 알아서 외경外境에 의한 상처를 받지 않는 사람이라고 할 수 있다. 반면에 수양이 덜 된 사람은 어둡고 흐려서 이욕利慾을 좇아 분망한 사람으로 내면보다는 외안外眼이 뜨인 사람이라고 할 수 있다.

소옹[邵雍, 1011~1077. 北宋哲學家 易學家 字堯夫 諡號康節]의 '안분음安分吟'이라는 시에 "안분신무욕 지기심자한 수거인세상 각시출인간[安分身無辱 知幾心自閒 雖居人世上 卻是出人間]이라 하였다. 즉 '분수에 편안하면 몸에 욕됨이 없을 것이요, 기미를 알면 마음이 저절로 한가할 것이니 비록 인간 세상에 살더라도 도리어 인간 세상을 뛰어남이라'는 뜻이다.

정산 종사는 "구미口味가 있으면 소사채갱蔬食菜羹도 오히려 달아서 몸에 영양이 되고, 구미가 없으면 고량진미膏粱珍味도 맛이 없어서 소화불량을 일으키나니, 자신에게 도가 있으면 역경도 능히 좋게 운전하여 복락을 수용할 수가 있고, 자신에게 도가 없으면 순경도 나쁘게 운전하여 재앙의 밑천을 짓는 수 있느니라. 그러므로 세상 살아나가기의 재미있고 재미없는 것이 밖의 경계에만 있는 것이 아니요, 실은 안으로 자기의 도력道力과 도미道味 유무에 달려 있느니라."고 《정산종사법어》 응기편 61장에서 말씀하였다.

또한 《논어》〈헌문憲問〉에 "견리사의見利思義"하라. 즉 '이익을 보거든[당하거든] 옳은가를 생각하라'는 뜻이다. 세상에 부귀를 싫어하는 사람은 없다. 그러나 취법聚法은 다를 수 있다. 즉 어떻게 모아서 어떻게 누리느냐가 중요하기 때문에 모으는 방법에 적의하면 취하려니와 그렇지 않으면 국유지재國有之財요 천하지부天下之富라도 능사能捨할 줄을 알아야 후과後過가 줄어들 수 있고 중지衆指를 피하며 사평史評을 벗어날 수 있다.

결국 대종사님은 우리들에게 인간의 즐거움보다는 천상의 즐거움을 누려야 한다고 강조를 한다. 즉 인간계에 있으면서 누리는 낙은 다할 날이 있고 끝날 날이 있다. 아무리 처자권속을 거느리고 천만년 살 것같이 축재종귀蓄財從貴를 하지만 자신이 죽으면 그만이요, 어쩌다 파산破産을 하게 되면 역시 끝장일 수밖에 없다.

그러나 천상의 낙은 무형한 마음이 들어서 즐기는 것이라 무진무종無盡無終이기 때문에 피차지세彼此之世나 생사지역生死之易에 관계가 없이 영향永享을 할 수 있음으로 세상에서 누리는 부유나 존귀에 매이거나 집착함이 없이 대자재의 생활을 하고 대자유의 삶을 살아가게 된다.

따라서 인간락에는 천상락이 따를 수 없지만 천상락에는 인간락이 따르는 것이므로 천상락을 위주로 해서 누려야 한다. 또한 인간락은 길어야 일생에 그치지만 천상락은 영생을 갈 수 있음을 알아야 한다.

고전에서 말하는 소사채갱蔬食菜羹

• 《논어》향당鄕黨에 "비록 거친 밥과 나물국일지라도, 조상에게 제사[고수레]를 지냈는데, 반드시 재계하는 것 같으니라[雖蔬食菜羹 瓜祭 必齋如也]."

• 《맹자》만장萬章에 "비록 거친 밥과 나물국이라 할지라도 일찍이 배부르지 않은 적이 없었으니, 대개 감히 배부르지 않을 수가 없었음이라 그러나 그것으로 끝났을 따름이니라[雖蔬食菜羹 未嘗不飽 蓋不敢不飽也 然終於此而已矣]."

• 《예기》옥조玉藻에 "자묘일에는 기장밥과 나물국을 먹으리라[子卯 稷食菜羹]." 공영달孔穎達의 소疏에 "기장 곡식으로 밥을 하

고 나물로 국을 만들어 먹으리라[以稷穀爲飯 以菜爲羹而食之]."

• 송宋 마영경馬永卿의 《난진자爛眞子》 1권에 "이에 질버치[질흙으로 만든 동이]에 좁쌀을 담았다가 밥을 했고, 질동이[질항아리, 오지동이, 오지독]에 나물 국거리를 담으리라[乃用瓦盆盛粟米飯, 瓦罐盛菜羹]."

• 명明나라 풍몽룡馮夢龍 《동주열국지東周列國志》에 "문공은 무명 옷과 흰 갓을 쓰고 푸성귀와 나물국을 먹으며 일찍 일어나고 밤 늦게 쉬어서 백성을 부축하여 편안케 하니 사람들이 그를 어질다 일컬으리라[文公佈衣帛冠 蔬食菜羹 早起夜息 扶安百姓 人稱其賢]."

• 정자程子가 말하기를 "거친 밥에 물 마시기를 즐겨함이 아니고, 비록 거친 밥에 물만 마시게 되더라도 능히 그 즐거움을 고치지 아니하니, 의롭지 못한 부귀를 뜬구름처럼 가볍게 봄이라. 모름지기 즐거운 바가 어떤 일인지를 앎이라[非樂蔬食飮水也 雖蔬食飮水 不能改其樂也 不義之富貴 視之輕如浮雲然 又曰 須知所樂者何事]."

고전에서 말하는 불의지재不義之財

• 한 유향劉向 《열녀전烈女傳》〈제전직모전齊田稷母傳〉에 "무릇 신

하 된 자가 충성스럽지 못함은 자식 된 자가 효도하지 못함과 같으며 의롭지 못한 재물은 나의 것이 아니고 불효하는 자식은 내 자식이 아니니 너는 일어나 나가거라. 이에 전직자는 부끄러움을 견디지 못하고 나가서 그 돈을 돌려주고 스스로 선왕에게 죄를 고하고 벌을 내리길 청했다. 선왕이 이 말을 듣고 크게 그 어머니의 의로움을 칭찬하였으며 전직자의 잘못을 용서하여 재상의 자리로 돌아가게 하고 그 돈은 그 어머니에게 하사했다[夫爲人臣不忠 是爲人子不孝也 不義之財 非吾有也 不孝之子 非吾子也 子起. 田稷子慚而出 反其金 自歸罪於宣王 請就誅焉. 宣王聞之 大賞其母之義 遂舍稷子之罪 復其相位 而以公金賜母]."

• 명 풍몽룡馮夢龍《고금소설古今小說》 22권에 "이에 의가 아닌 재물은 개나 돼지도 돌아보지 않는 것인데 어느 사람이 너를 원하겠느냐[這不義之財 犬豕不顧 誰人要你的]!"

•《예기》〈곡례상曲禮上〉에 "재물에 임해서는 구차하게 얻지 말며, 어려움에 임해서는 구차하게 면하려 말지라[臨財毋苟得 臨難毋苟免]."

•《논어》〈이인〉에 "군자는 정의에 밝고, 소인은 이익에 밝으니라[君子喩於義 小人喩於利]."

•《맹자》〈공손추상公孫丑上〉에 "한 가지라도 의롭지 못한 일을 행하거나, 한 사람이라도 죄 없는 이를 죽이고서, 천하를 얻는 일은 공자는 하지 않으리라[行一不義 殺一不辜 而得天下 孔子不爲]."

• 주희朱熹가 말하기를 "그 불의한 부귀 보기를 뜬구름이 없어지는 것같이 여긴다면 아득히 그 중심[마음]은 동요하는 바가 없으리라[其視不義之富貴 如浮雲之無有 漠然無所動於其中也]."

頌曰

1. 夫安貧樂道 부안빈낙도　무릇 가난에 편안하고 도를 즐김은
   不足足知之 부족족지지　부족함에서 만족을 아는 것이네
   財物如山積 재물여산적　재물이 산처럼 쌓였을지라도
   一塵爪上垂 일진조상수　한 티끌이 손톱 위에 드리움이라.

2. 菜非眞羹味 채비진갱미　나물은 참된 국 맛이 아니요
   稷飯不嘉飱 직반불가손　기장밥도 아름다운 밥은 아니라
   天地呑開口 천지탄개구　하늘과 땅 입을 벌려 삼킨다면
   何由食飮喧 하유식음훤　무슨 이유로 먹고 마셨다 지껄이랴!

3. 天樂爲眞樂 천락위진악　천상락이 참된 낙이 된다면
   人生亦是同 인생역시동　사람 사는 것도 또한 이와 같으리
   去來無所礙 거래무소애　가고 옴에 거리끼는 바 없으니
   坐處發花充 좌처발화충　앉은 곳에 꽃을 피워 채우리라.

4. 去來正路步 거래정로보 가고 옴에 바른길을 걷고
   居世義程行 거세의정행 세상에 살며 의로운 길 행한다면
   不受人人指 불수인인지 사람들의 손가락질 받지 아니하고
   身心自穩生 신심자온생 몸과 마음 저절로 편안하게 살리라.

5. 富不當召禍 부부당소화 부가 부당하면 재앙을 부르고
   貴不義招殃 귀불의초앙 귀가 옳지 않으면 재앙을 부르리
   兩者無貪慾 양자무탐욕 두 가지에 탐하는 욕심 없으면
   朝朝夜夜康 조조야야강 아침이나 저녁이나 편안하리라.

삼일백년
三 日 百 年

사흘과 백년

옛 성인의 말씀에 "'사흘의 마음공부는 천년의 보배요, 백년의 탐낸 물건은 하루아침 티끌이라' 하였건마는 범부는 이러한 이치를 알지 못하므로 자기의 몸만 귀히 알고 마음은 한 번도 찾지 아니하며, 도를 닦는 사람들은 이러한 이치를 알므로 마음을 찾기 위하여 몸을 잊느니라. 그런즉, 그대들은 너무나 무상한 모든 유有에 집착하지 말고 영원한 천상락을 구하기에 힘을 쓰라. 만일 천상락을 오래오래 계속한다면, 결국은 심신의 자유를 얻어서 삼계의 대권을 잡고 만상의 유무와 육도의 윤회를 초월하여 육신을 받지 아니하고 영단靈丹만으로 시방세계에 주유할 수도 있고, 금수 곤충의 세계에도 임의로 출입하여 도무지 생사 거래에 걸림이 없으며, 어느 세계에 들어가 색신을 받는다고 할지라도 거기에 조금도 물들지 아니하고 길이 낙을 누릴 것이니 이것이 곧 극락이니라. 그러나 천상락을 길게 받지 못하는 원인은 형상 있는 낙에 욕심이 발하여 물질에 돌아감이니 비록 천상락을 받는 사람이라도 천상락 받을 일은 하지 않고 낙만 받을 욕심이 한 번 발하면 문득 타락하여 심신의 자유를 잃고 순환하는 대자연의 수레바퀴에 끌려서 또다시 육도의 윤회를 면하지 못 하나니라." 《대종경》불지품 16장

원문에 있는 숙어를 풀어보면 다음과 같다.

• 삼계三界 : ① 불교의 세계관으로 중생들이 생사 윤회하는 미망의 세계를 3단계로 나누어 욕계欲界·색계色界·무색계無色界의 세 가지로 설명하며 삼유三有라고도 한다. 욕계는 식욕·색욕 등의 오욕이 치성한 세계로서 욕계는 맨 아래에 있으며 오관五官의 욕망이 존재하는 세계로 지옥·아귀·축생·아수라·인간 등 다섯 가지와 사왕천四王天·도리천·야마천夜摩天·도솔천兜率天·화락천化樂天·타화자재천他化自在天 등 육욕천六欲天이 여기에 속한다. 색계는 욕계 위에 있으며 색계사선[色界四禪:初禪·二禪·三禪·四禪]이 행해지는 세계로, 여기에는 물질적인 것[色]은 있어도 감관의 욕망을 떠난 청정淸淨의 세계이다. 오욕을 벗어나서 청정한 세계이나 아

직도 물질적인 형체가 남아 있다. 무색계는 물질적인 것도 없어진 순수한 정신만의 세계인데, 아직도 존재에 대한 욕망이 남아 있다. 무념무상의 정[定:三昧]으로서 사무색정[四無色定:空無邊處定·識無邊處定·無所有處定·非想非非想處定]을 닦은 자가 태어나는 곳이다. 무색계는 색계 위에 있다고 할 수 없다. 그것은 방처方處, 곧 공간의 개념을 초월한 것이다.

정산 종사는 삼계에 대하여 "삼계로 벌여 있는 중생의 세계는 중생의 끌리는 마음 세계에 벌여 있나니, 욕계는 식 색 재 등 물욕에 끌려서 오직 자기 구복 하나를 위해 예의염치도 모르고 종종의 악업을 지으며 정신없이 허덕이는 중생의 마음 세계요, 색계는 명상에 끌려서 모든 선행을 하고 사업을 하되 자신의 명예욕에 끌려 하므로 자칫하면 승기자를 시기하고 저만 못한 자를 무시하며 그에 따라 사량과 계교가 많은 중생의 마음 세계요, 무색계는 명상에 끌리는 바도 없고 사량과 계교도 없다는 생각 곧 법상에 끌려서 명리에 끌리는 사람이나 사량과 계교에 끌리는 사람을 싫어하는 중생의 마음 세계니, 이 마음마저 멸도 되어야 삼계를 초월하나니라[《정산종사법어》 경의편 51장]."고 했다. ② 과거·현재·미래의 세 가지 세계. 곧 삼세三世을 의미하기도 한다. ③ 천계天界·지계地界·인계人界의 세 가지 세계를 의미하기도 한다. ④ 시방제불·일체중생·자기 일심의 세 가지의 뜻으로도 쓴다.

• 영단靈丹 : ① 깊은 수양으로 얻어진 신령스러운 마음의 힘. 심

단心丹과 같은 말. 오래오래 수양의 공을 쌓아서 영단을 얻으면 심신의 자유를 얻고 삼계의 대권을 잡아 육도윤회를 초월할 수 있다. 정산 종사는 "잘 참기가 어렵나니, 참고 또 참으면 영단靈丹이 모이고, 꾸준히 하기가 어렵나니, 하고 또 하면 심력心力이 쌓이어 매사에 자재함을 얻나니라[《정산종사법어》 법훈편 42장]."고 하여 영단의 위력을 강조했다. ② 신령스러운 효험이 있는 단약.

• 생사 거래生死去來 : 생멸거래와 같은 말. 사람의 태어나고 죽는 일이 가고 오는 것과 같다고 보아 비유해서 설명하는 말. 중생은 사람이 죽으면 모든 것이 끝난다고 생각한다. 그러나 생사란 낮이 가면 밤이 오고, 밤이 가면 다시 낮이 돌아오는 것과 같이 끊임없이 오고 가며 돌고 도는 것이다. 이와 같은 이치를 알면 죽음을 두려워하지 않고 생사 거래에 담담해지며, 생사를 자유로 할 수 있게 되는 것이다.

• 극락極樂 : 지극히 안락하여 아무런 근심 걱정이 없는 경우와 처지 또는 그런 장소를 뜻하는 말. 불교의 이상세계인 불토佛土의 이름으로 아미타불의 전신인 법장비구法藏比丘의 이상을 실현한 국토로써 그곳엔 아미타불께서 지금도 계시어 항상 설법하며, 모든 일이 구족하여 즐거움만 있고 괴로움은 전혀 없는 자유롭고 안락한 이상향으로 극락정토極樂淨土·무량청정토無量淸淨土·무량광명토無量光明土·서방정토西方淨土라고도 부른다.

소태산 대종사는 "과거에는 부처님의 신력에 의지하여 서방

정토 극락에 나기를 원하며 미타성호를 염송했으나 우리는 바로 자심미타를 발견하여 자성 극락에 돌아가기를 목적하나니 …… 우리의 자성은 원래 청정하여 죄복이 돈공하고 고뇌가 영멸했나니 이것이 곧 여여하여 변함이 없는 자성 극락이라"[《정전》염불의 요지]고 하여 자성 극락을 강조했다. 또 《대종경》 성리품 3장에서는 '고와 낙을 초월한 자리가 극락'이라 했고, 《정산종사법어》 경의편 54장에서는 '우리의 정신이 온전하여 맑고 서늘하면 시방세계 어디나 다 정토'라고 했다. 이를 종합해보면 극락세계가 이 세상 밖에 따로 있는 것이 아니라 자심미타를 발견하면 그 마음 안에 극락이 있다는 것이다.

• 시방세계十方世界 : 시방에 있는 무수한 세계. 시방에는 무량무변한 세계가 있기 때문에 시방세계라 한다. 시방은 동·서·남·북·사유·상·하의 열 가지 방향을 의미한다.

• 육도윤회六道輪廻 : 일체중생이 자신의 지은 바 선악의 업인에 따라 천도·인도·수라·축생·아귀·지옥의 육도 세계를 끊임없이 윤회전생輪廻轉生하게 된다는 뜻.

• 욕심慾心 : 분수에 넘치게 무엇을 탐내거나 누리고자 하는 마음. 《정전》 '정신수양'과 '작업취사' 등에서 욕심을 제거해야 하는 것으로 밝히고 있으나, 《대종경》 수행품 36장에서는 "욕심은 없앨 것이 아니라 도리어 키울 것이니, 작은 욕심을 큰 서원으로 돌려 키워서 마음이 거기에 전일하면 작은 욕심들은 자연 잠잘 것

이요, 그러하면 저절로 한가롭고 넉넉한 생활을 하게 되리라."고
하여 제거해야 할 욕심이 아닌 큰 서원으로 키워야 할 정당한 욕
심을 함께 밝히고 있다.

 • 타락墮落 : ① 부처님 마음을 잃어버리고 중생심으로 떨어지
는 것. 법위가 향상되지 못하고 도리어 강급하는 것. ② 죄를 범
하여 불신의 생활에 빠지는 것. ③ 선도에서 악도로 떨어지는 것.
④ 품행이 나빠져서 잘못된 구렁에 빠지는 것. ⑤ 마음이 순수하
고 정직하던 사람이 나쁜 일에 물이 드는 것을 말한다.

한문 인용구의 원문 나누어 도표로 만들고
《대종경》의 해역과 비교하면 다음과 같다.

고려 시대 스님인 야운 비구[野雲比丘 : 고려 말엽 나옹선사
(懶翁禪師, 1320~1376)의 제자로 추정되며 휘諱는 각우覺牛이다]
가 지은 《초발심자경문初發心自警文》에 실려 있는 문구이다. 그 항
목에 "삼일수심천재보 백년탐물일조진三日修心千載寶 百年貪物一朝塵"
이라 하였다.

원문	대종경	축자해역(逐字解譯)
三日修心千載寶	사흘의 마음공부는 천년의 보배요	사흘 마음을 닦음은 천년의 보배이요
百年貪物一朝塵	백년의 탐낸 물건은 하루아침 티끌이라	백년 물을 탐함은 하루아침의 티끌이니라.

글자를 풀어보면

• 삼三 : 석 삼. 석. 셋. 세 번.

• 일日 : 날 일. 해 일. 날. 태양. 해.

• 수修 : 닦을 수. 닦는다. 다스린다. 고치다.

• 심心 : 마음 심. 마음. 심장. 가슴.

• 천千 : 일천 천. 일천. 천 번. 많다.

• 재載 : 해 재. 해. 년. 실을 재. 싣는다. (머리에)이다[물건을 머리 위에 얹다]. 올라타다. 오른다. 행하다.

• 보寶 : 보배 보. 보배. 보물. 보배롭게 여기다. 신神.

• 백百 : 일백 백. 일백. 백번 하다. 모든.

• 연年 : 해 년. 해. 365일. 나이. 연령. 새해. 신년.

• 탐貪 : 탐할 탐. 탐한다. 더듬어 찾는다.

• 물物 : 만물 물. 만물. 일. 무리. 종류.

• 일一 : 한 일. 하나. 한 번. 처음. 오로지.

• 조朝 : 아침 조. 아침. 처음. 시작의 때. 뵙다. 알현하다.

• 진塵 : 티끌 진. 티끌. 흙먼지. 속사俗事. 속세俗世.

해의解義

《자경문自警文》은 야운 비구 스님이 처음 출가한 동자승들을 가르치기 위한 교재로 지었다고 하지만 절집에서 스님노릇하기 위해서는 누구나 익혀야 하고 일반 사람들도 새겨보아야 할 것이 많이 담겨진 귀중한 법문이라고 아니할 수 없다.

이 문구를 이해하기 위해서는 앞 문장을 볼 필요가 있다. 앞 문장에 "내무일물래 거역공수거 자재무연지 타물유하심 만반장불거 유유업수신[來無一物來 去亦空手去 自財無戀志 他物有何心 萬般將不去 唯有業隨身]이라"는 문구이다. 즉 '올 때에 한 물건도 가져옴이 없었고 갈 때에도 또한 빈손으로 가는 것이라. 나의 재물도 아끼는 마음 없어야 하는데 다른 이의 물건에 어찌 마음을 두랴. 만 가지만 가져가지 못하고 오직 업만 몸을 따르느니라.'는 의미이다.

우리가 아무리 청정한 곳을 갔다 왔을지라도 반드시 먼지가 옷에 묻는다. 이처럼 우리가 다생다겁을 거래하면서 자인自因이든 타인他因이든, 자의든 타의든 간에 지어져서 묻힌 신업身業이나 심업心業이 있어서 자성을 덮고 지혜를 막으며 불심을 가리기 때문에 드러나지를 않는다. 그러므로 이를 드러나게 하려면 마음을 닦는 외에 무타도리無他道理이니 수심修心 곧 마음 닦음을 강조하지 않을 수 없다.

따라서 우리가 세상의 삶을 마감하는 날 과연 이 세상에서 누렸던 부귀지물富貴之物을 가지고 갈 수 있을까? 아니다. 공수래공수거空手來空手去요 만반장불거萬般將不去라 하였으니 탐욕貪慾을 놓고 간인慳吝을 버리는 것이 선방善方이라고 아니할 수 없다.

결국 여기서는 두 가지를 말하고 있다. 마음을 닦는다는 것은 진리[성품]를 깨쳐서 지혜를 이루자는 것이요 탐물을 책망하는 것은 욕심을 쳐내서 복조福祚를 갖추자는 의미이다. 즉 지혜를 이루면 부처가 되고 욕심을 놓으면 보살이 되어 불보살을 이루자는 것이라고 할 수 있다.

또한 우리가 세상을 살면서 탐욕을 부리지 않아야 할 것들이 많지만 그중에서 다섯 가지만 욕심을 부리지 않으면 좋을 것 같다.

첫째는 먹는 것을 탐하지 말지니, 만일 지나치게 먹음이 있으면 저절로 반찬[음식]에 돈을 허비하며 장기가 손상되고 몸이 죽어가는 지름길이 되니라[一勿貪食 若有過食 自費饌錢 損傷臟器 殞體爲徑].

둘째는 재물을 탐하지 말지니, 만일 재물을 탐함이 있으면 스스로 마약을 마심이며 인성이 파괴되어 죄를 범하는 지름길이 되니라[二勿貪財 若有貪財 自飮痲藥 破壞人性 犯罪爲徑]

셋째는 이성을 탐하지 말지니, 만일 이성을 좋아하면 저절로 음탕한 마음이 생기며 정신이 몽롱하여 몸을 늙게 하는 지름길이 되니라[三勿貪色 若有好色 自生淫心 朦朧精神 老身爲徑].

넷째는 즐기기를 탐하지 말지니, 만일 즐기기를 탐함이 있으면 저절로 게으름이 나오고 즐거움이 극하면 슬픔이 생겨 방탕케 하는 지름길이 되니라[四勿貪樂 若有貪樂 自出懈怠 樂極哀

生 放蕩爲徑]

다섯째는 권리를 탐하지 말지니, 만일 권리를 탐함이 있으면 저절로 잔인한 행동이 생기고 도덕의 마음이 매몰되어 집안을 기울어지게 하는 지름길이 되니라[五勿貪權 若有貪權 自生殘行 埋沒道心 傾家爲徑].

옛 글에 "수복불수혜 복중야조죄 수혜불수복 혜중역호도[修福不修慧 福中也造罪 修慧不修福 慧中亦糊塗]"라 하였다. 즉 '복만 닦고 지혜를 닦지 아니하면 복 가운데서 죄를 짓고, 지혜를 닦고 복을 닦지 아니하면 지혜 가운데서 또한 호도[糊塗, 어리석다. 멍청하다. 얼떨떨하다. 어리둥절하다. 흐리멍덩하다. 어리벙벙하다]하니라'고 하였다.

그러기 때문에 수도를 한다 할지라도 복혜균지福慧均持하고 혜복쌍득慧福雙得이라야 걷는 길에서도 조화를 이루고 살아가는 비탈에서도 균형을 맞추어 기울거나 낱낱의 굴림이 되지 않고 올바르게 앞길을 갈 수 있음을 각골명심해야 한다.

頌曰

1. 修心成佛路 수심성불로　마음 닦음은 부처 이루는 길이요
　貪物獄傾程 탐물옥경정　물건 탐냄은 지옥으로 기우는 길이라
　四海胸中抱 사해흉중포　사해를 가슴 가운데 안으면

富財豈鬪盛 부재기투성　부유와 재물 어찌 담기를 다투겠는가.

2. 拭心成大智 식심성대지　마음 닦으면 큰 지혜를 이루고
   捐慾得鴻禧 연욕득홍희　욕심을 버리면 큰 복을 얻으리
   性啓明眞理 성계명진리　성품 열리고 진리가 밝아지면
   其中佛祖基 기중불조기　그 가운데 부처조사 터 잡으리라.

3. 人似西山日 인사서산일　사람은 서산의 해와 같고
   富如草露霜 부여초로상　부유는 풀 끝의 서리 같네
   光陰都飮嚼 광음도음작　광음이 모두 마시고 씹으니
   修養自心光 수양자심광　닦고 길러 자신 마음 빛낼지라.

4. 慧光煩惱滅 혜광번뇌멸　지혜의 빛에는 번뇌가 소멸하고
   福逮善緣隨 복체선연수　복락이 미치면 좋은 인연 따르리
   世貴修心路 세귀수심로　세상에 귀함은 마음 닦는 길이니
   長生永劫儔 장생영겁주　긴긴 생애 긴긴 세월을 짝하리라.

5. 爪上乾坤立 조상건곤립　손톱 위에 하늘땅을 세우고
   胸中宇宙應 흉중우주응　가슴 가운데 우주를 받아
   修心眞佛遂 수심진불수　마음 닦아 참 부처 이루어서
   沈苦衆生拯 침고중생증　괴로움에 빠진 중생 건지리라.

6. 大凡眞佛祖 대범진불조　무릇 참된 부처와 조사를
　　心外勿尋藏 심외물심장　마음 밖에서 찾아 갈무리 말지니
　　自太初全物 자태초전물　태초부터 완전하였던 물건으로
　　斯身卽道場 사신즉도량　이 몸이 바로 도량이어라.

천도성주

薦 度 聖 呪

천도의 성스러운 주문

대종사 이공주·성성원에게 "영천영지영보장생永天永地永保長生 만세
멸도상독로萬世滅度常獨露 거래각도무궁화去來覺道無窮花 보보일체대성경
步步一切大聖經을 외게 하시더니, 이가 천도를 위한 성주聖呪로 되니라."

《대종경》천도품 4장

성주가 설하여지게 된 배경

소태산 대종사가 원기11년 음력 12월 초에 상경하자 음 12월

9일[원기12년 양력 1월 12일] 경성 회원들이 창신동 출장소에 모였다. 소태산 대종사는 이때 '강자약자 진화상 요법'과 '고락에 대한 법문'을 설하시었다.

이 자리에서 이공주李共珠는 "불법을 공부하려면 수양에 힘을 얻어야겠는데 수양은 어떻게 하여야 하겠습니까?"고 물었다.

대종사는 "아침 일찍 일어나서는 좌선을 하고 저녁 자기 전에는 염불을 많이 하시오."

"염불도 어떤 염불을 하면 되겠습니까?"

"나무아미타불을 많이 염念하시오"

나무아미타불을 많이 염하라는 소태산 대종사의 말씀에 이공주는 다시 "젊은 사람이 어찌 나무아미타불을 부르겠습니까?"하고 말씀드렸다.

그러자 대종사는 "그럼 시구詩句는 읽을 수 있겠소?" 하고 시구 하나를 지어서 불러 주었다.

이게 바로 "거래각도무궁화 보보일체대성경"이다.

옆에 있는 성성원이 "저도 하나 지어 주십시오." 하니 소태산 대종사는 다시 한 구를 지어 주었다.

"영천영지영보장생 만세멸도상독로"이다.

후에 이 두 법문을 합하여 생령을 제도하는 성주聖呪가 되었다.

여기에는 일화가 있다. 이공주와 성성원에게 각각 한 귀씩 내려 외게 하였는데 합하여 성주가 되었다. 어느 날 대종사의 꿈에 총부 대각전에서 대중이 천도재를 지내는데 주문을 외우자 서기瑞氣가 감도는지라 이후로 영혼을 천도하는 주문으로 자리매김하게 되었다.

• 이공주李共珠 : 본명은 경자慶子. 법호는 구타원九陀. 법훈은 종사. 필명은 청하淸河. 1896년 12월에 서울 대조동 112통 8호에서 부친 유태裕泰와 모친 민자연화閔自然華의 3남 3녀 중 차녀로 출생. 원불교 초창기의 대표적인 여성교역자의 한 사람. 대한제국의 황실에서 시독侍讀을 하는 등 신구 지식을 갖추었다. 원기9년(1924) 서울에서 소태산 대종사를 만나 제자가 된 후 법문 수필 등에 탁월한 역량을 발휘하여 법낭法囊이라는 별호를 받았다.

교서 발간 등으로 초창기 교단의 호법주, 경제적 기초 확립과 기관·시설의 창립·후원 등으로 자타가 인정하는 공덕주였다. 전무출신을 서원하여 여자수위단원으로 제1대 성업봉찬회 회장, 감찰원장 등 교단의 요직을 두루 거치며 문화교화 등에 기여했다. 만년의 91세 때인 원기71년(1986)에는 필생 사업으로 진행해 오던《원불교제1대창립유공인역사》(전7권)를 편찬하여 자비로 출판했다. 원기76년(1991) 대종사탄생100주년까지 교단발전사의 현장을 지킨 인물로, 일생을 자료의 수집·보관, 사료 정리에 공을 들여 교단사와 관련한 귀중한 유품을 다수 남겼다.

어려서부터 자질이 총명예지聰明叡智했고 강의고결剛毅高潔한 기상을 가졌다. 1902년에 부친으로부터 한글을 배워 깨쳤고, 1907년에 한국 여성 최초의 미국유학생인 허난사許蘭史에게 한문·산술·초급영어를 배우고, 이듬해에 이화학당 초등과에 입학했다가, 동덕여학교로 전학했다. 1909년에서 1913년까지 대한제국 황실의 윤尹 황후의 시독으로 창덕궁에 입궐하여《논어》·《심상소학독본》 등을 공부했다. 1913년부터 1916년까지 경성여자보통학교[현 경기여고] 본과를 수료했다.

1916년 박장성朴將星과 결혼하여 이듬해에 장남 남기[南基, 법명 昌基]를 낳고, 1920년에 차남 동기東基를 낳았으나, 1922년에 부군이 별세했다. 원기9년(1924) 교단 창립총회를 마친 다음 익산 총부 건설을 시작하면서 서울 교화가 개척되었는데, 10월 26

일 상경한 소태산을 이공주는 모친인 민자연화·언니 이성각·조카 김영신과 함께 창신동에서 배알하고, 박공명선朴孔明善의 연원으로 입교했다. 원기12년(1927) 5월에 교단 최초의 수양교과서 《수양연구요론》(소태산 술)을 편집·출판했으며, 영산 방언공사에 따른 부채를 탕감했다.

이듬해 창립 제1대 제1회 총회에서 공부계 특신부, 사업계 정2등의 유공인에 해당했다. 원기15년(1930) 4월 민자연화의 추천으로 출가하여 서울교당 교무로 발령받고, 같은 달 26일 임시 여자수위단 조직과 함께 중앙단원에 선출되었다. 그해 5월 1일부터 9일까지 이동진화 등과 함께 소태산을 배종하여 금강산을 탐승하고, '세계적 명산 금강산 탐승기'[《월말통신》 제32호]를 발표하여 당시 수필 한 법문 등을 전했다. 원기17년(1932) 5월, 사재를 털어 서울교당 용지를 마련하여 신축하고, 7월 장남 박창기를 데리고 중앙총부에 와서 전무출신 시켰다.

원기19년(1934) 연구·통신부장에 임명되어 기관지 《회보》 편집을 담당하여 전후 7년간 진력했다. 원기25년(1940) 송도성·서대원 등과 함께 《정전》 편수위원이 되었고, 이듬해 교무부장에 임명되었다. 원기28년(1943) 5월 16일 소태산의 시질示疾에서 6월 1일 열반 및 상·장례에 이르기까지 가까이서 보필했다. 원기30년(1945)에 총부 교감에 임명되었고, '구타원'법호를 받았다. 원기35년(1950) 제1대 성업봉찬 회장에 임명되어 원기38년

(1953)에 대회를 마치도록까지 각종 사업을 전개했다. 이해에 감찰원장에 임명되었다.

원기42년(1957)에 대봉도 법훈장을 수증하고, 원기47년(1962)에 서울사무소장에 임명되었다. 원기51년(1965)에 감찰원장, 원기56년(1971)에 서울수도원장에 임명되었다. 원기71년(1986) 12월 교단창립 제2대 및 대종사탄생100주년 성업봉찬회의 결성과 함께 회장에 임명되었고, 《원불교제1대창립유공인역사》 7권을 자비로 편집·출간했다. 원기73년(1988)에 종사 법훈장을 수증하고, 만년에 총부수도원과 서울수도원을 내왕하면서 서울보화당한의원 등의 경영을 이끌다가 원기76년(1991) 1월 2일에 열반했다. 세수는 96세, 법랍은 61년으로, 공부성적은 종사위, 사업성적 정특등, 원성적 정특등이었다.

이공주는 학교 교육이 처음 시행되던 근대의 격변기에 신구지식과 함께 지도력을 겸비한 여성으로서 소태산을 배알하고 돈독한 신심을 바쳤다. 특히 갖추어진 재력가로서 공심과 공부심을 발휘함으로써 원불교의 창립기에 있어서 눈부신 활동을 전개했다. 출가와 더불어 교단 요직에 임하여 100세에 가까운 생애를 살면서 교단 발전의 현장을 지킨 인물이다. 따라서 타고난 총명함과 성실성, 그리고 갖추어진 경제력에 신심·공심·공부심을 갖추어 공부계와 사업계를 가리지 않고 교단의 대소사에 그의 역할이 미치지 않은 곳이 없다 하겠지만, 두드러진 업적을 정리하면 다음과 같다.

첫째, 소태산의 법문 수필이다. 그의 법문 수필은 원기12년 (1927) 5월, 기관지인 《월말통신》 창간호의 '약자로서 강자 되는 법문'이 비롯되었다. 이는 오늘의 '강자약자 진화상 요법'이며, 소태산의 대각 후에 행한 '최초법어' 중의 하나로 《정전》에 수록되었다. 이후 그는 소태산이 준 별호 '법낭'에 걸맞게 많은 법문을 듣고 기록하고 발표했다. '좌선에 대한 법문'[《회보》 제15호], '돈 버는 방식'[동 제18호], '사은사요의 필요성'[동 제26호] 등은 교리 체계로 《정전》에 편성되고, '나의 가르침은 인도상 요법이 주체이다'[동 제24호], '나는 용심법을 가르치노라'[동 제33호] 등은 교리의 활용법으로 《대종경》에 채록되었다.

둘째, 경전·교서 및 기관지 등 서적의 발간이다. 원기12년 (1927)의 《수양연구요론》과 원기16년(1931)의 《보경 육대요령》 발간을 주도한 것이 경전·교서라면, 원기16년(1931)의 《통치조단규약》과 원기18년(1933)의 《회보》는 법전·기관지의 발간이다. 원기25년(1940) 《정전》 편수위원으로 참여한 것처럼, 이후 교서의 편정과 발간에 직접 참여하며 재정 지원을 아끼지 않았다.

셋째, 초창기 교단의 경제적 토대 마련과 기관·시설의 건립·후원이다. 원기4년(1919)에 이룬 영산 방언답에 소출이 충분치 않음에 따라 누적된 부채를 원기13년(1928)의 제1회 결산 전에 탕감한 것을 시작으로 교단의 기관·교당·시설 등에 그의 손이 두루 미쳤다. 수도원·중앙훈련원 등의 중앙총부 기관·시설, 서울교당·서울회관·서울수도원·서울보화당 등의 서울 기관·시설, 삼동훈련원·제주국제훈련원·소남훈련원 등의 훈련 기관에 대해 설립·운영·재정 지원 등의 여러 방법으로 참여하고 후원한 것이 그 예이다.

넷째, 교단의 제도 정착기에 있어서 교단 요직을 두루 거치면서 지도력을 발휘한 점이다. 초창기 여성교역자의 대표적인 인물로 수위단원·성업봉찬회장·감찰원장·수도원장 등의 역할을 수행하면서 인재를 육성하고, 교단의 역사 자료를 수집·정리하며 지도자의 한 모범을 보여주었다.

이공주는 글을 해독한 이후 일생을 기록과 함께 했다. 특히 1909년 5월 14일부터 쓰기 시작한 일기는 일생 동안 계속된 데다 고스란히 남아 있어 자신의 생애는 물론 교단사의 정리에 있어서도 매우 유용하다. 그의 저술은 소태산의 법문 수필에서부터 시·논설·역사 기록 등 다양하며 활자화가 이루어진 것은 물론 수고본手稿本에 이르기까지 여러 형태로 남아 있다. 저술은 교단적인 역사물에 위의 《원불교 제일대 창립유공인 역사》 7권(1986)·《원불교연혁》(1953) 등이 있고, 자신의 문집에 《한 마음 한 길로》·《금강산의 주인》·《세계가 함께 보는 구슬》(1984), 요절한 장남 박창기(黙山 朴昌基, 1917~1950)의 문집인 《묵산정사문집》(1985)이 있다.

구타원종사기념사업회에서는 일기장과 교단사 관련 자료를 묶어 《구타원이공주종사 소장 원불교교단사 자료집성九陀圓李共珠宗師所藏圓佛敎敎團史資料集成》 전 8권(2005)을 영인 발행하고, 사진첩 《구타원 이공주종사》 2권(2006), 그리고 법문수필집으로 《일원상을 모본하라》·《인생과 수양》(2007), 열반 관련 자료와 후인들의 회고담을 모아 추모문집으로 《새 회상 도덕박사 세계의 큰스승》(2007)을 발행했다.

원불교 초창기 교단사와 함께 전개된 그의 사상은 원불교 교리를 믿고 실천한 신심·공심·공부심의 결과이며, 이를 다음과 같은 몇 가지로 정리할 수 있다.

첫째, 새 회상과 주세불관이다. 소태산을 만나 주세불로 모시고 새 회상의 건설에 참여하여 교리·제도의 체계화에 앞장서 오면서 교서 편정·역사 정리·성가 작사 등을 통해 그 사상을 실천하고, 그 법통을 이어 역대 종법사에 대한 사제의 도리를 다했다.

둘째, 철저한 역사·문화의식의 소유자였다. 기록문화의 중요성을 자각하고 사료 정리·유물 수집·계몽의식 고취 등에 모범을 보였다. 교단의 기관·인물에 대한 서적·역사·사진 등의 자료는 상당한 부분이 그를 통해 전승되었다.

셋째, 인재육성에 매진한 열린 교육관의 소유자였다. 바른 정신과 자질이 확인되면 인재로 길러 적재적소에서 역할 할 수 있도록 직접 지도와 함께 사비를 털어 장학금을 베풀었다. 교단의 지도자로서 열린 교육관을 가짐으로써 학식과 능력을 기르는 가풍을 이루는데 크게 기여했다.

넷째, 탁월한 공익주의자였다. 자신은 철저한 근검주의를 실천하면서도 교단 전체를 살피면서 공익에 필요한 일이면 큰 금액을 주저 없이 제공했다.

따라서 교단의 대소사는 항상 그와 상의가 되고, 그렇게 하여 호법주·공덕주로서의 역할을 수행하게 되었다. 아들 박창기가 전무출신을 하였다.

• 성성원成聖願 : 본명은 성현聖鉉. 법호는 정타원正陀圓. 소태산 대종사의 최초의 은녀이다. 1905년 8월 17일 전북 임실에서 부친 재환과 모친 박공명선의 7녀 중 막내로 태어났다. 간고한 생활 속에서도 경기여고에서 수학하고, 경성의전에 재학 중인 진대익과 결혼했다. 1924년 경성 계동 108번지에 신혼살림을 살 때 처음 상경한 소태산을 사흘 동안 모시는 기연으로 불법연구회 회원이 되었다. 이때 소태산을 안내한 박사시화는 어머니의 쌍둥이 언니이다. 성성원의 어머니인 박공명선은 여섯 딸이 모두 죽어 막내딸에게 의지했다. 성성원의 임신 중에 소태산은 박공명선의 죽음을 예견했고, 회원들에게 치상 준비를 하게 했다.

성성원이 아기를 출산하고 사흘 뒤에 박공명선이 죽었다. 형편이 이렇게 되자 소태산이 명한 대로 경성회관에서 장례 일체를 담당했다. 49재에 성성원이 소태산 앞에 눈물을 흘리며 '성원

이가 종사주의 시녀가 되는 것이 어머니의 소원'이라는 박공명
선의 유언을 전했다. 남녀별로 따로 은자시녀할 뿐인데 소태산
은 박공명선의 신성의 가상함과 성원의 충정에 느낀 바 있어, 은
부시녀의 결의를 허락했다. 원기15년(1930) 12월 15일 경성출
장소에서 소태산과 여자 회원 간에 처음으로 은부시녀 결의식을
거행하게 되었다. 원기10년(1925) 경 소태산으로부터 구식 염불
'나무아미타불'대신 '영천영지영보장생永天永地永保長生 만세멸도상
독로萬世滅度常獨露'라는 주문을 받았다.

이 주문은 이공주에게 준 '거래각도무궁화去來覺道無窮花 보보일
체대성경步步一切大聖經'이 합쳐져 뒷날 열반천도 주문 '성주聖呪'가
되었다. 소태산은 불우한 조선 여성을 지도하기 위해 경성여고를
나온 성성원과 이공주에게 전무출신하도록 권장했다. 성성원이
33세 되던 원기22년(1937)에는 재가 교도로서 경성지부 교무로
근무하여 5년간 교세 확장에 전력했다. 만년에 중앙수양원에서
정양하다가 원기69년(1984) 9월 23일 열반했다.

• 성주聖呪 : "성주는 영주靈呪와 청정주淸淨呪와 함께 원불교에서
사용하는 대표적인 주문이다. 특히 성주는 열반인을 위한 천도재
나 기도에서 사용하나 성주의 유래를 보면 선수행과 함께 수양
의 방법으로 소태산 대종사가 직접 지어 제자들이 독송하게 한
것이다. 성주는 수양의 방법으로 '나무아미타불'을 염하는 대신
에 이공주에게는 '거래각도무궁화 보보일체대성경去來覺道無窮花 步

步一切大聖經'을 성성원에게는 '영천영지영보장생 만세멸도상독로永
天永地永保長生 萬世滅度常獨露'를 염송하게 한 것이었으나 후일에 성주
라는 이름을 붙였으며 영혼천도를 위한 주문으로 사용되었다.

주문은 원래 진리를 나타내는 말로써 일심을 집중해서 독송하
여 심력과 위력을 얻기 위해서 하는 것으로 해석을 하지 않는 것
이 원칙이나, 소태산은 후기에 천도를 위한 법문에서뿐만 아니라
청년이나 일반대중을 위해 성리를 설하면서 자주 성주의 의미를
설하여 불생불멸의 진리와 생멸거래와 인과의 이치를 깨달아 마
음의 자유를 얻고 전 인류에게 복혜의 문로를 열어 주는 큰 사람
이 되도록 부촉하기도 했다.

성주는 '영천영지영보장생 만세멸도상독로 거래각도무궁화
보보일체대성경[永天永地永保長生 萬世滅度常獨露 去來覺道無
窮花 步步一切大聖經]'이다. 풀이하면 성주란 성스러운 주문이
라는 뜻이며 '영천영지영보장생'은 '영원한 하늘과 영원한 땅 곧
하늘과 땅이 영원하므로 그 속에 사는 모든 만물이 영원히 장생
을 보존한다.'는 의미이다. 곧 이 구절은 불생불멸不生不滅의 진리
를 나타내며, 불생불멸의 진리가 있기 때문에 만물이 영원히 멸
하지 않으며 우리도 영생을 얻게 되는 것이다.

또한 '만세멸도상독로'는 만세에 멸도 되더라도 곧 소천소지
燒天燒地가 되더라도 항상 홀로 드러나 있다는 것이다. 소천소지가
되더라도 한 물건이 장령長靈해서 개천개지盖天盖地 곧 하늘도 덮고

땅도 덮는 그 진리 자리가 상독로라는 것이다. 수 없는 생멸과 선악 귀천을 거듭하더라도 영원히 물들지 않는 본연 자성의 참나[眞我 또는 佛性]를 말한다. 요컨대 부처에게 더하지도 않고 중생에게도 덜하지 않은 본연 청정의 자성 자리를 의미한다.

또한 '거래각도무궁화'는 가고 오는 도를 깨고 보니 그것이 무궁한 꽃 즉 불생불멸 하는 꽃이더라는 의미이다. 생사 거래의 이치를 깨고 보면 불생불멸의 진리와 함께 생사와 인과가 끊임없이 반복하는 것이 마치 영원히 피고 지는 꽃과 같다는 의미이다.

생사 거래와 인과 여수가 영원히 반복되는 무궁한 꽃으로 보면 선악미추善惡美醜의 모든 차별심을 벗어나고 모든 이해에 해탈을 얻게 된다.

또한 '보보일체대성경'은 걸음걸음 일체 즉 천지삼라만상天地森羅萬象이 대성경大聖經을 펼쳐 보이는 것과 같다는 것이다. 생사 거래와 인과 여수의 이치가 무궁한 꽃과 같음을 깨치고 보면 이 세상 만물의 모든 이치가 큰 성경聖經으로 보이게 된다. 이 경지에 도달하면 윤회의 사슬을 벗어나 육도를 자유자재하고 생사 거래를 자유자재하게 된다. 성주는 열반인의 해탈 천도를 위해 많이 독송 되지만 또한 누구든지 일심으로 독송하면 불생불멸의 진리를 깨쳐 영생을 얻고 생사윤회에 해탈을 얻음과 동시에 큰 위력을 얻게 되는 것이다. 그러고 보면 성주는 이름 그대로 성자 또는 부처되게 하는 주문이다."《원불교대사전》

• 주문呪文 : "주술적인 작용을 낳게 하기 위해 주술을 행할 때 입으로 외는 글귀. 일정한 정식定式으로 틀이 갖추어 있으며, 특별한 마음가짐으로 특별한 장소에서 행할 때 효력이 발생한다고 여겨진다.

힌두교와 밀교Tantric Buddhism 전통의 만다라mantra는 주문에 해당하는 것으로 상징적 언어로 된 신비로운 소리를 의미한다. 만다라는 진언眞言으로 번역되어 쓰이기도 하는데 문자대로 말하자면 진리를 나타내는 참된 말이다. 일반적으로 주문은 단순한 주술적 의미로 주력呪力을 비는 행위 또는 의례ritual에 사용되는 언어나 소리로 이해되고 있으나, 인도의 힌두교 또는 요가 전통에서는 만다라라고 하여 중요한 수행법의 하나로 그 의미가 심오하다. 만다라는 만달라maṇḍala와 얀뜨라yantra와 함께 요가 수행에서 중요한 탄트라tantra 수행 방법의 하나다.

만다라가 물질 속에 (또는 육체 속에) 속박된 에너지와 의식consciousness을 해방시키는 독특한 미묘한 소리의 진동이라면, 만달라는 우주적 힘을 불러일으키는 원형圓形으로 된 독특한 형식의 그림을 의미하며, 얀트라는 숨어 있는 내재한 에너지와 의식을 깨워 일으키기 위해 정신을 집중하도록 고안된 상징적 도형을 의미한다. 만다라나 만달라나 얀트라의 방식을 통해서 하는 탄트라의 수행은 마음을 확장하고 물질[또는 육체]의 속박으로부터 에너지와 의식을 해방하는 과정을 의미한다.

특히 탄트라는 인간 신체의 에너지 흐름을 변화시킴으로써 인간의 마음이 우주적 신성神性을 체험하게 하며 그러한 신성의 체험으로 인간의 마음은 육체의 한계를 벗어나 초월적 힘에 다가가게 하는 수행이다. 만다라는 힌두 탄트라와 밀교 전통에서 오랫동안 중요한 수행 방법의 하나로 전승 발전되어 왔다. 만다라는 신비로운 소리라는 의미로 신비로운esoteric 힘을 가졌다고 일반적으로 생각해 왔으며 마음을 보호하는 것으로 이해되어 왔다.

만다라는 상징적 언어나 문자로 된 신비로운 소리로 자기 변화 등 수행의 목적을 성취하기 위해 여러 가지의 신비로운 힘에 다가가거나 그러한 힘을 키우기 위해 송誦을 하는 것으로 보는 것이 일반적인 견해이다. 그런데 만다라의 의미를 규정하는데 힌두 탄트라 전통과 밀교 전통에서 약간 다르게 강조하는 면이 있다. 힌두 탄트리즘에서는 만다라를 소리에 관한 것으로 특히 널리 알려진 옴AUM을 예로 들 수 있다.

옴은 아A와 우U와 음M의 세 음절로 되어 있는데, 각 소리가 우리 몸의 특정한 차크라를 자극하여 깨우는 것이다. 따라서 힌두 만다라에서는 소리 자체를 대단히 중요시 여겨 올바르게 소리를 내도록 가르친다. 또한 이 소리 자체가 대단히 신비한 것으로 소리를 문자로 표기하거나 그 의미를 해석하는 것을 전통적으로는 금기시하기도 했다. 이에 비해 밀교에서는 만다라는 진리를 나타내는 언어나 문구를 의미한다. 특히 밀교에서 만다라의 의미는 마음을 보호하는 것을 의미한다.

일상적으로 우리에게 보이고 경험되는 세계는 선악·미추·시비·이해의 분별심과 차별심인데 이것은 미혹迷惑된 마음의 작용에 의한 것이다. 따라서 만다라 수행을 통해 미혹된 마음의 작용 즉 분별심과 차별심으로부터 본래의 온전한 마음을 지키고 우리의 육근작용이 분별 세계에 구속되지 않고 그것을 넘어서 자유를 얻도록 하는 것이다.

원불교에서도 기도나 천도재 등 특별한 의례를 행할 때는 주문을 독송하는데, 대표적 주문으로는 성주聖呪와 영주靈呪와 청정주淸淨呪가 있다. 성주는 열반인을 위한 천도재나 기도에, 영주는 생존인의 소원 성취를 위한 기도에, 그리고 청정주는 특별한 재액이나 원진冤瞋의 소멸을 위한 기도에 주로 독송한다.

따라서 이 주문들은 단순히 주력을 빌거나 하는 주술적 의미가 아니라 힌두 탄트라나 밀교에서처럼 진리를 표현하는 상징적 언어 또는 문구로써 진리적 수행적 의미가 더 깊다. 일반적으로 주문은 해석하기보다 "주문에 마음을 주住하여 일심으로 독송하여 심력과 위력을 얻는 것"[《한울안 한이치》]이다. 소태산 대종사가 정신수양의 방법으로 주문과 선이 있으나 초입자에게는 선보다는 주문이 더 유용하다고 했듯이 원불교에서의 주문 독송은 힌두 탄트리즘이나 밀교에서처럼 중요한 수행 방법으로 취급하지만, 반면에 원불교에서는 초세속적인 생활을 하면서 단순히 주문이나 진언眞言 등 신비한 수행에만 몰두하여 신통 묘술과 같은 초자연적 능력을 바라는 등 편벽된 수행으로 흐르는 것은 경계한다."《원불교대사전》

이를 도표로 그리면 다음과 같다.

원문	원불교대사전	축자해역(逐字解譯)
永天永地永保長生	영원한 하늘과 영원한 땅 곧 하늘과 땅이 영원하므로 그 속에 사는 모든 만물이 영원히 장생을 보존한다.	영원한 하늘땅에 길이 기나긴 생애를 보전하려면
萬世滅度常獨露	만세에 멸도 되더라도 곧 소천소지(燒天燒地)가 되더라도	많은 세상에 멸도를 할지라도 항상 홀로 드러나
去來覺道無窮花	가고 오는 도를 깨고 보니 그것이 무궁한 꽃이요	가나오나 도를 깨달으면 다함없는 꽃이리니
步步一切大聖經	걸음걸음 일체 즉 천지삼라만상이 대성경을 펼쳐 보이네	걸음걸음 모두가 크고 두루 하는 성인의 길이어라.

글자를 풀어보면

• 영永 : 길 영. 길다. 오래 하다. 길게 하다. 오래도록 하다.

• 천天 : 하늘 천. 하늘. 천체. 태양. 자연. 의지. 성질. 운명.

• 지地 : 땅 지. 땅. 토지의 신, 처해있는 형편. 바탕. 본래의 성질.

• 보保 : 보전할 보. 지킨다. 보전하다. 지키다. 편안하게 하다. 돕다.

• 장長 : 길 장. 길다. 길이. 오래도록. 늘인다.

• 생生 : 잘 생. 살 생. 낳다. 살다. 천생으로.

• 만萬 : 일만 만. 일만. 다수. 크다. 수의 많음을 나타내는 말.

• 세世 : 세상 세. 세상. 대代. 때. 인간. 일생. 생애.

• 멸滅 : 멸할 멸. 소멸하다. 없어지다. 멸망하다. 제거하다. 불이 꺼진다.

• 도度 : 법도 도. 법도. 국량. 제도. 기량.

• 상常 : 항상 상. 항상. 불변의 도. 법. 사람이 행해야 할 도.

• 독獨 : 홀로 독. 홀로. 늙어서 자식이 없는 사람. 홀몸. 홀어미.

• 노露 : 이슬 로. 드러날 로. 이슬. 드러난다. 적시다. 은혜를 베풀다.

• 거去 : 갈 거. 가다. 떠난다. 잃어버린다. 잃는다. 배반하다.

• 내來 : 올 래. 오다. 장래. 부르다.

• 각覺 : 깨달을 각. 깨닫는다. 깨달음. 터득하다. 도리를 깨달아 아는 일.

• 도道 : 길 도. 길. 인의仁義. 도덕道德. 사상. 이치. 근원.

• 무無 : 없을 무. 없다. 허무의 도. 말라. 금지하는 말.

• 궁窮 : 다할 궁. 다하다. 끝나다. 극에 달하다. 이치에 맞지 아

니하다.

- 화花 : 꽃 화. 꽃. 초목의 꽃.

- 보步 : 걸음 보. 걸음. 걷다. 걸리다.

- 일一 : 한 일. 한번. 처음. 모두. 오로지.

- 체切 : 일체 체. 온통. 모두. 끊을 절. 베다. 정성스럽다. 적절하다.

- 대大 : 큰 대. 크다. 넓다. 두루. 높다. 존귀하다. 훌륭하다.

- 성聖 : 성인 성. 성인聖人. 임금, 천자天子의 존칭. 걸출한 인물. 신선神仙.

- 경經 : 글 경. 지날 경. 불경佛經. 경서經書. 지나다. 다스리다. 날실. 길. 법法. 도리道理. 길.

분절 해의分節解義

永天永地永保長生[영원한 하늘땅에 길이 기나긴 생애를 보전하려면]

- 영천영지永天永地 : 영원한 하늘과 영원한 땅이라는 의미. 하늘과 땅은 온 우주와 진리를 나타내는 말로 영천영지란 불생불멸不生不滅과 무시무종無始無終의 진리를 의미한다. 이는 원불교의 주요 주문의 하나인 성주聖呪의 첫 구절에 나오는 말로, "영천영지영보장생永天永地永保長生"이다. 이 우주와 진리가 영원히 존재하듯이 천

하에 한 물건도 영원히 죽어 없어지는 것은 없다는 의미이다. 썩은 거름에도 생생약동生生躍動하는 기운이 있고 불이 완전히 꺼진 재에도 그 기운이 있다. 그러기에 그것을 식물이나 채소나 곡식에 뿌려 주면 가지와 잎이 무성해지고 수확도 많아진다. 이렇게 만물이 비록 형체는 변할지언정 그 기운은 변하지 아니하여 영원히 존재하고 존속을 한다.

하늘과 땅은 온 우주와 진리를 의미하는 말임과 동시에 음과 양을 의미하며, 음양은 변화의 이치를 나타내는 말이다. 음양은 사람에 있어서 호흡과 같은 것으로, 숨을 들이쉬면 반드시 내쉬게 되고 또한 숨을 내쉬고 나면 또한 들이쉬게 되는 것으로 호흡은 생명의 이치이다. 마찬가지로 음양성쇠陰陽盛衰의 도가 있어서 하늘과 땅이 영원히 없어지지 않고 존재를 한다. 음양성쇠의 변화에 따라 천지에는 춘하추동春夏秋冬의 사시가 존재하며 만물과 인생에는 생로병사生老病死가 있게 된다. 또한 음양성쇠의 이치가 있기 때문에 인과보응의 이치가 있게 되고 이로 말미암아 상생상극相生相克의 변화작용이 끊임없이 이어지게 된다. 《원불교대사전》

• 장생長生 : 장생불사長生不死의 준말. 천도교에서 육신의 장수, 영혼의 불멸, 사업의 유전을 합하여 이룸.

• 글에 "무형지대자왈천無形之大者曰天이요 유형지대자왈지有形之大者曰地라"하였다. 즉 '형상 있는 것으로 큰 것은 하늘이요, 형상 없는 것으로 큰 것은 땅이라'는 의미이다. 물론 성계星界에는 이보

다 더 큰 별들이 무수하지만, 천지[우주] 안에 다 있다고 보기 때문에 천지보다 더 큰 것은 없고 따라서 오래 할 수 있는 것도 없다고 본다.

다시 말하면 이렇게 오랜 천지 안에 사는 생명이 변화와 환역換易은 될지언정 소멸消滅이나 진멸盡滅은 되지 않는다. 그러기 때문에 천지 안에만 머물러 있으면 자연 장생長生을 누리게 되어 여천지공생與天地共生하고 여일월동명與日月同明하게 되는 것이라고 할 수 있는 것이니 결국 불생불멸不生不滅의 진리가 있기 때문에 영보장생永保長生이 되는 것이라고 할 수 있다.

頌曰

1. 具足爰圓滿 구족원원만　구족한 것은 이에 원만하고
   至公亦匪私 지공역비사　지공하면 또한 사사롭지 않네
   無終無始作 무종무시작　마침도 없고 시작도 없음이
   卽理本源基 즉리본원기　곧 진리 본원의 기저이어라.

2. 不生兼不滅 불생겸불멸　불생과 아울러 불멸함에
   因果亦分明 인과역분명　인과 또한 분명 하누나
   永保長生命 영보장생명　긴 생명을 길이 보존하려면
   心身作業淸 심신작업청　심신으로 업을 맑게 지을지라.

萬世滅度常獨露[많은 세상에 멸도를 할지라도 항상 홀로 드러나서]

- 만세萬世 : 아주 멀고 오랜 세대世代.
- 멸도滅度 : 열반·입적入寂·적멸寂滅·원적圓寂과 같은 뜻. 생로병사의 큰 괴로움을 없애고 번뇌의 바다를 건넜다는 뜻.
- 독로獨露 : 전체를 나타내 보이는 것. 있는 그대로 다 드러내는 것. 화신불의 나타나 있는 모습을 표현하는 말.
- 세상에 멸진滅盡되지 않는 것은 두 가지가 있다. 하나는 진리이요 또 하나는 자성이다. 이 둘은 가장 근원이 되고 근본이 되는 것으로써 어떠한 영향이나 애박礙縛을 받지 않고 독로獨露 곧 홀로 드러나서 여여할 따름이다. 그러면 우리도 그렇게 될 수 있을까? 될 수 있다. 반면에 목숨을 건 엄청난 수행의 과정을 거치지 않으면 회귀하기가 어렵다. 즉 멸도滅度의 과정에서 모든 번뇌를 떨쳐내지 않는다거나 큰 깨달음을 이루지 못하면 본지本地에 들어가기가 대단히 어려운 것이니 진리나 법에 대한 굳은 믿음을 가지고 끊임없는 적공을 다해야 한다.

頌曰

1. 心中煩惱滅 심중번뇌멸 마음 가운데 번뇌가 소멸하면
   本性自然明 본성자연명 본래 성품은 자연히 밝아지네

智慧如泉聳 지혜여천용　지혜가 샘물처럼 솟아나서

自由六道城 자유육도성　육도의 성채가 자유로우리라.

2.　心中疑惑解 심중의혹해　마음 가운데 의혹이 해결되면

　　圓理自然醒 원리자연성　둥근 진리가 자연히 깨어나네

　　佛祖回歸得 불조회귀득　부처 조사에 회귀함을 얻으리니

　　能開萬世扃 능개만세경　능히 만세의 빗장을 열리라.

　　去來覺道無窮花[가나오나 도를 깨달으면 다함 없는 꽃이리니]

　• 거래去來 : 과거와 미래. 영리를 목적으로 하는 상행위. 오고
감. 운동적으로 보면 이곳에서 저곳으로 가는 것[去]도 있고, 저
곳에서 이곳으로 오는 것[來]도 있다. 이를 용수(龍樹, 150경
~250경)는 중도의 관계성을 파악하면서 팔불중도[八不中道:不
生·不滅·不常·不斷·不一·不異·不來·不去], 곧 여덟 가지 그릇된
개념을 연기법으로 타파하여 분별과 집착이 소멸되는 공空의 세
계를 통해 중도를 드러내는 부정형식否定形式의 하나로 들고 있다.
　　나고 죽음 곧 생사 거래生死去來의 준말. 소태산 대종사는 "범
부 중생은 육도의 윤회와 십이인연에 끌려 다니지마는 부처님은
천업天業을 돌파하고 거래와 승강을 자유자재하시나니라."[《대
종경》 불지품 6장]고 밝히고, 그 원리를 "마음에 병이 없으면 시
방세계 너른 국토에 능히 고락을 초월하고 거래에 자유하며 모

든 복락을 자기 마음대로 수용할 수 있나니라."[《대종경》 수행품 56장] 하여, 생사를 거래로 보고 있다. 《원불교대사전》

• 각도覺道 : 불교의 도를 깨달음. 또는 깨달음을 얻기 위한 수행의 방법을 말한다.

• 도道 : 원불교에서 말하는 도道는 우주의 대기大機가 자동적으로 운행하는 천지의 도와 사람으로서 당연히 행해야 할 인도人道와 진리, 곧 일원상의 진리 작용을 말한다. 또한 우주의 대기가 자동적으로 운행하는 천지의 도와 사람으로서 떳떳이 행해야 할 인도로 구분하고 있다. 도는 일원상의 진리이며 그 작용이라고도 할 수 있다.

소태산 대종사는 우주의 궁극적 진리인 '일원상의 진리'를 중심으로, 타력을 중심으로 한 사은四恩 신앙과 자력을 중심으로 한 삼학三學 수행의 두 측면으로 밝히고 있다. 특히 사은은 모든 존재가 '없어서는 살 수 없는 관계'로 규명하고 있으며, 그 관계를 인과보응의 원리로 설명하고 있다. 소태산의 은 사상은 한국 전래의 해원 사상과 불교의 연기적緣起的 세계관을 바탕으로 발전된 사상이다.

해원 상생의 은세계는 우주 내의 모든 생령뿐 아니라 우주 자체가 총체적으로 연기적 은혜의 관계를 지니고 있음을 설정한다. 모든 존재가 없어서는 살 수 없는 필연적이며 원초적 은혜임을 강조하고 은혜의 구체적 범주를 4가지인 천지은·부모은·동포은·법률은으로 규정하고 있으며, 사은의 피은 강령과 조목, 보은 강령과 조목, 보은의 결과와 배은의 결과 등 소상하게 그 원리를 밝히고 있다[《정전》사은]. 천지은에서는 나를 비롯한 모든 존재, 천지 팔도가 작용하여 나타나는 가운데 피은이 되는 생명적 관계를 설명하고 있다.

"대범, 천지에는 도와 덕이 있으니, 우주의 대기大機가 자동적으로 운행하는 것은 천지의 도요, 그 도가 행함에 따라 나타나는 결과는 천지의 덕이라, 천지의 도는 지극히 밝은 것이며, 지극히 정성한 것이며, 지극히 공정한 것이며, 순리 자연한 것이며, 광대 무량한 것이며, 영원불멸한 것이며, 길흉이 없는 것이며, 응용에 무념한 것이니, 만물은 이 대도가 유행되어 대덕이 나타나는 가운데 그 생명을 지속하며 그 형각을 보존 하나니라."[《정전》천지은] 하늘의 공기, 땅의 바탕, 일월의 밝음, 풍운우로風雲雨露의 혜택, 생멸 없는 천지의 도를 따라 만물이 무한한 목숨을 얻게 되는 은혜를 입게 되기에, 인간이 천지 팔도를 실천하게 되면, 피은의 도리를 다 하게 되며, 천지 같은 위력과 천지 같은 수명과 일월 같은 밝음을 얻어 자신과 천지가 하나로 합일되는 원리를 제시하고 있다.

인도人道는 《정전》'천지은天地恩'에서 사람으로서 행해야 할 당연한 길이라 표현하고 있다. 예를 들면, "부모 자녀 사이에는 부모 자녀의 행할 바 길이 있고, 상하 사이에는 상하의 행할 바 길이 있고, 부부 사이에는 부부의 행할 바 길이 있고, 붕우 사이에는 붕우의 행할 바 길이 있고, 동포 사이에는 동포의 행할 바 길이 있으며, 그와 같이 사사물물을 접응할 때마다 각각 당연한 길이 있느니라."[《대종경》인도품 1장] 하여 사람이 행해야 할 마땅한 길을 제시하고 있다. 또한 정신이 행하는 법의 길은 어느 세상을 막론하고 큰 도와 작은 도가 서로 병진하여 개인·가정·사회·국가에 경계를 따라 나타나서 그 수가 실로 한이 없음을 강조하고 있다.

천지의 도와 인간의 도가 일치되는 것이 제일 큰 도이다. 소태산은 "그중에 제일 큰 도를 말하면 곧 우리의 본래 성품인 생멸 없는 도와 인과보응 되는 도이니 이는 만법을 통일하며 하늘과 땅과 사람이 모두 여기에 근본 했으므로 이 도를 아는 사람은 가장 큰 도를 알았다 하나니라."고 했다. 이처럼 생멸 없는 도와 인과보응 되는 도를 본래 성품으로 보고 이 도가 만법을 통일하며 천도·지도·인도를 일치하게 하는 것이라 보았다.

고전에 나타난 도道를 몇 개만 추리면 다음과 같다.
• 《설문說文》에 "행하는 바가 도이다[所行 道也]."
• 《이아爾雅》〈석궁釋宮〉에 "하나로 통하는 것을 도로라 이른다[一達謂之道路]."
• 《시詩》〈소아小雅〉에 "주나라의 길은 숫돌과 같으니라[周道

如砥]."

• 《전한서前漢書》〈동중서전董仲舒傳〉에 "도라는 것은 말미암아 다스림에 나아가게 하는 길이니, 인의와 예악이 모두 그 도구이다[道者 所由適于治之路也 仁義禮樂 皆其具也]."

• 《광운廣韻》에 "이치이니 뭇 오묘함이 모두 도이라, 삼재에 함하고 만물이 함께 말미암느니라[理也 衆妙皆道也 合三才萬物共由者也]."

• 《주역周易》〈계사繫辭〉에 "한 음과 한 양을 일러서 도라 하니라[一陰一陽之謂道]."또 "하늘의 도를 세워서 음과 양이라고 말하고, 땅의 도를 세워서 유순함과 굳셈이라고 말하며, 사람의 도를 세워서 인과 의라고 말하느니라[立天之道 曰陰與陽 立地之道 曰柔與剛 立人之道 曰仁與義]."

• 《서전書傳》〈대우모大禹謨〉에 "인심은 위태하고, 도심은 희미하니, 오직 정精하고 일一하여야 진실로 그 중中을 잡으리라[人心惟危 道心惟微 惟精惟一 允執厥中道心惟微]."

• 《효경孝經》에 "선왕의 법도에 맞는 옷이 아니면 감히 입지 아니하며, 선왕의 법도에 맞는 말이 아니면 감히 말하지 아니하며, 선왕의 덕행이 아니면 감히 행하지 않을 것이니, 이것은 마땅히 몸을 마칠 때까지 가슴속에 넣어두어야 하니라[非先王之法服 不敢服 非先王之法言 不敢道 非先王之德行 不敢行 此當終身服膺者也]."

• 《대학大學》에 "잘라놓은 듯하고 간 듯하다는 것은 학문을 말한 것이고, 쪼아놓은 듯하고 간 듯하다는 것은 스스로 행실을 닦는 것이라[如切如磋者 道學也 如琢如磨 自修也]."

• 《예기禮記》〈예기禮器〉에 "충신한 사람이라야 예를 배울 수 있으니 진실로 충신이 없는 사람이라면 예를 허위로 행할 수 없으리라[忠信之人 可以學禮苟無忠信之人 則禮不虛道]."

• 《중용》에 "군자는 덕성을 높이고 학문을 말미암으니, 광대함을 이루고 정미함을 다하며, 고명을 다하고 중용을 따르며, 옛 것을 익히고 새로운 것을 알며, 후함을 돈독히 하고 예를 높이니라[君子 尊德性而道問學 致廣大而盡精微 極高明而道中庸 溫故而知新 敦厚以崇禮]."

• 《순자荀子》〈수신修身〉에 "길이 비록 가깝더라도 가지 않으면 이르지 못하고, 일이 비록 작더라도 하지 않으면 이루지 못하니라[道雖邇 不行不至 事雖小 不爲不成]."

• 《논어》〈이인里仁〉에 "천승의 나라를 다스림에 나랏일을 일으킬 때는 백성에게 믿음을 주고 재물을 아껴 쓰며 백성을 사랑하여 백성을 부릴 때도 때로써 해야 하니라[道千乘之國 敬事而信 節用而愛人 使民以時]."

• 《맹자》〈양혜왕梁惠王〉에 "중니의 무리가 제환공, 진문공의 일을 말하지 않는지라 그래서 후세에 전해진 것이 없었느니라[仲尼之徒無道桓·文之事者 是以後世無傳焉]."

• 《논어》〈학이〉에 "군자는 근본에 힘쓰나니 근본이 서야 도가 생기나니라 효제라는 것은 인을 행하는 근본이구나[君子務本 本立而道生 孝悌也者 其爲仁之本與]!"

• 《도덕경道德經》에 "도는 하나를 낳고 하나는 둘을 낳으며 둘은 셋을 낳고 셋은 만물을 낳느니라[道生一 一生二 二生三 三生万物]."

• 《장자莊子》〈천지天地〉에 "무릇 도는 만물을 덮고 실었으니 한없이 넓고 크구나[夫道 覆載萬物者也 洋洋乎大哉]!"

• 《예기禮記》〈잡기하雜記下〉"활을 조이기만 하고 늦추지 않으면 문왕·무왕일지라도 능하지 못하고, 활을 풀어 놓기만 하고 조이지 않는다면 문왕·무왕도 하지 않을 것이니, 한 번 조이고 한 번 늦추는 것이 문왕·무왕의 도이니라[張而不弛 文武弗能也 弛而不張 文武弗爲也 一張一弛 文武之道也]."

• 《논어》〈이인里仁〉에 "내 도는 하나로 꿰[관통]나니라[吾道一以貫之]."

• 《맹자》〈이루상離婁上〉에 "천하를 얻는데 도가 있으니 그 백성을 얻으면 이에 천하를 얻고, 백성을 얻는데 도가 있으니 그 마음을 얻으면 백성을 얻으며 그 마음을 얻는데 도가 있으니, 바라는 것을 그들을 위해 모아주고, 싫어하는 것을 해주지 않는 것이니라[得天下有道 得其民 斯得天下矣 得其民有道 得其心 斯得民矣 得其心有道 所欲與之聚之 所惡勿施爾也]."

• 《맹자孟子》〈진심상盡心上〉에 "천하의 넓은 자리에 터 잡고 천
하의 바른 자리에 서서 천하의 대도를 행하며 뜻을 얻으면 도를
백성과 함께하고 뜻을 얻지 못하면 혼자서 도를 행할지라[居天
下之廣居 立天下之正位 行天下之大道 得志與民由之 不得志獨
行其道]."

• 무궁화無窮花 : 한국의 국화. 아욱과의 낙엽 활엽 관목. 높이는
1~2m며, 잎은 늦게 돋아나고 어긋나며 달걀 모양인데 잎 가장
자리에 톱니가 있다. 여름부터 가을까지 분홍·다홍·보라·자주·
순백의 종 모양 꽃이 잎겨드랑이에 하나씩 달려 핀다. 추위에 강
하며 꽃이 피는 기간이 길어 관상용으로 많이 심는다. 진리의 조
화 도움을 피는 꽃에 비유하는 말. 생사 거래 함에 있어서 생함도
멸함도 없는 변화 속에서 끊임없이 조화를 만들어내는 모습을
말한다.

여기서는 깨달음이 중요하다. 어떠한 진리를 어떻게 깨쳤느냐
에 따라서 무궁화가 될 수도 있고 유궁화有窮花가 될 수도 있기 때
문이다. 다시 말하면 세상의 종교나 철학에서 내세우는 진리가
얼마나 '원만구족 자공무사圓滿具足 至公無私' 하느냐에 의해서 파생
派生되는 깨달음은 천차만별을 이룰 수밖에 없기 때문이다.

따라서 우리는 다행스럽게도 불생불멸과 인과보응이 구비된
최고의 진리인 일원진리를 모셨고 배우고 있으니 우리의 깨달음

은 자연스럽게 원각무결圓覺無缺하지 않을 수 없다. 그리하여 이렇게 깨달으면 어떠한 세계에 어떻게 거래를 하든지 간에 영원한 무궁화가 되지 않을 수 없다.

頌日

1. 無窮花發處 무궁화발처 무궁화가 피는 곳에
   圓理自然開 원리자연개 둥근 진리 자연히 열리리
   去去來來覺 거거내래각 가든지 오든지 깨달으면
   乾坤手握廻 건곤수악회 하늘땅 손에 쥐고 돌리리라.

2. 無窮花發處 무궁화발처 무궁화가 피는 곳에
   佛祖自然成 불조자연성 부처 조사 자연히 이뤄지리
   覺道無餘物 각도무여물 도를 깨쳐 남은 물이 없으면
   爪中宇宙盛 조중우주성 손톱 가운데 우주를 담으리라.

步步一切大聖經[걸음걸음 모두가 크고 두루 하는 성인의 길이어라]

① 보보步步 : 걸음걸음. 또는 한 걸음 한 걸음이라고 할 수 있다. 그러나 이렇게 좁은 의미로만 해석할 것이 아니라 범주와 범위를 훨씬 넓혀서 해설해야 한다. 그런 의미에서

- 어린아이가 걷는 걸음이나 어른이 걷는 걸음 모두 '보보步步'다.

- 새가 나는 것이나 짐승이 달리는 것이 모두 '보보'다.

- 냇물이 흐르는 것이나 초목이 자라는 것이 모두 '보보'다.

- 비행기가 하늘을 나는 것이나 배가 바다 위를 가는 것이 모두 '보보'이다.

- 음양이 상도相導하는 것이나 사시가 순환하는 것이 모두 '보보'다.

- 사람이 죽어서 가는 것이나 낳아서 오는 것이 모두 '보보'다.

- 우주가 운행되는 것이나 천지가 운전되는 것이 모두 '보보'다. 그리하여 은현자재隱顯自在하는 것이나 성주괴공成住壞空하는 것이나 삼겁윤전三劫輪轉하는 것 등등, 모두 '보보'라고 아니할 수 없다.

② 일체一切 : 모든 곳. 온갖 사물. 모든 것을 다. 온통. 몽땅.

③ 대大 : 크다. 높다. 존귀하다. 훌륭하다, 뛰어나다. 자랑하다, 뽐내다. 중重히 여기다, 중요시하다. 크게, 성盛하게. 하늘. 존경하거나 찬미讚美할 때 쓰는 말.

④ 대성경大聖經에 있어서 '대성경大聖經'으로 볼 것이냐 아니면 '대大'를 때내고 '성경聖經'으로 볼 것이냐 아니면 '대성大聖'을 때내고 '경經'으로 볼 것이냐에 따라 그 의미가 달라진다고 볼 수 있다.

- 대성경大聖經 : 위대한 성인의 가르침 또는 길이라는 의미이니 결국 우리 모두가 살아가는 길은 성인이 밝힌 위대한 가르침을

따르는 것이라고 할 수 있다.

• 대성大聖 : 가장 덕德이 높은 성인. 지극히 거룩한 사람. 공자孔子의 존칭. '석가釋迦'의 딴이름. 또는, 석가처럼 정각正覺을 얻은 사람의 존칭. 가장 거룩한. 또는 최고로 훌륭한. 크고 성스러운.

⑤ 성경聖經 : 종교상 신앙의 최고 법전이 되는 책. 그리스도교의 신·구약 성서, 불교의 팔만대장경, 유교의 사서오경, 회교의 코란 등. 불경의 이칭異稱. 성인이 지은 책. 영혼을 위한 천도의 주문형식으로서 성주聖呪의 후반 구절이다. 본 문장의 뜻은 걸음걸음 일체가 모두 성스러운 경전, 또는 길이라는 뜻이다. 원기10년(1925)에 이공주와 성성원 등이 신여성으로 '나무아미타불'의 염불을 하고 있으면 부끄러운 마음이 있다고 하자, 소태산 대종사는 염불하는 방법 대신 법문을 내려준 것이 성주의 기원이다. 보보일체대성경을 포함한 성주 전체는 다음과 같다.

"영천영지영보장생永天永地永保長生 만세멸도상독로萬世滅度常獨路 거래각도무궁화去來覺道無窮花 보보일체대성경步步一切大聖經." 성주는 하나하나 해석도 필요하지만, 주문에 속하므로 일일이 해석하는 것보다는 일심으로 주송하고 간절한 염원으로 위력을 얻는 것이 더 중요하다.

대산 종사는 성주 후반부의 법문을 다음과 같이 해석했다. "거래각도무궁화去來覺道無窮花라, 가고 오는 도를 깨고 보면 무궁한 꽃이다. 이 꽃을 보아야 한다. 그러면 보보일체대성경步步一切大聖經이 되어 땅이 금덩이가 되고 걸음걸음이 금밭을 밟고 다니게 된다. 그런데 보통 사람들은 이 진리를 모르고 밤에도 불을 쓰고 돈만 좇으려고 야단들이니 생각들 해보라. 진리의 눈을 뜨면 걸음걸음이 다 대성경현전大聖經賢典으로 나타나는 것이다"[《대산종법사법문집》3]. 진리의 눈을 뜨고 한 걸음 한 걸음 경건한 마음으로 걷는다면 행선行禪의 진경을 맛볼 것이다. 정산 종사 역시 보보일체대성경의 경지를 독경과 관련짓고 있다.

독경에는 세 가지 길이 있다면, 이를 진정으로 이해하여야 보보일체대성경이 된다고 했다. 그중 하나는 과거 성현들의 경전들을 읽어 지견을 밝히는 것이며, 둘은 모든 사람의 선악을 보아 거기에서 스승과 거울을 얻는 것이며, 셋은 모든 사물을 접응할 때에 그 사물 가운데에서 진리의 교훈을 발견하는 것[《정산종사법어》권도편 36장]이며, 여기에 통달한 사람은 보보일체대성경이 된다고 했다. 성주 법문을 내린 몇 년 후, 소태산의 꿈에 대각전에서 대중이 모여 천도재를 지내는데 이 주문을 외우자 대각전 지붕 위로 서기가 감돌았다고 하며, 이 주문은 이후 영혼 천도를 위한 주문이 되었다.《원불교대사전》

⑥ 경經 : 무릇 경經에 네 가지 의미가 있다. 첫째는 행위나 행동으로서의 경과. 또 둘째는 의리義理나 법으로서의 경과. 또 셋째는 경전이나 경서로서의 경이라고 할 수 있으니 그 갈래를 고전에서 찾아 풀어보면서 두고두고 연마할 필요가 있는 글자가 바

로 이 '경經'자가 아닌가 싶다.

　첫째. 행동으로서의 경

　이는 우리 육근동작으로서 걸음걸음, 곧 행동거지行動擧止가 거
룩하고 훌륭한 상경常經이 되어야 뭇 사람의 모범이 될 수 있기
때문이다. 글에 보면 '경經'은 '경상經常'으로 변함없는 '항상恒常'이
라 한다고 하였다.

　•《이소離騷》〈왕일주·王逸注〉에 "경은 지름길이라[經 徑也]"하
였는데《석명釋名》에 "경은 지름길이니 경로와 같음으로 통하지
아니한 바가 없어서 가히 항상 활용되어지니라[經 徑也 如徑路
無所不通 可常用也]"고 하였다.

　•《서전》〈주고酒誥〉에 "덕을 다스려 밝음을 잡으니라[經德秉
哲]"고 하였다.

　•《예기》〈문상問喪〉에 "이것이 효자의 뜻이며 인정의 열매이
며 예의의 법이라. 하늘로부터 내려온 것도 아니며 땅에서 나온
것도 아니다 인정일 따름이다[此孝子之志也 人情之實也 禮義之
經也. 非從天降也 非從地出也 人情而已矣]."라고 하였다.

　•《효경孝經》〈삼재三才〉에 공자가 말씀하기를 "효는 하늘의 불
변 도리이고 땅의 올바른 도의이며 백성의 행실이니라[子曰 夫
孝 天之經也 地之義也 民之行也]."고 하였다.

　•《장자莊子》〈양생주養生主〉에 "우리의 생명은 한계가 있으나

지식에는 한계가 없다. 한계가 있는 것으로써 한계가 없는 것을 쫓으려 하니 위태로울 따름이다. 이미 그러한데도 지식을 또 추구하는 것은 더욱더 위태로울 따름이다. 선을 행하더라도 이름날 정도여서는 안 되고, 악을 행하더라도 벌 받을 정도여서는 안 되니라. 중中의 따르는 것을 준칙[經]으로 삼는다면, 몸을 보전할 수 있고 삶을 온전히 할 수 있고 어버이를 봉양할 수 있으며 천수를 누릴 수가 있으리라[吾生也有涯 而知也無涯 以有涯隨無涯 殆已 已而爲知者 殆而已矣. 爲善無近名 爲惡無近刑 緣督以爲經 可以 保身 可以全生 可以養親 可以盡年]."고 하였다.

　　※ 연독이위경緣督以爲經 : 중中의 경지를 따라 그것을 삶의 근본 원리로 삼음. 연독緣督의 독督은 중中의 뜻.《영추靈樞》에 의하면 사람의 팔맥八脈 가운데 중앙의 맥을 독맥督脈이라고 하는데 이것을 중中의 뜻으로 사용한 듯하다. 연緣은 순 순 인順·循·因으로 따른다는 뜻. 연독緣督은 일체의 선악과 시비를 무화無化시켜 무심無心한 상태에 이르는 것을 의미한다. 경經은 삶의 근본 원리, 근본 법칙.

　　⑥《순자荀子》〈대략大略〉에 "예는 인심을 따르는 것을 근본으로 삼나니 그러므로 '예경'에 없더라도 인심을 따르는 것은 모두 예이니라[禮以順人心爲本 故亡於禮經而順於人心者 皆禮也]."고 하였다.

　　⑦《좌전左傳》〈소공昭公〉 25년에 "부부와 내외를 정하여 두 물의 법을 만드니라[爲夫婦外內 以經二物]."고 하였고, 그 주석에

'지아비는 바깥을 다스리고 지어미는 안을 다스리는 것으로 각각 그 물건을 다스리리라[夫治外 婦治內 各治其物].'고 하였다.

둘째, 의리[義理. 法. 經國]로서의 경

① 《논어》〈헌문憲問〉에 "어찌 일반 백성들처럼 작은 믿음을 지켜서 도랑에서 목을 매고 죽어 아는 사람이 없도록 하겠는가[豈若匹夫匹婦之爲諒也 自經於溝瀆 而莫之知也]?"라고 하였다.

② 《맹자》〈등문공滕文公〉에 "대저 어진 정치는 반드시 토지의 경계로부터 시작되니 토지의 경계가 바로잡히지 아니하면 전지를 나누어 줌이 균등하지 못할 것이고 봉록도 평등하지 못할 것이라, 이러한 까닭에 폭군이나 오리는 반드시 경계[정함]를 게을리하였으니 경계가 이미 바르면 토지를 나누어주고 녹봉을 정하는 것은 가히 앉아서 정할 것이라[夫仁政 必自經界始 經界不正 井地不均 穀祿不平 是故 暴君汚吏 必慢其經界 經界旣正 分田制祿 可坐而定也]."고 하였다.

③ 《시詩》〈대아大雅〉에 "영대를 지으려고 계획하시어 이리저리 땅을 재고 푯말 세우니 서민들이 나서서 일하는지라 며칠이 아니 가서 완성되었네. 서둘지 말라고 당부했으나 서민들이 아들처럼 와서 도왔어라[經始靈臺 經之營之 庶民攻之 不日成之 經始勿亟 庶民子來]."고 하였다.

※ '經始'[건물을 짓기 위해서] '땅을 재기 시작함'

※ '經之營之'에서 '營'은 '짓다' '만들다' '之'는 '영대'를 가리킴.

④《주례周禮》〈천관天官〉에 "대재로써 나라를 법으로 다스리게 하니라[大宰以經邦國]."고 하였고, 주석에 '경은 법이라[經 法也],'또한 '왕을 일러 예라고 하니 항상 잡은 바로써 천하를 다스리는 것이라[王謂之禮 經常所秉以治天下者也].'고 하였다.

⑤《예기禮記》〈월령月令〉에 "천문진퇴의 지속의 도수를 잘못 측정하는 일이 없게 하니라[毋失經紀]."주석에 '천문 진퇴의 도수를 이르니라[謂天文進退度數].'고 하였다.

⑥《주례周禮》〈천관天官 총재冢宰〉에 "국도國都를 건설하고 군현郡縣을 계획하니라[體國經野]."주석에 '경은 마을을 이르니라[經謂爲之里].'소疏에 '남북의 길을 경이라 이르고 동서의 길을 위라 이르니라[南北之道謂之經 東西之道謂之緯].'고 하였다.

셋째. 경전으로서의 경

옛 사람들은 경經은 영항永恒의 진리라 하여 대단히 중요하게 여겼다. ① 두예杜預의 《춘추좌씨전서春秋左氏傳序》에 "대개 주공의 뜻을 공자가 좇아서 밝혔는데 좌구명은 공자에게서 경을 받았으니 경이란 고칠 수 없는[바꿀 수 없는] 글이니라[蓋周公之志 仲尼從而明之 左丘明受經於仲尼 以爲經者不刊之書也]."고 하였다.

② 남조南朝 양梁의 유협劉勰은 《문심조룡文心雕龍》〈종경宗經〉에 "경이란 항구의 지극한 도이니 고칠 수 없는[바꿀 수 없는] 큰 가

르침이니라[經也者 恒久之至道 不刊之鴻教也]."고 하였다.

③《예기禮記》〈경해소經解疏〉에 "경전을 해석한다는 것은 그 육예와 정교의 얻고 잃음을 기록하는 것이라[經解者 以其記六藝 政教之得失也]."

결국 경이란 영항永恒의 진리로 전박顚撲하거나 파괴하지 못할[不破] '자자가 주기[字字珠璣]요 구구가 진리[句句眞理]'로서 누구도 절대 고치거나 바꿀 수 없는 큰 가르침의 주문呪文이라고 말하지 않을 수 없다.

頌曰

1. 人生於此世 인생어차세 사람이 이 세상에 나와서
   步步向何逕 보보향하경 걸음걸음 어딜 향해 흐르는가?
   宇宙微身着 우주미신착 우주에 작은 몸 붙여놨으니
   逝來大聖經 서래대성경 가고 옴이 크고 거룩한 경이로다.

2. 一生斯會活 일생사회활 일생을 이 회상에 살면서
   來往果何爲 내왕과하위 오가며 과연 무엇을 했는가?
   圓理鴻家做 원리홍가주 둥근 진리를 큰 집으로 삼아
   長留永劫之 장류영겁지 길이 머물러 긴긴 세월 가리로다.

3. 乾坤千變易 건곤천변역 하늘땅이 천 번 변하거나 바뀌고

　　宇宙萬增分 우주만증분 우주가 만 번 더하거나 나뉘어도

　　獨顯吾眞性 독현오진성 홀로 드러나는 나의 참된 성품이니

　　無關出歿云 무관출몰운 나옴과 죽음과는 관계없다 이르리.

　전체를 사족蛇足처럼 달아보면 이 '성주聖呪'는 사자死者를 위한 것만은 아니다. 대종사님이 성주를 내려줄 때부터 천도재薦度齋에만 쓰라고 지어준 것이 아니기 때문이다.

　그러므로 살아서 이 의미를 새기면서 공부를 잘 하였으면 천도를 받아가는 것이 쉬울 것이요, 만일 반대라면 아무리 성주를 잘 외어주어도 명로冥路가 쉬운 길만은 아닐 것이니 정신을 차려서 공부하는 길이 그 천도되고 천도 받는 최선이라고 아니할 수 없다. 어느 면에서 보면 사천도死薦度보다는 생천도生薦度가 훨씬 중요한 것이라고 말하지 않을 수 없다.

적벽부문

赤 壁 賦 . 文

중국 송대 소식蘇軾이 지은 글

한 제자 여쭙기를 "저는 아직 생사에 대한 의심이 해결되지 못하와 저의 사는 것이 하루살이 같은 느낌이 있사오며, 이 세상이 모두 허망하게만 보이오니 어찌하여야 하오리까." 대종사 말씀하시기를 "옛글에 '대개 그 변하는 것으로 보면 천지도 한 때를 그대로 있지 아니하고, 그 불변하는 것으로 보면 만물과 내가 다 다함이 없다.' 한 구절이 있나니 이 뜻을 많이 연구하여 보라."

《대종경》천도품 14장

원문에 있는 숙어를 풀어보면 다음과 같다.

• 적벽부赤壁賦 : 송나라 원풍[元豊, 송의 연호] 5년(1082) 가을 7월 16일의 달 밝은 밤에 소동파가 적벽에서 뱃놀이를 하며 삼국의 영웅인 조조曹操와 주유周瑜의 풍류에 비켜 자신의 덧없는 인생을 생각하고, 결국은 저들이나 자신이 다 무한한 생명 앞에서는 모두 덧없는 존재라는 것과 무한한 본체라는 관점에서 본다면 만물이 다 같은 것임을 깨닫고 시름을 잊는다는 내용을 술회한 명문이다. 적벽강은 한漢나라 때 유비劉備와 조조曹操가 싸웠던 전쟁터[삼국지의 적벽대전]이다. 이 작품은 소식이 황주黃州로 유배 갔을 때 친구들과 뱃놀이를 하면서 지은 것인데, 전후 적벽부 2편이 있다. 그러니까 이 글에 이어서 쓴 '후 적벽부'도 있다는 것이다. '부賦'는 한문체의 하나로 글귀 끝에 운을 달고 대對를 맞추어 짓는다. 때로는 '감상을 느낀 그대로 읊은 글'의 뜻으로도 쓰인다.

• 소동파蘇東坡 : 소식[蘇軾, 1037년 1월 8일~1101년 8월 24일(음력 7월 28일)]은 중국 북송 시대의 시인이자 문장가, 학자, 정치가이다. 자字는 자첨子瞻이고 호는 동파 거사東坡居士였다. 흔히 소동파蘇東坡라고 부른다. 현 쓰촨성 미산眉山현에서 태어났다. 시詩, 사詞, 부賦, 산문散文 등 모두에 능해 당송팔대가唐宋八大家의 한 사람으로 손꼽힌 사람으로 '전적벽부前赤壁賦'와 '후적벽부後赤壁賦'의 원작자이다.

소동파는 송시의 성격을 확립하는 데 중추적인 역할을 한 대시인이었을 뿐만 아니라 대문장가였고 중국문학사상 처음으로 호방사豪放詞를 개척한 호방파의 대표 사인詞人이었다. 그는 또 북송사대가로 손꼽히는 유명 서예가이기도 했고 문호주죽파文湖州竹派의 주요 구성원으로서 중국 문인화풍을 확립한 뛰어난 화가이기도 했다. 한마디로 말해서 그는 타의 추종을 불허한 천재 예술가요 못 하는 것이 없었던 팔방미인으로서 그가 세상을 떠난 지 천 년이 다 돼 가는 지금까지도 유례를 찾아볼 수 없는 중국문예사상 가장 걸출한 인물이었다.

송나라 때 저명한 문인 가문에서 태어났다. 그의 아버지는 당송팔대가의 한 사람인 소순蘇洵이었고, 그 아우도 소철蘇轍로 유명한 문인이다. 이 세 부자를 사람들은 삼소三蘇라고 불렀는데, 모두 당송팔대가로 손꼽혔다. 당송팔대가의 하나인 구양수 문하에서 배웠으며, 22세에 과거에 급제 일찌감치 문재를 알렸다. 당시 북송北宋은 왕안석 등이 주창한 신법을 둘러싸고 당쟁이 퍼질 시기였는데, 소동파는 신법에 반대하는 입장이었고[이를 구법당이라 하며, 구법당의 영수는 '자치통감'의 저자인 사마광이었다], 이로 인해 정치적인 부침을 거듭했다. 1079년에는 황주[후베이성]로 유배를 하러 갔지만 낙천적인 성격으로 6년간의 유배 생활을 무사히 끝냈다. 이후 승진을 거듭하여 한림학사의 지위에 올랐다. 그러나 1094년 다시 신법당이 득세하면서 혜주[광동성]으로 유배되었고 3년 후인 1097년 중국 최남단인 해남도까지 귀양을 갔다. 당시 해남도는 주민 대부분이 소수민족인 여족으로 이루어진 미개척 섬이었고, 소동파는 셋째아들 소과만을 데리고 갔다. 해남도에서도 소동파는 뛰어난 적응력을 발휘해 주민들의 인망을 얻었고, 중앙의 명을 받고 살던 집에서 쫓겨났을 때도 해남도 사람들의 도움으로 오두막을 지어 살 수 있었다. 이후 신법당을 지지했던 철종이 죽고 복권되었으나, 귀양길에서 돌아오는 도중 남경에서 66세를 일기로 사망했다. 2번 결혼하여 슬하에 네 아들을 두었다.

전후적벽부前後赤壁賦는 1082년 소동파가 유배지인 후베이성[湖北省] 항저우[黃州]의 창장강[長江:양쯔강]에 배를 띄워 적벽에서 선유하면서 지은 것으로, 음력 7월에 지은 〈전적벽부〉와 음력 10월에 읊은 〈후적벽부〉가 있다. 전편은 적벽에서 벌어졌던 삼국시대의 고사를 생각하고 덧없는 인생에서 벗어나 자연과의 합일을 노래한 것이고, 후편은 적벽야유의 즐거움을 구가한 것이다. 소동파 문학의 대표적인 걸작으로 많은 사람에게 애송된 중국의 명문장 가운데 하나이다.

• 하루살이 : 곤충류 중에서 다른 곤충들에 비해 다소 원시적인 곤충이다. 육상에서 아성충과 성충 시기를 합한 시기가 매우 짧은 일주일 내외를 살다 죽기 때문에 '하루살이'라는 이름을 얻게 되었다. 우리나라에는 약 80여 종이 기록되어 있으며 전 세계

적으로 약 2,000여 종이 서식한다. 일부 하루살이들은 수질오염에 민감하여 수질을 예측하고 분석하는데 이용되기도 한다.

- 천지天地 : 하늘과 땅. 우주 또는 세상.
- 허망虛妄 : 거짓되어 망령됨. 어이없고 허무함. 거짓이 많고 근거가 없음.

한문 인용구의 원문은 소동파蘇東坡 '전적벽부前赤壁賦'의 한 문장이다. 이 문장 끝의 '이우하선호而又何羨乎?'인데 그 해역은 '또 무엇을 부러워하리오.'라는 부분으로 대종사의 말씀에는 빠져있다.

이 글을 도표로 만들면 다음과 같다.

원문	대종경	축자해역(逐字解譯)
蓋將自其變者而觀之	대개 그 변하는 것으로 보면	대개 장차 그것을 변하는 것으로 좇아보면
則天地曾不能以一瞬	천지도 한 때를 그대로 있지 아니하고	곧 하늘땅도 능히 한 순간일 수밖에 없으며
自其不變者而觀之	그 불변하는 것으로 보면	그것을 변하지 않는 것으로 좇아보면
則物與我皆無盡也	만물과 내가 다 다함이 없다	사물로 더불어 내가 모두 다함이 없으니
而又何羨乎?	《대종경》에는 없음.	또한 무엇을 부러워하리오.

글자 풀이

- 개蓋 : 대개 개. 덮을 개. 대개. 덮는다.

- 장將 : 장차 자. 징치. 막─하려 한다. 어찌. 오히려. 장수 장.

- 자自 : 스스로 자. 스스로. 저절로. 몸소. 자연히.

- 기其 : 그 기. 그. 지시대명사.

- 변變 : 변할 변. 변한다. 달라지다. 변경되다. 화化한다.

- 자者 : 놈 자. 놈. 사람. 것.

- 이而 : 말 이을 이. 말 이음. 순접 역접의 접속사.

- 관觀 : 볼 관. 보다. 자세히 보다. 드러낸다.

- 지之 : 갈 지. 가다. 이[지시대명사].

- 즉則 : 곧 즉. 곧.

- 천天 : 하늘 천. 하늘. 천체. 천체의 운행. 태양.

- 지地 : 땅 지. 땅. 토지의 신. 처지.

- 증曾 : 일찍 증. 일찍. 일찍이. 곧. 이에.

- 불不 : 아닐 불. 아닌가. 아니다. 말라[금지의 뜻].

- 능能 : 능할 능. 능하다. 잘한다. 보통 정도 이상으로 잘한다.

- 이以 : 써 이. 써. ─로써. 부터. 까닭.

- 일一 : 한 일. 하나. 한 번. 처음. 오로지. 모두. 동일하다.

- 순瞬 : 눈 깜작일 순. 눈을 깜짝인다. 잠깐 사이.

- 물物 : 만물 물. 만물. 일. 무리. 종류.

- 여與 : 줄 여. 주다. 베풀다. 동아리.

- 아我 : 나 아. 나. 우리. 외고집.

- 개皆 : 다 개. 다. 모두. 두루 미치다. 함께.

- 무無 : 없을 무. 없다. 허무의 도. 말라. 금지하다.

- 진盡 : 다할 진. 다될 진. 다되다. 비다. 줄다. 없어지다.

- 야也 : 어조사 야. 어조사. 또. 또한. 잇달아.

해의解義

① 우주의 자연적인 진리를 일언이폐지一言以蔽之하면 "변여불변變與不變" 즉 '변하는 자리'와 '변하지 않는 자리'라고 할 수 있다. 우선 《원불교대사전》에 밝혀있는 변불변變不變에 대한 해설을 참고해 볼 필요가 있다. 사전에 "변하고 변하지 않음을 아울러 이르는 말. 궁극적 진리인 일원상 진리의 속성 중의 하나. 일원상의 진리는 변의 진리와 불변의 진리라는 양면으로 해석할 수 있다.

불변의 진리는 '대소유무에 분별이 없는 자리', '생멸거래에 변함이 없는 자리', '선악업보가 끊어진 자리', '언어명상이 돈공한 자리'로 설명할 수 있으며, 변하는 진리는 '공적영지의 광명을 따라 대소유무에 분별이 나타나서 선악업보에 차별이 생겨나며, 언어명상이 완연하여 시방삼계가 장중에 한 구슬같이 드러나고', '우주만유를 통하여 무시광겁에 은현자재'하는 자리로 설명할 수 있다.

또한 변하지 않는 유상有常의 측면과 변하는 무상無常의 측면으로 설명하기도 한다. 이를 종합하면 우주의 궁극적 진리는 본체적 측면으로 보면 불변의 진리이며, 현상적 측면으로 보면 변하는 진리라고 할 수 있다는 것이다. 그러나 본체와 현상, 변과 불변의 진리는 궁극적 진리를 이해하기 위한 방법일 뿐이지 근원적으로는 둘이 아닌 하나의 진리인 것이다. 정산 종사는 깨달음의 경지를 읊은 '원각가圓覺歌'에서 주야와 사시가 순환하는 이치를 변하는 이치로 보았으며, 그 가운데 영원한 세월을 통하여 여여하게 변하지 않는 이치가 있음을 노래했다."

여기에 말을 더하여 붙이면 사족蛇足이 되겠으나
대략을 밝힌다면 다음과 같이 도표화할 수 있다.

不變	不生不滅·空·無·無極·體·理·大·俱空·性·一圓·涅槃·眞空·隱·無常·本體·覺悟·無善無惡·言語道斷의 入定處
變	因果報應·色·有·太極·用·氣·小·具足·心·四恩·生死·妙有·顯·有常·現象·迷惑·能善能惡·有無超越의 生死門

② 인생의 일생이라는 것이 유년에서 노년을 거쳐 죽음이라는 육신생肉身生의 고개까지 넘어야 끝이 났다고 말할 수 있다. 이러한 생에 중간이 되는 젊은 시절에는 권력을 탐하고 부유를 쌓는

등, 일악一握으로 모두를 거머쥐려고 진력하다가 흐르는 시간을 이기지 못하고 노년에 이르면 죽음의 사자使者를 멀리하려고 운동도 하고 약도 먹으며 연명延命을 위해 시간과 돈을 투자한다. 즉 늙어갈수록 생에 대한 애착은 가면 갈수록 더했으면 더했지 덜어지지는 않는다. 그렇지만 무정한 염라대왕은 이런 상황을 전혀 고려하지 않고 놔뒀다가 시간을 잘 맞추어서 틀림없이 데려간다.

이러한 죽음이라는 시기에 이르고 보면 무엇으로도 상쇄相殺를 시키거나 막을 수 없다. 옛날 중국의 진시황秦始皇이 권력이 없었겠는가, 부유가 없었겠는가. 모두 다 쏟아 불로초不老草를 구하고 불사약不死藥을 얻으려 했지만 결국 수상지말水上之沫이 되고 말았으니 허망하고 가련하지 않을 수 없다.

우주는 변變과 불변不變의 이치가 분명히 있다. 이러한 이치에 대해 얼마만큼 알고 얼마만큼 깨달았느냐에 따라 이신장생離身長生이 될 수도 있고 안 될 수도 있으며 지신장생持身長生이 될 수도 있고 안 될 수도 있다. 즉 변하는 이치로 본다면 지신장생은 불가능하지만, 불변의 이치에 따르면 이신장생은 가능하기 때문이다.

그러므로 현상의 변화만 보려 말고 현상의 불변도 알아야 하며 본체의 불변만 보려 말고 본체의 변화도 볼 줄 알아야 지금 이 생을 누리고 있는 것이 영생으로 이어지고, 영생은 족하足下에서부터 시작이라는 사실도 자각을 하게 된다.

頌曰

1. 變兼斯不變 변겸사불변　변과 아울러 이에 불변은
　　宇宙理回行 우주리회행　우주 이치의 돌아감이니
　　若逆難生享 약역난생향　만일 거슬리면 생을 누리기 어렵고
　　順應好節迎 순응호절영　순응하면 좋은 시절을 맞으리라.

2. 生擲乾坤域 생척건곤역　생을 건곤의 지경에 던져놓고
　　亦投宇宙場 역투우주장　또한 우주 마당에 던진다면
　　是任眞體裏 시임진체리　이는 진체 속에 맡겨둠이라
　　殺活手非搪 살활수비당　죽이든 살리든 손 뻗지 않으리.

3. 足下延生轉 족하연생전　발아래 뻗혀진 생이 구르고
　　眼前解脫成 안전해탈성　눈앞에 해탈이 이뤄지나니
　　能醒眞理體 능성진리체　능히 진리의 몸통을 깨달으면
　　最貴我躬撑 최귀아궁탱　내 몸의 지탱됨이 가장 귀하리라.

※ 소동파의 '전적벽부'와 '후적벽부'의 원문 및
　해역은 다음과 같다.

① 전적벽부前赤壁賦

壬戌之秋 七月旣望 蘇子與客 泛舟遊於赤壁之下. 淸風徐來 水

波不興.

　임술년 가을 7월 열엿새 날에 나 소동파는 찾아온 손과 배를
띄워 적벽赤壁 아래서 노닐세, 맑은 바람은 천천히 살랑이고, 물결
은 잔잔하더라.

　舉酒屬客 誦明月之詩 歌窈窕之章. 少焉, 月出於東山之上 徘
徊於斗牛之間. 白露橫江 水光接天

　자! 이 술 한 잔 받으시게, 그대는 시경 동풍장의 달 밝은 시를
읊조리고, 나는 시경의 관저장 사랑의 노래 부르리니, 이윽고 조
금 있으니, 동산에 달이 솟아올라 북두 견우 간에 서성일 제, 흰
이슬 물안개는 강에 비끼고, 물빛은 하늘에 닿았더라.

　縱一葦之所如 凌萬頃之茫然. 浩浩乎 如憑虛御風 而不知其
所止.

　한 잎의 갈대 같은 배를 가는 대로 맡겨 두어, 일만 이랑의 아
득한 물결을 헤치니, 넓고도 넓구나. 허공에 의지하여 바람을 탄
듯하여 그칠 데를 알 수 없네.

　飄飄乎 如遺世獨立 羽化而登仙 於是 飮酒樂甚 殿舷而歌之

　바람은 훨훨 나부끼고, 인간 세상을 버리고 홀로 서서, 날개가
돋치어 신선神仙이 되어 오르는 것 같더라. 이에 술을 마시고 흥취
가 도도해 뱃전을 두드리며 노래를 부르니,

　歌曰：桂棹兮蘭槳 擊空明兮溯流光 渺渺兮予懷 望美人兮天
一方.

노래에 이르기를 "계수나무로 노를 깎고, 목련 가지 다듬어 삿대로 삼아 물에 비친 달을 밀침이여, 흐르는 달빛을 거슬러 오르네. 아득한 내 생각이여, 미인美人을 하늘 한쪽에서 바라보네."

客有吹洞簫者 倚歌而和之 其聲嗚嗚然 如怨如慕 如泣如訴

손님 중에 퉁소를 부는 이 있어 노래를 따라 화답和答하니, 그 소리가 슬프고도 슬퍼 원망하는 듯 사모하는 듯, 우는 듯 하소연하는 듯,

餘音嫋嫋 不絕如縷 舞幽壑之潛蛟 泣孤舟之嫠婦. 蘇者 愀然 正襟 危坐而問客曰 : 何爲其然也?

여음餘音이 가늘게 실같이 이어져 그윽한 골짜기의 물에 잠긴 교룡蛟龍을 춤추게 하고 외로운 배를 의지해 살아가는 과부를 울게 하네. 소자蘇子가 근심스레 옷깃을 바르고 곧추앉아 손에게 묻기를 "어찌 그러한가?"하니,

客曰 : 月明星稀 烏鵲南飛 此非曹孟德之詩乎?

손님이 말하기를 "달은 밝고 별은 성긴데, 까막까치가 남쪽으로 날아간다."는 것은 조맹덕[曹孟德, 조조]의 시가 아닌가?

西望夏口 東望武昌 山川上繆 鬱乎蒼蒼. 此非孟德之困於周郞者乎?

서쪽으로 하구를 바라보고 동쪽으로 무창武昌을 바라보니 산천이 서로 얽혀 빽빽하고 푸른데, 여기는 맹덕[孟德, 조조]이 주랑[周郞, 주유]에게 곤욕을 치른 데가 아니던가?

方其破荊州 下江陵 順流於東也 舳艫千里 旌旗蔽空

바야흐로 형주荊州를 격파하고 강릉江陵으로 내려감에, 흐름을 따라 동으로 가니, 배는 천 리에 이어지고 깃발은 하늘을 가렸었네.

釃酒臨江 橫槊賦詩 固一世之雄也 而今安在哉?

술을 걸러서 강가에 가서 창을 비끼고 시를 읊으니 진실로 일세一世의 영웅일진데 지금은 어디에 있는가?

況吾與子 漁樵於江渚之上 侶魚蝦而友麋鹿

하물며 나는 그대와 강가에서 고기 잡고 나무를 하며, 물고기와 새우를 짝하고 고라니와 사슴을 벗하고 있네.

駕一葉之扁舟 擧匏樽而相屬 寄蜉蝣於天地 渺滄海之一粟.

한 잎의 좁은 배를 타고서 술잔을 들어 서로 권하고, 하루살이 삶을 천지에 의지하니 아득히 넓은 바다의 한 알의 좁쌀알이구나.

哀吾生之須臾 羨長江之無窮 挾飛仙遨遊 抱明月而長終 知不可乎驟得 託遺響於悲風

우리네 인생의 짧음을 슬퍼하고 장강의 끝없음을 부럽게 부러워하네. 나는 신선을 끼고서 즐겁게 노닐며, 밝은 달을 안고서 오래도록 하다가 마치는 것을, 불현듯 얻지 못할 것을 알고, 여운을 슬픈 바람에 맡기네.

蘇者曰 : 客亦知夫水與月乎?

소자 말하되 "손님께서도 대저 물과 달을 아시오?"

逝者如斯, 而未嘗往也. 盈虛者如彼 而卒莫消長也.

가는 것이 이와 같으나 일찍이 가지 않았으며, 차고 비는 것이 저와 같으나 끝내 줄고 늘지 않으니,

蓋將自其變者而觀之 則天地曾不 能以一瞬 自其不變者而觀之 則物與我皆無盡也 而又何羨乎?

무릇 변하는 것에서 보면 천지도 한순간일 수밖에 없으며, 변하지 않는 것에서 보면 사물과 내가 모두 다 함이 없으니 또 무엇을 부러워하리오.

且夫天地之間 物各有主 苟非吾之所有 雖一毫而莫取

또, 대저 천지 사이의 사물에는 제각기 주인이 있어, 진실로 나의 소유가 아니면 비록 한 터럭일지라도 가지지 말 것이나,

惟江上之淸風 與山間之明月 而得之而爲聲 目遇之而成色 取之無禁 用之不竭

강 위의 맑은 바람과 산간山間의 밝은 달은, 귀로 얻으면 소리가 되고 눈으로 만나면 빛을 이루어서, 이를 가져도 금할 사람 없고, 이를 써도 다함이 없으니,

是造物者之無盡藏也 而吾與者之所共樂 客喜而笑 洗盞更酌 肴核旣盡 杯盤狼藉 相與枕籍乎舟中 不知東方之旣白.

이는 조물주의 다함이 없는 보물이니 나와 그대가 함께 누릴 바로다. 손님이 기뻐서 웃고, 잔을 씻어 다시 술을 따르니, 고기와 과일 안주가 이미 다 하고 술잔과 소반이 어지럽네. 배 안에서 서로 함께 포개어 잠이 드니, 동녘 하늘이 밝아 오는 줄도 몰랐네.

② 후적벽부後赤壁賦

是歲十月之望, 步自雪堂, 將歸於臨皐, 二客從予過黃泥之坂.

그 해 시월 망일望日이었다. 설당雪堂에서 나와 임고정臨皐亭으로 돌아가기 위해, 나는 두 사람의 객客과 함께 황니黃泥 고개를 넘고 있었다.

霜露旣降, 木葉盡脫, 人影在地, 仰見明月, 顧而樂之 行歌相答.

벌써 서리가 내려앉아 있었다. 나뭇잎은 모두 떨어져 있었다. 대지 위에 어른대는 사람의 그림자, 고개를 들어보니 둥 두렷 밝은 달! 사위를 둘러보다 문득 즐거워진 마음에 걸으며 노래를 부르니, 객客들도 함께 따라 불렀다.

已而歎曰: "有客無酒, 有酒無肴; 月白風淸, 如此良夜何."

그러나 잠시 후 탄식이 흘러나왔다. "귀한 손이 오셨건만 마실 술이 없구나! 마실 술은 있다 하되 안줏거리 없구나! 하얀 달에 맑은 바람, 이리도 좋은 밤을 어인 수로 보낼까나"

客曰: "今者薄暮, 舉網得魚, 巨口細鱗, 狀似松江之鱸 顧安所得酒乎?"

그러자 한 객이 말하였다. "오늘 어스름 저녁 무렵 그물을 올려보니 물고기가 잡혔더이다. 주둥아리 커다랗고 비늘은 잘디잚은, 그 형태가 영락없이 송강松江 명물 농어와 닮았더이다. 헌데, 술은 어디서 구한다지요?"

歸而謀諸婦, 婦曰 : "我有斗酒, 藏之久矣, 以待子不時之須!"

於是, 攜酒與魚, 復游於赤壁之下.

다시 집으로 돌아와 아내와 함께 상의해 보았다. 그러자 아내가 말했다. "영감께서 불시에 필요할 때가 있지 싶어, 오래전에 술 한 말 숨겨둔 게 있지요."그리하여 술과 물고기를 가지고 다시 적벽 밑으로 유람을 나갔다.

江流有聲, 斷岸千尺; 山高月小, 水落石出; 曾日月之幾何, 而江山不可復識矣.

강물은 소리 내어 흐르고 있었다. 절벽은 깎아질러 천 척尺 높이로 솟아있었다. 까마득한 산에 하염없이 작은 달, 줄어든 강물에 드러난 바위들 …. 도대체 해와 달이 몇 번이나 바뀌었다고 이렇게 알아볼 수조차 없을 정도로 강산이 변한 걸까.

予乃攝衣而上, 履巉巖, 披蒙茸, 踞虎豹, 登虯龍, 攀栖鶻之危巢, 俯馮夷之幽宮; 蓋二客不能從焉.

나는 옷소매를 걷고 육지에 올랐다. 가파른 바위를 타고 올라갔다. 무성한 수풀을 헤치고 지나갔다. 포효하는 호랑이 바위, 꿈틀대는 이무기 괴목怪木 위에 걸터앉아 보기도 하였다. 이윽고 아찔한 나무 끝 송골매의 위험한 둥지 위에 기어 올라가, 강 속 어딘가 깊이 숨어있을 하백河伯, 풍이馮夷의 용궁을 내려다보았다. 두 객은 나를 따라오지 못했다.

劃然長嘯, 草木震動, 山鳴谷應, 風起水涌, 予亦悄然而悲, 肅然而恐, 凜乎其不可留也.

휘— 익, 길게 소리를 질러보았다. 초목이 부르르 떨자, 골짜기 안에 산의 울림이 맴돌더니 홀연 바람이 일어나고 물결마저 춤을 추었다. 나는 슬며시 슬퍼졌다. 문득 숙연해져 두려운 생각마저 들었다. 시릴 정도로 맑고 차가운 느낌에 더 이상 머물러 있을 수가 없었다.

反而登舟, 放乎中流, 聽其所止而休焉. 時夜將半, 四顧寂寥.

몸을 돌려 다시 배에 올랐다. 강 한복판에 배를 띄우고 파도가 치는 대로 물결이 멈추는 대로 내버려두었다. 때는 바야흐로 한밤중, 사방을 둘러보아도 적막과 고요함뿐이었다.

適有孤鶴, 橫江東來, 翅如車輪, 玄裳縞衣, 戛然長鳴, 掠予舟而西也.

그 때였다. 저 동녘에서 한 마리의 학鶴이 강을 가로질러 날아오고 있었다. 날개는 수레바퀴, 까만 치마에 하얀 상의를 걸친 듯…. 꺼— 억, 길게 울더니 내가 탄 배를 스쳐지나 서쪽으로 사라져 버리는 것이었다.

須臾客去, 予亦就睡. 夢一道士, 羽衣翩僊, 過臨皐之下, 揖予而言曰: "赤壁之遊, 樂乎? "

잠시 후, 객들은 떠나가고 나는 잠이 들었다. 꿈을 꾸었다. 우의羽衣 도복道服을 입은 한 도사가 표표飄飄한 자태로 임고정 밑을 지나와서 홀연 읍揖을 하며 말을 건네는 것이었다. "적벽의 노닒이 즐거우셨소이까?"

問其姓名, 俛而不答. "嗚呼噫嘻! 我知之矣, 疇昔之夜, 飛鳴而
過我者, 非子也耶"

그 이름을 물어보았다. 하지만 그는 아무 대답도 없이 고개만
숙이고 있었다. "아하, 그렇구려! 이제 알겠소이다! 지난밤에 길
게 울며 내 옆을 스쳐 날아간 그 학鶴이 바로 그대가 아니시오?"

道士顧笑, 子亦驚悟. 開戶視之, 不見其處.

도사가 고개 돌려 빙그레 웃었다. 나는 놀라 잠에서 깨어났다.
창을 열고 밖을 내다보았으나, 그는 종적조차 보이지 않았다.

※ 사족蛇足을 달아보면 이른 새벽이나 고요한 밤, 또는 달빛이
교교皎皎하고 훈풍이 서삽徐颯 할 때 주자朱子의 "무이구곡가武夷九曲
歌", 소동파蘇東坡의 "적벽전후부赤壁前後賦", 한유韓愈의 "부독서성남符
讀書城南", 백낙천白樂天의 "권학문勸學文", 도연명陶淵明의 "귀거래사歸
去來辭", 또 "귀전원거歸田園居", 이백李白의 "장진주將進酒", 또 "춘야연
도리원서春夜宴桃李園序", 범중엄范仲淹의 "악양루기岳陽樓記" 등을 소리
내어 읽으면서 음미吟味하면 입속에 맑은 침이 솟고 정신이 세양洗
養이 되며 마음이 안정을 이루게 되나니, 이것이 선禪이요 수행이며
명상瞑想이라고 할 수 있다. 따라서 꾸준히 하면 무시선 무처선이
되어 동득력動得力 정득력靜得力하여 예안叡眼을 갖추고 혜견慧見을 간
직하여 둥근 이치[圓理]를 철증徹證하고 사물의 소기消起를 파각破却
할 수 있는 큰 능력을 터득攄得하게 되는 것이라고 아니할 수 없다.

금수전작
今 受 前 作

지금 받음은 전생에 지은 것

또 여쭙기를 "열반경涅槃經에 이르시기를 '전생 일을 알고자 할진대 금생에 받은 바가 그것이요, 내생 일을 알고자 할진대 금생에 지은 바가 그것이라'고 하였사온데, 금생에 죄 받고 복 받는 것을 보면 그 마음 작용하는 바는 죄를 받아야 마땅할 사람이 도리어 부귀가에서 향락 생활을 하는 수가 있삽고, 또는 그 마음이 착하여 당연히 복을 받아야 할 사람이 도리어 빈천한 가정에서 비참한 고통을 받는 수가 있사오니, 인과의 진리가 적확하다 할 수 있사오리까." 대종사 말씀하시기를 "그러므로 모든 불조들이 최후 일념을 청정하게 가지라고 경계하셨나니, 이생에서 그 마음은 악하나

부귀를 누리는 사람은 전생에 초년에는 선행하여 복을 지었으나 말년에는 선 지을 것이 없다고 타락하여 악한 일념으로 명을 마친 사람이며, 이생에 마음은 선하나 일생에 비참한 생활을 하는 사람은 전생에 초년에는 부지중 악을 지었으나 말년에는 참회 개과하여 회향回向을 잘한 사람이니, 이처럼 이생의 최후 일념은 내생의 최초 일념이 되느니라."

《대종경》천도품 35장

원문에 있는 숙어를 풀어보면 다음과 같다.

• 열반경涅槃經 : 원래의 명칭은 《대반열반경大般涅槃經》으로 소승의 경전과 대승의 경전이 있다. 소승의 《열반경》은 주로 역사적 사실을 중심으로 부처의 입멸을 전후한 유행과 발병, 순타의 최후 공양, 쿠시나가라Kuśingara 성의 사라쌍수 숲에서 열반에 들며 행한 최후 설법, 입멸과 제자들의 비탄, 사리의 분배 등을 서술하고 있다. 이에 대해 대승의 《열반경》은 보다 철학적·종교적인 의미가 강조되어 있다. 여기서는 부처의 최후 설법을 통해 불신의 상주, 열반의 의미, 모든 중생이 부처가 될 수 있다는 불성론 등을 밝히고 있다.

중요한 한역본으로는 동진 법현의 《대반니원경大般尼洹經》 6권(418)과 흔히 '북본'이라고 하는 북량 담무참의 《대반열반경》 40권(421)이 있고, 남송南宋 때 혜관·혜엄 등이 담무참의 번역을 법현의 것과 대조·수정한 《대반열반경》 36권이 있는데 이것을 '남본'이라고 한다. 후세의 《열반경》에 대한 연구는 대개 남본을 기초로 했다.

소승의 《열반경》은 주로 역사적으로 기록한 것으로서 석가모니불의 열반 전후에 걸쳐 유행遊行, 발병發病, 최후의 유훈遺訓, 입멸 후의 비탄, 사리舍利 팔등분 등을 중요내용으로 하고 있다. 대승의 《열반경》은 교리를 중심으로 하여 열반의 이상, 곧 불교의 이상을 묘사하고 있다. 법신法身이 상주常住한다는 근거에서 불성을 본래 갖추어 있고, 일체중생에게 보편적인 것임을 역설하여 적극적으로 열반을 상常·락樂·아我·정淨이라 하고 있다.

• 빈천貧賤 : 가난하고 천함.

• 일념청정=청정일념一念淸淨=淸淨一念 : 사심邪心 잡념雜念 착심着心이 없는 오직 청정한 한 생각. 천도遷度에서 중요한 것이 서원일념과 청정일념이다. 청정일념은 이생에 대한 모든 착심을 놓는 것이다. 애착愛着 탐착貪着 원착怨着을 놓고 청정일념의 한 생각을 갖는 것이 천도의 지름길이 된다. 청정일념이 바로 해탈이다.

• 죄복罪福 : 죄와 복. 인간이 현실적으로 받게 되는 인과의 양태로 죄는 도의에 벗어난 악행으로 벌을 받아 마땅한 일을 가리키고, 복은 인간 누구나가 받기를 원하는 좋은 운수를 말한다. 즉 악한 과보를 받을 나쁜 짓을 죄라 하고, 선한 과보를 받을 착한 짓을 복이라 한다. 죄복은 행위와 결과를 동시에 포함하는 단

어로 교서에는 죄복을 짓고 받는 것으로 표현되어 있다. 인간이 현실적으로 받게 되는 죄복은 인간의 심신작용 결과이다. 곧 몸과 입과 마음 삼업三業을 통해 선업을 지을 경우 복을 받고 악업을 지을 경우 죄를 받게 된다. 그런데 중생은 죄를 받기 싫어하고 복을 받기 좋아하나, 죄받을 악업을 많이 짓고 복 받을 선업을 잘 짓지 아니하는 어리석음을 범한다.

자기가 지은 대로 받게 되는 인과의 이치를 모르기 때문이다. 과거에는 인과의 바른 이치를 모르기 때문에 불상에서 모든 죄복을 비는 잘못된 신앙이 있었다. 소태산 대종사는《정전》'불공하는 법'에서 "우주만유는 법신불의 응화신應化身이니, 당하는 곳마다 부처님[處處佛像]이요, 일일이 불공 법[事事佛供]이라, 천지에 당한 죄복은 천지에, 부모에게 당한 죄복은 부모에게, 동포에게 당한 죄복은 동포에게, 법률에 당한 죄복은 법률에 비는 것이 사실적인 동시에 반드시 성공하는 불공법이 된다."라고 했다.

이는 모든 죄복의 출처가 불상 한 분에게 있는 것이 아니라, 사은 당처에 있음을 밝힌 원불교 불공의 핵심으로 자리하고 있다. 곧 인간의 심신작용과 불공의 대상을 바르게 연결함으로써 사실적이고 성공하는 불공법을 밝히고 있는 것이다. 현실적으로 받게 되는 죄복은 내가 짓고 내가 받는 인과의 원리에 따른다. 매일매일 마음 한번 내고 몸 한번 움직이는 것이 옳고 그름을 만들어 내고 이에 따라 죄와 복으로 나뉘게 된다.

마음과 몸의 작용이 죄복의 근원처인 셈이다. 따라서 소태산은 죄복을 결정짓는 심신처리 건을 일기로 기재케 하여 죄복의 결산을 하게 했다. [《정전》 일기법] 죄복의 원인이 자신이 지은 업임을 부정할 수는 없다. 정산 종사는 "하늘은 짓지 않은 복을 내리지 않고, 사람은 짓지 않은 죄를 받지 않느니라[《정산종사법어》 법훈편 64장]."라고 했다. 그러나 우리의 자성은 죄복이 돈공頓空하기에 깊은 수행의 노력으로 죄복 인과를 벗어나 죄복을 자유 할 수 있다. 또한 참회를 통해 현실적인 죄고에서 벗어나 더 나은 진급의 삶을 개척할 수 있다. 《원불교대사전》

• 불조佛祖 : 불교의 개조開祖인 석가모니불. 부처와 조사, 부처는 삼세제불을 말하고, 조사는 역대 조사를 말한다. 불교의 모든 성현을 의미한다.

• 회향回向 : ① 회전취향廻轉趣向의 준말. 원어명은 파리아마나 pariāmanā. 스스로 쌓은 선근善根 공덕을 다른 사람에게 돌려 자타가 함께 불과佛果의 성취를 기하려는 것. 자기의 선행을 돌려 중생의 극락왕생에 이바지하는 것. 회향은 주로 법회·독경·염불·보시 등으로 한다. 이러한 사상의 성립 근거는 일체의 중생을 이익되게 하고 보리[菩提, 깨달음]를 이루게 한다는 이타利他가 없이는, 자신의 보리를 이룬다고 하는 자리自利가 없다는 사상, 즉 이타가 곧 자리라고 하는 대승불교의 근본정신에 있다. 이는 '생사의 바깥에 열반은 없다'라든가 '번뇌가 곧 보리'라는 불이不二의

사상과 근본적으로 일치하는 것이다. ② 중국 정토종淨土宗의 담란曇鸞은 회향에는 왕상往相회향과 환상還相회향이 있다고 했다. 곧 자신의 공덕을 중생에 회시廻施하여 함께 아미타불의 정토에 왕생하려는 원을 왕상회향, 일단 정토에 태어난 후 다시 이 세상으로 되돌아와 중생을 교화하여, 정토로 향하게 한다는 것이 환상회향이다. 또 《대승의장大乘義章》에서는 중생회향·보리회향·실제회향의 세 가지로 설명하고 있다. 이는 모두 자비관의 발로라고 할 수 있다. ③ 얼굴을 돌려 다른 쪽으로 향하게 하는 것.

• 최후일념最後一念 : 사람이 열반하기 직전에 갖는 최후의 한 생각. 일생을 통하여 비록 많은 악업을 지은 사람이라 할지라도 이를 참회 개과하고 최후일념을 청정히 가지면, 내생의 최초일념도 청정해질 수 있다. 그러나 최후일념을 청정히 가지지 못하면 그 마음이 최초일념이 될 수 있다. 이처럼 최후일념은 다음 생의 방향을 결정하는 중요한 요인이기 때문에 소태산 대종사는 《대종경》 천도품에서 열반을 앞두고 그 친근자와 당사자가 취할 방법을 설명하고 이어서 천도의 중요성과 그 방법을 설명하고 있다.

일반적으로 지난 생애에 대한 모든 착심을 끊고, 성불제중의 큰 서원을 세우는 것이 최후일념을 잘 갖는 것이 된다. 그러므로 최후일념을 청정히 갖는 것이 열반인 스스로가 자기 자신을 잘 천도하는 길이 된다. 하지만 일생을 아무렇게나 살고서 최후에 한 생각을 청정히 하기란 쉽지 않다. 그러므로 일생을 큰 서원에 바탕하여 온전한 생각으로 잘사는 것이 중요하고, 거기에 더하여 최후일념을 잘 챙기는 것이 효과적인 천도의 방법이다. 수행인에게 있어서 최초일념이 최후일념이 되어야 하고, 최후일념이 최초일념이 되어야 한다. 이것을 곧 일념만년一念萬年이라 한다.

• 최초일념最初一念 : 사람이 새 몸을 받을 때의 첫 생각. 또는 어떤 경계를 대할 때의 최초의 한 생각. 최초일념이 청정하고 선善해야 일생 선업을 짓게 된다.

소태산 대종사는 "이생의 최후일념은 내생의 최초일념이 된다."라고 했고, 정산 종사는 유허일의 영전에 "사람이 세상에 처하여 무슨 일을 할 때는 최초의 한 생각이 잘 나기가 어렵고 또한 한세상을 끝마칠 때는 최후의 한 생각을 잘 챙기기가 어렵나니, 그일 그 일에 최초의 한 생각이 바르면 일생에 모든 일이 발라질 것이요, 일생을 끝마칠 때는 최후의 한생각이 바르면 영원한 장래가 능히 바를 수 있는지라, 바른 생각으로서 오시고 바른 생각으로서 가시면 오고 가는 사이에 항상 미한 길에 주저하지 아니하고, 바로 부처님 회상에 돌아오게 되시리니, 이것은 영가의 평소 소원이요, 미래 길이요, 우리 대중의 함께 기원하는 바라, 영가시여 거듭 부탁하노니, 서원은 부처 되어 중생 제도하는데 세우시고, 마음은 바르고 조촐한 한 생각에 의지하소서[《정산종사법어》 생사편 27장]."라고 법문했다.

수행에 발심한 첫 생각. 곧 초발심을 말한다. 누구나 초발심을 그대로 지속하면 마침내 대각을 이루게 된다.

• 전생前生 : 현생에 태어나기 이전의 세상. 전세前世라고도 한다. 가까이 보면 전생이란 어제·작년·십 년 전일 수도 있고, 한 시간 또는 일 분 전일 수도 있다.

• 금생今生 : 현재 살아 있는 이 몸, 또는 살고 있는 이 세상. 과거생·현재생·미래생을 삼생 또는 삼세라 하는데, 금생은 눈앞에 전개되고 있는 현재생을 말한다. 원불교에서는 과거생이나 미래생보다 현재생이 가장 중요하다고 본다.

• 내생來生 : 불교에서 말하는 삼생三生의 하나. 죽은 뒤의 다시 태어나는 세상 또는 그 생애. 후생後生 또는 내세라고도 한다. 불교의 윤회사상에 의하면 중생이 해탈을 얻을 때까지 영혼이 업業에 의하여 다른 생生을 받아 무시무종으로 생사를 반복한다고 한다. 이처럼 반복되는 생애를 구분하여 지나간 세상의 생애를 전생, 현재 세상의 생애를 금생 또는 현생, 미래 세상의 생애를 내생이라고 하며 이를 통틀어 삼생, 또는 삼세三世라고 한다. 삼생을 통해 윤회할 때 인간만이 아니라 업에 따라 여러 형태로 태어나는데 그 태어나는 경로를 육도로 나누어 보기 때문에 육도윤회라고 한다. 따라서 내생에 좋은 곳에 태어나려면 금생에 선업을 많이 쌓아야 한다. 이 사상은 원불교에도 그대로 수용되어 폭넓게 사용되고 있다.

《대종경》에는 《열반경》에서 말하는 한문 원문이 빠져있다. 이에 그 원문을 찾아서 해역을 하고 그 의미도 새겨보려고 한다. 이를 도표로 만들면 다음과 같다.

원문	대종경	축자해역(逐字解譯)
欲知前生事	전생 일을 알고자 할진대	전생의 일을 알고자 할진대
今生受者是	금생에 받은 바가 그것이요	금생에 받는 것이 이것이며
欲知來生事	내생 일을 알고자 할진대	내생의 일을 알고자 할진대
今生作者是	금생에 지은 바가 그것이라.	금생에 짓는 것이 이것이니라.

글자와 단어를 풀어보면

• 욕欲 : 하고자 할 욕. 하고자 하다. 하려고 하다. −할 것 같다.

• 지知 : 알지. 알다. 깨닫는다. 느낀다. 분별하다. 들어서 알다.

• 전前 : 앞 전. 앞. 앞서다. 나아가다. 전진하다.

• 생生 : 날 생. 나다. 태어난다. 천생으로. 낳는다. 자식을 낳는다.

• 사事 : 일 사. 일. 전념하다. 일삼는다. 정치.

• 금今 : 이제 금. 이. 이제. 이에[사물을 가리키는 말]. 혹은.

• 수受 : 받을 수. 받는다. 얻다. 이익을 누리다. 받아 드린다.

• 자者 : 놈 자. 놈. 사람. 것. 일이나 물건을 가리켜 이르다.

• 시是 : 이 시. 이. 이것. 여기. 무릇. 이에[접속사]. 옳을 시. 옳다. 바르다.

• 내來 : 올 래. 오다. 부르다. 장래.

• 작作 : 지을 작. 짓는다. 일어나다. 일으킨다.

해의解義

① 무릇 이와 비슷한 글귀, 아니 같은 뜻을 가진 글이 불경佛經에 있다. 즉 불경에 보면 "욕지전세인 금생수자시 욕지내세과 금생작자시[欲知前世因 今生受者是 欲知來世果 今生作者是]"라는 글귀이다. 즉 '전세의 원인을 알고자 할진대 금생에 받는 것이 이것이요, 내세의 결과를 알고자 할진대 금생에 짓는 것이 이것이라'는 뜻이다. 다시 말하면 금생에 세상을 살아가는 상황이 전생의 삶의 원인이 엇비슷하게 이어지는 것이라면 내세에 결과가 어떻게 될 것이냐의 문제는 금생을 살면서 어떠한 업을 지었느냐에 달려있다는 말이 성립되는 것이라고 할 수 있다.

이렇게 볼 때 삼세가 떨어져 있는 것이 아니요 쭉 이어져서 전세의 작업지인作業之因이 현세의 수득지과收得之果가 되고 현세의 작업지인이 내세의 수득지과가 되어 일분일초도 간극이 없이 계승되는 것이라고 할 수 있다.

② 사事는 일이다. 업業도 일이다. 즉 업이라는 글자를 '일 업'이라고 한다. 이렇게 볼 때 사라고 표현함은 곧 업이라고 표현하는 것과 같은 의미이다.

③ "근경상접업조기앙根境相接業造其央"이다. 즉 '육근[眼耳鼻舌身意]과 육경[色聲香味觸法]이 서로 접촉하면 업이 그 가운데 지어진다'는 의미이다. 사람이 세상에 살면서 특별한 일을 하던, 보통의 일을 하던 간에 자연 육근을 움직이게 되고 그 육근 움직임의 대상이 되는 것은 육경이다. 이러한 가운데 접촉을 할 때마다 무슨 업이든 만들어진다. 즉 눈이 색의 경계를 대하면 안업眼業이 만들어지게 되는 것이요 나머지 귀나 코나 입이나 몸이나 마음이나 소리나 향내나 맛이나 접촉이나 경계를 대하면 각각 업을 짓게 된다. 그리하여 시기가 닿게 되면 상쇄相殺가 됨과 동시에 또 다른 신업新業을 짓고 수과受果를 하면서 윤회하는 과정으로 이어지게 된다.

④ 인과는 작수作受이요 여수與收이다. 그래서 짓지 않으면 받지 않고[不作不受] 주지 않으면 걷을 수 없는[不與不收] 것이니 이를 인과의 보편성이라고 할 수 있다.

그러나 한 걸음 더 들어가 보면 마음이 열리고 진리를 깨치며 성품을 회복한 성현이나 불보살들은 무념무심無念無心의 상태를 일상심日常心이나 평상심平常心으로 살기 때문에 업을 짓는다고 할지라도 업을 짓는다는 심념心念이 없는지라 그것이 업으로 엮이지 않고, 무엇을 주었다 할지라도 주었다는 심념이 없는지라 그것이 업으로 남아있지 않기 때문에 무작무업無作無業의 상태라고 할 수 있다. 이러한 상황에는 어떤 작수나 여수가 있을 수 없다고 단정을 할 수는 없겠지만 생각 정도는 할 수 있지 않을까 하는 생각을 해보게 된다.

⑤ 이런 글이 있다. "선유선보 악유악보 불시불보 시기미도 시기일도 일체전보[善有善報 惡有惡報 不是不報 時機未到 時機一到 一切全報]"라는 문장이다. 이를 해역하면 '선은 선한 갚음[응보]이 있고 악은 악한 갚음이 있는데 이에 갚아지지 않는 것이 아니라면 시기가 이르지 않음이니 시기가 이르면 일체가 온전히 갚아지니라'는 뜻이다. 그러니까 선이든 악이든 간에 작업作業한다. 만일 작악作惡에 죄과가 나에게는 다행스럽게 넘어갔다고 안심을 한다거나 작선作善에 복락이 나에게는 오지 않느냐는 의문을 가질 것이 아니라 차분하게 기다리고 있으면 올 것은 다 오게 되어 있다. 다시 말하면 아직은 수수受收의 때가 오거나 이르지 않았을 뿐이지 마냥 넘어가는 법은 절대 없다.

그러므로 우리는 세상을 살면서 다음의 다섯 가지는 꼭 알아야 한다.

첫째, 절신삼세絶信三世 : 절대로 삼세를 믿어야 한다. 이 삼세에서 죄복 간에 줄 것은 주고 받을 것은 다 받게 되어 있다.

둘째, 아업아작我業我作 : 내 업은 내가 짓는다. 내 업은 내가 짓는 것이라면 그 업의 소멸도 나의 책임이다.

셋째, 오수작과吾受作果 : 내가 받음은 (내가) 지은 결과이다. 남이 지은 것을 내가 받는다거나 내가 지은 것을 남에게 전가할 수 없다.

넷째, 아업부대我業不代 : 내 업은 (누구도) 대신할 수 없다. 남이 밥을 먹었다고 내 배가 부르지 않는다. 남에게 지어 달라고 부탁할 수 없다.

다섯째, 심공소업深功銷業 : 깊은 공부는 업을 녹일 수 있다. 업이 다하는 것은 받으면 상쇄가 되는 것이지만 공부가 깊으면 삼세의 업장을 몰고 뭉뚱그려서 한 번에 받아 녹일 수 있다.

頌曰

1. 不推余作業 불추여작업 내가 지은 업 미루지 못하고
   無奪汝收儲 무탈여유저 그대가 쌓은 바도 뺏을 수 없네
   善活施多物 선활시다물 잘 살려면 물질을 많이 베풀고
   要貧似慾猪 요빈사욕저 가난하려면 욕심내는 돼지 같을지라.

2. 因果天藏理 인과천장리 인과는 하늘에 갈무리한 이치로
   一如不變徂 일여불변조 한결같이 변하지 않고 나아가네
   欲人銷厚業 욕인소후업 사람이 두꺼운 업을 녹이려 하면

多積大功夫 다적대공부 크게 공부를 많이 쌓을지라.

3. 前因今世活 전인금세활 전세의 인으로 지금 세상 살고
　　現作次生編 현작차생편 현재 지음으로 다음 생을 엮어가네
　　善造無攸憚 선조무유탄 잘 지으면 꺼리는 바 없을 것이요
　　擅躬有昊纏 천궁유호전 멋대로 몸 놀리면 하늘의 얽음 있으리.

4. 富裕爲作善 부유위작선 부유하려면 선을 지어야 하고
　　貧賤惡程行 빈천악정행 빈천하려면 악한 길로 갈지라
　　自業難修盡 자업난수진 자기 업장 닦아 다하기 어려우니
　　心功大力成 심공대력성 마음의 공부로 큰 힘을 이루세.

법의대전
法 義 大 全

법의대전

　대종사 대각하신 후 많은 가사歌詞와 한시漢詩를 읊어 내시사 그
것을 수록하시어 '법의대전法義大全'이라 이름하시니, 그 뜻이 심히
신비하여 보통 지견으로는 가히 이해하기 어려우나, 그 대강은 곧
도덕의 정맥正脈이 끊어졌다가 다시 난다는 것과 세계의 대세가 역
수逆數가 지내면 순수順數가 온다는 것과 장차 회상 건설의 계획 등
을 말씀하신 것이었는데, 그 후 친히 그것을 불사르사 세상에 다시
전하지 못하게 하셨으나 "개자태극 조판으로 원천이 강림어선절후
계지심야蓋自太極肇判 元天降臨於先絕後繼之心也"라고 한 서문 첫 절과 다
음의 한시 열한 귀가 구송口誦으로 전해지니라.　　　《대종경》전망품 2장

만학천봉답래후(萬壑千峰踏來後)

무속무적주인봉(無俗無跡主人逢)

야초점장우로은(野草漸長雨露恩)

천지회운정심대(天地回運正心待)

시사일광창천중(矢射日光蒼天中)

기혈오운강신요(其穴五雲降身繞)

승운선자경처심(乘雲仙子景處尋)

만화방창제일호(萬和方暢第一好)

만리장강세의요(萬里長江世意繞)

도원산수음양조(道源山水陰陽調)

호남공중하처운(湖南空中何處云)

천하강산제일루(天下江山第一樓)

천지방척척수량(天地方尺尺數量)

인명의복활조전(人名衣服活造傳)

천지 만물포태성(天地萬物胞胎成)

일월일점자오조(日月一點子午調)

방풍공중천지명(放風空中天地鳴)

괘월동방만국명(掛月東方萬國明)

풍우상설과거후(風雨霜雪過去後)

일시화발만세춘(一時花發萬歲春)

연도심수천봉월(研道心秀千峰月)

수덕신여만곡주(修德身如萬斛舟)

원문에 있는 숙어를 풀어보면 다음과 같다.

• 대각大覺 : 불佛의 진리에 대한 각오覺悟를 지칭하는 것으로 각지覺知의 이상적 상태. 원불교에서는 일원一圓의 진리를 크게 깨침을 말한다. 천조天造의 대소유무大小有無, 존재의 원리와 인간의 시비이해是非利害, 곧 인간의 행위의 원리를 근본적으로 통달한 상태를 말한다.

석가모니불의 깨달음覺을 정등각正等覺이라 하는데 정正이란 사곡邪曲에 대한 중정中正을 뜻하며 등等은 편파에 대한 평등 보편을 말한다. 성문과 보살도 깨달음이 있으나 불충분해서 성문은 자각

自覺밖에 못 하고 보살은 자각각타自覺覺他가 이루어지나 원만치 못함에 비하여 오직 부처만이 실상實相을 완전히 깨달아 자각각타가 원만히 이루어지므로 대각이라 한다. 《대종경》여러 곳에서는 대원정각大圓正覺이라는 용어가 나타난다. 곧 일원의 진리를 크게 원만하게 바르게 깨친 경지를 이름이다. 소태산 대종사는 26세(1916)의 젊은 나이로 대각을 이루고 그 각증覺證한 진리의 내용을 《대종경》서품 1장에 밝혔다.

"원기 원년 3월 26일에 대종사 대각을 이루시고 말씀하시기를 '만유가 한 체성이며 만법이 한 근원이로다. 이 가운데 생멸 없는 도와 인과 보응되는 이치가 서로 바탕하여 한 두렷한 기틀을 지었도다.'"좀 더 구체적으로 일원의 진리가 어떠한 것이며 그 진리를 깨치면 무엇을 알게 되는가를 《정전》에서 찾아보면, '일원상 진리'장에 "일원은 우주만유의 본원이며 제불제성의 심인心印이며, 일체중생의 본성이며, 대소유무에 분별이 없는 자리며, 생멸 거래에 변함이 없는 자리며, 선악업보가 끊어진 자리며, 언어 명상名相이 돈공頓空한 자리로서 공적영지空寂靈知의 광명을 따라 대소유무에 분별이 나타나서 선악업보에 차별이 생겨나며 언어명상이 완연하여 시방삼계가 장중掌中에 한 구슬같이 드러나고 진공묘유의 조화는 우주만유를 통하여 무시광겁無始曠劫에 은현자재隱顯自在하는 것이 곧 일원상의 진리니라."라고 명시되어 있다.

《정전》'일원상 법어'에 원상圓相의 진리를 각증하면 알아지는 대각의 내용이 자세히 밝혀져 있다. "이 원상의 진리를 각^覺하면 시방삼계가 다 오가^{吾家}의 소유인 줄을 알며 또는 제불조사와 범부중생의 성품인 줄을 알며 또는 생로병사의 이치가 춘하추동과 같이 되는 줄을 알며 인과보응의 이치가 음양상승^{陰陽相勝}과 같이 되는 줄을 알며 또는 원만구족한 것이며 지공무사한 것인 줄을 알리로다."이상은 대각의 내용이다. 대각을 이루는 방법에 대해서는《대종경》불지품 20장에 "이것이 곧 우주의 본가이니 이 가운데는 무궁한 묘리와 무궁한 보물과 무궁한 조화가 하나도 빠짐없이 갖추어 있느니라."고 했다.

또, 그 집의 주인 되는 방법에 대하여 "삼대력^{三大力}의 열쇠를 얻어야 들어갈 것이요, 그 열쇠는 신분의성^{信忿疑誠}으로써 조성하느니라."고 했다. 위에서 인거한 법문을 통해 보면 삼대력의 열쇠를 얻어야 대각할 수 있고, 또 그 열쇠는 신분의성으로 조성된다. 곧 정신수양^{精神修養}·사리연구^{事理研究}·작업취사^{作業取捨}의 삼학을 병진하여 구경에 삼대력을 얻을 때 곧 대각이 이루어지는 것이다.

《대종경》신성품 3장에 한 제자 여쭙기를 "저는 본래 재질이 둔하온데 겸하여 공부하온 시일이 아직 짧사와 성취의 기한이 아득한 것 같사오니 어찌하오리까.'대종사 말씀하시기를 '도가의 공부는 원래 재질의 유무나 시일의 장단과 큰 관계가 있는 것이 아니라 오직 신과 분과 의와 성으로 정진하고 못 하는데 큰 관계가 있나니 누구나 신·분·의·성만 지극하면 공부의 성취는 날을 기약하고 가히 얻을 수 있느니라.'"고 했으니 삼학공부를 하는데 진행 사조[신·분·의·성]의 촉진과 사연 사조[불신·탐욕·나·우]의 제거가 얼마나 중요한가를 알 수 있다.

또한 《대종경》 수행품 43장에 불지佛地에 오르기 위한 순서가 밝혀져 있으니 "첫째, 큰 원願이 있고 난 뒤에 큰 신信이 나고 큰 신이 있고 난 뒤에 큰 분忿이 나고 큰 분이 난 뒤에 큰 의심이 나고 큰 의심이 있은 뒤에 큰 정성이 나고 큰 정성이 난 뒤에 크게 깨달음이 있으며 깨달아 아는 것도 한 번에 끝나는 것이 아니라 천통 만통이 있느니라."하여 공부하는 차서를 밝혔다.

《대종경》 수행품 46장에서는 "우연히 한 생각을 얻어 지각知覺이 트이고 영문靈門이 열리게 된 후로는 하루에도 밤과 낮으로 한 달에도 선후 보름으로 밝았다 어두웠다 하는 변동이 생겼고, 이 변동에서 혜문慧門이 열릴 때는 천하에 모를 일과 못 할 일이 없이 자신이 있다가도 도로 닫히고 보면 내 몸 하나도 어찌할 방략이 없어서 나의 앞길을 어떻게 하면 좋을까 하는 걱정이 새로 나며 무엇에 홀린 것 같은 의심도 나더니 마침내 그 변동이 없어지고 지각이 한결같이 계속되었노라."고 했다.

이상에서 소태산의 대각 과정을 엿볼 수 있고 대각은 꼭 한 번에 이루어지는 것만이 아니라 천통 만통이 거듭하여 대원정각을 이루는 것임을 알 수 있다. 《대종경》 성리품 1장에 "대종사 대각을 이루시고 그 심경을 시로써 읊으시되 '청풍월상시淸風月上時에

만상자연명萬像自然明이라' 하시니라."고 했으니 대각은 지식의 집대성이 아니고 참지혜의 혜일慧日이 떠오르면 고루 모든 진리에 통달함을 알 수 있다. 대원정각을 이룬 사람의 능력과 인격을 보면 《대종경》 불지품 10장에 "천조의 대소유무를 보아다가 인간의 시비이해를 밝혀서 만세 중생이 거울하고 본뜰만한 법을 제정하는 것이니라."고 했다. 《원불교대사전》

• 가사歌詞 : 고아高雅한 문체로 된 장편 노래의 하나. 한국 근세에 많은 가사가 이루어졌으며, 불가의 〈참선곡〉, 〈회향가〉 등이나 동학의 《용담유사龍潭遺詞》, 정산 종사의 〈원각가圓覺歌〉 등이 그 예이다. 소태산 대종사는 대각 후 곧 도덕의 정맥이 끊어졌다가 다시 난다는 것과 세계의 대세가 역수逆數가 지나면 순수順數가 온다는 것과 새 회상을 건설할 계획 등의 내용으로 읊은 가사를 《법의대전法義大全》이라 하여서 한 데 묶어 제자들에게 보급하다가 스스로 폐기한 바 있다. 노래의 내용이 되는 문구.

• 법의대전法義大全 : 소태산 대종사의 대각(1916) 후 구술口述한 가사歌辭와 한시漢詩를 엮은 책. 소태산은 대각한 심경과 그 지견으로 내다 본 세계상에 대하여 많은 글을 읊으면서 김광선에게 붓을 잡아 기록하게 하여 《법의대전》이라 이름 붙였다. 원기5년(1920)에 이르러 불에 태워 파기했으며, 현재는 후인들이 외우고 있던 내용 일부가 전한다.

원불교의 초기교서는 원기12년(1927)에 발간된 《수양연구요론修養研究要論》이 효시이며, 이전을 흔히 소태산의 대각에 의한 구세경륜救世經綸을 구두로 설한 구술시대로 불린다. 이 구술시대에도 많은 시가와 교설이 베풀어졌으며 〈백일소白日嘯〉·〈심적편心迹篇〉·〈감응편感應篇〉 등이 전하고, 원기4년(1919) 이후의 봉래산 주석기에서도 〈회성곡回性曲〉 등 다양한 소태산 친찬 가사가 전한다.《법의대전》은 구술시대를 대표하는 작품이라 할 수 있다.

소태산은 학식이 있는 김광선에게 붓을 잡게 하여 작문과 시가 등을 읊어 편집하게 했는데, 의리가 신비하여 보통 지견으로는 알아보기 어려운 내용이었으며, 교강敎綱 발표를 전후하여 불사르게 했다. 그 대강은 곧 도덕의 정맥正脈이 끊어졌다가 다시 난다는 것과 세계의 대세가 역수가 지나면 순수가 온다는 것과 장차 회상 건설의 계획 등으로 구성되었다. 이 책이 전하지 않도록 한 것은 한때의 발심에는 도움이 되지만 정식 교과서가 아니라는 이유였다. 교강 발표(1920)를 통해 구세경륜의 교리적 체계화가 가시적으로 나타났기 때문이다.

• 정맥正脈 : 바른 법맥法脈. 법맥을 바르게 이어가는 것.

• 역수逆數 : 거꾸로 된 운수. 순수順數에 상대되는 말. 물이 높은 데서 낮은 데로 흘러가는 것이 순수요, 거꾸로 거슬러 흐르는 것이 역수이다. 역사의 흐름이나 진리의 뜻에 거슬리는 것이 역수이다. 사람이 순수로 세상을 살아야지 역수로 살아가려고 하는 것은 곧 역리逆理이다. 소태산 대종사는 대각 후 그 심경을 가사와

한시로 읊어 《법의대전》이라 했는데, 그 내용의 대강은 "곧 도덕의 정맥이 끊어졌다가 다시난다는 것과 세계의 대세가 역수가 지나면 순수가 온다는 것이라"고 했다.

• 순수順數 : 순하고 바르게 전개되는 운수. 차서대로 전개되는 운수. 우주운행과 인간만사가 차서를 잃지 아니하고 순리대로 흐르는 것. 성주괴공·주야변천·사시순환·생로병사 등이 질서 있고 순서 있게 차례차례로 전개되는 것을 말한다. 소태산 대종사는 《법의대전法義大全》에서 세계의 대세가 역수가 지나면 순수가 온다고 했다.

• 회상會上 : 불교에서 대중이 모여서 설법을 듣는 법회. 또는 그 장소. 석가모니불이 영취산에서 설법하던 모임을 영산회상이라 한다. 원불교의 교단을 다른 말로 회상이라고도 한다.

• 구송口誦 : 소리 내어 외우거나 읽음.

도표로 그려보면 다음과 같다.

원문	원불교대사전	축자해역(逐字解譯)
蓋自太極肇判元天降臨於先絕後繼之心也	대개 태극으로 천지가 열리면서부터 원천은 선천시대를 끊고 후천시대를 잇는 마음에 강림한다.	대개 태극이 조판됨으로부터 원천은 선천시대가 끊어지고 후천시대를 이어가는 마음에 강림 하니라.

글자를 풀어보면

- 개蓋 : 대개 개. 덮을 개. 대개. 덮는다. 덮어씌운다. 뚜껑.

- 자自 : 부터 자. 스스로 자. -로부터. 스스로. 자연히. 저절로. 몸소. 자기.

- 태太 : 클 태. 크다. 통한다. 심히. 매우.

- 극極 : 다할 극. 다한다. 남아있지 않다. 떨어지다. 끝난다.

- 조肇 : 비로소 조. 비롯한다. 시작하다.

- 판判 : 나눌 판. 판가름할 판. 나눈다. 판가름하다. 구별하다. 흩어진다.

- 원元 : 으뜸 원. 으뜸. 근본. 연호年號.

- 천天 : 하늘 천. 하늘. 천체. 태양. 자연. 천체의 운행. 성질. 타고난 천성天性. 운명. 의지.

- 강降 : 내릴 강. 항복할 항. 내리다. 항복하다. 적에게 굴복하다. 항복 받다.

- 임臨 : 임할 림. 임한다. 군림하다. 크다. 굽힌다. 보다.

- 어於 : 어조사 어. 어조사. -에. -에서. -보다.

- 선先 : 먼저 선. 먼저. 나아가다. 옛날.

- 절絶 : 끊을 절. 끊는다. 그만둔다. 막는다. 가로막는다.

- 후後 : 뒤 후. 뒤. 늦다. 능력 따위가 뒤떨어지다.

- 계繼 : 이을 계. 잇다. 이어 나아가다. 계통을 잇는다. 뒤이음. 후사後嗣.

• 지之 : 갈 지. 어조사 지. 가다. 어조사.

• 심心 : 마음 심. 마음. 뜻. 의지. 생각. 가슴. 근본. 본성本性. 가운데. 중앙. 중심. 도道의 본원. 심장. 가슴.

• 야也 : 어조사 야. 어조사. 또한. 잇달아. 또.

• 조판肇判 : "초분初分"이라는 글로 '처음 나뉘다'는 의미이다. 즉 '처음으로 열린다.'는 뜻으로 천지창조天地創造와 같은 뜻이라고도 할 수 있다. 다시 말하면 처음 쪼개어 갈라진 것이요 또는 그렇게 가름을 말하는 것이라는 면도 있다.

• 원천元天 : 개천開天 전의 천天으로 원천源天 또는 체천體天으로 우주 곧 시간과 공간이 나뉘기 이전이고 하늘과 땅이 나뉘기 이전의 하늘이라고 할 수 있다. 창천蒼天이라는 의미이다. 창천이란 맑게 갠 새파란 하늘. 창공蒼空. 창궁蒼穹. 피창彼蒼. 사천[四天: 사철의 하늘] 중에 봄 하늘을 일컫는 말. 여름은 호천昊天·가을은 민천旻天·겨울은 상천上天이라고 함. 구천九天의 하나로 동북東北의 하늘을 말한다. 전설 중의 높은 산의 이름이다.

• 강림降臨 : 불보살이나 신이 천상에서 인간세상으로 내려옴을 말한다.

• 선절후계先絕後繼 : 선천先天이 물러가고 후천後天이 열린다는 의미이다. 즉 선후천의 교역交易이라는 뜻으로 선천과 후천이 바뀐다는 의미이다. 선천의 낡은 세상에서 후천의 새로운 세상으로 크게 변화된다는 의미이다. 최제우·강일순 등 많은 신종교 창

시자들이 선천의 어두운 역사에서 후천의 낙원세상으로 교역되는 과정에서 인류가 겪어야 할 대환란大患難을 언급하고 있다. 최제우는 괴질怪疾에 의한 세상의 고통을, 강일순은 병겁病劫에 의한 인류의 어려움을 지적하고, 여기서 살아남은 사람들만 후천선경後天仙境에서 잘살게 된다고 했다.

해의解義

이 글은《법의대전》서문에 쓰여 있었던 글귀이다. 지금 생각하면 대종사께서 불살라버린 심의深意가 명백하게 있기는 있겠지만 남겨져 있었다면 비본[秘本 : 소중히 간직해 둔 책. 남모르게 감추어 둔 책]이 될지 아니면 별본別本 곧 보통 것과 조금 다른 글이나 책 정도가 될지는 모르겠으나 매우 아깝고 안타까운 것만은 사실이다. 아마 전해졌더라면 공부에 향상이 될는지 아니면 난해難解하다 하여 지의자知意者의 전유물이 될는지는 독자들의 상상에 맡길 수밖에 없다.

우주는 성주괴공成住壞空으로 변역變易을 이뤄가고 계절은 춘하추동春夏秋冬으로 변화를 이뤄가며 사람을 포함한 인간은 생로병사生老病死로 역시 환역換易을 하고 있다.

그렇다면 세세世勢는 어떨까? 이는 선천先天과 후천後天으로 교역交易, 즉 개벽開闢을 이뤄간다고 말하고 있다. 이 개벽이란 사전에서 '천지가 처음으로 생김. 하늘이 처음 열리고 땅이 처음으로 만들어짐을 뜻하는 의미[天地開闢]로 주로 써왔다. 그래서 현재의 천지가 창조되기 이전을 선천, 그 이후를 후천이라 했다.'고 하였다.

그래서 대종사님은 후천이 조판肇判 되고 개벽 되는 원점原點에 맞추어 출현하여 일원대도를 증득하고 일원정법을 냈으며 일원회상을 세우고 일원 낙원을 건설하기 위해 주세성主世聖, 주세불主世佛로 출현어세出現於世 하였으니 그 중심에는 '마음[心]'이 자리를 하고 있다. 그래서 원천[진리]은 먼저 마음을 각지覺知하고 개현開顯한 사람에게 강림한다. 반면에 마음을 알지도 못하고 깨닫지도 못한 사람에게까지 강림하여 진리를 통째로 맡기는 일은 절대 없다고 단언할 수 있다.

그렇다면 원천[진리]이 강림하는 마음은 어떤 마음일까? 가만히 생각해 보면 다음에 열거한 마음이 아닐까하는 생각이 든다. 즉 자기의 성품을 안 마음. 일원의 진리를 깨친 마음. 선천을 지나 후천을 꿰뚫는 마음. 수륙공계水陸空界의 생령을 구제하는 마음. 불조의 법맥을 이은 마음. 만능萬能, 만지萬智, 만덕萬德을 겸비한 마음. 은혜와 자비와 인애仁愛를 갖춘 마음. 낙원건설을 실현하는 마음. 일원의 위력을 얻고 일원의 체성에 합하는 마음. 우주[건곤乾坤]일가[宇宙一家], 사생일신四生一身이 된 마음을 말하는 것이라고 할 수 있다.

《대종경》변의품 1장에 보면 대종사께서 '천지에 식識이 있다'고 하였다. 이 천지의 식은 바로 천의天意요 천망天望이라고 할 수 있다. 즉 하늘이 하려는 뜻이 분명히 있고 하늘이 바라는 바가 분명히 있다. 그래서 세상을 화평도 주어보고 전쟁도 주어보며 고통도 주어보고 천재지변天災地變도 주어서 여러 가지로 시험을 한다. 그리하여 하늘의 뜻이나 바람에 부합되면 원천이 강림하여 자신을 맡기게 되는데 여기에는 그렇게 할 수 있는 주동자가 있기 마련이다. 그 주동자는 천지도 아니고 만물도 아닌 사람이다. 그 일을 해낼 수 있는 사람을 바라고 있다.

반면에 사람들이 들어서 하늘을 인공위성의 파편으로 채웠고 공기를 온갖 먼지로 오염시켰으며 지구를 쓰레기로 뒤덮었고 물을 기름덩이로 범벅을 시켜 놓았다. 이것은 사람이 들어서 한 짓들이니 세상의 크고 작은 재해災害가 우연한 것은 절대로 없고 천지가 뿔이 나서 벌을 내리는 것이라고 할 때 다 받아도 마땅한 것이라는 생각이 든다.

시구詩句에 "천지회운정심대天地回運正心待"라 하였다. 즉 '천지의 돌아오는 도운을 바른 마음으로 기다리라'는 의미이다. 천지 곧 원천元天이 운, 또는 운전대의 방향을 틀었다는 말이다. 천지[원천]가 운세의 방향을 틀었다는 것은 후천개벽을 통해 누군가를 기다린다는 의미이니 바로 정심자正心者 곧 바른 마음을 가진 사람을 기다린다는 뜻이다. 따라서 사람의 입장에서는 영구한 바른 마음을 챙겨서 천지[원천]를 기다려야지 함부로 다가서면 천지의 노여움을 사서 전로가 순탄하지 않게 된다.

지금 후천이 열려서 좋은 시기인 것만은 틀림이 없다. 즉 하늘 곧 원천이 열어주는 마지막인지도 모른다. 이 후천개벽의 도운道運에 호응하지 못하고 선천에서 쓰던 버릇을 다시 쓰게 되면 원천은 결국 소천소지燒天燒地를 하고 멸건멸곤滅乾滅坤을 통해서 흔적도 남기지 않을 수 있다.

이에 대비하여 나온 성자가 소태산 대종사이다. 대종사는 세상과 민중과 시대가 바라는 바도 있었지만 사실 그래도 원천은 연민이 조금은 남아 있어서 마지막으로 대책을 세우라고 보냈다. 그리하여 수많은 고행을 통해 일원의 진리, 우주와 천지와 원천의 진리를 원각圓覺시켜 높게 단계에서 출현을 시키고 임무를 부여했다. 그리하여 앞으로 대종사의 진리나 사상이나 의지나 구상 등등을 따르지 않으면 인간을 비롯하여 세상이나 만유의 생존보장을 누구도 책임을 진다거나 장담을 할 수 없게 된다.

그러므로 앞으로 세상은 원천元天의 시대, 일원一圓의 시대, 각자覺者의 시대, 불성佛聖人의 시대, 은혜恩惠의 시대가 되어 갈 것이며 가면 갈수록 원천[일원]을 품은 정심지불正心之佛이 주체가 될 것이니 이를 잘 따르는 것이 무엇보다도 가장 중요한 일이요 길이라고 아니할 없다.

그런 의미에서 원천강림元天降臨은 무엇을 하기 위함일까?

① 무릇 원천이 뒤를 이은 마음에 강림한다는 것은 곧 대종사의 출현을 이름이라[夫元天降臨於後繼之心也者 即謂出現宗師也].

② 무릇 원천이 뒤를 이은 마음에 강림한다는 것은 곧 일원의 진리가 다시 밝혀짐을 이름이라[夫元天降臨於後繼之心也者 即謂復明圓理也].

③ 무릇 원천이 뒤를 이은 마음에 강림한다는 것은 곧 바른 법이 다시 굴러감을 이름이라[夫元天降臨於後繼之心也者 即謂再轉正法也].

④ 무릇 원천이 뒤를 이은 마음에 강림한다는 것은 곧 후천이 크게 열림을 이름이라[夫元天降臨於後繼之心也者 即謂大開後天也].

⑤ 무릇 원천이 뒤를 이은 마음에 강림한다는 것은 곧 깨달음을 크게 이룸을 이름이라[夫元天降臨於後繼之心也者 即謂鴻成大覺也].

⑥ 무릇 원천이 뒤를 이은 마음에 강림한다는 것은 곧 정신이 개벽 됨을 이름이라[夫元天降臨於後繼之心也者 即謂開闢精神也].

⑦ 무릇 원천이 뒤를 이은 마음에 강림한다는 것은 곧 부처와 조사가 거듭 나옴을 이름이라[夫元天降臨於後繼之心也者 即謂重出佛祖也].

⑧ 무릇 원천이 뒤를 이은 마음에 강림한다는 것은 곧 뒤에 없

을 회상이 건설됨을 이름이라[夫元天降臨於後繼之心也者 卽謂
後建會上也].

⑨ 무릇 원천이 뒤를 이은 마음에 강림한다는 것은 곧 네 가지
은혜를 다 갚음을 이름이라[夫元天降臨於後繼之心也者 卽謂盡
報四恩也].

⑩ 무릇 원천이 뒤를 이은 마음에 강림한다는 것은 곧 삼학을
수행함을 이름이라[夫元天降臨於後繼之心也者 卽謂修行三學也].

⑪ 무릇 원천이 뒤를 이은 마음에 강림한다는 것은 곧 뭇 생령
을 제도함을 이름이라[夫元天降臨於後繼之心也者 卽謂濟度衆
生也].

⑫ 무릇 원천이 뒤를 이은 마음에 강림한다는 것은 곧 낙원을
건설함을 이름이라[夫元天降臨於後繼之心也者 卽謂建設樂園也].

頌曰

1. 開心天地證 개심천지증 마음이 열리면 천지가 증명하고
   備法衆神圍 비법중신위 법을 갖추면 뭇 신령이 호위하네
   先後相交際 선후상교제 선천과 후천이 서로 교역하는 때
   吾師此世歸 오사차세귀 우리 스승 이 세상에 돌아왔어라.

2. 一圓眞理亮 일원진리량 일원의 진리가 밝혀졌으니

人類合心迎 인류합심영　인류는 공경의 마음으로 맞을지라

正法群生導 정법군생도　바른 법으로 뭇 생령 인도해서

樂園地上成 낙원지상성　즐거운 동산을 지구 위에 이루려네.

3. 闢心群聖集 벽심군성집　마음을 열면 뭇 성현이 모여들고

   開佛衆生拯 개불중생증　부처가 열리면 뭇 생령 건져지네

   正道醒斯世 정도성사세　바른 도가 이 세상을 깨우치면

   家家掛法燈 가가괘법등　집집마다 법의 등불 걸리리라.

4. 元天臨世際 원천림세제　원천이 세상에 임할 때

   先覓啓心人 선멱계심인　먼저 마음이 열린 사람을 찾네

   我傳斯程闢 아부사정벽　우리 스승 이런 길을 열었으니

   無疑一路巡 무의일노순　의심 없이 한 길로 따를지라.

5. 出現於斯世 출현어사세　이 세상에 출현하여

   遭師亦遇圓 조사역우원　스승 만나고 또한 일원 만났으니

   元天心我物 원천심아물　원천의 마음을 내 물건으로

   握得覺非捐 악득각비연　깨달음 얻어 쥐고 내놓지 않으리.

한시의 이해

한시漢詩에 대하여 개략적인 설명을 하여 보자.

한시란 한자漢字로 지어진 시로 좁은 의미에서는 주로 한대漢代의 시를 지칭하는 것이지만[주로 시가詩歌·악부樂府만을 의미함], 넓은 의미로는 중국을 비롯하여 한자문화권에서 한자를 통하여 쓰인 모든 시를 포함한다.

한시는 절대적으로 정형시定型詩이다. 시구詩句의 배열이나 글자의 높낮이 곧 평측平仄이나 압운押韻, 대구對句 등은 무시할 수 없는 한시의 정형定型이다. 만일 한시가 이러한 규칙에 어긋남이 있다면 시로서의 가치를 인정할 수 없고, 또한 그 의미도 상실할 수밖에 없다.

흔히 5자의 글자만을 맞추어 놓고, 또는 7자의 글자만을 맞추어 놓아 이를 한시라 한다면 웃을 일이다. 혹 고시古詩, 즉 고체시古體詩에서는 별 상관이 없었지만 근체시近體詩는 절대적이라 하여도 과언이 아니다. 물론 글자는 놓아두고 뜻만을 취하는 경우[捨文取意]는 혹 예외일 수 있을지 몰라도 한시로서의 정형定型은 아니다.

한시는 그 성격상 3가지로 나눌 수 있다.

첫째, 고시古詩이다. 일반적으로는 근체시 성립 이전, 즉 태고의 가요에서부터 위진魏晉 남북조南北朝의 악부, 가행을 가리키지만,

근체시 성립 이후에 이루어진 시 중 근체시 규격에 부합되지 않는 시를 가리키기도 한다. 근체시보다 구법과 연의 구성 및 구수에서 비교적 자유로우며, 5언·7언이 주가 되나 4언·6언도 있다. 압운은 존재하지만 엄격한 규칙이 있는 것은 아니다. 대표적인 것이 오언고시五言古詩와 칠언고시七言古詩이다.

둘째, 악부樂府이다. 악부는 악가를 관장하던 관청의 명칭으로서, 여기에서 채집·보존한 악장樂章이나 가사 또는 그 모작을 통틀어 악부시라고 한다.

셋째, 근체시近體詩이다. 고체시에 대한 새로운 형식의 시로서, 당대唐代에 그 형식이 완성되었다. 기승전결起承轉結의 구법이 있으며, 연의 구성과 대구의 구속이 있고 구수의 규정이 있다. 율시律詩·배율排律·절구絶句의 3종류가 있는데, 각각 5언·7언의 구별이 있다.

① 율시는 1편이 4운 8구로 이루어져 있으며, 2구절을 묶어 1연이라 하고 수련首聯·함련頷聯·경련頸聯·미련尾聯으로 구성되며, 이때 함련과 경련은 반드시 대어對語를 써서 연구聯句를 이루어야 한다. 오언율시에는 제2·4·6·8구에 압운이 붙고, 칠언율시에는 제1·2·4·6·8구에 각각 운이 붙는다.

② 배율은 한 편이 6연 12구로 구성되며 한 구는 5언이 정격이나 7언도 있다. 평측平仄과 압운은 율시와 비슷하지만 6연을 모두 대어연구對語聯句로 한다.

③ 절구는 기승전결의 4구로 이루어지며 1·2구는 산散, 3·4 구는 대對가 된다. 오언절구에는 제2·4구의 끝에, 칠언절구는 제 1·2·4구의 끝에 압운을 둔다.

④ 이해를 돕기 위하여 고체·근체시를 도표로 그려보자.

구분	종류	자수	구수	특징
古體詩	古詩	4言	제한이 없음	韻을 다는 게 제한이 없고, 따라서 平仄도 제한이 없다. 대체로 자유롭게 짓는다.
		5言	제한이 없음	
		7言	제한이 없음	
	樂府	5言	제한이 없음	五言과 七言 외에 4言4句, 또는 雜言 등 형식이 일정하지 않다.
		7言	제한이 없음	
近體詩	絶句	5言(20字)	4句	押韻과 平仄의 제한이 매우 엄격하고, 起[首聯]·承[頷聯]·轉[頸聯]·結[尾聯]의 형식을 취한다.
		7言(28字)	4句	
	律詩	5言(40字)	8句	
		7言(56字)	8句	
	排律	5言	12句 以上	8句보다 늘어나 律詩가 확장된 형식이다.
		7言	12句 以上	

⑤ 한문에는 사성四聲이란 게 있다. 즉 글자 한 자 한 자에 평성 平聲·상성上聲·거성去聲·입성入聲이 있다. 이는 자음字音의 고저高低· 장단長短·강약強弱에 지나지 않지만 한시에서는 대단히 중요한 위 치를 차지한다. 한시를 지을 때는 대체로 둘로 나눈다. 꼭 그렇다 고 단정을 하는 것은 아니나 비교적 그런 방향으로 작시作詩가 된

다. 즉 평성平聲과 측성仄聲이다. 평성平聲은 낮은 글자로 평平에 해당이 되어 압운押韻에 많이 쓰였고, 상성上聲·거성去聲·입성入聲은 높은 글자로 측仄에 해당이 된다. 그래서 평성의 평과 상·거·입성의 측성을 시를 짓는 법칙法則에 따라 배열을 한다.

대개 운韻을 '평수운平水韻'이라고 하는데 평수운이란 중국 금金나라의 평수平水 사람 유연劉淵이 정리하였다고 해서 붙여진 이름이다. 통상적으로 시詩에서 쓰는 시운詩韻은 106운을 표준으로 하는 평수운을 따르고 있다.

이 106운은 옥편의 맨 끝장에 운자표韻字表로 표시된 경우가 많다. 평성平聲은 상평성上平聲은 15운韻이고 하평성下平聲도 15운으로 합하여 30운이다. 상성上聲은 29운韻이고, 거성去聲은 30운이며, 입성入聲은 17운으로 총합하여 106운이다.

⑥ 한시는 적은 글자를 가지고 많은 의미를 담아놓았다. 그래서 어려운 글자가 쓰이고, 또한 자연히 난해難解할 수밖에 없다. 사실 독자의 입장에서 시를 쓴 사람의 숨은 뜻을 이해한다는 것은 상당히 어렵다고 보아야 한다.

다시 말하면 그 시대[政治·文化], 또는 배경[背景·地名], 또는 심경心境, 또는 사체事體, 또는 학문[學問·學習·熟語·經驗], 또는 자각[自覺·知識] 등등, 이러한 여러 가지 이유가 있기 때문에 완전한 이해는 어려울 수밖에 없고 일자다의一字多義로 볼 때 작가가 시를 해석해 놓았다 할지라도 완전무결한 해석이 아니라 시구에

가장 근접한 해역을 한 것에 지나지 않는다는 사실을 이해해야
한다.

한시구漢詩句의 풀이

한시 11구를 번역하는 데 있어서 교단적으로 공식화된 것은
없다. 번역하는 사람에 따라 다양한 번역[해석]이 나올 수밖에 없
다. 그런 의미에서 필자도 필자 나름대로 번역을 한 것으로 이해
를 하면 좋을 것 같다. 또한 해석을 하는 데도 역시 공식화된 바
는 없다. 사람마다 다를 수 있다는 사실을 인증해 주어야 한다.
필자 역시 잘하고 잘못한 것을 떠나 나름대로 최선을 다했을 뿐
이다.

다만 염려가 되는 것은 의역意譯이냐 아니면 직역直譯이냐의 문
제이다. 의역이라 하면 해설을 곁들인 번역으로 읽는데 부드러울
수는 있다. 그러나 자칫 서자서書字書 역자역譯者譯이 될 수 있다.
무슨 말이냐 하면 글자는 글자대로 놓고 번역자는 번역자대로
그려내어 원의原意는 어디 가고 번역하는 사람의 글이 될 수 있다
는 뜻이다. 따라서 직역은 축자역逐字譯이기 때문에 딱딱한 면이
있을 수 있다. 특히 한문은 표의문자表意文字이므로 문장을 짓는
데 있어서 글자 하나하나를 가볍게 할 수는 없다. 더욱이 한시에

서는 더더욱 중요하다고 아니할 수 없으니 독자들은 이 점을 고려하여 송지誦知를 해야 한다.

• 萬壑千峰踏來後 無俗無跡主人逢

일만 골짝 일천 봉우리 밟아 온 뒤에, 비속도 없고 자취마저 없는 주인을 만났어라.

도표로 만들면 다음과 같다.

원문	원불교대사전	축자해역(逐字解譯)
萬壑千峰踏來後 無俗無跡主人逢	만 골짜기 천 봉우리 모두 밟아본 후에 속도 없고 자취도 없는 한 주인을 만났도다.	일만 골짝 일천 봉우리 밟아 온 뒤에, 비속도 없고 자취마저 없는 주인을 만났어라.

글자 및 단어 풀이

• 만萬 : 일만 만. 일만. 매우 많은. 여럿. 절대로. 많다.

• 학壑 : 골 학. 골. 산골짜기. 도랑. 개천.

• 천千 : 일천 천. 일천. 천 번. 많다.

• 봉峰 : 봉우리 봉. 봉우리. 뫼. 산. 봉우리 모양을 한 것.

• 만학천봉萬壑千峰 : 많은 골짜기와 산봉우리.

• 답踏 : 밟을 답. 밟는다. 디딘다. 발판. 신.

- 내來 : 올 래. 오다. 장래. 부르다.

- 후後 : 뒤 후. 뒤. 늦다. 능력 따위가 뒤떨어지다.

- 무無 : 없을 무. 없다. 허무의 도. 말라. 금지..

- 속俗 : 풍속 속. 비속하다. 풍속. 관습. 저급하다. 통속적이다. 속되다. 저속하다. 평범하다

- 적跡 : 자취 적. 자취. 흔적. 밟는다. 뛴다. 뒤를 캔다.

- 주主 : 주인 주. 임금 주. 주인. 소유주. 우두머리. 여호와, 하느님, 알라Allah. 주체. 당사자. 관계자.

- 인人 : 사람 인. 사람. 인간. 타인. 남. 인품. 인격.

- 주인主人 : 한 집안의 책임자. 물건의 임자.

- 봉逢 : 만날 봉. 만나다. 맞다. 영합하다. 점친다.

해의解義

사람이 세상을 살아가는 것이 고락苦樂이 상반相半이라고 하지만 어쩌면 즐거움보다는 괴로움에 시달리며 살아가고 있다는 것이 '과언은 아니다'라고 단정은 못 하지만 틀린 말은 아닌 것 같다. 그런데 일생을 사는 것도 이와 같은데 역생易生을 하면서 겪은 괴로움은 열거해 무엇 하겠는가?

여기에는 반드시 주체지물主體之物이 있다. 바로 주인공主人公이

다. 이 주인공이란 사람마다 본구本具한 자성이나 불성佛性을 말한다. 그런데 우리는 자기 자성과 불성을 잊어버리고 외마外魔나 외경外境이나 외도外道나 외화外華에 이끌려 살면서 잊는다는 것이 자기를 잊어버리고[忘而忘己], 잃는다는 것이 마음을 잃어버림이[失而失心] 되었으니 무엇보다도 먼저 자기 주인공을 찾아 깨우는 일이 급선무라고 아니할 수 없다.

옛날 서암 화상瑞巖和尙은 "매일 자신에게 '주인공'하고 부르고, 다시 스스로 '예'하고 대답하였다. 그리고는 말하기를 '정신 차려라'하고, '예'하고 대답하였다. '다른 날 다른 때[언제]에도 남에게 속지 마라.'하고 '예! 예'하니라[每日自喚主人公 復自應諾 乃云 惺惺著 諾 他時異日 莫受人瞞 諾諾]."고 하였다.

또한 야운 비구野雲比丘가 저술한 《자경문自警文》에도 "주인공아! 내 말을 들어라. 몇 사람이나 공문 속에서 도를 얻었는데 너는 어찌 고취 가운데서 길이 윤회하는가[主人公 聽我言 幾人 得道空門裏 汝何長輪苦趣中]."라고 주인공을 깨워서 일으켜 세웠다.

옛글에 "풀이나 나무가 서리나 눈을 지내지 아니하면 곧 살려는 뜻이 굳지 않은 것이요, 사람이 걱정 근심을 지내지 아니하면 곧 덕과 지혜를 이루지 못하니라[草木不經霜雪 則生意不固. 人生不經憂患 則德慧不成]"는 의미이다. 그리하여 사람이든, 초목이든, 금수禽獸든 간에 강렬한 자극이 주어지지 않으면 성장해 가는데 느려지는 경향이 없을 수 없으니 역경逆境이나 난경難境을 나쓰다고만 생각 말고 길을 찾으면 전로前路가 아름답게 열리기도 한다.

결국 수도라는 것이 자기의 근원을 찾는 공부인데 수많은 고난과 고비를 지내면서 참된 자기 주인을 만나게 된다. 어떻게 보면 자기가 자미自迷하게 한 자기를 자기가 자성자득自醒自得하려고 허력虛力하고 비력費力을 하는지도 모른다.

頌曰

1. 渡海踰山兮 도해유산혜　바다를 건너고 산을 넘음이여
   怎由苦體乎 즘유고체호　무슨 이유로 몸을 괴롭혔는가?
   主公何處在 주공하처재　주인공은 어느 곳에 있는지
   廣昊彗星敷 광호혜성부　넓은 하늘 꼬리별만 펼쳐지누나.

2. 難摘空中月 난적공중월　공중의 달은 따기가 어려운 것이요
   艱遭實主公 간조실주공　실제 주인공 만나기도 어렵다네
   業塵都滌送 업진도척송　업의 티끌 모두 씻어 보내버리면
   永住自心宮 영주자심궁　자기 마음 궁전에 길이 머물리라.

3. 本心余實主 본심여실주　본래 마음이 나의 실제 주인이니
   天地在斯中 천지재사중　하늘과 땅도 이 가운데 있다네

他處無要覓 타처무요멱 다른 곳에서 찾으려 하지 말고

恒常返照躬 항상반조궁 항상 자신을 돌이켜 비출지니라.

• 野草漸長雨露恩 天地回運正心待

들녘 풀들은 비와 이슬 혜택에 점점 자라고, 하늘땅 돌아오는 도운 바른 마음으로 기다리리.

도표로 만들면 다음과 같다.

원문	원불교대사전	축자해역(逐字解譯)
乘雲仙子景處尋 萬和方暢第一好	구름을 탄 신선이 경치 좋은 곳을 찾으니 만상은 화창하여 제일 좋도다.	구름 탄 신선이 경치 아름다운 곳 찾는데, 여럿이 어울려서 바야흐로 화창하니 제일로 좋아

글자 및 단어 풀이

• 야野 : 들 야. 들. 들녘. 백성. 촌스럽다. 거칠다.

• 초草 : 풀 초. 풀. 거친 풀. 초원. 잡초.

• 점漸 : 점점 점. 점점. 나아가다. 천천히 움직인다. 차츰.

• 장長 : 자랄 장. 길 장. 자라다. 길다. 오래도록. 늘인다.

• 우雨 : 비 우. 비. 많은 모양의 비유. 흩어지는 모양의 비유.

• 노露 : 이슬 로. 이슬. 은혜를 베풀다. 적시다. 젖는다.

• 은恩 : 은혜 은. 은혜. 사랑하다. 동정하다. 예쁘게 여기다. 인정.

• 천天 : 하늘 천. 하늘. 천체. 태양. 자연. 천체의 운행. 성질. 타고난 천성天性. 운명. 의지.

• 지地 : 땅 지. 땅. 대지. 곳. 장소. 논밭. 뭍. 육지. 영토. 국토. 토지의 신神. 처지. 처해 있는 형편. 바탕. 본래의 성질. 신분. 문벌. 지위.

• 천지天地 : 하늘과 땅을 아울러 이르는 말. ≒ 건곤·천양天壤. 우주 또는 세상. 세계의 뜻으로 이르는 말. ≒ 대계大界.

• 회回 : 돌 회. 돌다. 돌아오게 하다. 돌아오다. 돌리다.

• 운運 : 운전할 운. 운전하다. 오행五行의 유전流轉. 운명運命. 천체天體의 궤도. 햇무리[해의 둘레에 둥글게 나타나는 빛깔이 있는 테두리]. 일훈日暈.

• 정正 : 바를 정. 바르다. 바로잡는다. 갖추어진다.

• 심心 : 마음 심. 마음. 뜻. 의지. 생각. 가슴. 근본. 본성本性. 가운데. 중앙. 중심. 도道의 본원. 심장. 가슴.

• 정심正心 : 올바른 마음. 정의로운 마음. 정도正道·정법正法을 생각하는 마음. 사심邪心에 상대되는 말.

• 대待 : 기다릴 대. 기다리다. 갖추다. 대비하다. 막다. 방비하다.

해의解義

들녘의 풀들은 사람이 가꾸지 않아도 잘 자라나고 열매도 튼실하게 맺는다. 이는 하늘이 들어서 비도 내리고 이슬도 내리는 혜택을 주고 있기 때문에 그를 받아 자신을 키워서 아름다운 결실을 거두게 된다. 다시 말하면 우로의 혜택으로 봄에는 나오고 여름에는 자라나며 가을에는 열매를 맺고 겨울에는 갈무리[春生夏長秋收冬藏]하는 순환의 이치를 착실하게 따르고 거역하지 않기 때문이라고 할 수 있다.

대종사님은 1924년 갑자년甲子年을 기점으로 하여 선천은 지나가고 후천後天이 열리는 시작이라고 하였다. 즉 선천의 묵은 세상이 지나가고 후천의 새로운 세계가 전개된다는 의미이다. 이 선천 후천이라는 말은 동양에서 일찍이 써왔는데 천개지벽天開地闢이라 하여 천지창조 이전을 선천 그 이후를 후천이라 했다. 후천개벽은 세계조판世界肇判의 새로운 창조를 의미하여 이 세계가 형성된 것을 말하는 뜻으로 써왔다.

이에 천지 곧 진리가 천운天運의 머리를 돌렸다고 하였다. 즉 천운이란 하늘이 정定한 운수運數요 자연히 돌아오는 운수이니 지금 그 행로行路를 돌려서 돌아온다고 하였다. 그러면 이러한 운수를 가만히 앉아서 받을 것이냐, 또 가만히 앉았다고 받아지겠느냐? 아니다. 받을 만한 사람인가를 철저히 점검하고 대가를 반드시 요구한다. 그것이 바로 정심正心 곧 '바른 마음을 가지는 것'이라고 할 수 있다. 따라서 누구든 바른 마음만 가지면 천지의 돌아오는 운을 가질 수 있고 받을 수 있다.

《맹자孟子》〈고자告子〉에 "하늘이 장차 그 사람에게 큰 사명을 주려 할 때는 반드시 먼저 그의 마음과 뜻을 흔들어 고통스럽게 하고, 그의 힘줄과 뼈를 지치게 하며, 그 육체를 굶주리게 하고 그 생활을 궁핍하게 만들어 그가 하고자 하는 일들을 어지럽게 하나니 이는 그의 마음을 두들겨 참을성을 길러주어 지금까지 할 수 없었던 하늘의 사명을 능히 감당토록 하기 위해서이다[天將降大任於是人也 天將降大任於是人也 必先苦其心志 勞其筋骨 餓其體膚 空乏其身 行拂亂其所爲 所以動心忍性 曾益其所不能]"고 하였다. 세상은 공여空與가 없고 공행空行이 없다. 반드시 하나를 주려면 오히려 둘 셋을 요구할 수도 있고, 큰 것을 주려면 작은 것이나 더 큰 것을 주어서 시험하여 통과한 사람에게 무한한 혜택이 돌아간다.

그러므로 우리는 진리가 바라는 '바른 마음'을 간직하기 위하여 깊은 노력을 해야 한다. 늘 조석으로 마음을 맑고 밝게 닦아야 한다. 만일에 그저 거짓 바른 마음이나 바른 마음인체 하는 것은 진리의 제재를 받을 수 있기 때문에 삼가지 않으면 안 된다.

頌曰

1. 天中無盡理 천중무진리　하늘 가운데 무궁무진한 이치
   向處實難知 향처실난지　향하는 곳 실로 알기 어려워라
   胸裏正心韞 흉리정심온　가슴속에 바른 마음 갈무리면
   乾坤佾舞垂 건곤일무수　건곤에 팔일의 춤이 드리우리.
   ＊ 佾舞 : 사람을 여러 줄로 벌여 세워 놓고 추게 하는 춤

2. 野草生長理 야초생장리　들녘 풀들이 나고 자라나는 이유는
   隨時雨撒濡 수시우살유　때를 따라서 비가 뿌려져 적심이라
   衆靈非落獄 중령비락옥　뭇 생령이 지옥에 떨어지지 않음은
   佛祖敎牽扶 불조교견부　부처조사가 가르쳐 끌고 붙잡음이리.

3. 吾心乾坤等 오심건곤등　내 마음은 하늘땅과 동등하니
   萬物我懷生 만물아회생　만물을 내가 품고 살림이어라
   宇宙余鴻殿 우주여홍전　우주는 나의 커다란 전각이니
   群靈此屋迎 군령차옥영　뭇 생령을 이 집에서 맞으리.

• 矢射日光蒼天中 其穴五雲降身繞

활을 푸른 하늘 가운데 햇빛에 쏘았더니, 그 구멍에서 오색구름이 몸에 내려 두르누나.

도표로 만들면 다음과 같다.

원문	원불교대사전	축자해역(逐字解譯)
矢射日光蒼天中 其穴五雲降身繞	활로 창천 가운데 일광을 쏘니 그 구멍에서 오색구름 내려 온몸을 감싸더라.	활을 푸른 하늘 가운데 햇빛에 쏘았더니, 그 구멍에서 오색구름이 몸에 내려 두르누나.

글자 및 단어 풀이

• 시矢 : 화살 시. 화살. 벌여놓는다. 맹세하다.

• 사射 : 쏠 사. 궁술 사. 쏜다. 궁술.

• 일日 : 날 일. 해 일. 날. 해. 태양. 햇살. 햇빛.

• 광光 : 빛 광. 빛. 어둠을 물리치는 빛. 세월. 기세. 세력. 기운[눈에는 보이지 않으나 오관五官으로 느껴지는 현상]. 경치. 풍경. 명예. 영예.

• 창蒼 : 푸를 창. 푸르다. 푸른 빛. 우거지다. 무성해지다. 늙는다.

• 천天 : 하늘 천. 하늘. 천체. 태양. 자연. 천체의 운행. 성질. 타고난 천성天性. 운명. 의지.

• 창천蒼天 : 맑게 갠 새파란 하늘. 창공. 사천四天의 하나로, 봄

하늘을 말함. 구천九天의 하나로, 동쪽東- 하늘.

- 중中 : 가운데 중. 가운데. 마음. 치우치지 아니하다.
- 기其 : 그 기. 그. 그것. 만약, 만일. 아마도. 혹은[或- : 그렇지 아니하면].
- 혈穴 : 구멍 혈. 구멍. 움. 구덩이. 맞뚫린 구멍.
- 오五 : 다섯 오. 다섯. 별 이름. 제위帝位.
- 운雲 : 구름 운. 구름. 습기. 높음의 비유. 많음의 비유. 엷의 비유. 덩이짐의 비유. 성성盛함의 비유.
- 오운五雲 : 오색[푸른빛靑, 누른빛黃, 붉은빛赤, 흰빛白, 검은빛黑]구름. 여러 가지 빛깔로 빛나는 구름.
- 강降 : 내릴 강. 내리다. 깎아내리다. 떨어지다. 내려 주다. 하사하다. 하가하다[下嫁-- : 지체가 낮은 곳으로 시집간다]. 거둥하다[擧動-- : 임금이 나들이하다]. 중히 여기다.
- 신身 : 몸 신. 몸. 나 자신. 신체. 자기 능력.
- 요繞 : 두를 요. 두르다. 둘러싸다. 감다. 얽히다.

해의解義

활 또는 화살이 뭘까? 원시시대에는 생존을 위해 사냥하는 도구로 쓰였다. 그런데 사람의 욕심이 생김으로부터 전쟁에 사용하여 살상의 도구로 삼아 많은 사람을 죽이거나 파괴를 하였다. 그러다가 과학이 발달함에 따라 단추 하나 누르므로 인하여 한 지역이나 국가를 초토화하는 무시무시한 무기가 되기도 하였다. 더 나아가서는 핵이라는 가공할 폭탄까지 발전하여 한번 투하하면 있는 것이라고는 먼지까지도 없을 정도로 공구恐懼할 무기들이 개발되어 지구 몇 개를 파괴할 수도 있게 되었다.

가장 초기의 화살을 하늘에 뜬 밝고 둥근 해에 쏘아 꽂으니 그 구멍에서 오색의 구름이 내려와 몸을 감싼다고 하였다. 그렇다면 둥근 해 곧 일광은 무엇을 말하는 것일까? 일광은 밝은 빛이다. 이 빛은 뚫고 들어가 비추지 않는 것이 없다. 이런 의미에서 '일원 진리의 빛[理光], 성품의 지혜[性智]'라고 생각하지 않을까. 왜냐하면 진리의 빛이나 성품의 지혜는 원래 완구完具하여 암운暗雲에 가린 바가 되지 않았는데 무명 업장이나 사려 번뇌에 의하여 덮이고 무뎌진지라 큰 깨달음[大覺]이라는 한 화살이 꽂히니 환히 열리고 밝게 드러나게 되었다고 할 수 있다.

이렇게 되니 자연 오색의 서운瑞雲이 내려와 휘감고 이향異香이 풍겨 주위가 맑아져서 새 성자의 탄생을 축하하는 것과 다름이 없다. 그러니 결국은 대종사가 주세 성자로 오심을 천계天界에서 대하大賀한 것이라고 아니할 수 없다.

구름이란 '운채雲彩'라는 뜻이니 운채는 '구름의 여러 가지 고운 빛깔. 또는 여러 가지 고운 빛깔로 물든 구름이다'고 하였다.

그러므로 "옛사람들은 구름의 색깔을 보고 길과 흉, 풍년과 흉년을 점쳤다[古人視雲色佔吉凶豐歉]."고 하였다.

《설문說文》에 "구름은 산천의 기운이다[雲 山川氣也]."

또한 《詩》〈소아·백화小雅·白樺〉에 "뭉개 뭉개 피어나는 흰 구름 저 왕골과 띠 풀에 이슬 적시네[英英白雲 露彼菅茅]."

또한 가의賈誼의 《과진론過秦論》에 "천하 사람들이 구름처럼 모여들어 호응하니라[天下雲集響應]."

《주례周禮》〈춘관·보장씨春官·保章氏〉에 "보장씨는 구름의 다섯 가지 빛으로 길흉과 수해水害·한재旱災와 풍년 들고 흉년 들 징조를 미리 알았다[以五雲之物 辨吉凶 水旱降 豐荒之祲象]."고 하였고, 그 주석에 정현鄭玄이 이르기를 "춘분春分과 추분秋分, 그리고 하지夏至와 동지冬至에 구름의 기운을 관찰하여 푸른 기운이 있으면 그 해는 병충해가 있고, 흰 기운이 있으면 상喪이 있고, 붉으면 병환과 흉년의 징조이고, 검으면 수해水害의 징조, 누르면 풍년이 들 징조니라[以二至二分觀雲色 青爲蟲 白爲喪 赤爲兵荒 黑爲水 黃爲豐]."

《관윤자關尹子》〈이주二柱〉에 "오운의 변화로 가히 써 당년의 풍년과 흉년을 점치니라[五雲之變 可以卜當年之豐歉]."

《남제서南齊書》〈악지樂志〉에 "임금의 조상들이 내려오는 것이 오운이 모이는 것과 같으니라[聖祖降 五雲集]."

頌曰

1. 大賀天中發 대하천중발   큰 축하는 하늘 가운데서 발현하고
   小愉在慶人 소유재경인   작은 기쁨은 사람의 경하함에 있네
   理知何處韞 리지하처온   진리와 지혜 어느 곳에 갈무렸는가
   透霧日光伸 투무일광신   안개를 뚫고 해의 빛이 퍼지누나.

2. 五雲祥瑞現 오운상서현   오운은 상서로움이 나타남이요
   日色物生長 일색물생장   햇빛은 만물을 내어 자라게 한다네
   佛祖群靈濟 불조군령제   부처와 조사가 뭇 생령을 건져서
   樂園美世藏 낙원미세장   즐거운 동산, 아름다운 세상에 갈무리
     하누나.

3. 五雲心裏發 오운심리발   다섯 구름 마음속에 발현함에
   淸衆實香聞 청중실향문   맑은 무리 실제 향기 맡고는
   宿業銷消淨 숙업소소정   숙세업장 녹고 사라져 맑으니
   樂園執手欣 낙원집수흔   낙원에서 손을 잡고 기뻐하누나.

• 乘雲仙子景處尋 萬和方暢第一好

구름 탄 신선이 경치 아름다운 곳 찾는데, 여럿이 어울려서 바야흐로 화창하니 제일로 좋아라.

도표로 만들면 다음과 같다.

원문	원불교대사전	축자해역(逐字解譯)
乘雲仙子景處尋 萬和方暢第一好	구름을 탄 신선이 경치 좋은 곳을 찾으니 만상은 화창하여 제일 좋도다.	구름 탄 신선이 경치 아름다운 곳 찾는데, 여럿이 어울려서 바야흐로 화창하니 제일로 좋아라.

글자 및 단어 풀이

• 승乘 : 탈 승. 타다. 오르다 업신여긴다.

• 운雲 : 구름 운. 구름. 습기. 높음의 비유. 많음의 비유. 멂의 비유. 덩이짐의 비유. 성盛함의 비유.

• 선仙 : 신선 선. 신선. 공상한 사람.

• 자子 : 아들 자. 아들. 자식. 맏아들.

• 경景 : 볕 경. 볕. 빛. 해. 햇살. 밝다. 태양. 환히 밝다.

• 처處 : 곳 처. 살 처. 곳. 살다. 머물러 있다. 남아서 지킨다. 묵는다.

• 경처景處 : 경치가 아름다운 곳.

• 심尋 : 찾을 심. 찾는다. 생각하다. 보통. 평소.

- 만萬 : 일만 만. 일만. 매우 많은. 여럿. 절대로. 많다.
- 화和 : 화할 화. 화한다. 서로 응한다. 합치다. 온화하다. 순하다. 화해하다.
- 방方 : 모 방. 모. 각. 사방. 방위. 방향.
- 창暢 : 화창할 창. 화창하다. 통쾌하다. 후련하다. 막힘이 없다. 펴다. 진술하다. 번성하다.
- 방창方暢 : 바야흐로 화창和暢함.
- 제第 : 차례 제. 차례. 순서. 집. 저택. 과거. 시험. 편차. 등급. 서열.
- 일一 : 한 일. 하나. 오로지. 처음. 동일하다. 한번.
- 제일第一 : 첫째. 가장 훌륭함.
- 호好 : 좋을 호. 좋다. 사이좋다. 아름답다. 좋아하다. 사랑하다.

해의解義

사람이 세상에 살면서 공부를 잘하여 국가의 문무과文武科 시험에 급제하면 임금이 어사화御賜花를 내린다. 그러면 그 모자를 쓰고 임금을 비롯한 고관대작들에게 인사도 하고 귀향歸鄕하여 큰 잔치를 베풀며 꽃가마나 말을 타고 행세를 한다.

선자仙子, 곧 신선이 누구일까? 구름을 타고 다니는 손오공孫悟

空이 신선일까? 아니면 위에서 말한 문무과에 급제하여 가마를 타는 사람이 신선일까? 아니면 경치 좋은 곳에다 커다란 별장을 짓고 으리으리하게 꾸미고 사는 사람이 신선일까? 이들은 신선이 아니다. 신선이 될 수 없다. 오직 진실한 신선은 오묘한 진리를 깨쳐서 진리의 시험에 합격하여 진리의 인증을 받은 사람이 진정한 신선이다. 바로 부처요 성자들이 신선의 반열에 들어 경치 좋은 곳을 찾아 집을 짓고 중생을 인도하여 교화 사업을 잘하는 사람들이 바로 신선들이다.

그러므로 누구든지 공부를 잘하여 진리의 시험에 합격하면 신선이 되지만 만일 불합격한다면 신선 자리를 주어도 버티지 못하고 뛰쳐나가게 되는 것이라고 아니할 수 없다. 더 나아가서는 불보살들이 거주하는 곳이면 만화萬和가 방창方暢한 제일호가第一好家가 된다.

과거 신선에 대한 예를 몇 개만 들어보자면 다음과 같다. 신선이란 고대 중국 신화의 전설적인 인물로 초인超人의 능력이 있고 생사를 벗어나서 길이 살고 늙지 않는다고 하였다.

《사기史記》〈효무본기孝武本紀〉에 "바닷가 연·제의 사이에서 팔을 걷어붙이고[搤은 扼과 통하고, 腕은 掔·捥과 통한다] 스스로 비방이 있다고 말을 하니 능히 신선이러라[海上燕齊之間 莫不搤腕而自言有禁方 能神仙矣]."

한漢 환관桓寬 《염철론鹽鐵論》〈산부족散不足〉에 "이때를 당하여

연·제의 선비인 석서뢰가 다투듯 신선과 방사를 말하느라[當此
之時 燕·齊之士 釋鋤耒 爭言神仙 方士]."

송宋 매요신梅堯臣《독독讀〈한서·매자진전漢書·梅子真傳〉》시에 "구
강에는 신선이 전해지고 회계에는 가게가 비밀스럽네[九江傳神
仙 會稽隱廛閈]."

진의陳毅《유계림遊桂林》시에 "계림의 사람에 이르기를 원하고,
신선에 이르기는 원하지 아니하노라[願作桂林人 不願作神仙]."

頌曰

1. 方暢華屋裏 방창화옥리 바야흐로 화창하고 화려한 집안
   仙子活其中 선자활기중 신선들이 그 가운데서 사는 구나
   生佛眞何異 생불진하이 중생과 부처가 정말 무엇이 다른가
   修程少夠功 수정소구공 수행하는 길 공부가 많고 적음이리.

2. 修心仙子做 수심선자주 마음 닦으면 신선이 만들어지고
   硏道佛陀成 연도불타성 도를 연마하면 부처가 이뤄지네
   世敎生靈度 세교생령도 세상 교화로 생령을 제도함이
   樂園建設程 낙원건설정 즐거운 동산을 건설하는 길이리라.

3. 我家方暢屋 아가방창옥 내 집은 바야흐로 화창한 집이요

余活佛陀生 여활불타생　내 삶이 부처의 삶이어라

吾實神仙等 오실신선등　내가 실지 신선과 동등하니

莫尋邃壑迎 막심수학영　깊은 골짝에서 찾아 맞으려 말라.

• 萬里長江世意繞 道源山水陰陽調

만 리 기다란 강에 세상 뜻이 얽혔고, 도의 근원 산과 물, 음과
양의 조화로다.

도표로 만들면 다음과 같다.

원문	원불교대사전	축자해역(逐字解譯)
萬里長江世意繞 道源山水陰陽調	만 리 장강에는 세상 뜻이 서려 있고 도가 근원되어 산수음양의 조화를 이루더라.	만 리 기다란 강에 세상 뜻이 얽혔고, 도의 근원 산과 물, 음과 양의 조화로다.

글자 및 단어 풀이

• 만萬 : 일만 만. 일만. 매우 많은. 여럿. 절대로. 많다.

• 리里 : 마을 리. 마을. 거리. 주거住居.

• 장長 : 자랄 장. 길 장. 자라다. 길다. 오래도록. 늘인다.

• 강江 : 강물 강. 강. 큰 내. 양자강揚子江. 별 이름.

• 세世 : 세상 세. 대 세. 세간[世間, 세상 일반]. 시대. 인간. 일

생. 생애. 한평생. 대代. 세대世代.

• 의意 : 뜻 의 뜻. 의미. 생각. 사사로운 마음. 사욕. 정취靜趣. 풍
정風情.

• 요繞 : 두를 요. 두른다. 둘러싼다. 감다. 얽힌다.

• 도道 : 길 도. 기. 도리. 이치. 재주. 방법. 술책術策. 근원. 바탕.
주의. 사상. 제도. 기능.

• 원源 : 근원 원. 근원. 물이 끊이지 않고 흐르는 모양. 사물이
잇달은 모양.

• 산山 : 뫼 산. 메[산을 예스럽게 이르는 말]. 뫼. 산신[산신령].
무덤. 분묘. 절. 사찰寺刹. 임금의 상象.

• 수水 : 물 수. 물. 물의 범람. 홍수. 오행의 하나.

• 산수山水 : 산과 물, 곧 '자연의 산천'을 일컫는 말. 경치. 풍경.
산에서 흘러내리는 물 산수화.

• 음陰 : 그늘 음. 그늘. 응달. 음기陰氣. 그림자. 해 그림자. 세월.
흐르는 시간. 어둠. 여성.

• 양陽 : 볕 양. 볕. 양지陽地. 해. 태양. 양기陽氣. 낮. 한낮. 남성.
하늘. 인간 세상.

• 음양陰陽 : ① 동양 고대부터 우주의 근본원리로 삼는 음陰과
양陽의 2기氣. 이는 천지 만물을 구성하는 요소이며 만물을 2대별
하는 범주이기도 하다. 서로 반대되는 두 가지 성질로, 그 이합집
산離合集散에 의해 사물의 생성 소멸을 포함한 모든 변화를 담당

한다. 하늘과 땅, 남자와 여자, 남편과 부인, 아버지와 아들, 임금과 신하, 위와 아래, 나아감과 물러감 등을 각각 음과 양으로 배당한다. 음양의 2는 1로 통합되어 '태극太極-양의[兩儀, 음양]-사상[四象, 태음·태양·소음·소양]-팔괘[八卦, 건·감·간·진·손·이·곤·태]'의 생성론이 되고, 오행[五行, 금·목·수·화·토]과 관련하여 음양오행설을 전개함으로써 세계에 대한 다양성의 통일적 해석과 변화의 원리로 삼게 된다. ② 음양[陰陽, 'dark-bright'또는 'negative-positive']은 동양의 철학적 사고의 틀이다. 고대 중국인들은 모든 환경을 음양을 가지고 해석했다. 음陰은 여성적인 요소로 양陽은 남성적인 요소로 간주하였다. 음양은 동아시아 특유의 의미 중첩 방법으로 확장되었고, 다양한 분류의 기준과, 그 분류로 양분된 두 부분의 총칭이 되었다.

그 시초가 어느 때였는지는 아직 분명하지 않다. 유가의 시조인 공자의 말에 "학學하고 사思하지 않으면 곧 망罔하고 사思하고 학學하지 않으면 곧 태殆한다"[남에게서 배우기만 하고 스스로 사색하지 않는다면 정당한 인식을 얻을 수는 없다. 혼자 사색만 하고 남에게서 배우지 않으면 독단에 빠지고 만다]는 것이나, 또 도가의 시조라고 하는 노자老子의 도는 "독립하여 개改의치 않고 주행하여 태殆치 않는다.""도는 독립적 존재이며 동시에 보편적 존재이다."라고 한 것과 같이 대구적對句的인 설명 방법으로 사물의 본질과 현상을 설명하려고 하는 설명법은 고대부터 이미 보인다.

대구적 설명 방법으로 사물의 본질을 파악하려고 하는 사고방식이 사물을 상대적으로 파악하려는 방법이 습성화되어, 음양 사상으로 귀결되었듯이 상대적으로 사물을 파악하려고 하는 사고방식은, 중국 고대인이 선천적으로 갖고 있던 것으로 보기도 한다.

음양은 춘추전국 시대의 제자백가 중 음양가를 이루며 하나의 사상으로 성숙하였고, 송대의 주자가 성리학을 통해서 유학과 음양을 결합했다고 여겨진다.

보통 음양을 도가의 개념으로 생각하기 쉬우나, 본래 노자의 저서[《도덕경》 또는 덕도경]에서는 음양이 언급되지 않았으며, 단지 천天, 도道, 유有, 무無에 대해서 언급하고 있을 뿐이다. 아마 후세에 음양과 접목되었을 것으로 생각된다. 노자 도덕경의 덕편 42장엔 음양이 언급되어 있다[萬物負陰而抱陽]. 다만 도덕경에서의 음양이 후대 음양가의 음양만큼 추상화된 개념인가에 대해선 이론의 여지가 많다.

• 조調 : 고를 조. 고르다. 어울린다. 조절하다. 균형이 잡힌다. 화합하다. 적합하다.

해의解義

역사歷史란 인물과 시간, 또는 사건이 부딪쳐서 만들어낸 기록이라고 할 수 있다. 따라서 야사野史까지도 역사라고 할 수 있다. 즉 흐르는 시간에다 당시에 주동자들이 움직이며 부딪쳤던 갖가지 사항들이 후세 사람들의 안목에 의해서 정의와 불의, 정正과 사邪, 공公과 사私, 공익公益과 사익私益 등으로 구분이 된 평가가 이뤄짐과 동시에 금판金版에 각인刻印이 되어 불변의 사감史鑑이 되게 된다. 이것이 세류世流가 장강이 되어 끊임없이 회돌이하며 잔급潺急을 아울러 흐르게 되는 것이라고 할 수 있다.

또한 《주역周易》〈계사繫辭〉에 "역에는 태극이 있으니, 이것이 양의를 낳고, 양의가 사상을 낳고, 사상이 팔괘를 낳았다[易有太極 是生兩儀 兩儀生四象 四象生八卦]."고 하였다. 여기에서 태극은 어떤 활동이나 권능을 부릴 수 없다. 오직 음양에 이르러야 조화造化로서의 조화調和가 있게 된다.

또한 산수山水와 음양陰陽이라는 것도 풍수적인 입장에서 본다면 산은 음이 되고 수는 양이 된다. 우주 만물은 음양의 교구交媾, 곧 수화의 조화가 아닌데 자발自發하는 것이 어디 있으며, 자장自長하는 것이 어디 있으며, 자실自實하는 것이 어디 있으며, 자익自匿하는 것이 과연 어디 있겠는가.

옛글에 "고음불생 독양부장孤陰不生 獨陽不長"이라 하였다. 즉 '음 혼자는 화생할 수 없고, 양도 홀로는 장양할 수 없다'는 의미이니 모두다 음양조화의 오묘한 운전이 아니면 절대 불가능한 것이라고 아니할 수 없다. 아울러 조調라는 것은 바로 조화調和를 이루는 것으로 음에 의해서 좌우되는 것과 양에 의해서 영향을 받는 것들이 조화를 이루지 못하고 고음孤陰만이거나 독양獨陽만이라면 만물의 생장은 물론이거니와 우주에 커다란 혼란을 불러와서 우주의 질서에 혼선이 일어나지 않을 수 없다.

또한 노자의 《도덕경》 42장에 "도는 하나를 낳고 하나는 둘[음양]을 낳고 둘은 셋을 낳고 셋은 만물을 낳는다. 만물은 음을 짊어지고 양을 감싸 안으며 공허한 기운은 조화를 만드니라[道生一 一生二 二生三 三生萬物 萬物負陰而抱陽 沖氣以爲和]."고 하였다. 이렇게 보면 도가 만물에 미치기까지 몇 단계 생출生出을 거쳐야 한다. 즉 잉태하고 출생하며 양육되는 과정을 통해서 커다란 만물에 이르게 되는데 여기에 중요한 역할을 하는 것이 삼三이다. 즉 하나는 음陰이요 또 하나는 양陽이며 또 하나는 충沖인데 이 충이 음양을 조화시켜서 만물로 하여금 생장육生長育을 하도록 조화자, 또는 조절자나 조종자의 역할을 하는 것이라고 할 수 있다.

이에 반해 우리는 "일원이 곧 사은이고 사은이 바로 만유이다[一圓卽四恩 四恩卽參羅萬像]"는 의미로 생성의 단계를 거침이 없이 일원 진리가 바로 만물에 미치게 되는 것이기 때문에 진리를 알기도 쉽고 활용하기도 또한 어려운 것이 아니라고 할 수 있다.

頌曰

1. 淸江流水續 청강유수속 　맑은 강에 물 흐름이 이어지고
   世意起人生 세의기인생 　세상 뜻은 사람 삶에서 일어나네
   造化陰陽顯 조화음양현 　조화가 음과 양에서 드러나지만
   調和實秩成 조화실질성 　조화라야 실제의 질서를 이루리라.

2. 世事琴三尺 세사금삼척 　세상일은 거문고 석 자에 싣고
   吾身法雨濡 오신법우유 　우리 몸은 법의 비로 적시리라
   修心成佛祖 수심성불조 　마음은 닦아야 부처 조사를 이루고
   圓理法風敷 원리법풍부 　둥근 진리는 법의 바람에 펼쳐지누나.

3. 心裏淸泉湧 심리청천용 　마음속에 맑은 샘물 솟아나더니
   長流世慾銷 장류세욕소 　길이 흘러 세상 욕심을 녹이네
   陰陽因果理 음양인과리 　음과 양이 인과 과의 이치이니
   妙道地天昭 묘도지천소 　오묘한 도가 하늘땅을 밝히누나.

• 湖南空中何處云 天下江山第一樓

호남의 하늘 어느 곳이라 이르랴! 온 세상 강산에서 으뜸가는 망루여라.

도표로 만들면 다음과 같다.

원문	원불교대사전	축자해역(逐字解譯)
湖南空中何處云 天下江山第一樓	호남 공중을 어느 곳이라 이르는고? 천하강산에 으뜸가는 곳이더라.	호남의 하늘 어느 곳이라 이르랴! 온 세상 강산에서 으뜸가는 망루여라.

글자 및 단어 풀이

• 호湖 : 호수 호. 호수.

• 남南 : 남녘 남. 남녘. 남쪽. 남쪽으로 향한다. 남쪽으로 가다.

• 호남湖南 : 전라남북도를 통틀어 가리키는 명칭이다. 호남湖南은 호湖의 남쪽이란 뜻으로 금강錦江 이남 지역을 가리킨다. 금강의 옛 이름이 호강湖江이었다. 『당서唐書』는 금강을 웅진강熊津江이라고 적고 있고, 『동국여지승람』에는 금강의 명칭이 지역에 따라 다르게 기록되어 있다. 즉, 상류로부터 적등강赤登江·호강湖江·차탄강車灘江·화인진강化仁津江·말흘탄강末訖灘江·형각진강荊角津江으로 되어 있으며, 공주에서는 웅진강, 부여에서는 백마강, 그리고 하류에서는 고성진강古城津江으로 불렸다. 이것이 호강이 나타난

기록이다.

호남은 원래 공주, 부여 등 충청도 일부와 전라도 지방을 가리키는 말이었으며, 고려를 건국한 왕건이 "금강 이남 사람을 등용하지 말라"고 한 그 경계와 같다. 참고로 호서湖西는 충청도를, 기호畿湖는 경기도와 황해도 남부 일부, 그리고 충남의 금강 이북 지역을 가리키는 말이다.

이 밖에도 호남의 어원에는 충북의 의림지 혹은 김제의 벽골제를 호로 보아 그 남쪽을 가리킨다는 주장과 중국에서 동정호洞庭湖 남쪽을 후난성이라고 부르는 데서 따왔을 것이라는 추측이 있다.

한편 고려 성종 14년(995)에 10도제가 실시될 때 지금의 전북 지역을 금강 이남 지역이라고 하여 강남도라고 명명한 적이 있다.

• 공空 : 빌 공. 비다. 없다. 공허하다. 비게 하다. 통通하게 하다. 공간. 하늘. 공중.

• 중中 : 가운데 중. 가운데. 마음. 치우치지 아니하다.

• 하何 : 어찌 하. 어찌. 무엇. 얼마.

• 처處 : 곳 처. 살 처. 곳. 살다. 머물러 있다. 남아서 지키다. 묵는다.

• 운云 : 이를 운. 이르다. 친하다. 말하다. 어조사.

• 천天 : 하늘 천. 하늘. 천체. 태양. 자연. 천체의 운행. 성질. 타

고난 천성天性. 운명. 의지.

- 하下 : 아래 하. 아래. 아랫사람. 뒤.

- 강江 : 강 가. 강물 강. 큰 내. 양자강揚子江. 별 이름.

- 산山 : 뫼 산. 메[산을 예스럽게 이르는 말]. 뫼. 산신[산신령].
무덤. 분묘. 절. 사찰寺刹. 임금의 상象.

- 제第 : 차례 제. 차례. 순서. 집. 저택. 과거. 시험. 편차. 등급.
서열.

- 일一 : 한 일. 하나. 오로지. 처음. 동일하다. 한번.

- 제일第一 : 첫째. 가장 훌륭함.

- 루樓 : 다락 루. 다락. 망루. 다락집. 겹치다. 포개다.

해의解義

임진왜란 때 이순신李舜臣 장군이 서애西厓 유성룡柳成龍에게 보
낸 서신 중에 이런 글이 있다. "절상호남 국가지보장 약무호남
시무국가竊想湖南 國家之保障 若無湖南 是無國家"이다. 즉 '그윽이 생각하
건데 호남은 나라를 보호하고 막아주나니 만일 호남이 없으면
이에 나라가 없어지는 것입니다'라고 하였다.

전쟁을 하는데 있어서 군인도 중요하고 병기도 중요하며 전술
도 중요하지만 가장 중요한 것은 군량미이다. 좌우지간 싸움을 하

는데 배가 고프면 싸울 용기나 사기가 떨어지고 만다. 그런 면에서 호남은 우리나라 최고의 곡창지대이니 국민들이 먹고사는 문제도 문제가 되겠지만 국가의 안위를 지키는 군대 양성에 군량미를 비축한다는 것은 무엇보다도 우선순위가 되고 있기 때문이다.

옛날부터 이렇게 중요한 곳이 호남이다. 호남의 영광이 아니었다면 주세 부처의 탄생도 어렵고 일원대도가 밝혀지기도 어려웠을 것이며 방언공사防堰工事나 법인성사法認聖事도 어려웠을 것이라고 생각을 해본다. 어찌 다행 호남이 있어서 원불교가 홍지鴻址에 자리를 잡게 되었고 대성지로서 면모를 갖추어가고 있으니 천만 다행이며 길상吉祥이라고 아니할 수 없다. 그래서 앞으로 영광에 철도가 놓아지고 항구가 정비되며 비행장이 건설되고 새 길이 닦여 전 세계 사람들이 끊임없이 순례를 하는 근원의 성지가 될 것이다. 바로 천하강산에 제일가는 크고 높은 집들이 즐비하게 지어지고 올립兀立되어 세계적인 관광지요 순례지가 되는 날이 반드시 오게 될 것이니, '코 큰 사람들이 비행기로 모시고 간다'는 대종사님의 예언이 낙지落地가 되지 않을 것이라는 확신을 한다.

따라서 누樓라는 것은 '망루望樓'이다. 망루란 적이나 주위의 동정을 살피기 위하여 높이 지은 다락집인데 비행장마다 서 있는 관제탑管制塔이 곧 이것이니 영광에 비행장이 개설되면 자연 망루는 서게 된다.

頌曰

1. 湖南丕廣野 호남비광야　호남의 크고 넓은 들녘에
   無限吉祥凝 무한길상응　한량없는 경사 조짐 어리고
   法聖鴻船泊 법성홍선박　법성포구는 큰 배 대었으며
   望樓掛亮燈 망루괘량등　망루에는 밝은 등불 걸렸어라.

2. 靑天湖水照 청천호수조　푸른 하늘은 호수에 비추고
   越嶺颯南風 월령삽남풍　고개 넘어 남쪽바람 부누나
   正法靈山起 정법령산기　바른 법이 영산에서 일어나서
   乾坤惑衆充 건곤혹중충　하늘땅 미혹한 중생에 채워지리.

3. 天地湖南在 천지호남재　천지가 호남에 있고
   靈山宇宙存 영산우주존　영산에 우주 있어라
   一圓眞理顯 일원진리현　일원 진리 드러나더니
   斯物卽都呑 사물즉도탄　이 물건이 바로 다 삼켰네.

· 天地方尺尺數量 人名衣服活造傳

하늘과 땅을 자로 수량을 재듯이, 사람의 훌륭한 의복 살려 만들어 전하누나.

도표로 만들면 다음과 같다.

원문	원불교대사전	축자해역(逐字解譯)
天地方尺尺數量 人名衣服活造傳	천지도수를 척수로 재어 인명에 맞춰 의복을 지어 전하도다.	하늘과 땅을 자로 수량을 재듯이, 사람의 훌륭한 의복 살려 만들어 전하누나.

글자 및 단어 풀이

• 천天 : 하늘 천. 하늘. 천체. 태양. 자연. 천체의 운행. 성질. 타고난 천성天性. 운명. 의지.

• 지地 : 땅 지. 땅. 대지. 곳. 장소. 논밭. 뭍. 육지. 영토. 국토. 토지의 신神. 처지. 처해 있는 형편. 바탕. 본래의 성질. 신분. 문벌. 지위.

• 천지天地 : ① 하늘과 땅을 아울러 이르는 말. ≒건곤·천양天壤. ② 우주 또는 세상. 세계의 뜻으로 이르는 말. ≒대계大界.

• 방方 : 모 방. 모. 사방. 각角. 방위. 방향.

• 척尺 : 자 척. 자. 재다. 길이. 법. 법도.

• 수數 : 셀 수. 셈, 산법. 역법曆法. 일정한 수량이나 수효. 이치,

도리道理. 규칙. 예법.

- 척수尺數 : 자로 잰 수량.

- 양量 : 헤아릴 양. 헤아린다. 추측하다[推測-- : 미루어 생각하여 헤아린다]. 달다. 재다. 분량. 용기用器.

- 수량數量 : 수효數爻와 분량分量.

- 인人 : 사람 인. 사람, 인간. 다른 사람, 타인, 남. 남자. 어른, 성인成人. 인격. 체면. 명예. 사람의 품성. 사람됨.

- 명名 : 이름 명. 이름. 훌륭한. 평판, 소문. 외관外觀, 외형. 명분. 공적.

- 의衣 : 옷 의. 옷. 깃털, 우모羽毛. 옷자락. 살갗, 표피表皮. 싸는 것, 덮는 것. (옷을) 입다, 입힌다.

- 복服 : 입을 복. 옷 복. 일. 한 번에 마시는 약의 분량. 직책, 직업. 일용품.

- 의복衣服 : 옷. 몸을 싸서 가리거나 보호하기 위하여 피륙 따위로 만들어 입는 물건.

- 활活 : 살 활. 살다. 생존하다, 목숨을 보전하다. 태어나다. 생기가 있다. 응용하다.

- 조造 : 지을 조. 짓다. 만들다. 이루다. 성취하다. 이룩하다. 양성하다. 배양하다.

- 전傳 : 전할 전. 전하다. 펴다. 널리 퍼뜨리다. 전해 내려오다. 퍼지다. 옮기다. 알리다. 전기[傳記, 사람의 일대기]. 현인의 저서,

고서. 경서經書의 주해註解, 주석註釋.

해의解義

《원불교교사》에서는 '대종사께서 이 세상에 오신 시대는 인류 역사상 일찍이 없었던 큰 격동의 시대이요 일대 전환의 시대였다. 19세기 말엽부터 밖으로는 열강 여러 나라의 침략주의가 기세를 올려, 마침내 세계 동란의 기운이 감돌았고, 급속한 과학 문명의 발달은 인류의 정신 세력이 그 주체를 잃게 하였다. 안으로 한국의 국정은 극도로 피폐되고, 외세의 침범으로 국가의 존망이 경각에 달려 있었으며, 수백 년 내려온 불합리한 차별 제도 아래서 수탈과 탄압에 시달린 민중은 도탄에 빠져 있는 가운데, 개화의 틈을 타서 재빠르게 밀려든 서양의 물질문명은 도덕의 타락과 사회의 혼란을 가중 시켜 말세의 위기를 더욱 실감하게 하였다.'고 서술하였다.

또한 동서同書에서 '당시 한반도의 종교계 또한 걷잡을 수 없는 혼란에 빠지게 되었으니, 고유의 신앙과 유·불·선 삼교는 혹은 무당들의 미신 무대로 화하고, 혹은 유교의 세력에 밀려 산중에 숨어들었으며, 혹은 허례와 공론으로 형식만 남게 되고, 혹은 일 없는 이의 양생술로 그림자만 남았으며, 서교西敎는 숱한 박해를 받아 겨우 명맥을 유지하였고, 동학은 갖은 경난經難 끝에 숨을 돌리지 못하고 있었으며, 그 밖의 여러 교파들은 혹세무민으로 민심의 혼란에 부채질을 더할 따름이었다. 이에 따라 민중은 갈피를 잡지 못하고, 새로운 삶에 대한 갈망으로써, 새 성자에 의한 새 사상 새 종교를 더욱 기다리게 되었다. 이러한 때에 소태산 대종사께서는 구원 겁래의 크신 서원으로 이 땅에 다시 오신 것이다.'고 서술을 하고 있다.

사람마다 대개 키의 장단長短이 다르고 부피의 광협廣狹이 다르기 때문에 기성旣成의 옷으로는 사람 몸에 맞출 수가 없다. 그렇다고 옷에 맞추어 사람을 줄일 수는 더더욱 있을 수가 없는 일이다. 법구생폐法久生弊라 한다. 곧 '법이 오래되다 보면 폐단이 생겨난다.'는 의미로 사람이나 세상에 필요한 법이 아니라 원성元聖이나 원불原佛의 법이 도리어 종사자의 생계수단이 되고 득권득리得權得利 하는 도구로 전락이 되었다.

이러할 때 꼭 맞추어 태어난 법이 소태산 대종사의 신제지법新制之法이요 지정지법至正之法이다. 이러한 법은 인신남녀人身男女의 장단 광협을 잘 재고 잘 재단하여 가장 잘 맞게 지은 옷이라고 할 수 있다. 그러므로 이 법은 옷에 사람을 맞추는 방법이 아니라 법을 사람에게 맞추어서 입혀주는 적신지법適身之法이라고 할 수 있다.

그러므로 대종사의 법은 "삿된 법이 아닌 바른 법이며非邪法而正法, 죽는 법이 아닌 사는 법이며非死法而活法, 사사로운 법이 아닌 공공의 법이며非私法而公法, 그른 법이 아닌 옳은 법이며非非法而是法, 홀로의 법이 아닌 대중의 법이며非獨法而衆法, 한생의 법이 아닌 영생의 법이며非單法而永法, 작은 법이 아닌 큰 법이며非小法而大法, 없는 법이 아닌 있는 법이며非無法而有法, 미혹된 법이 아닌 깨친 법이며非惑法而覺法, 조각의 법이 아닌 원만한 법이며非片法而圓法, 어둔 법이 아닌 밝은 법이며非暗法而明法, 권도[방편]의 법이 아닌 실증의 법이며非權法而實法, 나라의 법이 세계의 법이며非邦法而世法, 손해의 법이 아닌 이득의 법이며非害法而利法, 악의 법이 아닌 선의 법이라非惡法而善法"고 할 수 있다.

한편의 글을 지어본다.

夫世上之人兮여! 欲得富裕인댄 奉信於斯法하며 欲得尊貴인댄 奉信於斯法하며 欲得利益인댄 奉信於斯法하며 欲得勸力인댄 奉信於斯法하며 欲得福樂인댄 奉信於斯法하며 欲得恩惠인댄 奉信於斯法하며 欲得和平인댄 奉信於斯法하며 欲得極樂인댄 奉信於斯法하며 欲得濟度인댄 奉信於斯法하며 欲得佛祖인댄 奉信於斯法하며 欲得覺悟인댄 奉信於斯法하며 欲得智慧인댄 奉信於斯法也라.

무릇 세상의 사람들이여! 부유를 얻고자 할진대 이 법을 받들고 믿으며, 존귀를 얻고자 할진대 이 법을 받들고 믿으며, 이익을 얻고자 할진대 이 법을 받들고 믿으며, 권력 얻고자 할진대 이 법을 받들고 믿으며, 복락[행복]을 얻고자 할진대 이 법을 받들고 믿으며, 은혜[慈悲. 仁愛]를 얻고자 할진대 이 법을 받들고 믿으며, 화평을 얻고자 할진대 이 법을 받들고 믿으며, 극락[天堂]을 얻고자 할진대 이 법을 받들고 믿으며, 제도를 얻고자 할진대 이 법을 받들고 믿으며, 부처 조사를 얻고자 할진대 이 법을 받들고 믿으며, 깨달음을 얻고자 할진대 이 법을 받들고 믿으며, 지혜를 얻고자 할진대 이 법을 받들고 믿을지라.

頌曰

1. 法服躬身被 법복궁신피　법의 옷을 몸소 몸에 입고
   延肱蹈舞爲 연굉도무위　팔뚝을 뻗어 뛰며 춤을 추니
   上天圓穴竅 상천원혈규　위로 하늘엔 둥근 구멍 뚫어지고
   下地道泉彌 하지도천미　아래 땅엔 도의 샘물 가득하누나.

2. 六尺持身者 육척지신자　여섯 자의 몸을 가진 자가
   道衣厥體衣 도의궐체의　도의 옷을 그 몸에 입고는
   登壇眞法說 등단진법설　단상에 올라 참 법을 설하니
   群衆盡生歸 군중진생귀　뭇 대중 다 살아 돌아가누나.

3. 道衣天地被 도의천지피　도의 옷 하늘땅에 입히고

法服宇穹敷 법복우궁부 법복을 天空에 펼쳐서

一切生靈濟 일절생령제 일체 생령을 건져감이

樂園建設途 낙원건설도 낙원을 건설하는 길이네.

• 天地萬物胞胎成 日月一點子午調

하늘땅 온갖 물건 포태에 생성하고, 해와 달의 한 점, 자[子=縱]와 오[午=橫]로 균형을 잡누나.

도표로 만들면 다음과 같다.

원문	원불교대사전	축자해역(逐字解譯)
天地萬物胞胎成 日月一點子午調	천지 만물은 한 포태에서 이루어졌고, 해와 달의 일점은 밤과 낮을 고르더라.	하늘땅 온갖 물건 포태에 생성하고, 해와 달의 한 점, 자[子=縱]와 오[午=橫]로 균형을 잡누나.

글자 및 단어 풀이

• 천天 : 하늘 천. 하늘. 천체. 태양. 자연. 천체의 운행. 성질. 타고난 천성天性. 운명. 의지.

• 지地 : 땅 지. 땅. 대지. 곳. 장소. 논밭. 뭍. 육지. 영토. 국토. 토지의 신神. 처지. 처해 있는 형편. 바탕. 본래의 성질. 신분. 문벌.

지위.

• 천지天地 : ① 하늘과 땅을 아울러 이르는 말. ≒건곤·천양天壤. ② 우주 또는 세상. 세계의 뜻으로 이르는 말. ≒대계大界.

• 만萬 : 일만 만. 일만. 매우 많은. 여럿. 절대로. 많다.

• 물物 : 만물 물. 물건 물. 만물. 물건. 일. 무리. 종류.

• 포胞 : 태보 포. 세포細胞. 포자胞子. 배. 태보胎褓. 삼[태아를 싸고 있는 막과 태반]. 친동기. 친형제 자매. 동포.

• 태胎 : 아이 밸 태. 아이를 배다. 잉태하다. (아이를) 기르다. 태아. 태胎, 태반胎盤. 근원. 조짐兆朕.

• 포태胞胎 : 임신. 태내의 아이를 싸는 얇은 막.

• 성成 : 이룰 성. 이루다. 정하여지다. 이루어지다. 갖추어지다, 정리되다, 구비되다. 살찌다, 비대해지다. 우거지다, 무성해지다. 익다, 성숙하다.

• 일日 : 날 일. 날. 해, 태양. 낮. 날수. 기한. 낮의 길이. 달력. 햇볕. 햇살. 햇빛. 일광.

• 월月 : 달 월. 달, 별의 이름. 세월. 나달. 광음[光陰, 시간이나 세월을 이르는 말]. 달빛. 달을 세는 단위.

• 일월日月 : 해와 달. 날과 달. 세월을 이르는 말.

• 일一 : 한 일. 하나. 일. 첫째. 첫 번째. 오로지. 온. 전. 모든. 하나의. 한결같은.

• 점點 : 점 점. 점[작고 둥글게 찍은 표]. 흠. 얼룩. 물방울. 권점

[圈點, 후보자의 이름 아래에 둥근 점을 찍던 일].

- 일점一點 : 한 점. 전傳하여, 극히 근소한 일. 물품하나. 1에 해당하는 평점. 한 방울.
- 자子 : 아들 자. 아들. 자식. 첫째 지지地支. 남자. 사람. 경칭. 스승. 방위로는 정북正北.
- 오午 : 낮 오. 낮[정오]. 일곱째 지지地支. 다섯. 거스르다. 어수선하다. 방위로는 정남正南.
- 자오子午 : 십이지의 자와 오. 북과 남. 자정과 정오.
- 조調 : 고를 조. 고르다. 어울리다. 조절하다. 균형이 잡히다. 화합하다. 적합하다.

해의解義

① 천지는 만물의 여관

인생이 세상을 살면서 자기 것에 대한 집착을 버려야 한다. 엄밀히 따지면 과연 내 것, 또는 네 것이 있겠는가. 모두가 천지의 것이요 우주의 것일 뿐이다. 중국의 유명한 시인인 이태백[李太白, 701~762]의 『춘야도리원서春夜桃李園序』에 보면 '하늘과 땅이란 만물의 여관이요 세월이란 백대의 지나가는 나그네라[天地者 萬物之逆旅 光陰者 百代之過客]'는 글이 있다. 이 시의는 만물이 천지를 각자의 집으로 삼고 살아가고 흐르는 세월에 맡겨진 채 휩싸여 여관처럼 잠깐 쉬었다가 다시 출발하여 간다는 의미이다.

또한 저 광막하여 짐작할 수 없는 우주라는 말도 시자尸子의 《산견제서문휘집散見諸書文彙集》에 '천지와 사방의 (공간)을 우라 말하고, 왕고와 내금의 (시간)을 주라 말한다[天地四方曰宇(四方上下謂之宇. 四方上下爲宇), 往古來今曰宙(往古來今謂之宙. 往古來今曰宙)]'고 하였다. 우주[천지]라는 것도 공간과 시간이라고 하지만 사실 만물을 감싸고 안아서 생성生成하고 양육養育, 즉 포태胞胎를 이뤄가는 큰집[대하大廈]의 역할을 하는 것이라고 할 수 있다.

이렇게 볼 때 우주[천지]의 만물이 떨어져 있는 것이 아니라 보이지 않는 고리로 서로 이어져서 파동波動을 통해 소통하고 한 포태 안에서 생성하면서 살아간다고 할 수 있다.

② 일월일점과 개기일식

지구는 태양 주위를 돌고, 달은 지구의 주위를 공전하고 있다. 그런데 간혹 태양, 달, 지구가 일직 선상에 나란히 위치하여 달의 그림자가 해를 가릴 때가 있다. 이때 지구에서 바라봤을 때 그림자 속에 속한 지역에서 바라본다면 태양이 달에 가려지는 현상을 보게 되는데, 이것을 일식이라고 한다. 달이 태양을 완전히 가리면 개기일식[皆旣日蝕, total solar eclipse]이라고 하는데 이때는 낮인데도 밤처럼 어두워진다. 달이 태양을 완전히 가리지 못하고 태양의 일부분만 가릴 때를 부분일식[部分日蝕, partial solar eclipse]이라고 하고, 아주 드물게 달이 태양의 가장 자리만 남겨둔 채 가리는 것을 금환일식[金環日蝕, annular solar eclipse]이라고 한다.

일식의 문제를 거론할 때 일점一點과의 관계를 알아볼 필요가 있다. '일점'이란 무엇이며 어떤 때를 말하는 것일까? '일월일점 日月一點'이라고 하였다. 즉 해와 달이 한 점이 된다거나 이룬다는 의미이다. 이때는 해와 달이 만나서 하나를 이룬다는 의미라고 본다. 다시 말하면 '달은 해 가운데 들고 해는 달 속에 들게 된다 [月入於日中 日入於月裏]'는 의미가 아니겠는가 하는 생각을 해 본다. 이렇게 되면 해달은 둘이 아니요 달 해는 다르지 않게 되니 개기일식皆旣日蝕처럼 합체合體가 된다고 할 수 있다.

③ 자와 오의 방향

자子와 오午를 주목하지 않을 수 없다. 우리가 집을 짓는데 먼저 기초를 한다. 그리고 기둥을 세운 뒤에 들보를 맞추고 서까래도 얹어서 집의 형태를 이루게 된다. 이렇게 집을 지을 때 가장 중요한 것이 바로 기둥으로 세우는 종목縱木, 이를 종주縱柱라고 할 수 있다. 이 종주가 집 전체를 상하로 뻗쳐 굳건하게 균형을 잡아 버텨줌으로써 양연지목樑椽之木들도 자연 서로 버팀이 되어 튼실한 집채를 이루게 된다.

이처럼 집안의 종주처럼 자오子午가 이 우주[천지]에 있어서 종주의 역할을 하는 것이라고 할 수 있다. 자는 북北을 말하고 오는 남南을 말한다. 즉 종적인 상하로 균형을 이루어 버팀으로써 그 안의 만물이 기묘奇妙하게 조화調和를 이루고 균형을 이루며 살아 간다는 말이다.

또한 일반적으로 북쪽은 자子 자로, 남쪽은 오午 자로 표시하고 자오가 전개되는데 여기에도 선을 방위의 중심선으로 하고 있다. 따라서 24방위는 자오선을 중심으로, 천기[天氣=子]와 지기[地氣=午]는 각각 한 방위씩 섞여 마치 남자와 여자가 짝을 이루며 둘러앉아 있는 형태와 같다고 할 수 있다.

④ 북극성과 회귀선.

대개 일점을 북극성北極星이라고도 한다. 북극성은 움직이지 않고 제자리를 지키고 있다. 이에 따라 천체는 일사불란하게 북극성을 중심으로 운행을 하고 있다. 만일 북극성이 1센티라도 움직이면 천체는 대혼란이 일어나 만물에 교란을 끼쳐서 파멸의 길로 나아가지 않을 수 없다.

그러므로 이 북극성이 자오子午의 정점頂點이 되어 우주[천지]가 운행함으로 인하여 만물이 포태胞胎되고 생성하며 뭇 조화調和가 이뤄진다는 추측을 하게 한다.

⑤ 자오의 시각과 자오선子午線

고대 중국에서는 하루를 12시각으로 나누었다. 아마도 1년을 12달로 나눈 것을 본뜬 것 같은 생각이 든다. 자子, 축丑, 인寅, 묘

卯, 진辰, 사巳, 오午, 미未, 신申, 유酉, 술戌, 해亥로 나누는데 이런 시각을 나누는 기준은 태양의 위치이다. 즉 태양이 남쪽 가장 높이 뜰 때를 오午라고 하고, 반대로 북쪽 땅 밑 가장 낮은 곳에 있을 때를 자子라고 하는데 여기에서 정오正午와 자정子正이라는 말이 나왔다. 그리고 정오와 자정의 태양 위치를 연결한 선이 자오선이다.

그런데 자오선은 현대에 이르러 한 가지 뜻을 더 가진다. 그 이유는 지구가 둥글다는 것이 상식이 되자 자오선은 지구의 남극과 북극을 지나는 선 즉, 경선經線이라는 의미가 추가되게 되었다. 참고로 자오선의 길이는 4천만m이다. 미터법을 처음 정할 때 1m를 자오선의 4천만 분의 1로 정했기 때문이다. 그러나 지금은 1m를 빛이 진공에서 299,792,458분의 1초 동안 진행하는 거리로 정하였다.

또한 이 자오선은 본초자오선[本初子午線, the prime meridian]이라고 한다. 그런데 지구의 기준이라는 본초자오선의 상징성 때문에, 강대국들이 자기 나라를 기준으로 본초자오선을 정하기 위해 치열하게 싸웠다. 그래서 백악관 자오선, 파리 자오선, 그리니치 자오선 등등이 있었지만 결국 영국이 승리하여서 현재 본초자오선은 그리니치 자오선으로 하고 있다.

⑥ 두 시구의 화두

천지의 제물諸物에 대하여 과학적인 해설을 하지 못한다면 믿음을 요구하는 상황에서는 혹 긍정을 못 할 수도 있다. 그러나 성자들의 서구書句는 범인들의 심량으로 추론할 수 없는 바가 분명 있으므로 일방적으로 옳다거나 틀림없다는 단안을 함부로 내려서는 안 된다.

여기에서 '천지만물포태성天地萬物胞胎成'과 아울러 '일월일점자오조日月一點子午調'를 어떻게 볼 것이냐에 있어서는 문제가 있을 수 있다. 그러므로 우주의 이기理氣 문제나 만물의 포태胞胎 문제나 일월의 일점一點 문제나 자오子午의 조화 문제를 두고두고 잘 풀어서 모든 사람이 의혹하지 않도록 해야 한다.

고전에 보이는 자오子午

• 남과 북을 가리킨다. "옛사람들은 '자'로서 정북으로 삼았고, '오'로서 정남을 삼았다[古人以'子'爲正北 以'午'爲正南]."
• 당 소정蘇頲《당장안서명사탑비唐長安西明寺塔碑》에 "음양의 중심을 헤아려 자오의 곧은 곳에 앉히고 모두 관각에 의지하며 층층이 전당을 세우니라[揆陰陽之中 居子午之直 叢依觀閣 層立殿堂]."
• 《송사》〈천문지일天文志一〉에 "남양 사람 공정이 동의를 만들었는데, 쌍규가 있었으니 규가 자오에서 떨어진 거리를 바로잡아 하늘의 상징을 나타내고, 횡규가 있었으니 의기의 한가운데를 나

누어 땅을 상징하나니라[南陽 孔定 制銅儀 有雙規 規正距子午 以像天 有橫規 判儀之中以像地]."

• 강유위康有爲의 《상청제제육서上淸帝第六書》에 "만일 지남침의 자오가 정해지지 않으면 배의 키가 동서로 왔다 갔다 해서 배회 하여 갈 수가 없어서 뜻대로 되지 않으리니 어찌하리오[若針之 子午未定 舵之東西游移 則徘徊莫適 悵悵何之]."

• 야반과 정오를 가리킨다. 옛날 시계의 시법으로 야간 11시에 서 1시에 이르기까지를 '자'시라 하고, 낮 11시에서 1시에 이르 기까지를 '오'시라고 하니라[指夜半和正午. 舊時計時法 以夜間 十一時至一時爲'子'時. 以白晝十一時至一時爲'午'時].

頌曰

1. 乾坤胎物出 건곤태물출　하늘땅은 물건을 잉태하여 내고
　日月照長成 일월조장성　해와 달은 비추어 길러 이뤄내네
　子午中心軸 자오중심축　자오가 중심의 축이니
　調和厥列精 조화궐렬정　조화로 그 벌려짐을 정밀케 하누나.

2. 乾坤群物屋 건곤군물옥　하늘땅은 뭇 물의 집이요
　佛祖衆生居 불조중생거　부처 조사는 중생의 거처이네
　子午中心立 자오중심립　자오로 중심을 세우면

調和宇宙舒 조화우주서 조화롭게 우주가 펼쳐지리라.

3. 我心天地等 아심천지등 내 마음은 천지와 동등하고

　　余性佛陀成 여성불타성 내 성품이라야 부처 이루네

　　宇宙鴻場內 우주홍장내 우주의 큰 마당 안에서

　　永生不礙生 영생불애생 영생을 걸림 없이 살으리라.

• 放風空中天地鳴 掛月東方萬國明

　바람을 허공가운데 놓으니 하늘땅이 울리고, 동방에 달이 걸리니 뭇 나라가 밝아져라.

도표로 만들면 다음과 같다.

원문	원불교대사전	축자해역(逐字解譯)
放風空中天地鳴 掛月東方萬國明	허공에 바람을 날리니 천지가 진동하고, 동방에 달이 걸리니 만 나라가 밝아지도다.	바람을 허공가운데 놓으니 하늘땅이 울리고, 동방에 달이 걸리니 뭇 나라가 밝아져라.

글자 및 단어 풀이

•방放 : 놓을 방. 놓다, 놓이다, 석방되다. 내쫓다, 추방하다. 내놓다, 꾸어준다. 버린다. 달아나다, 떠나간다.

• 풍風 : 바람 풍. 바람. 가르침. 풍속, 습속. 경치, 경관. 모습. 기질.

• 공空 : 빌 공. 비다. 없다. 공허하다. 비게 하다. 통通하게 하다. 공간. 하늘. 공중.

• 중中 : 가운데 중. 가운데. 마음. 치우치지 아니하다.

• 천天 : 하늘 천. 하늘. 천체. 태양. 자연. 천체의 운행. 성질. 타고난 천성天性. 운명. 의지.

• 지地 : 땅 지. 땅. 대지. 곳. 장소. 논밭. 뭍. 육지. 영토. 국토. 토지의 신神. 처지. 처해 있는 형편. 바탕. 본래의 성질. 신분. 문벌. 지위.

• 천지天地 : 하늘과 땅을 아울러 이르는 말. 건곤·천양天壤. 우주 또는 세상. 세계의 뜻으로 이르는 말. 대계大界.

• 명鳴 : 울 명. (새가) 울다. 울리다. (소리를) 내다. 부르다. 말하다, 이야기하다. (이름을) 날리다.

• 괘掛 : 걸 괘. 걸다, 매달다. 입다, 걸친다. 나누다, 구분하다. 도모하다, 꾀한다.

• 월月 : 달 월. 달, 별의 이름. 세월. 나달. 광음[光陰, 시간이나 세월을 이르는 말]. 달빛. 달을 세는 단위.

• 동東 : 동녘 동. 동녘. 동쪽. 오른쪽. 주인. 동쪽으로 가다.

• 방方 : 모 방. 모. 사방. 각角. 방위. 방향.

• 동방東方 : 동쪽. 동녘. 동쪽 지방.

• 만萬 : 일만 만. 일만. 매우 많은. 여럿. 절대로. 많다.

• 국國 : 나라 국. 나라, 국가. 서울, 도읍. 고향. 고장, 지방. 세상, 세계.

• 만국萬國 : 온갖 나라. 세계의 모든 나라.

• 명明 : 밝을 명. 밝다. 밝히다. 날 새다. 나타나다, 명료하게 드러나다. 똑똑하다. 깨끗하다, 결백하다.

해의解義

우리는 동남풍東南風을 좋아한다. 동남풍이란 한국을 기준으로 동남쪽에서 부는 바람으로 만물을 소생시키는 봄바람을 말한다. 그러나 우리가 말하는 동남풍은 이러한 바람이 아니라 불보살의 대자대비심이 만 생령을 제도하는 것을 동남풍이 만물을 소생시키는 것에 비유하여 자비훈풍·도덕풍이라고 할 수 있다. 그리하여 우리들 마음 가운데 깊이 이 동남풍이 마련되어서 심화기화心和氣和하며 실천궁행實踐躬行하는 데에 이루어진다고 하였다.

다시 말하면 동남풍은 바로 정법지풍正法之風이요 도덕지풍道德之風이며 진리지풍眞理之風이요 은혜지풍恩惠之風이라고 할 수 있다. 이러한 바람을 높은 공중에서 불리면 그 안에 바람을 맞는 생령 및 만물은 자연 깨어나고 생성할 것이며 따라서 천지도 크게 울려 대환영을 한다.

예를 들면 팔산 김광선八山 金光旋 선진의 말씀에 의하면 대종사님이 오도하실 때 영산 노루목에서 풍악 소리가 울림을 분명히 들었다고 하였으니 이는 천지가 얼마나 좋고 기뻤으면 천악天樂을 울려 성자의 탄생과 정법의 출현을 우주와 만국, 또 만물에 알렸을까 이것이 바로 분명히 천지가 울리는 징조라고 아니할 수 없다.

《육조단경六祖壇經》에 "선지식 지여일 혜여월 지혜상명 어외착경 피망념부운 개부자성 부득명랑[善知識 智如日 慧如月 智慧常明 於外着境 被妄念浮雲 蓋覆自性 不得明朗]"이라는 글이 있다. 즉 '선지식아, 지는 해와 같고 혜는 달과 같아서 지혜는 항상 밝은데 밖으로 경계에 집착해서 헛된 생각의 뜬구름에 덮이므로 자성이 밝지를 못하니라'고 하였으니 일월 같은 지혜는 원래 우리의 자성에 완구完具되어 무흠무여無欠無餘라고 할 수 있다.

이렇게 각자는 달과 같은 혜등慧燈를 가졌고 교단은 해와 같은 법등法燈을 가졌으니 이 등불을 켜고 밝혀서 비춘다면 세계는 자연 밝아지고 생령은 자연 깨어나며 인류는 자연 평화로워서 그야말로 광대 무량한 낙원 세상이 저절로 이루어지게 된다.

그러므로 우리의 진리와 우리의 정법이 동방에서 일어나 빛이 발현하여 비추게 되면 먼저 서방이 밝아지고 차차 올라서 중앙에 자리하면 온 세상이 광명천지가 되고 전반세계가 될 것은 명약관화明若觀火한 일이라고 아니 할 수 없다.

頌曰

1. 夫掛燈於夜 부괘등어야　무릇 등불을 밤에 거니
   無非四海明 무비사해명　사해가 밝아지지 않음이 없네
   東方眞理照 동방진리조　동방의 진리가 비춘다면
   世界自然淸 세계자연청　세계는 자연히 맑아지리라.

2. 恩風天地颯 은풍천지삽　은혜 바람 하늘땅에 불면
   萬物自然生 만물자연생　만물은 자연스럽게 나오네
   佛祖慈悲撒 불조자비살　부처와 조사 자비를 뿌리면
   衆靈苦業淸 중령고업청　뭇 생령 괴로운 업 맑아지리라.

3. 心中燈火亮 심중등화량　마음 가운데 등불 밝혀서
   天地掛中央 천지괘중앙　천지의 중앙에 걸으니
   一切生靈望 일절생령망　많은 생령들이 바라보고
   得拯向本鄕 득증향본향　건짐을 얻어 본래고향 향하누나.

• 風雨霜雪過去後 一時花發萬歲春

바람 비 서리 눈, 지나간 뒤에, 같은 때에 꽃이 피니 온 세상이
봄이어라.

도표로 만들면 다음과 같다.

원문	원불교대사전	축자해역(逐字解譯)
風雨霜雪過去後 一時花發萬歲春	비바람, 눈서리 스쳐간 후에 일시에 꽃이 피니 만 세상에 봄이 왔도다.	바람 비 서리 눈, 지나 간 뒤에 같은 때에 꽃 이 피니 온 세상이 봄 이어라.

글자 및 단어 풀이

• 풍風 : 바람 풍. 바람. 가르침. 풍속, 습속. 경치, 경관. 모습. 기질.

• 우雨 : 비우. 비. 많은 모양의 비유. 흩어짐의 비유. 가르침의
비유.

• 풍우風雨 : 바람과 비. 비바람. 풍림風霖.

• 상霜 : 서리 상. 서리. 흰 가루. 세월. 깨끗한 절개의 비유.

• 설雪 : 눈 설. 눈[땅 위로 떨어지는 얼음의 결정체]. 흰색. 흰
것의 비유.

• 상설霜雪 : 서리와 눈. 눈서리. 설상.

• 과過 : 지날 과. 찰나를 현재로 하여 그 앞. 지나간 때. 현겁賢劫
을 현재로 하여 그 앞의 장엄겁莊嚴劫을 말함.

• 거去 : 갈 거. 가다. 버리다, 돌보지 아니하다. 내몰다, 내쫓는
다. 물리친다. 덜다, 덜어 버린다.

• 과거過去 : 지나간 때. 현재에 앞선 때. 지난 적. 삼세의 하나로
출생하기 전. 전생. 전세. 지나간 일이나 삶.

• 후後 : 뒤 후. 뒤. 곁. 딸림. 아랫사람. 뒤떨어지다. 능력能力 따
위가 뒤떨어지다.

• 일一 : 한 일. 하나, 일. 첫째, 첫 번째. 오로지. 온, 전, 모든. 하
나의, 한결같은.

• 시時 : 때 시. 때. 시대. 시기[비교적 긴 시간을 나타냄]. 시[현
재의 시각 단위].

• 일시一時 : 같은 때. 한때. 한 시기. 한동안. 잠시. 단시간. 임시.

• 화花 : 꽃 화. 꽃. 꽃 모양의 물건. 꽃이 피는 초목. 아름다운
것의 비유.

• 발發 : 필 발. 발할 발. 피다. 쏘다. 일어나다. 떠나다. 나타나
다. 드러내다. 밝히다.

• 만萬 : 일만 만. 일만. 매우 많은. 여럿. 절대로. 많다.

• 세歲 : 해 세. 해. 나이. 세월. 새해. 일생. 한평생. 결실. 수확.

• 만세萬歲 : 만년. 영원히 삶. 길이 번영함.

• 춘春 : 봄 춘. 봄. 동녘. 술(의 별칭). 남녀의 정. 젊은 나이. 움
직이다. 진작하다.

해의解義

무릇 '복수초福壽草'라는 꽃이 있다. 이 복수초는 이른 봄에 눈이 녹기도 전에 눈 속에서 꽃을 피우면서 자체의 열을 발산하여 주변의 눈을 녹이고 모습을 드러내는 아주 노랗고 예쁜 꽃이라고 한다. 따라서 그 이름이 복 복福이라는 글자, 목숨 수壽라는 글자, 풀 초草라는 자를 써서 '목숨 걸고 나온 꽃'이라고 한다. 또한 꽃말은 "영원한 행복"이라 한다. 즉 '꽃을 본 사람에게 복을 주기 위해 목숨을 걸고 피어난 꽃'이라는 의미가 담겨 있다고 한다. 만일 이러한 꽃이 비바람 불고 눈보라 치는 풍설風雪의 고난을 겪지 않았다면 아름다운 꽃을 피워낼 수 있었을 것인가.

우리들 수행과정이 풍설을 이겨내고 피워낸 복수초의 과정인지도 모른다. 그러므로 우리의 수행에서 목숨을 담보로 요구하는 때가 있을지도 모른다. 즉 대여大輿를 하려면 크게 요구하고, 중여中輿를 하려면 중쯤 요구하며, 소여小輿를 하려면 작게 요구하고, 무여無輿를 하려면 요구하는 것도 없는 것이니 만일에 진리의 요구 조건을 받지 않는 사람이라면 그만큼 이루는 것도 없고 주어지는 것도 없다고 보아야 한다.

《맹자孟子》〈고자장구하告子章句下〉에 "하늘이 장차 이 사람에게 큰 임무를 내리려 하심에 반드시 먼저 그 마음의 뜻을 괴롭게 하고 그 근육과 뼈를 수고롭게 하고 그 몸과 피부를 굶주리게 하고 그 몸을 궁핍하게 하여 그 행하는 바를 거스르고 어지럽게 하나니, 이는 마음을 움직이고 참을성을 길러 지금까지 할 수 없었던 일도 이룰 수 있게 하기 위함이라"고 하였음에서 볼지라도 무언가를 주려면 그에 걸맞은 요구를 반드시 하게 된다.

그리하여 난행고행難行苦行에서 한번 뛰어오르면 한 때에 꽃이 활짝 피어나는 최고 최대의 영광을 가슴에 안게 되는 깨달음을 얻어 성자의 반열에 올라 뭇 생령을 제도하는 자비 은혜의 어버이가 된다는 사실을 알아야 한다.

그리하여 "한번 밝으면 밝지 아니한 바가 없는 것이요, 한번 지혜로우면 지혜롭지 아니한 바가 없는 것이며, 한번 알면 알게 되지 아니한 바가 없으며, 한번 깨달으면 깨달아지지 아니한 바가 없는 것이라[一明無所不明 一慧無所不慧 一知無所不知 一覺無所不覺]."고 할 수 있다.

頌曰

1. 若排風霜草 약배풍상초   만일 바람과 서리를 밀치는 풀은
   難開美麗花 난개미려화   아름답고 고운 꽃 피워내기 어렵고
   不踰煩惱苦 불유번뇌고   번뇌의 괴로움을 넘어서지 못하면
   艱復自原家 간복자원가   자기의 원래 집에 돌아가기 어려우리.

2. 嚴冬寒雪降 엄동한설강 엄동에 차가운 눈 내려
   群像自然枯 군상자연고 뭇 물상 자연히 말랐어도
   越歲春風颯 월세춘풍삽 세월을 넘어 봄바람 불면
   一番萬物蘇 일번만물소 한 번에 만물 소생하누나.

3. 心中春氣韞 심중춘기온 마음 가운데 봄기운 갈무리면
   人類不非長 인류불비장 인류를 장양하지 않음이 없으리
   圓薦乾坤發 원위건곤발 둥근 꽃 하늘땅에 피어나면
   樂園自大揚 낙원자대양 낙원은 저절로 크게 드날리리라.

• 研道心秀千峰月 修德身如萬斛舟

도를 연마하면 마음이 일천 봉우리의 달처럼 빼어나고, 덕을 닦으면 몸이 만 섬을 실은 배와 같으리라.

도표로 만들면 다음과 같다.

원문	원불교대사전	축자해역(逐字解譯)
研道心秀千峰月 修德身如萬斛舟	도를 연마하니 마음은 천 봉우리의 달보다 빼어나고 덕을 닦으니 몸은 만 섬이나 실은 배와 같더라.	도를 연마하면 마음이 일천 봉우리의 달처럼 빼어나고, 덕을 닦으면 몸이 만 섬을 실은 배와 같으리라.

글자 및 단어 풀이

• 연研 : 갈 연. 갈다[표면을 매끄럽게 하기 위하여 다른 물건에 대고 문지른다]. 문지르다. 궁구하다[파고들어 깊게 연구하다]. 연구하다. 탐구하다.

• 도道 : 길 도. 길. 가르친다. 깨닫는다. 다스린다. 따른다. 말한다. 완벽한 글. 이끌다, 인도하다. 정통하다. 통한다.

• 심心 : 마음 심. 마음, 뜻, 의지. 생각. 염통, 심장. 가슴. 근본, 본성. 가운데, 중앙, 중심. 도의 본원.

• 수秀 : 빼어날 수. 빼어나다. (높이) 솟아난다. 뛰어나다, 훌륭하다. 성장하다. 자라다.

• 천千 : 일천 천. 일천. 밭두둑, 밭두렁[밭이랑의 두둑한 부분]. 초목이 무성한 모양. 아름다운 모양.

• 봉峰 : 봉우리 봉. 봉우리. 메[산山을 예스럽게 이르는 말]. 뫼. 봉우리처럼 생긴 사물.

• 월月 : 달 월. 달. 별의 이름. 세월. 나달. 광음[시간이나 세월을 이르는 말]. 달빛. 달을 세는 단위. 한 달, 1개월.

• 수修 : 닦을 수. 닦다, 익히다, 연구하다. 꾸미다, 엮어 만들다. 고치다, 손질하다. 다스리다, 정리하다.

• 덕德 : 덕 덕. 크다. (덕으로) 여기다. (덕을) 베풀다[일을 차리어 벌이다, 도와주어서 혜택을 받게 하다]. 고맙게 생각하다. 오르다, 타다. 덕德, 도덕道德. 은덕. 복, 행복.

- 신身 : 몸 신. 몸, 신체. 줄기, 주±된 부분. 나, 1인칭 대명사. 자기, 자신. 신분. 몸소, 친히. 몸과 마음을 아울러 말하기도 함.
- 여如 : 같을 여. 같다. 같게 하다. 따른다.
- 만萬 : 일만 만. 일만. 매우 많은. 여럿. 절대로. 많다.
- 곡斛 : 휘 곡. 휘[곡식의 분량을 헤아리는 데 쓰는 그릇의 하나]. 말[부피의 단위]. 들이[넣을 수 있는 물건 부피의 최댓값]. 헤아리다. 재다.
- 만곡萬斛 : 아주 많은 분량.
- 주舟 : 배 주. 배, 선박. 반[제기祭器인 준을 받쳐놓는 그릇]. (몸에) 띠다. 배 타고 건너다. 싣다.

해의解義

수도하는 사람들이여! 도를 닦으라. 그래야 진리를 깨우치고 성품을 알 수 있다. 또한 사람들이여! 덕을 베풀어라 그래야 은혜롭고 자비로운 사람이 된다. 그리하여 도를 알면 범부가 부처가 되는 것이요, 덕을 베풀면 중생이 보살이 된다. 즉 중생이 깨우치면 보살이 되고 보살이 깨우치면 부처가 된다.

우리가 도를 닦는다는 것은 외적으로는 진리를 깨닫자는 것이요, 내적으로는 마음[성품]을 알아차리는 것이라고 할 수 있다. 그래서 마음이 알아지면 지혜가 달처럼 되어 허공을 환히 비추고 무명번뇌를 깨부수며 업장을 녹여내어 청정하고 명량明亮한 인품을 갖춘 성자가 된다는 것은 지극히 당연하다고 할 수 있다.

사람은 품이 넓어야 한다. 즉 가슴이 넓어야 한다. 그래야 많은 사람을 품어서 감쌀 수가 있다. 이것이 덕이요 은혜이며 자비이요 사랑이라고 할 수 있다. 또한 배에도 소선小船이 있고 중선中船이 있으며 대선大船이 있으니 그 배의 대소에 따라 실리는 짐의 양도 다소의 차이가 얼마든지 있을 수 있는 것처럼 너른 품이라야 일체 생령을 다 품을 수 있다.

불교에는 반야용선般若龍船이 있다. 반야란 지혜智慧를 가리키며 모든 미혹迷惑을 끊고 진정한 깨달음을 얻는 힘이나 모든 법을 통달하여 옳고 그름을 분별하는 마음의 작용을 뜻한다. 세차고 사나운 바다를 건너가려면 반드시 배를 타고 건너가야 한다. 마찬가지로 생사고해의 험한 바다를 헤쳐가려면 반드시 반야의 지혜가 있어야만 열반의 피안에 도달할 수 있는 것이다. 생사의 고해에 빠져 헤매는 중생을 열반의 피안으로 건져주는 배가 곧 반야용선이라고 할 수 있다.

이에 반해 우리는 일원의 수레[一圓之車]가 있다. 이에 글을 지으니

大凡吾有一圓之車하니 此車也者는 毋論高邃라도 無所不去하

고 毋論浩猋라도 無所不至이니 通常言之하면 謂萬能奇妙之車
也라 遒以四恩而爲左右之輪하고 以三學而爲照前之燈하며 以
四要而爲新作之路하고 以八條而爲馬力之促也라 又此一圓之車
는 不擇車臺之大小하야 無所不在하고 不關行李之輕重하야 無
所不載也니 故로 各各之人은 能知心中에 自本備物하야 自在用
之하야 須濟苦海之衆生하며 自由使之하야 必建無量之樂園하야
一圓正法에 永劫併活하며 主佛會上에 永生結緣也라

무릇 우리에게는 일원의 수레가 있으니 이 수레는 아무리 높
고 깊어도 가지 못한 바가 없고 아무리 넓고 길어도 이르지 못한
바가 없음이니 통상적으로 말하자면 만능의 기묘한 수레라 이르
리라. 이에 사은으로써 좌우의 바퀴로 삼고 삼학으로써 앞을 비
추는 등불을 삼으며 사요로써 새로 만든 길을 삼고 팔조로써 마
력을 촉진함으로 삼을지라. 또한 이 일원의 수레는 골격의 크고
작음을 가리지 아니하여 있지 아니한 바가 없고 짐의 가볍고 무
거움을 관계치 아니하여 실리지 아니한 바가 없나니, 그러므로
각각의 사람은 능히 마음 가운데에 본래부터 갖춰진 물건임을
알아서 자재로 그것을 사용하여 모름지기 고해 중생을 건져내며
자유로 그것을 부려 반드시 무량한 낙원을 세워서 일원 진리의
바른 법에 긴긴 세월 어울려 살아가며 주세 부처의 회상에 긴긴
생애 인연을 맺으리라."

頌曰

1. 研道元心秀 연도원심수   도를 연마하면 원래 마음 빼어남이
   高峰似月明 고봉사월명   높은 봉우리에 달이 밝음과 같네
   先身施德惠 선신시덕혜   먼저 몸으로 덕과 은혜 베풀어서
   都導樂園迎 도도낙원영   모두 인도하여 낙원에서 맞으리라.

2. 道源圓理在 도원원리재   도의 근원은 둥근 진리에 있고
   德惠自心施 덕혜자심시   덕혜는 마음으로부터 베풀어지네
   萬斛恩慈載 만곡은자재   만곡의 은혜와 자비를 싣고
   衆生濟苦爲 중생제고위   뭇 생령 고해를 건너게 하리라.

3. 心中眞德備 심중진덕비   마음 가운데 참 덕을 갖추면
   天地物形盛 천지물형성   하늘과 땅의 물형을 담으리니
   盡載鴻船進 진재홍선진   모두 큰 배에 싣고 나아가서
   樂園寶座生 낙원보좌생   낙원의 보배로운 자리에 살리리.

금강조선
金 剛 朝 鮮

금강산과 대한민국

대종사 금강산을 유람하고 돌아오시어 '금강이 현세계金剛現世界하니 조선이 갱조선朝鮮更朝鮮이라'는 글귀를 대중에게 일러 주시며 말씀하시기를 "금강산은 천하의 명산이라 멀지 않은 장래에 세계의 공원으로 지정되어 각국이 서로 찬란하게 장식할 날이 있을 것이며, 그런 뒤에는 세계 사람들이 서로 다투어 그 산의 주인을 찾을 것이니, 주인 될 사람이 미리 준비해 놓은 것이 없으면 무엇으로 오는 손님을 대접하리오." 《대종경》전망품 5장

법문[漢詩]이 나오게 된 요지

대종사는 원기15년 5월 28일(1929. 음 5월 1일) 서울역에서 경원선 열차를 타고 철원역에서 금강산행 전철을 갈아타고 금강산에 도착하여 내금강과 외금강을 구경하고 6월 5일(음 5월 9일)에 서울에 도착하였다. 8박 9일의 여행. 대종사는 금강산을 탐승하고 한시를 지었다. 여기서 대종사를 모시고 간 사람은 신원요慎元堯·이동진화李東震華·이공주李共珠였다.

그 시에

步拾金剛景 金剛皆骨餘 : 금강산의 경치를 걸으며 주우니 금강이 모두 뼈만 남았네. 이 시는 대체로 금강산 구경을 할 때 알맹이를 모두 빼서 간직하고 껍데기만 돌려준 것이라고 볼 수 있다.

金剛現世界 朝鮮更朝鮮 : 금강이 세계에 드러나니 조선이 조선으로 새로워지리라. 이 시는 속인을 대하여 금강산으로 인해 조선이 위대한 나라가 된다는 것을 예시하였다고 볼 수 있다.

金剛現世界 如來度衆生 : 금강이 세계에 드러나고 여래는 중생을 제도하시네. 이 시는 불제자인 승려를 대할 때 진실한 여래는 지금 그대 앞에 서있는데 눈을 떠서 참 여래를 보고 앞으로 제도 사업을 하라는 의미이다.

금강산金剛山

강원도 동해에 면하여 백두대간의 주맥을 이루는 산으로 희양·통천·고성·인제의 4개 군에 걸쳐 있으며 최고봉인 비로봉(1,638m)을 중심으로 주위가 약 80km에 이른다. 일찍부터 명승지로 국내외에 널리 알려져 있어 그 이름도 봄에는 금강산, 여름에는 봉래산蓬萊山, 가을에는 풍악산楓嶽山, 겨울에는 개골산皆骨山으로 불린다. 지대가 넓어 내륙 부분의 내금강內金剛, 동쪽 왼편의 외금강外金剛, 동해 바닷가의 해금강海金剛, 남쪽으로 뻗어 내린 신금강新金剛으로 지역을 구분한다.

금강산에는 기연설화起緣說話가 많이 있다. 곧 금강산에는 유점사榆岾寺·표훈사表訓寺·장안사長安寺·신계사新溪寺 등의 이름 높은 사찰을 비롯하여 수많은 절들이 산재해 있어 예로부터 많은 선지식이 머물렀다.

원래 금강산이란《화엄경華嚴經》에서 유래한 신비한 산으로 일컬리는데, 고려시대 민지閔漬가 쓴《금강산유점사사적기金剛山榆岾寺事蹟記》에는 "금강산이라 그 이름이 다섯이 있다. 하나는 개골이요, 둘은 풍악이며, 셋은 열반涅槃이요, 넷은 금강이며, 다섯은 지달枳怛이다. 이 중의 앞 셋은 우리나라의 고기에서 나온 것이고, 다음의 둘은《화엄경》한역본에서 나온 것이다.

《화엄경》 60권본[佛馱跋陀羅 역]에서는 '바다 가운데 보살이 머무는 곳이 있으니 금강산이라 이름하고, 보살이 있으니 법기法起라 하며, 그 권속과 더불어 상주하면서 법을 설한다.'고 했고, 《화엄경》 80권본[實叉難陀 역]에서는 '바다 가운데 보살이 머무는 곳이 있으니 지달이라 이름하고, 보살이 있으니 담무갈曇無竭이라 하며, 1만 2천의 보살 권속과 함께 상주 설법한다.'했다. 청량징관淸凉澄觀의 《화엄경소華嚴經疏》에서는 '금강은 그 체體요, 지달은 그 상狀이라, 금강이란 그 산의 체이며 마치 씻고 깎아 세운 것 같아서 백금이 하나의 체를 이루었기 때문에 이름이요, 지달이란 산스크리트어로 용출湧出함을 뜻하는데 그 산의 상을 말한다. 우뚝 솟아 용출한 때문이며, 머무는 보살의 이름은 하나는 법기요, 하나는 담무갈이라 한다.'고 밝히고 있다.

이에는 석가모니불 멸후 제자들이 석가 불상 53구를 제작하여 인연 있는 국토에 임하도록 했는데 월씨국月氏國을 경유하여 신라 남해왕 원년(서기4)에 해금강 언덕에 닿아 이에 인연하여 왕이 유점사의 창건을 명했다고 전한다. 이러한 유점사의 창건연기와 관련하여 금강산은 전불前佛시대의 법기도량法起道場이요, 한국은 불국토佛國土라는 신앙의 근원이 되어왔다.

중국의 시인 소동파[蘇東坡, 軾]가 "원컨대 고려 땅에 태어나서 친히 금강산을 보아지이다願生高麗國 親見金剛山"라 읊고 있는 것처럼 예로부터 금강산은 많은 사람의 사랑을 받아왔다. 따라서 시詩·가歌·기記·서書·화畵·설화·소설에 이르기까지 많은 작품이

전하며 한민족의 정서에 깊이 자리하고 있다. 금강산에 오른 기록은 신라의 영랑永郎·남랑南郎·술랑述郎·안상安祥 등 사선四仙의 수양처로부터 비롯되지만, 문학작품으로는 고려 이곡李穀의 《동유기東遊記》에 이르러 대표적으로 나타난다.

가사 문학으로는 조선 정철鄭澈의 《관동별곡關東別曲》 등 많은 작품이 있으며, 그림으로는 정선鄭의 진경산수화眞景山水畵의 새로운 세계를 연 〈금강산도〉 등이 유명하다. 개화기 이후에는 민족적 자각과 함께 금강산을 예찬하는 시문이 부쩍 늘어나고 금강산을 탐승하는 사람이 많아졌으며, 강일순姜一淳과 같은 선지자들에 의해 신앙적으로도 크게 부각되었다. 특히 1928년에는 금강산 철도가 개설되면서 탐승자가 많아지고 사진으로 경승을 담아내게 되었다. 《원불교대사전》

금강산 여행에 대종사를 모시고 간 인물

• 신원요(愼元堯, 1867~1942) : 황해도 평산군 진상포에서 출생. 넉넉한 집안에 무남독녀로 고이 자라 평생을 유족하게 살았다. 영민하고 지혜심이 많은 가운데 다정다감했다. 신 씨와 결혼하여 슬하에 네 딸을 두었으며 서울 봉익동 80번지에 살았다. 대각사 백용성의 문하에 드나들다가 딸의 친구인 성성원의 연원으

로 원기13년(1928)에 소태산 대종사를 만나고 숭배심과 신성이 날로 더했다. 소태산이 상경하면 모시어 정성껏 공양을 올리며 청법하면서 공부와 사업에 전력했다. 64세에 이공주·이동진화와 같이 소태산을 모시고 금강산 탐승을 했으며, 총부 도서실을 만들 때에도 특별 희사했다. 원기27년(1942) 76세를 일기로 열반했다.《원불교대사전》

• 이공주李共珠 : 앞에 나왔음. 쪽 참고.

• 이동진화(李東震華, 1893~1968) : 본명은 경수慶洙. 법호는 육타원六陀圓. 법훈은 종사. 1893년 5월에 경남 함양군 마천면 삼정리에서 부친 화실和實과 모친 김金 씨의 2남 3녀 중 3녀로 출생했다. 천성이 인자 고결 침착 과묵했고, 일찍 부친을 사별했다. 18세에 이왕가李王家 종친 댁으로 출가出嫁하여 상당한 부귀를 누렸으나, 세속생활의 재미보다는 종교적 수양생활을 마음 깊이 동경했다. 원기9년(1924) 봄, 서울 당주동 성성원成聖願의 집에서 박사시화朴四時華의 소개로 소태산 대종사를 만나게 되었고, 이 자리에서 성불제중이 가장 큰일이라는 말씀에 큰 충격과 감동을 하였다.

그해 여름 침모 김삼매화金三昧華를 대동하고 만덕산에서 초선初禪을 열고 있던 소태산을 다시 만났다. 이 자리에서 동진화東震華란 법명을 받고 초선에 참석했다. 이때부터 출가出家를 결심하고, 원기10년(1925) 4월 가산을 정리하고 총부로 와서 전무출신을 시작했다. 이때 교단에 희사한 서울 창신동 가옥은 서울교당의 시초가 되었다. 원기16년(1931) 여자수위단 시보단을 조직할 때 건방乾方 단원으로 내정되었고, 뒤에 정식으로 수위단이 발족할 때 이방离方 단원이 되어 평생을 수위단원으로 봉직했다.

많은 이들이 관세음보살로 숭배했으며, 여자계의 대표적 수행자로 존경받는 인물이 되었다. 말 없는 가운데 교단 구석구석에 자비와 사랑의 손길을 베풀었다. 광복이 되자 전재동포구호사업을 후원하면서 서울지방 교세 발전에 전력했다. 춘천에 출장교화를 하는 한편 당시 개성교당의 이경순과 함께 북한교화 개척의 계획도 세웠다. 그러다가 한국전쟁을 맞았는데 다른 동지들을 피난하도록 도와주면서 점령치하의 서울교당을 지켰다. 서울 수복 후에는 금산요양원장의 책임을 맡아 교단 요양사업의 기반 수립에 노력했다.

금산요양원은 뒤에 동화병원·원광한의원 등으로 개편되었고 교단 병원 사업의 시초가 되었다. 원기40년(1955)부터는 총부 교감·교령으로 금강원金剛院에 주재하면서 인욕 수행과 무시선無時禪의 실천에 정진했다. 이때부터 자비보살이요, 교단의 어머니로서 교역자들을 두루 보살폈다. 소태산에 대한 신성이 투철했음은 말할 것도 없지만, 나이가 아래인 정산 종사에 대해서도 신성을 다해 받들었다. 이동진화는 이완철과 함께 건강이 좋지 못했던 정산을 보필하는 교단 남녀계의 두 기둥이었다.

대산 종사에 대해서도 어머니의 나이였으나 소태산과 정산을 받들 때처럼 신성을 다해 보필하고 받들었다. 원기53년(1968) 1월 어느 날, 좌우 동지 후진들에게 "진리는 무상하여 만물은 쉬지 않고 변화한다. 영원무궁한 일원一圓의 진리를 잘 배우고 닦아서 고락을 초월하자"는 최후 법문을 남기고, 1월 18일 75세의 세연世緣을 마치고 열반에 들었다. 원기62년(1977) 출가위의 법위와 종사의 법훈이 추서되었다. 《원불교대사전》

소태산 대종사의 금강산에 대한 법문

소태산의 금강산 법문은 원기13년(1928)에 《대종경》 전망품 6장의 법문, 원기15년(1930)에 전망품 5장과 신성품 12장의 법문이 설해졌다. 1928년에 금강산 철도가 개설되면서 탐승객이 늘어나고, 예로부터 글과 그림으로 널리 알려진 금강산의 절경이 사진으로 촬영되어 널리 알려지게 되었다. 특히 1928년 서울에서 열린 조선박람회와 관련하여 금강산에 대해 세인의 관심이 쏠렸고, 이와 관련하여 9월 26일 예회 겸 추계 공동선조 제사기념일을 기하여 소태산의 '금강산과 그 주인'이라는 법문이 설해졌다.

이 법문에서 소태산은 우리에게 금강산이라는 큰 보물 하나가 있어서 "이 나라는 반드시 금강산으로 인하여 세계에 드러날 것이요, 금강산은 반드시 그 주인으로 인하여 더욱 빛나서, 이 나라와 금강산과 그 주인은 서로 떠날 수 없는 인연으로 다 같이 세계의 빛이 되리라"고 전제하고, 우리의 현상을 비관하지 말고 세계가 금강산의 참 주인을 찾을 때 내놓을 자격을 갖추라고 설하고 있다.

그리고 "금강산의 주인은 금강산 같은 인품을 조성해야 할 것이니 닦아서 밝히면 그 광명을 얻으리라. 금강산 같이 되기로 하면 금강산 같이 순실하여 순연한 본래 면목을 잃지 말며, 금강산 같이 정중하여 각자의 본분사本分事에 전일하여 금강산 같이 견고하여 신성과 의지를 변하지 말라. 그러하면 산은 체體가 되고 사람은 용用이 될 지라, 체는 정하고 용은 동하나니 산은 그대로 있으되 능히 그 체가 되려니와 사람은 잘 활용하여야 그 용이 될 것"이라고 강조하고 있다. 이 법문은 영향이 커서 그해 10월 6일 예회에서 전음광의 '금강산은 조선의 보물 법설 강의', 같은 달 26일 예회에서 송도성의 '금강불성수련론金剛佛性修練論'이라는 해설이 이루어지고 있다.《원불교대사전》

소태산 대종사의 금강산 탐승

'금강산과 그 주인'법문이 베풀어진 후 소태산에게 금강산 유람을 권유하는 이가 적지 않은 가운데 원기15년(1930) 5월 1일에 서울에서 출발하여 9일에 서울에 돌아오는 여행이 마련되었다. 동행인은 신원요·이동진화·이공주의 3인으로 이공주의 '세계적 명산 금강산 탐승기'[《월말통신》제32호]가 전한다.

경과는 1일에 서울을 출발하여 철원을 거쳐 내금강의 금강구에 도착한 후, 장안사를 탐방하고 금강산여관에 머물렀다. 2일에는 영원암·보문암·관음암·장경암, 3일에는 삼불암·표훈사·금강문·보덕암·팔담·마하연·만회암을 탐방하고 만회암에서 머물렀다. 4일은 불지암·묘길상·비로봉을 탐방하고 금강산여관에 머물렀다. 5일은 비로 쉬고, 6일은 외금강으로 향하여 자동차로 신풍리까지 가서 만물상에 오른 후 온정리 금강여관에 머물렀다. 7일은 비로 쉬는 가운데 소태산은 고열에 시달렸다. 8일은 신계사를 탐방하고, 9일에 서울로 돌아왔다.

여행기에는 당시 장안사에 승려 10여 명이 입선 중이었다. 금강산에서 일본인 화가 2명이 그림을 그리고 있었다, 신계사 주지 김해운과 대화를 나누었다는 등의 당시 금강산 불교계의 상황에 관한 많은 정보가 담겨 있다. 소태산은 그달 12일에 익산 총부에 돌아왔는데, 그날 전망품 5장의 '금강현세계'법문과 신성품 12장

의 금강산에서 만난 예수교인의 신성에 대한 법문을 행했다.《원불교대사전》

결국은 대종사와 그 일행이 제일 먼저 금강산의 주인으로서 행세한 것이라고 할 수 있다. 그러니 우리들도 언젠가는 그 뒤를 이어 자격을 갖추어서 주인으로서 행세해야 한다.

금강金剛

벌절라伐折羅·발일라跋日羅 등으로 음역하고 번역하여 금강金剛이라 하는데 이는 쇠 가운데 가장 강한 것이라는 뜻이다. ① 무기로서의 금강은 금강저金剛杵를 말하며 제석천帝釋天과 밀적력사密迹力士가 가지고 있는 무기이다. 무엇으로도 이를 파괴할 수 없지만, 이 금강은 다른 모든 것을 파괴할 수 있으므로 경론經論 가운데서는 금강견고金剛堅固·금강불괴金剛不壞 등으로 부르고 견고의 비유로 쓰며, 그래서 금강심金剛心·금강신金剛身·금강견고金剛堅固의 신심信心 등의 이름으로 쓰인다. 또 금강저를 가지고 있는 역사를 집금강執金剛이라고 하고, 약하여 금강이라 한다. ② 보석의 이름으로도 쓰이고 있으니 금강석 곧 다이아몬드diamond가 그것이며, 이 보석은 무색투명한 물질로 햇빛에 비치면 여러 가지 빛깔을 나타내므로 그 기능이 자재한 것에 비유가 된다.《금강정경소金剛頂

經疏》권1에서는 금강에 세 가지 뜻이 있으니 불가파괴不可破壞와 보중지보寶中之寶와 무기 중에 가장 훌륭한 무기가 그것이라고 했다. 그 가운데 제일一과 제삼三은 ①의 뜻이고 제이二는 ②의 뜻이다. ③ 대일여래大日如來의 지덕智德이 견고하여 일체의 번뇌를 깨뜨릴 수 있음을 표현한 말이다.

조선朝鮮

우리나라의 넓은 의미의 명칭이다. 조선이라는 명칭은 고조선[단군조선·기자조선·위만조선, 또는 전조선·후조선]에서부터 유래되고, 중국에서는 우리나라의 지칭으로 고려[고구려 후기 국호 및 고려왕조]라는 용어와 함께 오랫동안 사용되었다. 《산해경山海經》에 처음 보이며, 중국 정사로는 《사기史記》 조선전에 처음 보인다. 《신증동국여지승람新增東國輿地勝覽》에서는 조선을 '해가 일찍 뜨는 동방의 나라'라는 의미로 해석했고, 《색은索隱》에서는 조선의 땅에 산수山水가 있어 '선'이라는 음을 취했고, 《통전通典》에서는 조선의 습수濕水·열수列水·산수가 있어 세 강이 열수에서 합쳐지는데, 이에서 취했다고 한다. 특히, 조선왕조 500년의 역사로 인해 조선이라는 말은 왕조가 망한 뒤에도 우리나라를 지칭하는 용어로 사용되기도 하였다. 또한, 우리나라를 흔히 조선

팔도라고 칭하기도 하였다.

근대에 서양의 문물이 수용되고, 일본 문물이 들어오면서 이와 구분하기 위해 전통적인 문화나 제도·습속·품종 등을 조선집·조선옷·조선종·조선종이·조선간장·조선호박·조선참외·조선얼·조선심 등으로 표현한 것이 그 예이다. 일제강점기에는 조선이라는 용어와 함께 대한이라는 말이 사용되었다.

그러나 책 이름이나 단체의 이름 앞에 관형사로 붙이는 경우 조선이 더 많이 사용되었다. 신채호申采浩의 《조선사연구초》, 백남운白南雲의 《조선봉건사회경제사》 등과 단체명인 조선어학회·조선교육협회 등에서 조선이라는 용어는 조선왕조를 가리키는 것이 아니라 우리나라라는 뜻으로 사용된 것이다.

대종사 한시 2수의 이해

대종사가 금강산을 유람하고 지은 시가 3수인데 정작 《대종경》에 실려진 시는 1수이다. 그러므로 경전에 실리지 않은 2수를 먼저 해설하고 그 다음에 경전에 실려진 1수를 알아보려고 한다.

① 步拾金剛景 金剛皆骨餘 : 금강산의 경치를 걸으며 주우니 금강이 모두 뼈만 남았네.

이 시는 대체로 금강산 구경을 할 때 알맹이를 모두 빼서 간직하고 껍데기만 돌려준 것이라고 볼 수 있다. 다시 말하면 금강이 金剛란 벌절라伐折羅·발일라跋日羅 등으로 음역하고 번역하여 금강 이라 하는데 이는 쇠 가운데 가장 강한 것이라는 뜻이다. 무기로 서의 금강은 금강저金剛杵를 말하며 제석천帝釋天과 밀적력사密迹力 士가 가지고 있는 무기이다. 무엇으로도 이를 파괴할 수 없지만 이 금강은 다른 모든 것을 파괴할 수 있으므로 경론經論 가운데서 는 금강견고金剛堅固·금강불괴金剛不壞 등으로 부르고 견고의 비유 로 쓰며, 그래서 금강심金剛心·금강신金剛身·금강견고金剛堅固의 신 심信心 등의 이름으로 쓰인다.

그러니 대종사는 금강의 무시무시한 실체는 다 거둬오고 가산 假山의 형악形嶽만 남겨두고 온 것이라고 아니할 수 없다.

② 金剛現世界 如來度衆生 : 금강이 세계에 드러나고 여래는 중생을 제도하시네.

이 시는 불제자인 승려를 대할 때 진실한 여래는 지금 그대 앞 에 서 있는데 눈을 떠서 참 여래를 보고 앞으로 제도 사업을 어 떻게 해 가는지를 보라는 의미도 담고 있다. 전통불교 자체의 부 처님 법이야 불변이지만 이 법을 운용하는 승려들의 잘잘못으로 인하여 독선기신獨善其身이나 법구생폐法久生廢나 패판여래稗販如來에 흐르고 있으니 개선을 해서 대중화大衆化를 하고 현실화를 통해 부처님의 참법이 중생들에게 미쳐 제도의 은혜를 입어야 한다는 뜻을 내포하고 있다.

결국 이 일도 금강산의 주인이 되는 대종사가 행할 일인지라 남에게 미룰 필요가 없이 그 일을 직접 했다고 볼 수 있다.

이 시를 도표로 만들면 다음과 같다.

원문	원불교대사전	축자해역(逐字解譯)
步拾金剛景 金剛皆骨餘	금강산의 경치를 걸으며 주우니 금강이 모두 뼈만 남았네	걸어가며 금강산의 정경을 주웠더니, 금강산이 다 뼈만 남았어라.
金剛現世界 朝鮮更朝鮮	금강이 세계에 드러나니 조선이 조선으로 새로워지리라.	금강산이 세계에 드러나면 조선이 거듭 조선이 되리라.
金剛現世界 如來度衆生	금강이 세계에 드러나고 여래는 중생을 제도하시네	금강이 세계에 드러나면 여래가 중생을 제도하리라.

글자와 단어를 풀어보면 다음과 같다.

• 금金 : 쇠 금. 쇠. 금. 돈, 화폐. 누른빛. 귀하다.

• 강剛 : 굳셀 강. 굳세다. 강직하다. 억세다. 단단하다. 성하다 [盛-- : 기운이나 세력이 한창 왕성하다].

• 현現 : 나타날 현. 나타나다. 드러내다. 실재. 현금. 곧. 지금. 즉흥적으로. 임시로. 눈앞에 실제로 있는.

• 세世 : 세상 세. 세상. 인간. 일생. 생애. 한평생. 대. 세대. 세간 [세상 일반]. 시대.

• 계界 : 지경 계. 지경[地境 : 땅의 가장자리, 경계]. 경계. 둘레. 한계. 경계 안.

• 조朝 : 아침 조. 아침. 조정. 왕조. 임금의 재위 기간. 정사. 하루. (임금을) 뵈다, 배알하다. 문안하다. 만나보다.

• 선鮮 : 고울 선. 곱다. 빛나다. 선명하다. 깨끗하다. 새롭다. 싱싱하다. 생선[가공하지 않은 물에서 잡아낸 그대로의 물고기].

• 갱更 : 다시 갱. 다시. 더욱. 도리어, 반대로. 어찌. 고치다[경]. 개선하다[경]. 변경되다[경]. 바뀌다.

해의解義

이 한시는 대종사가 금강산을 탐승한 뒤에 베풀어진 《대종경》 전망품 5장의 법문에서 당시에 읊은 '금강이 현세계金剛現世界하니 조선이 갱조선朝鮮更朝鮮이라'는 시구를 대중에게 일러주면서 "금강산은 천하의 명산이라 멀지 않은 장래에 세계의 공원으로 지정되어 각국이 서로 찬란하게 장식할 날이 있을 것"이라 강조하고, 세계 사람들이 산의 주인을 찾을 것에 대비하라고 설했다.

《대종경》 신성품 12장에서는 원만한 신앙처를 만났으니 마음을 챙겨서 신앙으로 환경을 다스릴지언정 환경으로 신앙이 흔들리는 용렬한 사람이 되지 말라고 주의하고 있다. 이러한 금강산

법문은 소태산의 민족관을 잘 드러내고 있으며 이는 "이 나라는 점진적으로 어변성룡魚變成龍이 되어가고 있다."[《대종경》 전망품 23장]는 관점과 통한다. 이러한 금강산 법문은 금강산을 가지고 있는 이 나라는 그 주인으로서의 실력을 갖추어야 하는데, 그러하면 금강산과 사람이 아울러 찬란한 광채를 발휘할 것으로 예견하고 있다.

이렇게 될 때 한국은 인류 도덕의 부모국, 세계의 정신적 지도국이 될 것이라고 선포하고 있다. 금강산의 '금강'은 소태산 대각 후의 열람 경전인 《금강경金剛經》을 비롯하여 청년조직인 금강단金剛團 등 교단의 여러 명칭에 친근하게 사용되고 있으며, 국제적인 중앙총부를 금강산에 세운다는 뜻에서 '금강산 외총부外總部'라는 용어가 초기교단에서부터 전해지고 있으니 이렇게 되는 날이 우리들의 앞에 왔으면 좋겠다.

따라서 대종사님께서 다녔던 금강산 유람의 경로와 유숙하셨던 금강여관金剛旅館 등, 순례할 수 있는 방법을 찾아야 하고, 또한 개성開城에 있었던 교당을 찾아서 복원하였으면 좋겠다. 또한 통일이 되면 교무를 파견하여 교화를 하면서 개성교당에 다녔던 후손들을 찾아 교화도 하고 위로도 하며 서로 손을 맞잡고 잘 살아가는 교도들이 되고 더 나아가서는 한반도가 되었으면 좋겠다는 생각을 아련히 해 보게 된다.

頌曰

1. 金剛心裏在 금강심리재 금강은 마음속에 있으니
   莫覓外山形 막멱외산형 바깥 산 모양에서 찾으려 말라
   主佛先程蹋 주불선정답 주세 부처님 먼저 길 밟았으니
   吾人逐路經 오인축로경 우리들은 길을 좇아 지나려네.

2. 主佛斯邦出 주불사방출 주세 부처님 이 나라에 나오사
   能風世界馨 능풍세계형 능히 세계에 향기를 풍김이어라.
   合心成統一 합심성통일 마음을 합하여 통일을 이루어서
   握手善生庭 악수선생정 손을 잡고 잘 살아가는 가정되리.

3. 金剛斯世顯 금강사세현 금강이 이 세상에 드러나면
   朝鮮古邦知 조선고방지 조선의 옛 나라도 알려지리라
   到客尋呼主 도객심호주 손님 이르러 주인 부르며 찾으면
   卽應正法貽 즉응정법이 바로 응대하여 바른 법 전하려네.

필자와 정토[宮陀圓 李潤德]가 원기103년(2018) 여름에 오스
트리아[Austria. 奧地利]의 수도인 비엔나[Vienna. 維也納]에 다
녀왔다. 가게 된 이유는 돈아[豚兒; 龍雲. 法名: 龍振]가 비엔나
대학교에 유학하여 과학철학을 전공하고 있기에 만나볼 겸해서

갔다가 왔다.

　대종사님께서 금강산을 유람하고 지은 시처럼 흉내를 좀 내려고 비엔나공항에 내려서 체류하는 동안과 또 한국에 돌아오면서 지은 졸시 몇 수를 근모수치謹冒羞恥하고 올려본다.

到着於奧地利 -오스트리아에 도착하며-

1. 空港初蹋 -공항을 처음 밟다-

　　飛天無翅羽 비천무시우　하늘을 나는 날개가 없지만
　　奧地利邦臻 오지리방진　오스트리아란 나라에 이르러
　　一步空坤蹋 일보공곤답　한 걸음 공항의 땅을 밟으며
　　歐洲吸地氤 구주흡지인　유럽의 땅 기운을 마셨어라.

2. 步多瑙河 -도나우(다뉴브) 강가를 거닐다-

　　歐洲開眼納 구주개안납　유럽을 눈을 열어서 집어넣고
　　多瑙口皆飴 다노구개이　도나우강물 입으로 다 먹었어라
　　餘物尋非覓 여물심비멱　남은 물건 찾아도 찾을 수 없으니
　　閃驚我腹조 섬경아복비　내 배가 큰 것인가 깜짝 놀랐네.

3. 維也納大 -비엔나 대학교에 가다-

　　巖琢雄家造 암탁웅가조　바위를 쪼아 웅장한 집을 지으니
　　石工手細爲 석공수세위　석수장이의 손놀림 세밀 하여라
　　學風深哲學 학풍심철학　학풍으로는 철학방면이 깊어서

諾貝賞多持 낙패상다지 노벨상을 많이 가져갔다네.

4. 哈布斯堡 −합스부르크 왕궁에 가다−

　　哈布斯王闕 합포사왕궐 합스부르크 왕가의 궁궐은

　　豪華敢未儔 호화감미주 호화로워 감히 짝할 수 없어라

　　家門長久史 가문장구사 가문의 장구한 역사

　　爲第一歐洲 위제일구주 유럽에서 으뜸이 되었네.

5. 離奧地利 −오스트리아를 떠나다−

　　去時無所去 거시무소거 갈 때에 가는 바가 없었고

　　來際不攸來 내제불유래 올지라도 오는 바가 없어라

　　我國臻空港 아국진공항 우리나라 공항에 이르니

　　喜心步步催 희심보보최 기쁜 마음 걸음걸음 재촉하누나.

미륵용화
彌勒龍華

미륵 부처와 용화회상

    최도화崔道華 여쭙기를 "이 세상에 미륵불彌勒佛의 출세와 용화회상龍華會上의 건설을 목마르게 기다리는 사람이 많사오니 미륵불은 어떠한 부처님이시며 용화회상은 어떠한 회상이오니까." 대종사 말씀하시기를 "미륵불이라 함은 법신불의 진리가 크게 드러나는 것이요, 용화회상이라 함은 크게 밝은 세상이 되는 것이니, 곧 처처불상處處佛像 사사불공事事佛供의 대의가 널리 행하여지는 것이니라." 장적조 여쭙기를 "그러 하오면 어느 때나 그러한 세계가 돌아오겠나이까." 대종사 말씀하시기를 "지금 차차되어지고 있나니라." 정세월鄭世月이 여쭙기를 "그 중에도 첫 주인이 있지 않겠나이까." 대종사 말씀하시기를 "하나하나 먼저 깨치는 사람이 주인이 되나니라."

《대종경》전망품 16장

박사시화朴四時華 여쭙기를 "지금 어떤 종파들에서는 이미 미륵불이 출세하여 용화회상을 건설한다 하와 서로 주장이 분분하오니 어느 회상이 참 용화회상이 되오리까." 대종사 말씀하시기를 "말만 가지고 되는 것이 아니니, 비록 말은 아니 할지라도 오직 그 회상에서 미륵불의 참뜻을 먼저 깨닫고 미륵불이 하는 일만 하고 있으면 자연 용화회상이 될 것이요 미륵불을 친견할 수도 있으리라."

《대종경》전망품 17장

서대원이 여쭙기를 "미륵불 시대가 완전히 돌아와서 용화회상이 전반적으로 건설된 시대의 형상은 어떠하오리까." 대종사 말씀하시기를 "그 시대에는 인지가 훨씬 밝아져서 모든 것에 상극이 없어지고 허실虛實과 진위眞僞를 분간하여 저 불상에 수복壽福을 빌고 원하던 일은 차차 없어지고, 천지 만물 허공 법계를 망라하여 경우와 처지를 따라 모든 공을 심어, 부귀도 빌고 수명도 빌며, 서로서로 생불生佛이 되어 서로 제도하며, 서로서로 부처의 권능 가진 줄을 알고 집집마다 부처가 살게 되며, 회상을 따로 어느 곳이라고 지정할 것이 없이 이리 가나 저리 가나 가는 곳마다 회상 아님이 없을 것이라, 그 광대함을 어찌 말과 글로 다 하리오. 이 회상이 건설된 세상에는 불법이 천하에 편만하여 승속僧俗의 차별이 없어지고 법률과 도덕이 서로 구애되지 아니하며 공부와 생활이 서로 구애되지

아니하고 만생이 고루 그 덕화를 입게 되리라." 《대종경》전망품 18장

원문에 있는 숙어를 풀어보면 다음과 같다.

• 최도화(崔道華. 1883~1954) : 본명은 인경. 법호는 삼타원三陀圓. 법훈은 대호법. 전북 임실군 지사면 금평리 개금실에서 부친 순화順化와 모친 진정만옥陳正滿玉의 일곱 자매 중 6녀로 출생. 13세에 원 없는 결혼을 하여 자녀를 낳고 어머니를 모시고 살다가 비관하여 28세에 동네 방죽에 투신자살을 기도, 지나가던 여승에 의해 구해져 그로부터 출가하여 한강변 종남산 미타사, 계룡산 동학사에서 나반존자 주력수행을 했다. 이후 태을주太乙呪 수련을 하다가 각지 용한 기도터를 찾아다니며 기도하는 한편 비단장수를 하며 절집의 화주 노릇도 했다.

간곡한 기도와 간병으로 진안 좌포 김 승지의 폐병에 걸린 아들을 낫게 하여 신임을 얻어 만덕산 산제당과 그 일대의 산전을 관리하게 되면서 임실 개금실의 가족들을 이주시켰다. 최도화는 산등 넘어 미륵사에 내왕하며 화주 노릇을 하게 되고 여기서 정산 종사를 만나 생불님으로 받들게 되며, 변산 봉래정사에서 소태산 대종사를 뵙고 왕생불님을 만난 법열로 교화, 진안 마령의 전삼삼·전음광 모자를 이끌어 전주로 이사하게 하여 전주에 회상 창립의 발판을 마련했으며, 익산에서 불법연구회를 창립하는

데 큰 역할을 하게 된다.

소태산은 최도화를 길잡이로 하여 서울에 가서 박사시화를 통해 이동진화·이공주 등의 창립 인연들을 만나게 된다. 정산은 최도화에 대해 '전북 회상과 서울 회상의 총연원'이라고 했다. 최도화는 거진출진으로서, 공식 직명은 '행상 순교行商巡敎'로 319명의 입교 연원을 달았다. 타고난 강인한 기질, 담이 차고 한번 하기로 한 일은 기어이 끝을 보고 마는 성격에 주선력周旋力과 계획성이 있어 회상 창립에 큰 역할을 담당했다. 최도화는 미륵불의 출세와 용화회상 건설에 관심이 많았다. [《대종경》 전망품 16장] 소태산을 미륵불로 믿음에 추호의 의심이 없으며 궁색하게 사는 양하운 대사모에게 집을 마련해 주기도 했다. 아들 조갑종이 전무출신했다.《원불교대사전》

• 미륵불彌勒佛 : 대승불교의 대표적 보살 가운데 하나로, 석가모니불에 이어 중생을 구제할 미래의 부처. 산스크리트어로는 마이트리야Maitreya이며, 미륵은 성씨이고 이름은 아지타Ajita, 阿逸多이다. 아일다阿逸多·무승無勝·막승莫勝이라고도 번역된다. 성인 미륵은 자씨慈氏로 번역되어 흔히 자씨보살로도 불린다.

미륵은 인도 바라내국의 바라문 집에 태어나 석가세존의 교화를 받았는데, 미래에 성불하리라는 수기를 받아 도솔천兜率天에 올라가 있으며, 지금 그곳에서 천인天人들을 교화시키고 있는 중이라고 한다. 석가세존이 입멸한 뒤 56억 7천만년을 지나 다시

이 사바세계에 출현하여, 화림원華林院 안의 용화수龍華樹 아래에서 성도하고, 3회의 설법으로써 석가세존의 교화에서 빠진 모든 중생을 제도한다는 것이다. 당시의 세계는 낙원인 용화회상龍華會上이 되는데, 사시의 기후가 화창하고 사람들은 병이 없으며, 탐하고 성내고 어리석은 사람이 없으며, 모두가 평등하고 사이좋게 사는 세상이 된다.

그때 사람들은 얼굴이 도화색같이 곱고 사람이 모두 경중하며 금은보석이 땅에 떨어져있으나 욕심내는 사람이 없다. 수명은 극히 길고 병이 없어 오래도록 살게 된다. 이리하여 미륵은 6만세를 살고 미륵의 법 역시 6만세가 된다는 것이다. 이런 내용은《불설미륵하생경佛說彌勒下生經》·《불설미륵하생성불경佛說彌勒下生成佛經》·《불설미륵대성불경佛說彌勒大成佛經》·《불설미륵래시경佛說彌勒來時經》 등 일련의 미륵경전에 다양하게 묘사되어 있다. 특히 미륵보살은 불교의 여러 보살들에 대한 신앙 중에서 가장 오래 되었고, 또한 미륵의 명칭은 초기 경전에서 후기 경전까지 끊이지 않고 나오기 때문에 대중들에 대한 영향도 깊다.

이 미륵불에 대한 관념은 미륵신앙으로 이어져 미륵보살이 주재하는 도솔천에 태어나기를 원하는 도솔천 상생신앙과, 말세적인 세상을 구제하러 미륵이 하생하기를 바라는 미륵하생신앙의 두 가지 흐름이 있다. 하생신앙은 특히 말세사상과 결합되어 종말론적 메시아니즘으로 나타나기도 했다. 정치·사회적으로 소외

된 민중들에게 사회모순을 해결 짓는 구세주로서의 미륵을 갈구하는 사회개혁과 민중운동의 이념으로서의 역할을 한 것이다. 이러한 특성 때문에 사회 혼란이 심할 경우 미륵불을 자칭하며 새로운 세상이 왔음을 선포하는 사람들이 출현하기도 했다.

이는 근본적으로는 이상세계를 제시하는 미륵의 대승설법이 이루어지는 복지사회로의 염원에서 나온 불교적 이상사회관으로 볼 수 있다. 먼저 인도에서는 현재까지 남아 있는 미륵보살상을 통해 간다라 미술의 유입기인 B.C. 2세기경부터 모든 중생의 이익을 원하는 미륵상이 조성되었음을 알 수 있고, 중국의 경우 현재 남아 있는 룽먼석굴龍門石窟의 미륵상들을 통해 6세기 북위 불교의 미륵신앙 열기를 추정할 수 있다.

미륵사상이 우리나라에 전해진 것은 불교 전래 초기로 보인다. 백제 성왕 4년(526)에 사문 겸익謙益이 인도에 유학하고 돌아와 미륵불광사彌勒佛光寺를 지은 점이라든가, 백제 위덕왕 때 미륵석상彌勒石像을 일본에 전했다는《일본서기日本書紀》의 기록, 또 무왕 때 건설된 것으로 전해지는 익산 미륵사彌勒寺와 미륵탑彌勒塔은 백제 미륵불교의 융창을 잘 보여주고 있다. 신라에서도 법흥왕 14년(527) 흥륜사興輪寺에 미륵존상彌勒尊像을 모셨고, 특히 신라의 미륵사상은 어느 것보다 중요한 위치에 있었다고 할 수 있다. 그들이 성취시키려 했던 신라 불국토佛國土란 다름 아닌 미륵의 당래정토當來淨土였음을 알 수 있다.

신라 혜공왕惠恭王 2년에 진표율사眞表律師가 금산사金山寺를 중건하면서 미륵장육상彌勒丈六像을 주성鑄成한 것은 미륵불 사상의 대표적 유물로 보인다. 고려와 조선시대를 거치면서 어지러운 세태, 불안한 인심, 의지할 데 없던 민중은 미륵불의 출현에 대한 기대와 희망을 갖게 되었고, 현실에서는 도저히 이룰 수 없는 그들의 꿈을 미륵불의 출현에 기대할 수밖에 없었던 것이다. 그래서 궁예弓裔·견훤甄萱 등은 자칭 미륵불이라 하면서 정치적 변혁과 사회개혁을 시도하기도 했다. 또 많은 한국 신종교 창시자들도 미륵을 자처했는데 예를 들면 강일순[甑山 姜一淳]은 자신이 하늘에서 내려온 상제上帝임과 동시에 미륵불이라 했고, 그가 활동했던 금산사 아래 동내 용화동을 용화회상의 기지라 하면서 민중구제와 다양한 사회개혁의 종교운동을 전개하기도 했다.

소태산 대종사는 오랜 구도 생활 끝에 자수 자각을 얻고 불법佛法에 연원하여 불교를 주체로 한 교법과 사상을 제자들에게 가르쳤다. 그래서 불교와 원불교는 밀접한 관계를 갖고 있다. 기본 교리와 사상이 불법에 근원하고 있을 뿐 아니라 불교가 민중 신앙 속에 깊이 뿌리내린 중요한 믿음 체계의 한 가닥이 미륵신앙인데 바로 이 미륵사상 역시 소태산의 가르침 속에 깊숙이 뿌리내려져 있음을 발견하게 된다. 《대종경》 전망품에는 15개장에 걸쳐서 미륵불·용화회상·용화회상인 후천 낙원세계에 대한 묘사가 되어 있다. 그리고 소태산 열반 후에 그의 일부 제자들이 소태산을 미륵불로 받드는 경향도 있다.

① 소태산의 미륵불관

소태산은 한때 미륵은 어떠한 부처이며 용화회상은 어떠한 회상이냐고 묻는 제자에게 답하고 있다. "미륵불이라 함은 법신불의 진리가 크게 드러나는 것이요, 용화회상이라 함은 크게 밝은 세상이 되는 것이니, 곧 처처불상處處佛像 사사불공事事佛供의 대의가 널리 행해지는 것이라"[《대종경》 전망품 16장]. 또 미륵불의 세계가 언제나 돌아오며 그 첫 주인은 누가 될 것이냐는 질문에 소태산은 지금 차차되어지고 있으며 하나하나 먼저 깨치는 사람이 주인이 된다고 답하기도 했다.

또 종파마다 다 자기 회상이 참다운 용화회상이라고 주장하고 있으니 어느 회상이 참 용화회상이 될 것이냐는 물음에 "말만 가지고는 되는 것이 아니니, 비록 말은 아니 할지라도 오직 그 회상에서 미륵불의 참뜻을 먼저 깨닫고 미륵불이 하는 일만 하고 있으면 자연 용화회상이 될 것이요, 미륵불을 친견할 수도 있으리라"[《대종경》 전망품 17장].라고 답하고 있다. 소태산의 이 법문에 대한 초기 기록에는 미륵불과 용화회상에 대한 보다 더 절실한 표현이 되어 있다. 《회보會報》에 실린 글을 인용해 본다.

"한때에 종사주宗師主 가라사대 미륵불이라 함은 글자 그대로 온 세상에 부처가 다 북 찼다는 말이니 천지 만물 허공 법계虛空法界를 다 생불生佛과 같이 위하는 시대를 일러 미륵불 출세出世라 하나니라. 천지 만물 허공법계를 다 생불로 위하는 시대에는 인지人智가 훨씬 밝아져서 모든 것에 상극이 없어지고 허실양단虛實兩端을 분가分訶하여 저 등상불等像佛에게만 수복壽福을 빌고 원하던 일은 차차 없어지고 천지 만물 허공 법계를 망라하여 경우와 처지를 따라 모든 공功을 심어 부귀도 빌어가며 자손도 빌어가며 서로 생불이 되어 서로 제도濟度하며 서로 부처의 권능을 가진 줄 알아 집집마다 부처가 살게 되리라. 또 용화회상이라는 말은 넓고 큰 회상을 이름이니 이상에 말한바와 같이 온 세상이 만일 미륵불 회상이 되고 보면 회상을 별로 어느 것이라 지정할 것 없이 이리 가나 저리 가나 가는 곳마다 회상 아님이 없을지라. 그 광대함을 어찌 말과 글로서 다할 수 있으랴. 만일 이 용화회상이 건설되는 세상에는 불법이 천하에 편만하여 중과 속인俗人의 차별이 없어지고 법률과 도덕이 서로 구애되지 아니하며 공부와 생활이 서로 구애되지 아니하고 남녀노소 선악귀천에 고루 그 덕화德化를 입어 화피초목 뇌급만방花被草木 賴及萬方하는 원만평등한 세상이 되리라."

이상 《대종경》과 《회보》에 나오는 법설의 내용을 요약해 보면 다음과 같다. 첫째 미륵불이 누구냐는 문제이다. '미륵불이라 함은 글자 그대로 온 세상에 부처가 가득 찼다는 말이니 천지 만물 허공 법계를 다 생불과 같이 위하는 것'이라 했다. 천지 만물 허공 법계를 다 생불로 위하는 시대에는 인지가 밝아져서 모든 것에 상극이 없어지고 사실적으로 죄복을 빌며 서로 생불이 되어 부처의 권능을 갖추고 집집마다 부처가 살게 된다. 그러니까 소태산이 본 미륵불은 개별 인격체로서의 특정한 자격을 갖춘 인물이 아니라고 본 것이다. 법신불의 진리, 우주의 근원적인 진리 곧 일원상一圓相의 진리가 크게 드러나 보편화하는 모습을 말한 것이다.

'미륵불이라 함은 법신불의 진리가 크게 드러나는 것이요'라고 밝힘으로써 기존의 미륵불에 대한 관점을 크게 바꿔주고 있다. 둘째 용화회상에 대한 개념이다. 용화회상이란 크게 밝아지는 세상이다. 용화회상이라 함은 넓고 큰 회상을 이름이니 미륵세상이 되고 보면 회상을 별도로 어느 곳에 지정할 필요가 없이 가는 곳마다 회상이 되고 부처가 세상에 가득 차서 성속의 구별이 없어지고 법률과 도덕의 구애가 없어져 원만 평등한 세상이 된다. 결국 처처불상 사사불공의 대의가 널리 행해지는 세상을 용화회상이라 본 것이다. 셋째 그러면 그 주인은 누구인가. 하나하나 먼저 깨치는 사람이 주인이 되고 미륵불의 참뜻을 먼저 깨닫고 미륵불이 하는 일만 하고 있으면 그 종교가 용화회상을 이끄는 주인 종교가 된다고 본 것이다.

② 소태산이 본 용화회상의 모습

소태산의 미륵불관과 용화회상관에 바탕 하여 본 다가올 용화회상의 모습은 어떤 것인가. 《대종경》전망품에 자세하게 묘사하고 있다. 그 내용을 요약해 본다. 인지가 훨씬 밝아져서 모든 것에 상극이 없어지고, 허실과 진위를 분간하여 진리불공眞理佛供과 사실불공事實佛供을 한다. 서로서로 생불이 되고, 집집마다 부처가 살며, 가는 곳마다 용화회상이어서 승속僧俗의 구별이 없어지고, 법률과 도덕이 서로 구애되지 아니하며, 공부와 생활이 둘이 아니고, 민생이 그 덕화를 입게 된다. 세상이 말세가 되어 머지않아 파멸과 종말이 오리라고 말하는 사람이 있다.

물론 성인의 자취가 끊어진 지 오래고 도덕이 희미해져 말세인 것은 틀림없으나 세상이 이대로 파멸되지는 않는다. 돌아오는 세상은 참으로 문명한 도덕 세계이며, 지금은 묵은 세상의 끝이요 새 세상의 처음이다. 오는 세상에는 남에게 주지 못하여 한이요, 남에게 지지 못하여 걱정이요, 남을 위해주지 못해 근심이며, 공중사를 못하여 한이요, 입신양명할 기회와 권리가 돌아와서 수양할 여가를 얻지 못해 걱정이요, 사람들이 죄짓기를 싫어하고 개인·가정·사회·국가가 국한을 터서 유통하게 된다. 또 지금은 물질문명이 세계를 지배하고 있지마는 오는 세상은 위 없는 도덕이 굉장히 발전되어 산에는 도적이 없고 길에는 흘린 물건을 줍지 아니하는 세상이 된다.

과거 세상은 어리고 어두운 세상이라 강하고 지식 있는 사람이 약하고 어리석은 사람들을 무리하게 착취하여 먹기도 했으나 돌아오는 세상은 슬겁고 밝은 세상이라 악하고 거짓된 사람의 생활은 점점 곤궁하여지고 바르고 참된 사람의 생활은 자연 풍부해진다. 특히 우리나라는 개명이 되면서부터 모든 것이 발전하고 정신적 방면으로는 장차 세계 여러 나라 가운데 제일가는 지도국이 되고 점차 어변성룡魚變成龍이 되어 가고 있다. 한적하고 좋은 곳에 집을 짓고 살며, 평지에 조산이라도 하여 좋은 경치를 만들고 집을 짓게 된다. 그리고 공도자公道者와 법 있는 사람을 공경하고 대접하게 된다.

면면촌촌에 학교와 교당이 있고, 종교 신자가 대우받게 되며, 직업소개소·혼인소개소·탁아소·양로원·간이식당·재봉소·세탁소 등 각종 생활 편리 시설이 구비되어 생활이 더없이 편리하게 된다. 재산도 상속하지 아니하고 공익사업에 쓰며, 지금은 대개 남을 해롭게 하는 것으로서 자기의 이익으로 삼지마는 돌아오는 세상 사람들은 남을 유익 주는 것으로 자기의 이익으로 삼게 된다.

③ 미륵불로서의 소태산 숭배

소태산의 미륵불관은 특정 인물이 아닌 처처불로서의 미륵불관을 밝혀 놓았지만 그를 믿고 따르던 제자 중에는 인간 소태산을 주세불로, 그리고 미륵불로 숭배하는 경향도 있다.《원불교대사전》

• 용화회상龍華會上 : 미륵불의 회상. 미륵불이 출세하여 세 번의 법회로 많은 중생을 제도하게 되는 미래세계의 큰 회상을 의미

한다. 미륵보살이 성불한 후에 중생을 제도하기 위해 연 법회. 석가모니가 입멸한 뒤 56억 7천만 년 만에 세상에 나타나서 용화수 밑에서 도를 이루고, 세 차례의 설법을 한다고 한다. 원불교에서는 대도정법이 널리 퍼져서 모든 사람이 정신개벽이 되고 크게 밝은 세상이 전개되는 시대. 곧 일원대도가 널리 퍼지는 시대. 원불교가 미래세계의 주세종교가 되는 시대를 의미한다. 보다 구체적으로는 곧 처처불상 사사불공의 대의가 널리 행하여지는 것을 말한다.《원불교대사전》

• 법신불法身佛 : 진리 그 자체로서의 불佛. 산스크리트어로 다르마까야붓다Dharma-kāya Buddha의 의역으로, 법·보·화法報化 삼신불 중의 하나. 법불法佛·자성신自性身·법성신法性身·진여신眞如身·여여불如如佛·실불實佛이라고도 한다.

석존이 열반에 들자 불제자들은 영원불멸의 불타를 추모하게 되었는데, 후에 점차 석존이 깨달은 불변의 진리, 곧 진여 그 자체가 불타의 참몸[眞身]이라 하는 법신불 사상이 발달하게 된다. 법신은 원래 이지불이理智不二의 불신을 의미하지만, 삼신설을 확립한 유가행파에서는 이와 지를 나누어 전자를 법신, 후자를 보신이라 하기도 한다. 유가행파에 의하면 진여법신은 언어명상과 사려분별을 넘어선 평등일상으로서, 부증불감하고 불생불멸하며 보편 평등한 무한절대의 진여체성인바, 그것은 제불여래의 근본 자성신이며, 나아가 일체법의 소의所依가 될 뿐만 아니라, 보신과 화신 또한 이에 의지한다고 한다.

그것은 다름 아닌 만유의 본래 자성인 진여의 이理 그 자체로서, 모든 유정에 본구本具되어 있는 보편적인 근본 불신이라고 한다, 이러한 법신의 본성에 대해서는 많은 설이 있는데 오분법신五分法身·진여眞如·법성法性·실상實相·무상無相·이理·사事·육대六大 등의 구별이 있으며, 이는 나아가 만유의 실상이 바로 법신이라고 하는 데에서 '일체중생 실유불성悉有佛性·여래장如來藏'이라는 내재불 사상이 발달하게 된다.

원불교에서는 소태산 대종사가 깨달은 일원상 진리를 법신불이라 한다. 그러므로 원불교의 교리를 총체적으로 일목요연하게 도시圖示한 '교리도'에서는 상단에 일원상(○)을 그려 놓고, 그 아래에 "일원은 법신불이니, 우주 만유의 본원이며, 제불제성의 심인이며, 일체중생의 본성이다."라고 명시하고 있다. 우선 '일원은 법신불'이라는 명제에서 볼 때 '일원(상)'은 소태산의 대각에 의하여 밝혀진 '일원상 진리'를 상징화한 것으로서, 이를 원불교에서는 '법신불'이라 하고, 그 상징과 진리를 합칭하여 '법신불 일원상'이라 부른다.

이는 원불교의 법신불관을 이해하는 데 있어 무엇보다 중요한 의미를 지닌다. 곧 이 근본 명제에서 볼 때 원불교의 법신불인 '일원상 진리'는 소태산 자신의 깨달음에 의한 독자적 진리관일 뿐 아니라, 동시에 그것은 그 깨달음에 바탕 하여 불교적 진리관의 정수를 조화적으로 계승 발전한 것이라 할 수 없다. 불교사상사 내지 신앙발달사를 살펴보면, '법신불'개념은 불교 교리의 중심을 이루면서 초기 불교로부터 대승 말기의 밀교에 이르기까지 다양한 불타관과 불신론이 발전되어왔는데, 소태산은 그의 독자적인 깨달음에 바탕 하여 이들 불타관 내지 불신론의 종교적 의미들을 종합 지양하여 미래의 인류 사회를 이끌어나갈 이상적 불타관을 제시하고자 '법신불 일원상'을 주창했다.

이때의 '법신불 일원'은 개별 현상이나 인격적 화신불을 넘어선 만유의 근원인 궁극적 진리 그 자체로서의 불佛, 곧 법신불 Dharma-kya Buddha을 가리킨다. 그것은 법·보·화法報化 삼신불 중의 하나인 협의의 법신불뿐만 아니라 이·지·비理智悲가 충만한 광의의 법신불, 곧 진리의 체성은 물론 작용과 함께, 나아가서는 우리들의 마음까지도 동시에 포함한 포월자로서의 진여실상을 지칭한 것이다. 이러한 원불교의 법신불관에 대해 엄밀히 살펴보면, 광의의 의미뿐만 아니라 협의의 의미도 포함되어 있다.

삼신 일체의 광의의 의미의 법신을 강조함과 동시에, 우주만유와 인간자아의 존재와 가치에 있어 절대적 의의를 지니고 있는 본원·본성으로서의 법신, 곧 본질로서의 협의의 의미의 법신 또한 철두철미 강조되고 있다. 이러한 '법신불 일원'을 원불교에서는 심불·심인心印·자성·심지心地·성품·법신불·법신불 사은·일원상 진리·일원불一圓佛·법신불 일원상 등 다양한 명칭으로 부르고 있다.

① '우주만유의 본원'이라는 명제는 '법신불 일원'의 근원성·절대유일성·전체성 등의 의의를 강조한 것으로서, '법신불 일원'이야말로 우주만유의 본원으로서, 만유는 그에 바탕 하여 차원과 양상을 달리하면서 전개된 다양한 현상적 존재임을 밝힌 것이다. 이때 '우주 만유'라는 개념에는 현상 세계의 모든 사물은 물론, 정신적 심리적 존재들, 그리고 우리들의 인식과 상상을 넘어선 유형무형의 다양한 차원의 존재 세계까지도 포함된다.

② '일체중생의 본성'이라는 명제는 우주 만유의 본원으로서의 '법신불'은 동시에 나 자신을 포함한 모든 생명 존재의 본성 그 자체임을 명시한 것이다. 이는 원불교의 심성론에 관한 문제로서, 진리의 내재성과 그에 따른 인간 자신의 주체성과 자각성을 강조한 것이다. 곧 인간 자아의 본성이야말로 바로 '법신불'의 내재적 진리로서, 이를 자성불·심불·불성·성품 등 다양한 이름으로 부른다. 가치론적으로는 지고·지선·지복의 의미로도 파악할 수 있다. 현상적으로는 천차만별의 분별심에 의한 유위·유한의 상대적 유루有漏 세계에 살고 있는 범부 중생이라 할지라도, 근본 바탕은 어디까지나 무위·무한의 절대적 무루無漏 본성이라 하지 않을 수 없다.

③ '제불제성의 심인'이라는 명제는 '법신불 일원'의 각증성覺證性·회통성會通性·귀일성歸一性 등의 의미를 강조함과 동시에, 무

엇보다도 종교적 의미를 적극적으로 드러내고 있는 명제이다. 곧 만유의 본원이요 자아의 본성으로서의 '법신불 일원'은 상대적이고 일상적인 경험이나 논리 차원을 넘어선, 부처와 성자들의 심오한 종교체험에 의한 깨달음이나 계시의 차원에서 현시된 근원적 진리의 경지를 원불교적으로 표현한 것이다. 동시에 그러한 근원적 진리의 경지와 차원에서는 제 종교의 진리관이 서로 만나게 되며, 모든 종교의 궁극적 지향점 또한 이를 향한다. 결국 '제불제성의 심인'으로서의 근원적 진리, 곧 본원·본성 자리는 모든 종교의 알파요 오메가라 할 수 있다.

《정전》'일원상의 진리'에서는 일체의 차별을 초월한 진공의 측면과 아울러, 진리의 작용이 소소영령한 공적영지의 광명을 따라 차별세계로 나타나는 묘유의 측면으로 밝히고, 이러한 진공묘유의 조화가 우주만유를 통하여 무시광겁에 은현자재하는 것이 곧 '일원상 진리'라 했다. 한편 '교리도'의 게송에서는 "유는 무로 무는 유로, 돌고 돌아 지극하면, 유와 무가 구공이나, 구공 역시 구족이라"고 하여, 구공과 구족의 2대 속성으로 밝히고 있다. 진공과 묘유라고도 부르는 이 양면관은 원불교 교리 전체에 대한 교상판석적 검토에 있어 가장 중요한 개념이다.

《대종경》서품 1장의 대각일성에서 강조되는 불생불멸과 인과보응 또한 동일한 논리의 전개이다. 이와 같이 원불교의 법신불관은 진공과 묘유, 또는 진리의 체성뿐만 아니라 진리의 작용까지를 포함한 포괄적 의미의 법신불관을 강조하고 있다. 소태산은 "불상은 부처님의 형체를 나타낸 것이요, 일원상은 부처님의 심체를 나타낸 것이므로, 형체라 하는 것은 한 인형에 불과한 것이요, 심체라 하는 것은 광대 무량하여 능히 유와 무를 총섭하고 삼세를 관통했나니, 곧 천지 만물의 본원이며 언어도단의 입정처라, … 유가에서는 이를 일러 태극 또는 무극이라 하고, 선가에서는 이를 일러 자연 또는 도라 하고, 불가에서는 이를 일러 청정법신불이라 했으나, 원리에서는 모두 같은 바로서[《대종경》 교의품 3장]."라고 했다.

이처럼 유와 무를 총섭하고 삼세를 관통한 진리를 '법신불'이라 하고 있다. 정산 종사는 만법의 근원인 진리불을 법신불이라 의미 지었다[《정산종사법어》 원리편 5]. 이처럼 원불교의 법신불관은 진리의 체성과 작용, 또는 진공과 묘유를 모두 포함하는 의미를 지닌다. 나아가 그것은 우주 만유의 근본과 우리들 마음의 본성을 하나로 보는 이지불이理智不二의 의미를 지닌 불신관이다. 이는 유가행파에서 총상總相법신과 별상別相법신으로 나누고, 총상법신이야말로 이와 지를 겸한 법신, 곧 소조所照의 진여와 능조能照의 진각眞覺을 합쳐 이지불이의 법신이라 함과 상통한다.

이에 비해 별상법신은 청정법계의 진여 자체만을 법신으로 본다. 원불교에서는 본원·본성·심인으로서의 법신불[일원]을 본존으로 모시고, 이를 신앙의 대상과 수행의 표본으로 삼아 종교적 실천으로서의 신앙·수행의 양문을 열어 놓고 있다. 이를 타력신앙과 자력신앙이라고도 할 수 있으며, 원불교의 신앙문과 수행문은 바로 앞에서 언급한 '법신불 일원'의 진리적 구조, 곧 진공·묘유의 양면관, 또는 공·원·정의 3속성을 중심으로 전개되고 있다. 그 내용을 살펴보면 '인과보응의 신앙문'으로 표현되는 '법신불·사은신앙'에는 주로 진공묘유의 진리 구조를, 그리고 이에 비해 진공묘유의 수행문으로 표현되는 '자성불 삼대력 수행'에는 진공묘유는 물론, 공·원·정의 진리 구조가 두루 적용되고 있다.

원불교의 법신불 신앙이 지니는 의의와 특징을 다음과 같이 정리할 수 있다.

① 원불교의 신앙은 법신불 중심의 신앙이다. 〈원불교교헌〉에는 "본교는 법신불 일원상을 본존으로 한다."라고 명시하여, 사상적으로뿐만 아니라 모든 신앙 의례에서 조차 일체의 인격적 불상이나 존상을 모시지 않고 법신불 그 자체를 직접 신앙의 대상으로 모신다. 이처럼 '법신불 일원'을 본존으로 모시고 신앙의 대상과 수행의 표본으로 삼는 원불교의 기본 입장은, 미륵불과 용화회상에 대하여 "미륵불이라 함은 법신불의 진리가 크게 드러나는 것이요, 용화회상이라 함은 크게 밝은 세상이 되는 것이니, 처처불상 사사불공의 대의가 널리 행해지는 것이다[《대종경》전망품 16장]."라고 한 소태산의 법문에도 그 취지가 잘 드러나 있다. 그러한 의미에서 원불교의 주불은 바로 법신불이며,

회상 또한 본질적으로 법신불의 회상이다.

② 원불교의 법신불신앙은 범재불론汎在佛論적 처처불상 사사불공의 의미를 지닌다. 이와 같은 법신불 중심의 신앙은 삼신을 구별하여 보는 협의의 법신이라기보다는, 삼신일체 내지 우주불론宇宙佛論·우주신론적 광의의 법신불을 가리키는 것이다. 이는 우주 전체를 그대로 광대 무량한 불격으로 보는 화엄의 '청정법신 비로자나불'사상임은 물론, 우주 전체가 그대로 대일여래의 6대·4만·3밀에 의한 구체적이고 상황적인 현현 아님이 없다고 보는 밀교의 '대일여래'사상과도 상통한다.

③ 원불교의 법신불신앙은 범은론汎恩論적 무량은혜불의 의미를 지닌다. 이와 같은 법신불 내지 그 응화신으로서의 만유불은 우리와 관계에서 볼 때, 무엇보다도 우리를 살리고 구제하기 위한 무한 자비의 은혜덕상을 지닌 무량은혜불로서, 이른바 우주만유 전체를 그대로 자비 법신불의 은적 현현으로 보는 범은론적 성격을 지닌다. 이는 마치 우주전체 그대로를 대자비불이라고 보는 일부 학자들의 아미타불관[宇井伯壽, 《불교범론佛敎汎論》]과도 상통한다. 더욱이 법신불의 구체적 은혜덕상으로서의 사은을 강조하고 있음은 밀교의 5지여래五智如來 또는 4종법신설과 근본적으로 일치한다고 본다.

④ 원불교의 법신불신앙은 특히 내재불로서의 자성불의 의미가 강조된다. 이와 같은 범재불론적이고 범은론적인 성격을 지닌

법신불 일원은 우리의 본성을 따라 따로 존재하는 것이 아니라, 우리의 본성 그 자체가 바로 법신의 내재불로서, 바로 지금, 여기, 이 마음에 즉하여 영원 무한한 법신불이 약동하고 있음을 강조한 것이다. 이는 최근 각광을 받고 있는 영성심리학자들에 의하여 강조되고 있는 우주의식Cosmic Consciousness 또는 본질 생명 등과 상통한다고 본다.[Ken Willber,《통합심리학》; 정인석,《트랜스퍼스날 심리학》]

⑤ 원불교 법신불신앙은 조화적 회통성 내지 병진성이 특징이다. 그것은 자력과 타력, 신앙과 수행, 향상문과 향하문, 진리불공과 실지불공, 영과 육, 이와 사, 그리고 본체와 현상 등 인간의 삶 전반에 걸쳐 두루 조화적으로 회통시킨 원만한 종교 신앙을 지향하고 있다.《원불교대사전》

• 처처불상 사사불공處處佛像 事事佛供 : '곳곳이 부처님, 일마다 불공'이라는 의미의 한자 표현으로, 원불교 교리표어. 원불교적 삶의 태도를 적실하게 표현하고 있는 대표적 교의의 하나이다. 불교에서 행해 왔던 불공의 본래 의미는 '부처님께 헌공하는 공물供物'이라는 뜻으로 넓은 의미로는 공물을 헌공하는 행위까지 포함하며, '공양供養'이라고도 한다. 그러므로 불공이란 석가모니의 위력을 찬양하여 불상을 조성하고, 부처님 법력의 가호를 얻기 위해 정신·육신·물질로 정성을 바치는 일이라 규정할 수 있다. 그러나 처처불상 사사불공에서의 불공의 의미는 그와 다르다. 소

태산 대종사는 불공은 진리불공과 실지불공이 있음을 밝히고 있다. 진리불공은 심고나 기도 등 일원에 대한 신앙 행위를 말하고, 실지불공은 현실 생활 속에서 만유를 부처로 모시고 그에 걸맞은 포괄적 대응을 의미한다.

그러므로 처처불상 사사불공은 매우 깊은 교리적 특징을 지니고 있다. 처처불상의 의미는 일체 만유를 다 부처의 화현으로 대하자는 것이다. 소태산은 일원상 신앙에 대한 질문에 대하여 '일원상을 신앙의 대상으로 하고 그 진리를 믿어 복락을 구하나니 일원상의 내역을 말하자면 곧 사은이요, 사은의 내역을 말하자면 곧 우주 만유로서 천지 만물 허공 법계가 다 부처 아님이 없나니'[《대종경》교의품 4장]라고 하여 처처불상 교리의 근원이 일원상이며 사은임을 밝히고 있다. 이를 보면 처처불상 사사불공은 일원의 진리가 구체적으로 현실에 전개되는 것임을 알아서, 모든 개물個物에서 부처의 공능이 발현되도록 함으로써 현실 속에서 불국토를 만들어가자는 원불교의 독특한 신앙과 실천의 교리라 할 수 있다.

원기4년(1919) 10월 6일에 소태산은 '불법연구회 기성조합'을 설시하고 전통 불교의 신앙적 측면의 문제점을 두 가지로 지적했는데, 하나는 등상불 숭배의 폐단이며, 다른 하나는 불공법의 비합리성이다. 이에 대하여 새로운 불공법을 제시하고 있다.

"이제 우리의 배울 바도 부처님의 도덕이요, 후진을 가르칠 바도 부처님의 도덕이니 … 부처를 숭배하는 것도 한갓 불상에만 귀의하지 않고 우주 만물 허공 법계를 다 부처로 알게 되므로 일과 공부가 따로 있지 아니하고 세상일을 잘하면 그것이 곧 불법공부를 잘하는 사람이요, 불법공부를 잘하면 세상일을 잘하는 사람이 될 것이며, 또한 불공하는 법도 불공할 처소와 부처가 따로 있는 것이 아니라, 불공하는 이의 일과 원을 따라 그 불공하는 처소와 부처가 있게 되나니 이리된다면 법당과 부처가 없는 곳이 없게 되며 부처의 은혜가 화피초목 뇌급만방하여 상상하지 못할 이상의 불국토가 되리라[《대종경》 서품15]."

원기19년(1934) 12월 《삼대요령》에서는 〈심고와 기도에 대한 설명〉에 불공법 중 진리불공의 내역을 밝히고 있다. '사람이 출세하여 세상을 살아가기로 하면 자력과 타력으로써 생활해 가나니, 자력은 타력의 근본이 되고 타력은 자력의 근본이 되므로 자신할 만한 타력을 얻은 사람은 나무뿌리가 땅을 만남과 같은 지라 그런고로 우리는 자신할 만한 사은의 은혜와 위력을 알았으니, 이 원만한 사은으로써 신앙의 근원으로 삼고 즐거운 일을 당할 때는 감사를 올리며'라고 하여 사은이 처처불상 신앙의 근원임을 나타내고 있다.

원기20년(1935) 4월의 《조선불교혁신론》에서는 조선불교의 폐단을 혁신할 것을 주장하고 있다. 외방外方의 불교를 조선의 불교로, 과거의 불교를 현재와 미래의 불교로, 소수의 불교를 대중의 불교로 지향하자는 것이다.

소태산은 불상의 폐단을 시대에 대한 전망에 근거를 둔다. 그 이유는 인류의 지견 정도에 따라 죄복의 근원처에 대한 설명이 달라질 것으로 보고 있기 때문이다. 그러므로 등상불을 숭배하는 것이 교화 발전에 혹 필요가 있을지 모르나 인류의 지견이 발전함에 따라 진리불 자체를 숭배하게 된다고 보는 것이다. 또한 재래 불공의 비합리성을 지양하고 합리적인 불공의 방식을 밝히고 있다. '천지 만물 허공 법계가 다 부처인지라 자기가 구하는 바와 짓는 바를 따라서 천지에 당한 죄복은 천지에게, 부모에게 당한 죄복은 부모에게, 동포에게 당한 죄복은 동포에게, 법률에게 당한 죄복은 법률에게 각각 불공하는 것이 사실로 죄를 사하고 복을 받는 것이 드러날 것'이니라 했다.

이처럼 하여 《조선불교혁신론》에서는 과거 불공법을 혁신한 구체적 불공법의 내용이 나타나며 그 근거로서 처처불상의 교의에 대하여 설명하고 있다. 원기24년(1939) 11월 《불법연구회 근행법》에서는 마침내 '처처불상 사사불공'이라는 표어가 '교리도'에 나타나게 된다. 이어서 원기28년(1943) 3월 발간된 《불교정전》에서는 '불공하는 법'이 정식으로 출현했으며 원기47년(1962)의 《정전》에서 '불공하는 법'이 정착되었다. 이상의 교리 발달 과정상에서 보는 바와 같이 원불교에서는 과거 불교의 공양을 지양하고 진리적이고 사실적인 사사불공법을 밝혀냈으며 그 근거로서 처처불상 신앙을 정립했다.

처처불상 교리는 일원상의 진리를 바탕으로 한다. 소태산은 일원상 신앙에 대한 질문에 답한다. "일원상을 신앙의 대상으로 하고 그 진리를 믿어 복락을 구하나니 일원상의 내역을 말하자면 곧 사은이요, 사은의 내역을 말하자면 곧 우주 만유로서 천지 만물 허공 법계가 다 부처 아님이 없나니[《대종경》 교의품 4장]"라고 했다. 이는 천지 만물 허공 법계 즉 유형·무형의 세계 그 자체가 부처 아님이 없으니 이들 부처에게 불공을 잘하여 복락을 구하자는 말로 해석할 수 있다. 이와 같이 처처불상의 교리가 성립됨에 따라 사사불공의 근거가 마련되는 것이다.

그러므로 소태산은 "불공하는 법도 불공할 처소와 부처가 따로 있는 것이 아니라, 불공하는 이의 일과 원을 따라 그 불공하는 처소와 부처가 있게 되나니, 이리 된다면 법당과 부처가 없는 곳이 없게 되며[《대종경》 서품 15장]"라고 하여, 우주 만유 자체가 바로 처처불이기 때문에 우주 만물 그 자체에 불공할 것을 강조하고 있는 것이다. 정산 종사는 그러한 이치를 부연하여 "일원상의 신앙은 개체신앙이 아니고 전체신앙으로서 곧 천지 만물 허공 법계가 전체 한 불성으로써 처처물물이 모두 우리에게 은혜를 주시고, 또는 죄복을 주시는 근본을 잘 알아야 항상 이 우주 대성으로서 마음의 귀의처를 삼는다."[《회보》 제38호]고 했다.

타종교인의 원불교의 신神의 유무에 대한 질문에 대하여 "우리는 어디에 따로 계시는 인격적 신은 인정하지 아니하나, 우주를 관통하여 두루 있는 신령한 진리는 인정하나니, 우리의 마음을 단련하여 우주의 진리를 이용하며 그 위력을 얻자는 것이 우리의 주장이다[《정산종사법어》 경의편 40장]."고 답했다. 이는 처처불 신앙이 어떤 인격적 개체신앙이 아니고 우주 전체에 대한 신앙과 연결되는 것이며, 따라서 처처불을 통하여 우주불을 깨치는 작업임을 시사하고 있음을 알 수 있는 것이다. 그러므로 일원상의 진리를 직관하고 신앙함에는 근본적으로 본래의 세계와 현실을 구별해서는 안 된다.

일반적으로 일원상의 진리는 초월적인 것으로 이해하고, 사은은 현상적인 것으로 생각하지만 내용 면에서는 일원상의 진리 그 자체가 바로 사은이 된다는 것이다. 따라서 구체적인 사물에서 일원의 근본진리가 나투어 있음을 이해하고 경건함과 정성스러움을 잃지 않는 태도야말로 원불교인의 신앙의 태도라고 할 수 있는 것이다. 뿐만 아니라 처처불상 사사불공의 신앙행위는 매우 합리적인 현실 개척의 태도가 된다 하겠다. 소태산은 종래의 유일신적 신앙이란 천지나 부모나 동포나 법률에게 지은 죄복을 오직 유일 절대자에게 빌었음을 지적하고 이같은 불합리한 신앙생활에서 벗어나 합리적 신앙생활을 할 것을 권유하고 있다.

즉 "과거의 불공법과 같이 천지에게 당한 죄복도 불상에게 빌고, 부모에게 당한 죄복도 불상에게 빌고, 동포에게 당한 죄복도 불상에게 빌고, 법률에게 당한 죄복도 불상에게만 빌 것이 아니라. 우주 만유는 곧 법신불의 응화신이니, 당하는 곳마다 부처님處處佛像이요, 일일이 불공법事事佛供이라, 천지에게 당한 죄복은 천지에게, 부모에게 당한 죄복은 부모에게, 동포에게 당한 죄복은 동포에게, 법률에게 당한 죄복은 법률에게 비는 것이 사실적인 동시에 반드시 성공하는 불공법이 될 것이니라."(《정전》 불공법) 고 하여 불공의 대상에 대한 합리적 해석을 한다.

또한 불공법에 대하여도 "그 기한에 있어서도 과거와 같이 막연히 한정 없이 할 것이 아니라, 수만 세상 또는 수천 세상을 하여야 성공될 일도 있고, 수백 세상 또는 수십 세상을 하여야 성공될 일도 있고, 한두 세상 또는 수십 년을 하여야 성공될 일도 있고, 수월 수일 또는 한때만 하여도 성공될 일이 있을 것이니, 그일의 성질을 따라 적당한 기한으로 불공을 하는 것이 또한 사실적인 동시에 반드시 성공하는 법이 될 것이니라."[《정전》 불공법]고 말하고 있다. 이는 과거와 같이 불공이 특정한 대상에 향하는 것이 아니라 좁게는 상호 간에, 넓게는 나를 포함한 우주 만물을 부처로 보는 것에 바탕 하여 합당하고 조화로운 대처를 의미한다.

사사불공의 방법에 대하여 소태산은 잘 요약하고 있다. "천지 만물 허공 법계가 다 부처 아님이 없나니, 우리는 어느 때 어느 곳이든지 항상 경외심을 놓지 말고 존엄하신 부처님을 대하는 청정한 마음과 경건한 태도로 천만 사물에 응할 것이며, 천만 사물의 당처에 직접 불공하기를 힘써서 현실적으로 복락을 장만해야 한다[《대종경》 교의품 4장]."는 것이다. 이처럼 처처불상 신앙의 실천 방법은 사사불공임을 알 수 있다.《원불교대사전》

• 정세월(鄭世月. 1896~1977) : 본명은 인흥仁興. 법호는 칠타원七陀圓. 불법연구회 초대회장을 역임한 서중안秋山徐中安의 부인. 최초 여자정수위단원 역임. 1896년 1월 26일, 전북 김제군 만경면 인흥리에서 부친 문명文明과 모친 이명인화李明仁華의 10남매 중 5녀로 태어났다. 어릴 적부터 천성이 활달하고 근실했으며, 3살 때부터 백부 슬하에서 양육되어 16세에 서중안과 결혼했다. 전처소생의 딸 둘을 친딸과 다름없이 사랑하여 인근의 칭송이 자자했으며, 부모를 효양孝養하며 하솔의 도도 분명히 하여 가족들이 모두 따랐고 이웃의 모범이 되었다.

원기9년(1924) 불법연구회 창립과 익산총부 건설에 초대회장인 부군과 함께 당시 3천여 평의 기지 대금과 건축비 일부[6백여 원]를 의연義捐했다. 원기12년(1927) 부군과 더불어 가산을 정리하고 교단 창업에 전무하기 위해 총부 구내로 이사했다. 그러나 부군은 우연히 발병하여 효차를 보지 못하고 원기15년(1930) 6월 2일 49세의 일기로 열반했다. 큰 슬픔이었지만 이를 이겨내고 원기17년(1932) 전무출신을 단행했다. 이후 총부 식당 주임으로 7년간 알뜰한 공심으로 살림을 꾸렸으며, 원기26년(1941)부터 3

년간은 총부 순교로 교화 발전에 노력했다.

소태산 대종사가 직접 여자정수위단 시보단을 조직할 때 여자정수위단의 일원이 되었다. 8·15광복 이듬해인 1946년 전재동포구호소 주임으로 1년간 구호사업에 종사했으며, 원기32년(1947)부터는 총부 순교로 1년, 총부 내 감원으로 2년, 양로원 주임으로 1년을 일했다. 《회보》 제4호에 '공부하는 사람과 안 하는 사람의 구별'이라는 감상문을 발표하기도 했으며, 원기20년(1935) 동선 때는 소태산으로부터 초견성 인가를 받기도 했다. 원기39년(1954) 6월부터는 중앙수양원에 입원하여 수양에 힘쓰다가 원기62년(1977) 열반을 얼마 앞두고 '음력 구월 보름경에 가야겠다.'고 미리 날을 받아 두더니 과연 9월 13일[양력 10월 25일] 82세로 열반했다. 《원불교대사전》

• 박사시화(朴四時華. 1867~1946) : 법호는 일타원─陀圓. 법훈은 대봉도. 소태산 대종사의 여성 구인제자 가운데 한 사람. 장적조·최도화와 더불어 초기 교단 3대 여걸로 불렸다. 1867년 12월 18일 전북 남원시 동충리에서 부친 규록圭祿과 모친 이춘직李春稷의 1남 2녀 중 장녀로 출생했다. 18세에 이순명李順明과 결혼했으나 혈육도 없이 부군과 사별했다. 이후 서울에서 뛰어난 바느질 솜씨로 생활했다. 58세 되던 원기9년(1924) 최도화의 안내로 서울에 상경한 소태산을 만나 제자가 되고 전무출신을 발원했다. 이어 이동진화·이공주 등 여러 인연을 대종사 문하에 인도했다.

만덕산 초선에 참여하여 소태산의 시봉과 아울러 대중에게 식사를 공급했고, 익산 총부 건설에 알뜰히 조력했다. 총부 동·하선에는 반드시 참여했고, 수선 대중을 위해 고령임에도 갖은 궂은일을 하는 등 자신의 몸을 아끼지 않았다. 소태산이 설법할 때는 문정규·김남천 등과 더불어 백발을 휘날리며 춤을 추어 무상의 법흥을 일으켰다. [《대종경》 전망품29장] 박사시화는 서울·광주·남원 등지를 두루 다니며 교직 없는 전문순교로서 교화 활동을 펼쳐 교단 창립 제1대내에 무려 575명을 입교시켜 최다 연원자가 되었다. 1946년 10월 18일 염주를 들고 염불을 외며 열반했다.

• 허실虛實 : 팔강八綱에서 사기와 정기의 성쇠를 분별하는 지침 중에서 허증虛症과 실증實症을 말함.

• 진위眞僞 : 참과 거짓 또는 진짜와 가짜를 통틀어 이르는 말.

• 수복壽福 : 오래 살며 기리 복을 누리는 일. 소태산 대종사는 앞으로 돌아올 미륵불彌勒佛 시대에는 불상에게 수복을 빌고 원하던 일은 차차 없어지고, 천지 만물 허공 법계를 망라하여 경우와 처지를 따라 모든 공功을 심어, 부귀도 빌고 수명도 빈다고 했다.

• 허공법계虛空法界 : 보이지 않는 진리를 텅 빈 허공에 비유한 말. 진리는 허공과 같아서 텅 비어 있으되 모든 법과 조화를 다 포함하고 있다. 소태산 대종사는 "천지 만물 허공 법계가 다 부처 아님이 없다[《대종경》 교의품 4장]."고 했는데, 이때의 허공

법계는 보이지 않는 진리계를 말한다.

• 생불生佛 : ① 살아 있는 부처. 등상불과 대비되는 말. 인격과 덕행이 높은 불보살을 공경하고 찬미하는 말. 소태산 대종사나 석가모니불 같은 무등등한 대각도인, 무상행의 대봉공인을 일컫는 말.《대종경》전망품 18장에서는 앞으로 세상에는 대개의 사람이 인격이 높아져 생불이 된다고 전망하고 있다. "미륵불 시대가 완전히 돌아와서 용화회상이 전반적으로 건설된 시대의 형상은 인지가 훨씬 밝아져서 모든 것에 상극이 없어지고 허실虛實과 진위眞僞를 분간하여 저 불상에 수복壽福을 빌고 원하던 일은 차차 없어지고, 천지 만물 허공 법계를 망라하여 경우와 처지를 따라 모든 공을 심어, 부귀도 빌고 수명도 빌며, 서로서로 생불이 되어 서로 제도하며, 서로서로 부처의 권능 가진 줄을 알고 집집마다 부처가 살게 되며, 회상을 따로 어느 곳이라고 지정할 것이 없이 이리 가나 저리 가나 가는 곳마다 회상 아님이 없을 것이라, 그 광대함을 어찌 말과 글로 다 하리오. 이 회상이 건설된 세상에는 불법이 천하에 편만하여 승속僧俗의 차별이 없어지고 법률과 도덕이 서로 구애되지 아니하며 공부와 생활이 서로 구애되지 아니하고 만생이 고루 그 덕화를 입게 되리라."② 중생과 부처. 생生은 중생, 불佛은 부처라는 뜻으로도 쓴다.《원불교대사전》

• 승속僧俗 : ① 승려僧侶와 속인俗人. 승려와 승려가 아닌 속인俗人을 아울러 이르는 말. 출가 수행자와 세속 사람. 출가와 재가.

도량과 세속. ② 출가 수행승들의 풍속이나 습속을 의미하기도 한다.

• 덕화德化 : ① 덕행德行으로써 교화敎化함. ② 또는, 그 교화 옳지 못한 사람을 덕행으로 감화함. 또는 그런 감화.

도표로 그리면 다음과 같다.

원문	대종경	일반해의(一般解義)
彌勒佛	법신불의 진리가 크게 드러나는 것이요,	보살의 몸으로 도솔천에서 머물다가 미래에 석가모니불에 이어 중생을 구제한다는 미래의 부처.
龍華會上	크게 밝은 세상이 되는 것이라.	미륵불이 출현하여 모든 중생들이 제도 받는 이상적인 세상을 말한다.

글자와 단어를 풀어보면

• 미彌 : 미륵 미. 미륵. 두루, 널리. 더욱. 멀리. 갓난아이. 물이 꽉 찬 모양.

• 륵勒 : 굴레 륵(늑). 굴레[마소의 머리에 씌워 고삐에 연결한 물건]. 마함[재갈, 말을 부리기 위하여 아가리에 가로 물리는 가느다란 막대]. 다스리다, 정돈하다.

• 불佛 : 부처 불. 부처. 불교. 불경佛經.

• 용龍 : 용 용. 용[龍, 상상의 동물]. 임금, 천자天子. 임금에 관한 사물의 관형사. 비범한 사람. 훌륭한 사람.

• 화華 : 빛날 화. 빛나다. 찬란하다. 화려하다. 사치하다. 호화롭다.

• 회會 : 모일 회. 모이다. 모은다. 만나다. 맞다. 능숙하다, 잘한다. 이해하다, 알다. 깨닫는다.

• 상上 : 위 상. 위, 윗. 앞. 첫째. 옛날. 이전. 임금. 군주. 높다. 올린다.

해의解義

미륵불과 용화회상에 대한 해의는 위에 자세하게 설명이 되었으니 더 이상 말을 붙인다면 사족蛇足에 지나지 않는다고 생각이 든다. 그러한 의미에서 구구한 설명을 하기보다는 옛 문헌에서 어떻게 보았는가를 찾아보려 한다.

1) 미륵불彌勒佛

① 후진석승조後秦釋僧肇《주유마힐경注維摩詰經》에 "미륵은 보살의 성이고 아일다는 자이니 남천축국 브라만의 아들이라'[彌勒菩薩 什曰 姓也 阿逸多字也 南天竺波羅門之子]."

②《법화가상소法华嘉祥疏》2에 "미륵은 이를 일러 자씨이라. 과

거 미륵 부처 만나기를 발원하였으므로 미륵이라 이름 하니라. '일
체지광선인경'에 나온다. 미륵이 옛날 일체 지광선인이 되어 자씨
의 '불설자심삼매경'을 만났으니, 그러므로 자라고 말하니라.[彌勒
此云慈氏也. 過去値彌勒佛發願名彌勒也. 出一切智光仙人經 彌
勒昔作一切智光仙人. 値慈氏佛說慈心三昧經 故曰慈也]."

　③《화엄경華嚴經》에 "처음에 자심삼매를 얻었기 때문에 자라
이름 하니라[初得慈心三昧 故名慈也]."

　④《천태정명소天台淨名疏》에 "말하자면 미륵은 또 성에 따라 이
름을 정함이라. 지금은 이르기를 성이 아니고 이것이 이름인가
조심스럽다. 왜냐하면 미륵은 이를 번역하면 자씨이니 과거의 왕
인 담마유지가 사랑으로 나라 사람들을 길러서[다스려서] 나라
사람들이 자씨라고 일컬어 이때부터 지금까지 항상 자씨라고 이
름 하였다. 성은 아일다이니 이를 일러 무승이라 하며 혹 말하여
아일다가 이름이라고도 한다. 이윽고 정문을 친견하지 않고서는
가히 판단하여 결정하지 못하리라[言彌勒者 有云從姓立名 今謂
非姓 恐是名也. 何者? 彌勒 此翻慈氏. 過去爲王名曇摩流支 慈育
國人 國人稱爲慈氏. 自爾至今常名慈氏 姓阿逸多 此云無勝. 有
言阿逸多是名. 旣不親見正文 未可定執]."

　⑤《구사광기俱舍光記》에 "매달은 이를 자라 이르고 여약은 이
를 일러 씨라 한다. 보살은 자씨 가운데 나며 성을 따라 이름을
정함이니 그러므로 자씨라 한다. 옛날에 이르는 미륵은 잘못됨이

다[梅怛 此云慈. 儷藥 此云氏. 菩薩於慈姓中生 從姓立名 故名慈
氏. 舊云彌勒 訛也]."

⑥《현응음의玄應音義》에 "매달과 여약은 이를 일러 자라하나니
곧 옛날에는 자씨라고 일렀다. 자씨는 두 가지 인연이 있는데 하
나는 자불을 만나 발심하는 것이요, 둘은 처음 자심삼매를 얻었
으므로 이름한 것이라. 말하자면 미륵 혹 매저려는 아울러 와전된
것이라[梅怛麗藥 此云慈 即舊云慈氏者也. 慈有二因緣 一値慈佛
發心 二初得慈心三昧. 因以名焉. 言彌勒或云梅低黎 並訛也]."

⑦《혜원음의하慧苑音義下》에 "미륵은 구매달이니 이를 번역하
여 자씨라 하니라[彌勒 具昧怛 此翻爲慈氏也]."

⑧《혜림음의慧琳音義》에 "미제례를 옛날에는 미륵이라 하였는
데 모두 와전되고 생략되어 바르지 못한 것이니 바른 음으로는
마달리이라[彌帝隷 古云彌勒 皆訛略不正也 正音云每怛哩]."

⑨《서역기西域記》에 "매달려야는 당나라 말로 자이니 곧 성이
라. 옛날에 미륵이라고 말한 것은 와전되고 생략된 것이라[梅怛
麗耶 唐言慈 即姓也. 舊曰彌勒 訛略也]."

⑩ 양나라 부흡[善慧大士]은 자가 현풍인데 머리를 기르고 수
행하여 나이가 24살이 되었을 때 범승인 숭두타를 만나서 숙세
인연임을 알고 초암을 숭산의 두 등걸나무 사이에 맺고 스스로
지금 나온 해탈 선혜 대사를 일컬었다. 고행하기를 7년, 편안하
게 앉아있는 사이에 석가와 금율과 정광의 세 부처를 보고 대사

가 신이하게 여겼다. 양무제가 공경하고 존중하였다[梁代傅翕
字玄風 帶髮修行 年二十四 遇梵僧嵩頭陀而知宿因 結菴松山的
雙檮樹間 自稱當下生解脫善慧大士 即彌勒菩薩. 苦行七年 宴坐
之間 見釋迦金粟定光三佛. 翕有神異 梁武帝敬重之].

2) 용화회상龍華會上

사실 똑 떨어지게 '용화회상'이라는 말은 없고 '용화龍華' '용화
삼회龍華三會' '용화수龍華樹' '용화회龍華會' 정도의 말은 있다. 이 단
어들은 거의 비슷한 뜻을 지녔으므로 경전을 좇아 해역하였다.

① 《증일아함경增一阿含經》에 "이때 거치두성에서 멀지 않은 곳
에 있는 도수를 '용화'라 말한다. … 때에 미륵보살이 저 나무 아
래 앉아서 위 없는 도과를 이루니라[爾時去雉頭城不遠 有道樹
名曰龍華 … 時彌勒菩薩坐彼樹下成無上道果]."

② 《법원주림法苑珠林》에 "미륵이 부처가 될 때 용화수 아래에
앉게 되는데 꽃가지가 용의 머리와 같은지라. 그러므로 용화라 일
컬으니라[彌勒爲佛時 於龍華樹下坐 華枝如龍頭 故稱爲龍華]."

③ 《荊楚歲時記》에 "4월 8일은 모든 절에서 각각 재를 베풀
고 오향수로써 부처님을 목욕시키고 용화회를 하는 것은 미륵불
이 하생한 징후를 삼는 것이라[四月八日 諸寺各設齋 以五香水
浴佛 作龍華會 以爲彌勒下生之徵]."

④ 구마라집鳩摩羅什이 번역한 《미륵하생경彌勒下生經》에 "미륵

불이 화림원중 용화수 아래에서 성도하고, 세 번의 법회를 열어
상 중 하 삼근의 중생을 제도할 것이므로 용화삼회라 한다[彌勒
佛於華林園中龍華樹下成道 開三番法會 度盡上中下三根之衆生
故曰龍華三會]."

⑤ 구마라집鳩摩羅什이 번역한《미륵하생경彌勒下生經》에 "용화보
살수하에 앉아서 아뇩다라삼먁삼보리를 얻어서 화림원에 있다.
그 원의 종광이 일백유순이 되며 대중이 가득하게 된다. 초회의
설법 때에 구십육억 인이 아라한을 얻고 제이대회 설법에서는
구십사억 인이 아라한을 얻으며 제삼대회 설법 때는 구십이억
인이 아라한을 얻는다. 미륵불이 법륜을 전하여 천인을 제도하고
모든 제자를 거느려서 입성하여 걸식한다[坐龍華菩薩樹下 得阿
耨多羅三藐三菩提 在華林園 其園縱廣一百由旬 大衆滿中 初會
說法 九十六億人得阿羅漢 第二大會說法 九十四億人得阿羅漢
第三大會說法 九十二億人得阿羅漢 彌勒佛旣轉法輪 度天人已
將諸弟子入城乞食]."

⑥ 용화회龍華會 : 이 법회는《미륵경彌勒經》에 의한 미륵회상彌
勒會上의 법회라는 의미와 함께 관불회灌佛會의 이명으로도 쓰인다.
관불회를 용화회라고 하게 된 것은 부처님의 탄생 시에 용이 향
수로 탄생불에게 목욕하게 하였다는 데에서 유래한다.

그러나 일반적으로 용화회라고 하면 미륵불의 용화회상龍華會
相 법회를 말한다. 우리나라에서는 일찍이 삼국시대부터 미륵신

앙이 성행함에 따라 미륵불상이 많이 조성되었고, 신앙의 발전과 함께 용화회도 자주 열리게 되었다. 고려 시대에는 미륵신앙이 더욱 성행하여 민간신앙적인 전개까지 보이게 되었다. 그러나 왕실이 중심이 되어 베푼 용화회는 1301년(충렬왕 27) 9월과 1302년 9월의 두 번뿐이다. 일반적으로 용화회는 미륵하생신앙彌勒下生信仰에 의한 용화삼회龍華三會의 설법장을 상징한 법회를 말한다.

⑦ 유우석劉禹錫 시에 "지공이 간지가 이미 오래되었으니 용화회가 쓸쓸하구나[支公去已久 寂寞龍華會]."

⑧ 미륵보살은 지금 도솔천 내원에 계시는데 앞으로 56억 7천만년이 지나면 이 세계에 나오셔서 화림원 가운데 있는 용화수 아래에서 법회를 여시고 널리 인천들을 제도한다는데 이 법회를 용화회 또는 용화대회라고 한다. 중세에는 몸을 용신으로 화현하고 또 선정에 들어 있다가 이 용화회 때를 기다린다고 한다[彌勒菩薩今在兜率天內院 經當來五十六億七千萬年於此土出世 在華林園中龍華樹下開法會 普度人天 謂之龍華會 中世身化龍身 又入禪定 以待龍華會].

頌曰

1. 龍華家自屋 용화가자옥   용화의 집은 자기 집이요
    彌勒體今身 미륵체금신   미륵의 몸은 지금의 몸이라
    死後無留樂 사후무유락   죽은 뒤에 극락에 머물려 말고
    猶遊現世眞 유유현세진   오히려 현세에 참되게 노닐지라.

2. 森羅兼萬象 삼라겸만상   삼라와 아울러 만상은
    處處佛非無 처처불비무   곳곳마다 부처 아님 없어라
    事事眞情供 사사진정공   일일마다 진정한 불공을 하면
    無量福慧俱 무량복혜구   한량없는 복락과 지혜 갖추리.

3. 我會龍華會 아회용화회   우리 회상은 용화의 회상이요
    宗師勒佛生 종사륵불생   대종사 미륵부처로 나셨어라
    永涯斯法戴 영애사법대   긴긴 생애 이 법을 봉대하며
    三界衆靈迎 삼계중령영   삼계의 뭇 생령 맞이하리라.

어변성룡

魚 變 成 龍

고기가 변하여 용이 되다

대종사 말씀하시기를 "조선은 개명開明이 되면서부터 생활 제도가 많이 개량되었고, 완고하던 지견도 많이 열리었으나, 아직도 미비한 점은 앞으로 더욱 발전을 보게 되려니와, 정신적 방면으로는 장차 세계 여러 나라 가운데 제일가는 지도국이 될 것이니, 지금 이 나라는 점진적으로 어변성룡魚變成龍이 되어가고 있느니라."

《대종경》 전망품 23장

원문에 있는 숙어를 풀어보면 다음과 같다.

• 개명開明 : 사람의 지혜가 열리고 문화가 발달함. 지식이 열리어 사물을 잘 이해함. 지식 따위를 개발하여 불분명한 점을 밝힘. 개화開化와 같은 뜻이며, 인간의 지혜가 크게 밝아진 오늘날의 세상을 개명시대, 개명사회라고 한다.

• 지도국指導國 : ① 어떤 목적이나 방향에 따라 가르쳐 이끌어갈 수 있는 나라. ② 단체나 나라의 조직, 받침 등을 결정하고 본래의 목적을 향해 성원을 통솔 인도할 수 있는 나라.

• 개량改良 : 나쁜 점點을 고쳐 좋게 함. 개선하다. 개혁. 혁신.

• 어변성룡魚變成龍 : 물고기가 변하여 용이 된다는 말. '개천에서 용 난다.'는 속담과 상통하는 말이다. 곤궁하던 사람이 부유하여지거나 미천하던 사람이 크게 성공하는 것을 비유적으로 나타내는 말이다. 소태산 대종사는 우리나라가 아직은 미약하지마는 정신적으로는 장차 세계 여러 나라 가운데 제일가는 지도국이 될 것이니, 지금 이 나라는 점진적으로 '어변성룡'이 되어 가고 있다고 했다.

도표로 그리면 다음과 같다.

원문	원불교대사전	축자해역(逐字解譯)
魚變成龍	물고기가 변하여 용(龍)이 된다는 말.	물고기가 변하여 용을 이룬다.

글자와 단어를 풀어보면

• 어魚 : 고기 어. 물고기. 물속에 사는 동물의 통칭. 바다짐승의 이름. 어대[魚袋, 관리가 차는 고기 모양의 패물].

• 변變 : 변할 변. 변하다, 변화하다. 고치다, 변경하다. 변통하다. 움직이다.

• 성成 : 이룰 성. 이루다. 이루어지다. 갖추어지다, 정리되다, 구비되다. 무성해지다. 익다, 성숙하다. 일어나다, 흥기하다.

• 용龍 : 용 용. 상상의 동물. 임금, 천자. 임금에 관한 사물의 관형사. 비범한 사람. 훌륭한 사람.

해의解義

"어변성룡魚變成龍"이라 한다. 즉 '물고기가 변하여 용이 된다는 말이다.' 흔히 우리가 '개천에서 용 난다.'는 속담과 상통하는 말이다. 한때 곤궁하던 사람이 부유하여지거나 미천微賤하던 사람이 크게 성공하는 것을 비유적으로 나타내는 말이다.

이렇게 볼 때 소태산 대종사는 우리나라가 아직은 미약하지마는 정신적으로는 장차 세계 여러 나라 가운데 제일가는 지도국이 될 것이니, 지금 이 나라는 점진적으로 어변성룡이 되어 가고 있다고 하였다.

따라서 우리가 세상을 살아가면서 급변急變이나 급진急進의 발전을 꾀할 것이 아니라 '유수지어 인통위룡遊水之魚 忍痛爲龍'하는 전진을 이루어야 한다. 즉 '물에서 놀던 고기가 아픔을 참고 용이 된다.'는 과정을 잊지 말고 나아가야 한다. 다시 말하면 물에서 살던 고기가 천룡天龍이 되자면 얼마나 많은 고통을 감내해야했을 지를 몰랐지만 용이 되었기 때문에 이를 모본模本으로 삼아서 정성과 노력을 기울려야 한다. 만일 용이 못되면 자칫 이무기가 되어 해급어인害及於人할 수도 있는 것이니 쉽게 생각하고 쉽게 행동을 해서는 안 된다.

동토에 초조가 되는 달마 대사達磨大師는 《오성론悟性論》에서 "시이사화위용 불개기린 범변위성 불개기면[是以蛇化爲龍 不改其鱗 凡變爲聖 不改其面]"이라 즉 '뱀이 변신하여 용이 되어도 그 비늘을 바꾸지 않듯이 범부가 변신하여 성인이 되어도 그 얼굴을 바꾸지 않는다.'라 하였다. 여기서 말하는 '사화위룡蛇化爲龍' 곧 '뱀이 변신하여 용이 되다.'는 의미가 바로 '어변성룡'과 같은 의미라고 할 수 있다.

이와 비슷한 몇 개를 들어보자면

• "이어도용문鯉魚跳龍門"이니 '잉어가 용문을 뛰어넘다.'는 의미이다. 전설에 황하의 잉어가 용문을 뛰어지나가 용이 되었다는 의미이다. 이는 벼슬에 입관入官이 되거나 승관升官이 되어 영달을 이룸을 말한다. 또한 역류逆流의 전진에 분발향상奮發向上한다는 의

미도 담겨져 있다.

② "용문점액龍門點額"이니 '용문에서 이마에 점 찍히다.'는 의미이다. 즉 용문을 솟아오르려다가 떨어질 때 바위에 이마를 부딪쳐 큰 상처를 입고 하류로 떠내려가는 것을 말한다. 다시 말하면 용문 아래에 모인 물고기가 뛰어오르면 용이 되고, 오르지 못하면 이마에 상처만 입게 된다는 뜻으로, 과거에 낙방한 사람을 비유해 이르는 말이다. 점액은 과거시험에 낙방落榜한 것을 빗대어서 하는 말로 과거科擧에 떨어지고 돌아오는 것을 비유한 말이다.

③ "어승용문魚升龍門=어약용문魚躍龍門"이니 '물고기가 뛰어 올라 용이 된다.'는 의미이다. 이 이야기는 한漢나라 이응李膺에 대한 존경을 뜻하는 '등용문登龍門'과 용문을 뛰어오른 물고기를 축복하는 '약용문躍龍門'의 두 갈래로 전개되었고, 이 중 물고기에의 축복은 '어약용문魚躍龍門'의 성어로 정립되어 과거 급제及第를 비유했던 말이다.

그러므로 우리가 불보살을 이루기 위해서는 놀고먹어서는 절대 안 된다. 끊임없는 진리에 대한 연마와 사은에 대한 보은과 삼학에 대한 수행을 일분일초도 쉬지 않고 궁행躬行하여 결과를 얻을 때까지 정진하고 적공해야 한다.

그래도 원불교 교도는 다행스럽게도 주세 부처님의 정법회상에 참예하여 사반공배事半功倍의 신앙을 하고 수행을 하며 진리에 대한 오득이 있으니 어찌 어변성룡魚變成龍이 아니겠는가. 그리하여 우리도 대도정법을 만나고 대도회상에 들었으니 범부 중생이라 자저自底하지 말고 약문躍門하여 최소한 불보살은 되어서 살고 노닐다가 가야 한다고 각자가 다짐을 해야 한다.

어변성룡魚變成龍에 대한 습유拾遺

• 조용헌[건국대 석좌교수. 문화콘텐츠학] 교수는 어변성룡魚變成龍에 대해 이야기를 하였는데 대종사님의 이야기가 들어 있어서 전재하였다.

인간사에서는 약방의 감초처럼 예언이 빠질 수 없다. 일제강점기라고 하는 암울한 시기에 소태산少太山 박중빈(朴重彬, 1891~1943)은 "조선에 어변성룡魚變成龍의 운세가 오고 있다."라는 예언을 하였다. 물고기가 변해서 용이 되어간다는 뜻이다. 당시에 먹물이 많이 들어갔던 식자층들은 일제의 지배가 최소한 100년은 계속될 것으로 생각하고 있을 때였다. 희망이 없다고 보았고 모두가 낙담했던 시대였다. 그러던 시기에 어떻게 이처럼 미래를 낙관할 수 있었을까?

미래 예측에 있어서 '먹물'과 '영발'의 노선이 분명하게 갈리는 시점이 일제강점기였다. 영원히 오지 않을 것 같던 해방이 끝내는 왔고, 6·25라는 비극적 전쟁을 겪기는 하였지만 20세기 후반에 들어서면서부터 한국은 비약적인 발전을 하여 왔다.

소태산 말대로 성룡成龍이 되어 온 것 아닌가. 공부를 좁게 하면 한국의 역사와 미래에 대하여 자학사관自虐史觀을 갖게 되는 경향이 있고, 툭 터진 공부를 하면 성룡사관成龍史觀을 품게 되는 게 아닐까.

물고기가 변해서 용이 된다는 '어변성룡'의 사고방식은 그 뿌리를 파고 들어가 보니까 오랜 역사를 지니고 있다. 우선 고대국가 가야伽耶의 상징이 쌍어문雙魚紋이다. 물고기 2마리가 양쪽에 서 있는 문양 말이다. 이때의 물고기 2마리는 수호신의 성격을 지니고 있다.

고고학자 김병모 선생이 수십 년 동안 이 쌍어문의 기원을 추적하는 연구를 해서 쓴 책이 '허황옥許黃玉 루트, 인도에서 가야까지'이다. 여기서 보니까 쌍어문雙魚紋의 시작은 기원전 10세기 이전의 고대 메소포타미아 문명에서부터 시작되었다고 한다. 물이 귀한 사막지대에서는 물이 곧 생명이고 수호신이다. 물고기가 물을 상징한다.

필자가 짐작하건대 메소포타미아 문명의 양대 젖줄인 티그리스강과 유프라테스강이라는 2개의 강물을 상징하는 문양이 쌍어문이 아니었을까 싶다. 한자 문화권에 와서는 용龍이 물고기를 대체하였다. '어변성룡'을 생각해 보게 하는 시점이다.

• 물고기가 튀어 올라 용龍이 된다는 이야기는 한漢나라 이응李膺에 대한 존경을 뜻하는 '등용문登龍門'과 용문을 뛰어오른 물고기를 축복하는 '약용문躍龍門'의 두 갈래로 전개되었고, 이 중 물고

기에의 축복은 '어약용문魚躍龍門'의 성어로 정립되어 과거 급제及第를 비유했고, 이 비유는 중국의 당나라에서 한반도의 조선 말기까지 통했다. 이를 그린 물고기 그림이 고려 시대로부터 그려졌고 조선 시대 후기에는 '어약용문'이란 제목으로 거듭 칭해졌다. 과거제도가 사라질 즈음에는 '어변성룡魚變成龍'의 화제가 유행하고 용으로 변하는 환상幻像이 적극적으로 그려졌다. 용으로 변하는 환상은 19세기부터 크게 유행한 문자도 병풍의 충忠 자 화면으로 유행했다. 이 환상은 충을 내세워 출세의 축복을 담았다고 해석된다. 요컨대, 이 연구는 물고기가 물에서 뛰어오르는 화면이 고려 시대로부터 그려진 사실, 이 화면의 제목은 '어약용문'이었고 그 의미는 '과거급제'였다면 '어변성룡'으로 변화하면서 '충'의 의미로 통속적 유행을 하게 된 점 등을 밝혔다. 이 연구는, 지금까지 물고기 한 마리가 물결 위로 뛰어오르는 그림은 '약리도躍鯉圖'라는 민화民畵로 불리고 입신출세의 의미로 해석되고 있었는데, 이 그림의 도상학적 유래가 오랜 점을 상세하게 조사하여 밝혔다. [이화여자대학교 한국문화연구원 한국문화연구 31권 0호]

• 물고기 세 마리를 그린 '삼여도三餘圖'는 '하루도 게을리 하지 않고 열심히 공부함'을 상징하는데, 그 유래는 중국 《위지魏志》 왕숙전王肅傳에 들어 있다.

어느 날 한 사람이 대학자 동우董遇를 찾아가 배움을 청하며 이렇게 말했다. "책을 읽고 싶은데 책을 읽을 시간이 없습니다. 지혜를 주시기 바랍니다."이 말을 들은 동우는 "세 가지 여가餘暇만 있으면 충분하오."라는 말로 그의 게으름을 나무랐다고 한다. 여기서 세 가지 여가란 밤, 겨울, 날씨 흐린 날을 뜻한다. 밤은 하루의 나머지 시간이고, 겨울은 1년의 나머지, 흐리거나 비오는 날은 맑게 갠 날의 나머지인 바, 마음만 먹으면 공부할 시간은 충분하다는 뜻이다.

• 물고기 관련 속담으로는

'물고기 난다.'(물에 빠져 죽는다는 의미), '물이 깊어야 고기가 모인다.'(덕이 커야 따르는 이가 많다는 뜻), '고기는 안 잡히고 송사리만 잡힌다.'(목적하는 바는 놓치고 쓸데없는 것만 얻게 됨을 이름), '고기도 저 놀던 물이 좋다.'(평소에 낯익은 곳이 좋다는 말), '그물에 든 고기요 쏘아 놓은 범이라.'(옴짝달싹 못하고 죽을 지경에 빠졌다는 뜻), 어두육미魚頭肉尾라. '물 생선은 머리가 맛있고 짐승의 고기는 꼬리가 맛있다'는 말이다. 연목구어緣木求魚라. 나무에서 물고기를 잡으려 한다 함이니, '절대로 이룰 수 없는 일을 하려고 한다'는 뜻이다. 어변성룡魚變成龍이라. 물고기가 변하여 용이 된다 함이니, '어릴 적에는 신통치 못한 자가 자란 후 훌륭하게 됨'을 이름이다. 어유부중魚遊釜中이라. 고기가 솥에서 논다 함이니, '목숨이 붙어 있다 할지라도 오래가지 못할 것'을 비유하는 말이다. 일어탁수一魚濁水라. 물고기 하나가 물을 흐리게 한다 함이니, '다수 중에 한 사람 좋지 못한 짓을 하여 그 화를 여러 사람에게 미친다'는 뜻이다.

• 잉부가 꿈에 용을 보면 장래 출생할 아이가 능히 큰 일물이 될 수 있음을 예시함이다[孕婦夢見龍 預示將來出生的兒子能夠成爲大人物].

잉부가 꿈에 소를 보면 장차 나오면서 특별히 효순한 아이가 될 수 있음을 의미함이다[孕婦夢見牛 意味著將來會生下特別孝順的兒子].

• 토정비결土亭秘訣에서 유변화지상有變化之象인 "어변성룡 조화불측魚變成龍 造化不測"의 풀이다. 즉 '고기가 변하여 용이 되니 그 조화를 측량하기 어렵도다.'라는 뜻으로 오랫동안 공부하여 공명하거나 아니면 꾸준히 덕을 쌓은 결과 이제야 부자가 되는 괘卦라는 의미이다.

첫째는 벼슬이 없던 사람이 갑자기 높은 벼슬을 얻어 권세를 잡게 된다는 뜻이다. 둘째는 배움이 천박한 사람이 학문을 닦아 전에 비할 수 없는 지식과 능력을 갖추었다는 뜻이다. 셋째는 빈궁하던 사람이 행운을 만나 부자가 되었다는 뜻이다. 특히 이 글의 핵심은 빈천하던 신분이 출세하여 부귀영화를 누린다는 뜻으로 이해하는 것이 가장 적절하다.

頌日

1. 凡夫仁聖易 _{범부인성역} 범부가 어진 성인으로 바뀜은
   魚變似爲龍 _{어변사위룡} 고기가 변하여 용이 됨과 같다네
   人活無非苦 _{인활무비고} 사람의 삶이 고통 아님이 없지만
   功成蹋實踪 _{공성답실종} 공을 이루려면 실지 자취 밟을 지라.

2. 前無正法會 _{전무정법회} 앞에 없었던 정법의 회상은
   佛祖住生家 _{불조주생가} 불보살들이 머물러 사는 집이라
   宿劫深緣植 _{숙겁심연식} 숙겁에 깊은 인연을 심었기에
   今來復遇花 _{금래부우화} 지금 와서 다시 만나 꽃을 피우네.

3. 自性金剛在 _{자성금강재} 자성에 금강이 있으니
   莫尋向外牆 _{막심향외장} 담장 바깥을 향해 찾지 말고
   數看心裏寶 _{수간심리보} 자주 마음속의 보배를 보아
   常滌不埋光 _{상척불매광} 항상 씻겨 빛이 묻히지 않게 할지라.

원시반본
原 始 反 本

처음 시작의 근본으로 돌아오다

한 제자 여쭙기를 "우리 회상이 대운大運을 받아 건설된 회상인 것은 짐작되오나 교운敎運이 몇만 년이나 뻗어 나가올지 알고 싶나이다." 대종사 말씀하시기를 "이 회상은 지나간 회상들과 달라서 자주 있는 회상이 아니요, 원시반본原始反本하는 시대에 따라서 나는 회상이라 그 운이 한량없으니라." 《대종경》 전망품 30장

원문에 있는 숙어를 풀어보면 다음과 같다.

• 대운大運 : ① 운수. 크게 잘되어 성공할 운수. 대수大數라고도

한다. 후천개벽 시대가 되어 사람들의 지혜가 크게 열리고 세상이 크게 발전하게 될 운수. 소태산 대종사는 우리 회상이 대운을 받아 건설된 것은 틀림없으나 그 교운이 몇만 년이나 가겠느냐고 묻는 제자에게 '이 회상은 지나간 회상들과 달라서 자주 있는 회상이 아니요, 원시반본 하는 시대에 따라서 나는 회상이라 그 운이 한량없다'고 했다. ② 하늘과 땅 사이에 돌아가는 기수氣數.

• 교운敎運 : 교단의 미래에 대한 운수 또는 전망. 한 개인, 한 국가, 한 종교의 수명·성패 등이 모두 인간의 힘을 초월하는 진리의 지배를 받게 된다. 이 신묘神妙한 진리의 작용은 필연적이지만 대개 운수라 말하고, 종교의 경우 교운이라 한다. 대운을 받은 종교는 크게 발전하여 세계종교로 성장하게 되고, 그렇지 못한 종교는 군소종교로 전락하여 쇠약해지고 만다. 소태산 대종사는 원불교의 교운을 무궁한 대운이라 했다.

우리 회상의 교운이 몇만 년이나 뻗어 나갈지 묻는 제자에게 "이 회상은 지나간 회상들과 달라서 자주 있는 회상이 아니요, 원시반본 하는 시대에 따라서 나온 회상이라 그 운이 한량없다"고 했다. 정산 종사는 "우리의 교운은 큰 천록天祿이라 이 교단의 발전과 함께 우리의 생활은 따라서 향상되리라."고 했다. 수운 최제우水雲 崔濟愚가 동학의 교운을 5만 년이라 말한 바 있는데, 원불교에서도 5만 년 이야기를 하는 사람이 있으나, 소태산은 한량없는 대운이라 했지 5만 년으로 한정하지는 않았다.

그러므로 우리는 회상에 대하여 무심히 하는 말이라도 원시반본의 세월이라고는 할지언정 5만 년이라는 한정된 시간에 대한 말은 안하는 게 좋다.

• 원시반본原始反本 : 처음 출발한 근본 원점으로 되돌아온다는 뜻. 무왕불복無往不復이라고도 한다. 우주의 진리가 무시무종, 불생불멸로 무한히 돌고 도는 것을 표현하는 말, 또는 우주의 성주괴공과 만물의 생로병사가 무한히 순환불궁하는 것을 나타내는 말. 원불교의 교운에 대한 질문에 소태산 대종사는 "지나간 회상들과 달라서 자주 있는 회상이 아니요, 원시반본 하는 시대에 따라서 나는 회상이라 그 운이 한량없으니라[《대종경》 전망품 30장]."고 했다. 《원불교대사전》

이를 도표로 만들면 다음과 같다.

원문	원불교대사전	축자해역(逐字解譯)
原始反本	처음 출발한 근본 원점으로 되돌아온다. 무왕불복(無往不復)	• 시원(始原)을 살펴 근본으로 돌아간다. • 시원을 추구하여 뿌리로 돌아간다.

글자와 단어를 풀어보면

• 원原 : 근원 원. 근원, 근본. 저승. 근본을 추구하다. 원래. 들,

벌판.

• 시始 : 비로소 소. 비로소. 바야흐로. 먼저, 앞서서. 일찍, 일찍부터. 옛날에, 당초에. 처음, 시초. 근본, 근원. 시작하다.

• 원시原始 : 처음 시초, 본디대로 이여서 진화 또는 발전하지 않음. 자연 그대로, 사람의 손이 가해지지 않음. 원생原生.

• 반反 : 돌이킬 반. 돌이킨다. 돌아오다, 되돌아가다. 되풀이하다, 반복하다.

• 본本 : 근본 본. 근본. (초목의) 뿌리. 원래, 본래, 본디. 근원, 원천. 본원, 시초. 마음, 본성. 개시開始. 회복恢復 본성本性. 회귀자연回歸自然. 원시상태에 회도回到한다는 의미이다.

해의解義

처음 출발한 근본 원점으로 되돌아온다는 뜻이다. 무왕불복無往不復이라고도 한다. 우주의 진리가 무시무종, 불생불멸로 무한히 돌고 도는 것을 표현하는 말이다. 또는 우주의 성주괴공과 만물의 생로병사가 무한히 순환불궁하는 것을 나타내는 말이다. 원불교의 교운에 대한 질문에 소태산 대종사는 "지나간 회상들과 달라서 자주 있는 회상이 아니요, 원시반본 하는 시대에 따라서 나는 회상이라 그 운이 한량없으니라."고 했다.

원시原始라는 말이 무지몽매하고 미개 문명한 원시시대라는 의미가 아니라 순수하고 천진하며 원심元心과 본성本性을 잃지 않고 살아가는 순인순세純人純世가 돌아오고 있다는 의미이다. 따라서 지금 사람들이 호화로운 물질이나 시대의 변천에 계박繫縛되어 살다가 어느 날 마음이 깨어나 근본으로 되돌아가서 맑은 정신을 가진 사람들이 살아가는 신물균등神物均等을 이룬 인본시대人本時代의 화평성대和平盛代가 열리게 된다는 의미이다. 다시 말하면 무량낙원無量樂園이 건설되고 유토피아Utopia가 이뤄지며 무하유지향無何有之鄕이 되고 정토극락淨土極樂이 열리는 이상의 세계가 이뤄지는 것을 말한다.

장강대해는 곡천谷泉의 일적一滴으로 이루어졌고, 교악태산은 하반下盤의 일진一塵으로 올립兀立이 되었다. 역설적으로 말하자면 일적이 없었으면 장강대해는 백사장이요, 일진이 없었으면 교악태산은 평퇴平堆에 지나지 않았을 것이라는 말을 해도 지나치지 않다.

이처럼 무엇이든 근원이 있고 근본이 있는 것인데 우주의 변천이나 시대의 흐름이나 인간의 요사妖邪에 의해서 원점原點에서 벗어나 산란무제散亂無制하고 지리멸렬支離滅裂이 벌어지게 되었다고 아니할 수 없다. 그리하여 이러한 상황이 오래가다 보니까 서로 맞지 않은 톱니가 되어 진리나 종교나 성자나 세상이나 사람이나 마음이 원시반본이 되지 않고서는 걷잡을 수 없는 혼란이 야기될 수밖에 없으니 안목이 열린 사람들은 근심걱정을 아니할 수 없다.

그래서 원시반본에 몇 가지를 들어보면

첫째, 진리의 원시반본이다.

진리는 한 진리뿐이다. 한 진리라고도 할 수 없지만, 강연이 말해서 일리一理라고 할 수 있다. 그런데 이 일리는 소소영령昭昭靈靈하여 무소부재無所不在한 것으로 누구의 전유물도 될 수 없다. 그런데 대오각성大悟覺醒을 이루지 못한 편각자偏覺者, 또는 편오자片悟者들이 큰 것이나 얻은 것처럼 진리의 일편一片을 가지고 요사를 부림으로 인하여 진리 자체가 정비하지 않을 수 없는 지경에 이르게 되었다. 그리하여 진리 현신現身이 바로 "일원진리一圓眞理"다. 이는 진리가 들어서 본 진리로 돌아간 것이요, 없었던 물건이 나타났거나 누가 만들어서 내놓은 것이 아니다. 그러므로 우리의 일원진리는 모든 진리의 통체統體이요 원체原體로서 뭇 진리를 흡수하고 요리하여 진짜 진리를 드러낸 것이라고 볼 수 있다.

둘째, 시대[세상]의 원시반본이다.

세계가 처음으로 만들어지고, 처음으로 열린다는 뜻을 지닌다. 세계조판의 창조관은 개벽사상을 전제하고 있다. 유일신 사상에 나타나는 인격적 창조주에 의해 무無에서 유有를 창조하는 의미와는 다르며, 태초에 세계가 새롭게 생성되는 현상을 표현한 말이다. 따라서 세계조판의 핵심적 개념은 천지 도수에 따라 후천개벽 시대에 처음 근본의 상태로 되돌아간다고 하였다. 소태산 대종사는 어두운 음陰시대가 지나가고 밝은 양陽시대가 도래할 것을 예언했다.

《대종경》 전망품 19장에 지금 시대가 '묵은 세상의 끝이요 새 세상의 처음'이라고 하면서 이러한 거대한 역사적 변천을 '원시반본 하는 시대'라 했다. '원시반본 하는 시대'란 우주의 진리가 무시무종無始無終과 불생불멸不生不滅로 무한히 돌고 도는 것을 표현하여 처음 출발한 근본 원점의 시대로 되돌아온다고 보았다. 선후천이 변화하면서 묵은 시대가 지나가고 새 세상이 돌아온다고 하였다.

다시 말하면 후천의 개벽이 열리는 그 시점이 바로 원시반본의 시작이라고 할 수 있다.

셋째, 종교의 원시반본이다.

서양에서는 16세기 초 로마 가톨릭교회의 폐단에 대하여 개혁을 꾀하고 이로부터 이탈하여 프로테스탄트 교회를 세운 교회개혁. 1517년 독일인 마르틴 루터M. Luther가 95개 조항의 의견서를 제출하여 교황의 면죄부 판매를 비난하고, 인간은 신앙에 의해서만 신의 나라에 도달할 수 있으며, 성서는 직접 우리에게 하느님의 도를 가르친다고 주장하여, 마침내 프로테스탄트라고 불리는 신교의 성립을 보았다. 종교개혁의 발생 원인은 봉건사회가 무너지기 시작한 시대적인 변화, 봉건사회의 붕괴로 등장한 통일 국가들의 교황에 대한 도전으로 교황권의 쇠퇴, 르네상스의 화려한 세속적 물결에 휩쓸린 교황청 및 교회의 부패와 타락, 이에 대응하여 정신계와 종교계에 일어난 새로운 운동이나 경향 등을 들 수 있다. 지금은 다종교시대이다. 초기 한 성자, 곧 한 교조의 가르침에서 시대나 인물을 따라 분종分宗이 되고 분파되어 어느 종파가 교조의 본의와 같은지를 가늠하기가 대단히 어렵게 되었다. 그리하여 종교에 의한 파벌의 전쟁이 일어나 살상을 하고 성소聖所를 파괴하며 나라까지 침략하는 현상이 지금 벌어지고 있다. 이러한 상황을 언제까지 보아야 할 것인가. 사실 종교의 본의가 어떠한 것인지 알 수가 없을 정도로 혼미昏迷와 혼란混亂을 거듭거듭 가져오고 있다.

이러한 시기에 맞춰 나온 것이 원불교다. 원불교는 시대의 요청과 민중의 요구에 부응한 면도 있지만 우주의 진리 자체가 원불교를 통해 중생교화와 낙원세계 건설을 요구하고 있기 때문에 탄생하지 않을 수가 없었다.

그리하여 원불교의 가르침은 차별과 불평등에서 평등의 시대로, 신권神權 또는 천권天權에서 인권人權의 시대로, 상극으로 인한 반목과 투쟁에서 상생 보은과 조화의 세계로 돌리려고 한 것이라고 말할 수 있다. 따라서 교리 및 사상체계는 종교 의례의 행위적 형태로 표출했다. 특히, 소태산은 대각 후 원기3년(1919)에 영산지역의 갯벌을 막는 방언공사를 하면서 '도학과 과학이 병진하여 참 문명 세계가 열리게 하며, 동動과 정靜이 골라 맞아서 공부와 사업이 병진되게 하고, 모든 교법을 두루 통합하여 한 덩어리 한집안을 만들어 서로 넘나들고 화하게 하여야 한다고《대종경》서품 8장에서 밝히고 있다.

다시 말하면 원불교는 우주가 해야 할 일을 원불교에다가 임무로 지워주어 대행하도록 하였으니 우리의 책무가 무겁고 중하다고 아니할 수 없다. 즉 우주의 대사代事를 우리가 시행하고 있다는 의미이다.

넷째, 문명의 원시반본이다.

《원불교대사전》에 "인류 사회가 정신적·물질적으로 고도로 발달하여 진보한 상태. 문화와 같은 뜻으로 쓰기도 하나, 대체로 문화는 종교·학문·학술·도덕 등 정신적임에 반하여 문명은 보다 실용적인 생산 기술 등 물질적인 것을 뜻한다. 원불교에서 과학은 인간 생활을 편리하고 윤택하게 하는 물질문명이며, 도학은 '정신문명'은 '도덕문명'이란 뜻으로도 사용하여 '원래 형상 없는 사람의 마음을 단련하는 것'으로 동양을 중심으로 발전되었으며 마음을 단련하여 정신세계 또는 도덕세계를 지향하는 것이다. 도학과 과학의 관계는 주종의 관계로서 과학문명을 선용할 정신문명이 발전되어야 하며, 도학과 과학이 조화롭게 발전될 때 이상적인 세계가 된다고 보았다.

소태산 대종사는 '개교의 동기'에서 과학의 문명은 발달했으나 물질을 사용할 사람의 정신이 쇠약해 물질의 노예 생활을 면하지 못하게 되어 파란고해波瀾苦海에서 고통을 받을 것이라 진단했다. 이러한 위험천만한 고통의 세계를 극복하기 위해 "진리적 종교의 신앙과 사실적 도덕의 훈련으로써 정신의 세력을 확장하고, 물질의 세력을 항복 받아"(《정전》 개교의 동기)야만 일체생령을 광대 무량한 낙원으로 인도할 수 있다고 보았다. 소태산은 천하만사가 다 본말本末과 주종主從이 있기에 근본에 힘쓰면 끝도 자연히 좋아질 것이지만, 끝을 따라 끝에만 힘쓰면 근본은 자연 매昧하게 된다고 했다. 주종의 관계에서도 주主를 알아서 주에 힘쓰면 종從도 자연히 좋아질 것이지만, 종을 따라 종에만 힘쓰면 주가 자연 매하게 된다고 보았다.

　　사람에 있어서 마음은 근본이 되고 육신은 끝이 되며, 세상에 있어서 도학은 주가 되고 과학은 종이 되는 바 이 본말과 주종을 분명히 알아야만 비로소 도를 아는 사람이라, 이러한 사람이라야 능히 천하사도 바로잡을 수 있다고 했다[《대종경》 인도품 5장]. 과학문명의 발달을 따라 사람의 욕심이 날로 치성하게 될 때, '심전계발心田啓發'의 공부로 이러한 욕심을 항복받아야 세상의 평화가 이루어지게 될 것임을 강조하고 있다. 모범적인 가정을 이루는 열 가지의 가르침 중, '자녀에게 과학과 도학을 아울러 가르치며 교육을 받은 후에는 상당한 기간을 국가나 사회나 교단에 봉사'[《대종경》 인도품 43장]하도록 했다."

다섯째. 마음의 원시반본이다.

세상에 마음을 갖지 않은 사람은 하나도 없다. 누구든지 평등한 마음을 근본적으로 가지고 있다. 모든 사람이 선善한 마음을 가지고 있다고 표현하는 것이 사실적으로 옳다. 그런데 사람의 하는 행동을 보면 도저히 용서가 안 되고 용납을 할 수 없는 사건을 저지른 무리를 볼 수 있다. 과연 저들에게도 선심善心이 있느냐는 의심을 가질 수밖에 없는 상황을 직면할 때가 많이 있다.

그러나 이러한 해악害惡의 마음이 차차 정화되어 원심元心을 회복하는 시가가 돌아오고 있다. 이러한 해악의 마음을 과연 법률의 규제로 될 수 있을까? 아니다. 법적인 규제만으론 안 된다. 오직 성자의 가르침이라야 되돌릴 수 있다. 그래서 원불교의 사은 사상이 중요하다. 천지·부모·동포·법률에 대한 보은과 감사만으로 현상의 해악을 돌릴 수 있으며, 더 나아가서는 정신수양·사리연구·작업취사의 삼학수행으로 각자의 본래 마음을 회복할 수 있기 때문이라는 자부심을 가지고 교화를 부지런히 해야 한다.

여섯째, 불보살의 원시반본이다.

원불교의 표어에 "처처불상 사사불공處處佛像 事事佛供"이 있다. 즉 '곳곳이 부처님이요 일마다 부처님 공양이라'는 의미이다. 원불교적 삶의 태도를 적실하게 표현하고 있는 교의의 하나이다. 즉 부처라는 대상이 진리를 깨달은 사람만을 말하는 것이 아니라 우주만물이 무비불조無非佛祖라는 의미이다. 즉 일물일불계一物一佛界이다. 한 물건마다 한 부처의 세계이다. 그러니 이 우주에는 부처 아닌 것은 일진一塵도 존재하거나 존립할 수 없다.

더 말하자면 사람을 비롯한 초초목목草草木木, 사사물물事事物物, 산산수수山山水水, 천천지지天天地地가 무흠무여無欠無餘한 진불眞佛이요 실불實佛이기 때문에 사불寺佛에 공양하는 자세와 심정으로 고마워하고 감사를 하며 당처에 보은불공을 해야 한다.

좀 더 말하자면 ① "심학지불深壑之佛을 안전지불眼前之佛로"라는 뜻이다. 이는 '깊은 골짜기의 부처를 눈앞의 부처로'라는 의미이다. 저 깊고 깊은 산중에 어마어마한 가람伽藍을 지어놓고 특별한 사람인 것처럼 살면서 자칫 무위도식할 것이 아니라 눈앞에 살아있는 일들이 벌어지는 세간에서 치열하게 살면서 부처를 이루고 교회를 해야 한다.

② "사중지불寺中之佛을 가솔지불家率之佛로"라는 뜻이다. 이는 '절 가운데 부처를 가족의 부처로'라는 의미이다. 사람이 자기의 가족, 더 나아가서는 이웃, 더 나아가서는 사회, 국가, 세계의 여러 나라 여러 사람과 어울려 사는 것은 천리天理의 당연지사當然之事라고 아니할 수 없다. 지금 우리는 다종교의 시대에 다불多佛이나 다신多神을 접하여 어느 부처가 참 부처요, 어느 신이 참 신인 줄을 알 수가 없다. 이럴 바에는 다 놓아버리고 먼저 내 가족을 부처로 섬기고 신으로 섬길 줄을 알아야 한다.

③ "일인지불一人之佛을 전류지불全類之佛로"라는 뜻이다. 이는 '한 사람의 부처를 전 인류의 부처로'라는 의미이다. 즉 나만 부처 되려고 말자. 누구든 부처가 될 수 있는 요소와 조건은 충분히 갖추고 있는 것으로 누구든 부처가 되는 것은 식은 죽 떠먹기이다. 그러니 혼자 부처 되어 숭앙이나 숭배를 받으려 말고 전 인류가 함께 부처의 반열에 올라 정중한 불공을 받고 최경最敬의 경배를 받아 부처의 직무를 다하며 살아야 한다.

여기에 더 붙여 말하자면 처처불상의 의미를 알아 일초일목一草一木이나 일진일역一塵一礫까지도 부처로 보고 불공을 올려야 한다.

과거 문헌에는 '원시반본原始反本'이라는 글은 거의 보이지 않고 오히려 '원시반종原始反終'이라는 어귀는 나타나 있음으로 '원시반종'을 위주로 몇 개만 간추렸다.

• 《주역》〈계사상繫辭上〉에 나오는 말로 "(일의) 근원을 살펴 그 종말로 되돌아온다."라는 뜻이다. 건괘乾卦에서 상징하는 현상을 예로 든다면 '잠룡물용潛龍勿用'의 원리를 아는 것은 '원시'의 일에 속하고, '항룡유회亢龍有悔'의 원리를 아는 것은 '반종'의 일에 속한다. 〈계사전〉에서는 이 말을 특히 사생死生의 문제와 관련지어 이렇게 할 수 있으면 '사생의 설說을 안다'라고 하였다. 즉 죽고 사는 것이 음양陰陽의 변화라는 것을 알아 유명幽明이 주야晝夜의 변화와 같다는 것을 알면, 인사人事를 다 하고 천명天命을 즐거워하

여 삶과 죽음에 연연해하지 않게 된다는 것이다. 〈계사하繫辭下〉에서는 이 말과 같은 의미로 원시요종元始要終이라는 말을 사용하고 있으며, 그것을 《주역》 전체를 관통하는 '실질[質]'로 상정하고 있다.

• 《주역周易》 〈계사상繫辭上〉에 "시원에 근원 하여 종말로 되돌아온다. 그러므로 생사의 설을 아는 것이라[原始反終 故知死生之說]."고 하였는데, 고형高亨의 주석에 "이 말은 성인은 만물의 시원을 고찰하는지라 그러므로 그것이 나는 까닭을 아는 것이요, 만물의 마침을 연구하는지라 그러므로 그것이 죽는 이유를 아는 것이라[此言聖人 考察萬物之始 故知其所以生, 究求萬物之終 故知其所以死]."고 하였다.

• 〈계사상繫辭上〉에 "우러러 천문을 관찰하고 구부려 지리를 살핀다. 그러므로 유명의 원인을 알며, 처음을 궁구하여 마침을 돌이킨다. 그러므로 사생의 설을 알며, 정기가 물건이 되고, 혼魂이 돌아다녀 변하게 된다. 이 때문에 귀신의 정상情狀을 안다[仰以觀於天文 俯以察於地理 是故 知幽明之故 原始反終 故 知死生之說 精氣爲物 游魂爲變 是故 知鬼神之情狀]."

• 정자程子가 말하였다. "처음을 궁구하여 마침을 돌이키기 때문에 사생의 설을 안다. 궁구해서 얻으면 스스로 사생의 설을 아는 것이지 반드시 사생을 가지고 하나의 도리를 구할 필요는 없다[原始反終, 故知死生之說. 但窮得則自知死生之說, 不須將死

生便做一個道理求]."

- 〈계사상繫辭上〉에 "사람이 처음을 궁구할 수 있으면 나오는 이치를 알 수 있고 마침을 탐구할 수 있으면 죽는 이치를 알 수 있다. 만약 분명하지 못하다면 천만 번을 안배해 나타내더라도 일을 이루지 못할 것이다[人能原始 知得生理 便能要終 知得死理 若不明得 便雖千萬般安排著 亦不濟事]."

- 〈계사상繫辭上〉에 "처음을 궁구하면 마침을 알 수 있고 마침을 돌이키면 처음을 알 수 있으니 사생의 설은 이와 같을 뿐이다. 그러므로 봄을 처음으로 삼아서 궁구하면 반드시 겨울이 있고 겨울을 마치므로 삼아서 돌이키면 반드시 봄이 있으니 사생은 이와 같은 종류이다[原始則足以知其終 反終則足以知其始 死生之說如是而已矣. 故以春爲始而原之 其必有冬 以冬爲終而反之 其必有春 死生者其與是類也]."

- 송유염宋俞琰《주역집설周易集说》28권에 "원시란 원의 그 처음의 근원을 추구하는 것이요 반종이란 그 마침에 그 시원을 구하여 돌이키는 것이라, 사람이 능히 그 시원에 근원 하여 그 마침의 이유를 구하고 또한 능히 그 마침을 돌이켜 그 시원 된 까닭을 구하면 곧 생사의 설을 알게 되니라[原始者 推原其始 反終者 於其終而反求其始也. 人能原其始而求其所以終 又能反其終而求其所以始 則知死生之說矣]."

- 명 내지덕來知德의 《역경래주도해易經來注圖解》13권에 "그 시원

이란 기가 모이면 이가 따라서 완성하나니 그러므로 생이요, 그 마침이란 기가 흩어지면 이도 따라서 다하나니 그러므로 죽는 것이라[其始也 氣聚而理隨以完 故生. 其終也 氣散而理隨以盡 故死]."

頌曰

1. 宇宙無終始 우주무종시　우주는 마침과 시작이 없으므로
   執中挿法根 집중삽법근　중을 잡아서 법의 뿌리 꽂으리.
   知心知性在 지심지성재　마음을 앎은 성품을 아는데 있고,
   覺理覺源存 각리각원존　이치 깨달음 근원을 깨침에 있어라.

2. 變中非變有 변중비변유　변하는 가운데 변하지 않는 것 있고
   理裏地天行 이리지천행　이치 속에 땅과 하늘이 운행되네
   原始根源復 원시근원복　처음 시작에서 근원으로 돌아가니
   無攸不共生 무유불공생　함께 살지 못할 바가 없어라.

3. 原始無窮刻 원시무궁각　원시는 다함없는 시각이니
   去來未所終 거래미소종　가든 오든 끝나는바 아니네
   一圓眞理覺 일원진리각　일원의 진리를 깨치면
   不死永生充 불사영생충　죽지 않고 영생이 채워지리라.

생사지근

生 死 之 根

생과 사의 뿌리

계미(1943) 5월 16일 예회에 대종사 대중에게 설법하시기를 "내가 방금 이 대각전으로 오는데, 여러 아이가 길가 숲에서 놀다가 나를 보더니 한 아이가 군호하매 일제히 일어서서 경례하는 것이 퍽 질서가 있어 보이더라. 이것이 곧 그 아이들이 차차 철이 생겨나는 증거라, 사람이 아주 어릴 때에는 가장 가까운 부모 형제의 내역과 촌수도 잘 모르고 그에 대한 도리는 더욱 모르고 지내다가 차차 철이 나면서 그 내역과 촌수와 도리를 알게 되는 것 같이 공부인들이 미한 때에는 불보살 되고 범부 중생 되는 내역이나, 자기와 천지 만물의 관계나, 각자 자신 거래의 길도 모르고 지내다가 차차 공부가 익어 가면서 그 모든 내역과 관계와 도리를 알게 되나니, 그러므로 우리가 도를 알아 가는 것이 마치 철없는 아이가 차차 어른이 되어가는 것과 같다 하리라. 이처럼 아이가 커서 어른이 되고 범부가 깨쳐 부처가 되며, 제자가 배워 스승이 되는 것이니, 그대들도 어서어서 참다운 실력을 얻어 그대들 후진의 스승이 되며, 제생의세의 큰 사업에 각기 큰 선도자들이 돼라. 《음부경陰符經》에 이르기를 '생生은 사死의 근본이요, 사는 생의 근본이라.' 하였나니, 생사라 하는 것은 마치 사시가 순환하는 것과도 같고, 주야가 반복되는 것과도 같아서, 이것이 곧 우주 만물을 운행하는 법칙이요 천지를 순환하게 하는 진리라, 불보살들은 그 거래에 매하지 아니하고 자유로우시며, 범부 중생은 그 거래에 매하고 부자유한 것이 다를 뿐이요, 육신의 생사는 불보살이나 범부 중생이 다 같은 것이니, 그대들은 또한 사람만 믿지 말고 그 법을 믿으며, 각자 자신이 생사 거래에 매하지 아니하고 그에 자유 할 실력을 얻기에 노력하라. 우리가 이처럼 예회를 보는 것은 마치 장꾼이 장을 보러 온 것과도 같나니, 이왕 장을 보러 왔으면 내 물건을 팔기도 하고 남의 물건을 소용대로 사기도 하여 생활에 도움을 얻어야 장에 온 보람이 있으리라. 그런즉, 각자의 지견에 따라 유익 될 말은 대중에게 알려도 주고 의심나는 점은 제출하여 배워도 가며 남의 말을 들어다가 보감도 삼아서 공왕공래空往空來가 없도록 각별히 주의하라. 생사가 일이 크고 무상은 신속하니 가히 범연하지 못할 바이니라." 　　　《대종경》부촉품 14장

원문에 있는 숙어를 풀어보면 다음과 같다.

• 예회例會 : ① 정례적인 법회. 월례법회의 하나. 매 일요일 또는 적당한 날로 한 달에 네 번씩 갖는 법회. 원불교 법회의 가장 기본적인 형태. ② 일정한 기일을 정해놓고 늘 모이는 모임.

• 대각전大覺殿 : 원불교 신앙의 대상인 법신불 일원상을 봉안하는 법당. 교당의 중심이 되는 건물이다. 사찰의 대웅전이나 대적광전에 해당한다. 대각전은 될 수 있는 대로 구내의 가장 신성한 위치에 있어 일상 거소와 서로 혼잡 됨이 없게 하라고 했다. [《예전》교례편] 지방 교당에서 건물이 여러 채인 경우 일원상을 봉안하는 건물이 대각전이 되고 한 채인 경우 그 건물이 그대로 대각전이 된다. 원불교 최초의 대각전은 원불교중앙총부에 원기20년(1935) 1월에 착공하여 동년 4월 27일에 준공한 84평의 건물이었다. 이 대각전은 그 후 증축·중수하여 오늘에 이르고 있다.

• 군호軍號 : ① 군대의 순찰이나 도성의 순라巡邏에 자기편끼리 미리 약속해 두었다가 자기편의 식별이나 비밀의 보장을 위해 쓰던 암호나 신호. ② 서로 눈치나 말로서 슬며시 연락하는 짓. 구호口號와 혼용되기도 한다.

• 촌수寸數 : 우리의 촌수 제도가 언제부터 시작되었는지 확실하게는 알 수 없다. 기록상으로는 12세기까지 소급이 가능하다. 조선 시대의 『경국대전』에 종형제從兄弟를 4촌 형제로, 종숙從叔을 5촌 숙으로 기록한 것을 볼 수 있다. 왜 '촌'이라고 했는지도

자세히는 알 수 없다. 다만 '촌'이 우리말로는 '마디'이므로, 대의 마디를 의미한 것이 친족 간의 멀고 가까움을 표시하는 등급으로 쓰인 것으로 이해하고 있을 정도이다. 『경국대전』의 시행 시기가 1485년 1월 1일[음력]부터이기 때문에 이때를 어휘 생성 시기로 잡는다.

• 공부인工夫人 : 발심 서원으로 도문에 들어와 수행과 보은하는 공부를 해나가는 사람. 수도인·구도자·보은자. 진리[법신불 일원상의 진리]를 향한 믿음과 우러름으로 진리를 깨치고 실천하여 인격을 완성하고 보은하는 공부를 해나가는 사람. 원불교에 입문하여 발심 서원하고 처음 10계문을 받아 지키며 공부해가는 것을 시작으로 궁극의 경지에 이르도록 소태산 대종사의 가르침을 받들어 실천하는 사람을 말한다.

• 제생의세濟生醫世 : 일체생령을 도탄으로부터 건지고 병든 세상을 치료한다는 뜻. 곧 이 세상은 질병·기아·무지·폭력·인권유린 등으로 병들어 있으며, 병든 세상에서 인간이 온갖 고통을 받고 있으므로 세상의 병을 다스리고 인간을 고통으로부터 벗어나게 하는데 성의를 다하자는 것. 성불제중과 같은 의미로 쓰이나 제생의세는 '제중'에 더 비중을 둔 개념으로 세상의 병맥을 진단하고 치료하는 데 적극 참여할 것을 촉구하는 개념이다. 세상이 병든 원인이 여러 가지 있으나 가장 근본적인 원인은 크게 발전한 물질문명에 비해 정신문명이 발전하지 못하여 문명이 균형을

잃게 되었고 그로 인해 정신이 물질의 지배를 받게 된 때문이다.

따라서 정신개벽 곧 정신문명을 크게 진작시키는 것이 세상의 병을 치료하는 지름길이다. 정신문명을 촉진하는 역할은 주로 종교가 담당해 왔다. 그런데 현대 사회에서는 종교가 그 역할을 다하지 못하고 있다. 특히 종교 자체가 세속화되어 가는 현상이 자주 지적되고 있다. 그러므로 먼저 종교가 자체 성찰을 통해 거듭나야 하며, 종교인이 종교인다워야 한다. 그래서 종교인의 인격적 자기완성을 가리키는 성불을 강조하게 되는 것이며, 성불은 궁극적으로 제중, 곧 제생의세를 목적으로 삼아야 한다.

정산 종사는 원기33년(1948) 〈교헌〉을 제정 반포하면서, 총강 제2조에 "본교는 인생의 요도 사은사요와 공부의 요도 삼학 팔조로써 전 세계를 불은화 하고 일체 대중을 선법화 하여 제생의세 하기로 목적한다[《정산종사법어》 경륜편 5장]."고 했다. 또 원불교의 정체성과 지향정신을 담고 있는《원불교성가》 2장 '교가敎歌'에는 "제생의세 목적하는 형제들 고해중생 반야선에 건져서"라고 했다.

- 선도자先導者 : 앞에 서서 인도하는 사람.
- 음부경陰符經 : 도가의 사상을 수용한 병법兵法 책. 447자의 단문으로, 구성은 신선포일연도神仙抱一演道, 부국안민연법富國安民演法, 강병전승연술强兵戰勝演術의 3장이다. 도교에서 경전으로 받들며, 이에 따라 경經이란 글자도 붙게 되었다. 원래 병가에 속하는《주

서음부周書陰符》와 도가에 속하는 《황제음부黃帝陰符》의 두 종류가 있었는데, 현재는 《도장道藏》 27권에 후자만이 전한다.

이는 중국 신화시대의 황제가 저술했다고 전하며, 북위 시대의 도사 구겸지寇謙之가 명산에 감추어서 후세에 전한 것을 당나라의 이전李筌이 쑹산의 석실에서 발견했는데, 그때 여산의 노모인 여선女仙을 만나 음부에 따른 비문秘文을 해석했다고 한다. 음양 이론과 생사의 문제 등을 다루고 있으며, 우리나라에도 일찍부터 유행했다. 소태산 대종사의 대각 후에 열람한 경전의 하나로, 봉래산 주석기에 휴대하여 원불교 최초의 교리서 《수양연구요론》의 의두문목疑頭問目에 다수 채록되었다.

• 순환循環 : 쉬지 않고 계속해서 돎. 이 세상에 순환하지 아니하는 존재는 없다. 크게는 모든 천체의 원운동으로부터 작게는 원자와 소립자에 이르기까지 그 어느 것 하나 순환하지 않는 존재는 없다. 사시순환·인간의 생로병사와 흥망성쇠·우주의 성주괴공·인과보응의 이치 등이 다 순환의 법칙을 따르고 있다. 이 순환의 원리는 만유의 존재법칙과 존재양상의 가장 근원적인 이치이다. 소태산 대종사는 대각의 경지를 바로 이 순환의 원리를 상징하는 일원一圓으로 제시하여 원불교의 신앙의 대상과 수행의 표본으로 삼고 있다.

• 생사生死 : ① 삶과 죽음을 함께 이르는 말. 모든 생물이 과거의 업業의 결과로 개체를 이루었다가 다시 해체되는 일. 생로병사

의 시작과 끝을 아우르는 말. ② 불교 우주론의 삼계를 뜻하는 다른 말. 중생의 업력業力에 의해서 삼계육도三界六道의 미혹한 세계를, 태어나고 죽음을 되풀이하며 윤회하는 일. 생사는 인생에 있어서 가장 중요한 일이기 때문에 생사대사生死大事라고 한다. 인생의 모든 문제는 결국 생사로 귀결된다. 철학이나 종교는 궁극적으로 생사의 문제를 해결하기 위한 사상이고 실천체계라고 할 수 있다. 우주 대자연은 성주괴공으로 변화하고, 인생과 만물은 생로병사로 변화한다. 이러한 이치를 따라 사람은 누구나 한번 태어나면 반드시 죽는다는 것을 알아야 한다. 그 이치를 깨달아서 영원히 살려고 한다거나 형상 있는 것에 대한 집착에서 벗어나는 것이 해탈이다.

소태산 대종사는 "사람의 생사는 비하건대 눈을 떴다 감았다 하는 것과 같고, 잠이 들었다 깨었다 하는 것과도 같다"[《대종경》 천도품 8장]고 했다. 천지자연이 반복 순환하듯이 인간의 생로병사도 끝없이 돌고 도는 것이다. 밤이 지나면 아침이 오고, 겨울이 지나면 봄이 오는 것과 같이 인간의 생사도 생과 사가 서로 바탕이 되고 원인이 되어 영원히 순환하는 것이기 때문에 생이 없으면 사도 없고 죽음이 없으면 다시 태어남도 없는 것이다. 이러한 생사의 이치를 깨달아서 생사에 집착하지 않는 것이 참다운 삶이다. 이처럼 죽음을 두려워하거나 회피하려고 하지 말고 담담하게 맞을 것이며, 나아가서 금생에 다음 생을 준비하는 것이 가장 바람직한 삶의 태도라고 할 수 있다. 그러한 삶의 태도는 종교적 수행을 통해 형성된다고 할 수 있다.《원불교대사전》

• 지견知見 : ① 지식과 견문을 아울러 이르는 말. 지식에 기초를 둔 견해. 자기 자신의 사려분별에 의해 세운 견해를 의미한다. ② 불교에서는 지견智見과 동의어로 쓰임.

• 공왕공래空往空來 : ① 빈손으로 이 세상에 태어났다가 빈손으로 죽어간다는 의미. 공수래공수거空手來空手去와 같은 뜻이다. 인생의 무상과 허무를 비유하는 말이다. ② 사람이 뜻있는 삶과 보람된 일을 하지 못하고 허송세월을 하고 만다는 의미도 있다. 일생을 허송하는 경우도 있고, 짧은 시간을 허송하는 경우도 있다. 소태산 대종사는 우리가 예회를 보는 것을 마치 장꾼이 장에 온 것에 비유, 이왕 장에 왔으면 물건을 팔기도 하고 필요한 물건을 사기도 하여 생활에 도움을 얻어야 하는 것같이 각자의 지견에 따라 유익할 말을 대중에게 알려도 주고 의심나는 점을 제출하여 배워도 가며 남의 말을 들어다가 보감도 삼아서 공왕공래가 없도록 하라고 당부하고 있다[《대종경》 부촉품 14장].《원불교대사전》

• 무상신속無常迅速 : 인간 세상의 변천이 극히 빠름. 세월과 수명의 덧없음을 이르는 말. ① 무상은 제행무상諸行無常과 같은 뜻. 일체의 사물은 끊임없이 생멸·유전하여 잠시도 쉬지 않는다는 뜻. ② 세월이 매우 빠르다는 말. ③ 사람이 죽고 사는 것이 순식

간이라는 뜻.

• 생사대사生死大事 : 인생에 있어서 태어나고 죽는 일이 매우 크고 중요한 일이라는 말. 사람은 태어나면 반드시 죽게 되고, 죽으면 다시 태어나기를 거듭 반복한다. 이렇게 나고 죽고, 죽고 나기를 끊임없이 되풀이하는 것을 생사윤회라고 한다.

그런 점에서 생사가 큰일이라는 것은 낳고 죽음이 윤회에 끌려다니지 아니하고 생사를 자유 할 수 있는 능력을 갖추는 것이 인생에 있어서 크고 중요하다는 말이다. 정산 종사는 "생사대사를 해결하는 데에 세 가지 계단이 있나니, 하나는 본래에 생사가 둘 아닌 자리를 깨달아 아는 것이요, 둘은 본래에 생사가 없고 생사가 둘 아닌 자리를 체 받아 지키는 것이요, 셋은 본래에 생사가 없고 생사가 둘 아닌 자리를 베풀어 활용하는 것이라, 이 세 가지 계단의 실력을 구비하여야 생사대사를 완전히 해결했다 하나니라[《정산종사법어》생사편 1장]."라고 했다.《원불교대사전》

• 범연泛然 : 차근차근한 맛이 없이 데면데면함, 또는 그런 모양.

이 글을 도표로 그리면 다음과 같다.

원문	원불교대사전	축자해역(逐字解譯)
生者死之根 死者生之根	생(生)은 사(死)의 근본이요, 사는 생의 근본이라.	낳음이란 죽음의 뿌리이요, 죽음이란 낳음의 뿌리이라.

글자와 단어를 풀어보면

• 생生 : 날 생. 나다. 낳는다. 살다. 기른다. 서투르다. 싱싱하다. 자기의 겸칭.

• 자者 : 놈 자. 놈, 사람. 것. 곳, 장소. 허락하는 소리. 여러, 무리[모여서 뭉친 한 동아리].

• 사死 : 죽을 사. 죽다. 생기가 없다. 활동력이 없다. 죽이다. 다하다. 목숨을 걸다.

• 지之 : 갈 지. 가다. (영향을) 끼치다. 쓰다, 사용하다. 이르다[어떤 장소나 시간에 닿다], 도달하다. 어조사語助辭.

• 근根 : 뿌리 근. 뿌리. 근본. 밑동[나무줄기에서 뿌리에 가까운 부분]. 능력. 마음. 근원.

해의解義

• 무상속류無常速流 : 무상은 빠르게 흘러간다.

《육조단경六祖壇經》〈참청기연품參請機緣品〉에 "현각이 드디어 현책과 함께와 참례하여 육조 대사를 세 번 두르고는 석장을 떨치고 선대, 대사가 이르되 '대저 사문은 삼천의 위의와 팔만의 세행을 갖춘 것이거늘 대덕은 어느 곳으로부터 왔기에 큰 아만을 내는 고.'현각이 이르되 '생사의 일이 크고 덧없음이 신속하나이다.'대사가 이르되 '어찌 남이 없음을 체달했다 취하며 속함이 없음을 요달하지 못하였느냐?'이르되 '체달함이 곧 남이 없고 요달함이 본래 속함이 없나이다.'대사가 이르되 '이와 같고 이와 같으니라.'[覺遂同策来参 繞師三匝 振錫而立. 師曰 '夫沙門者 具三千威儀 八萬細行 大德自何方而来 生大我慢?'覺曰 '生死事大 無常迅速'師曰 '何不體取無生 了無速乎?'曰 '體即無生 了本無速'師曰 '如是 如是].'고 하였다. 이렇게 하니 현각 선사玄覺禪師를 하룻밤에 깨달았다 하여 '일숙각一宿覺'이라 부른다. 뒤에 교화를 증진했을 뿐만 아니라《증도가證道歌》를 지어서 뭇 사람들의 혀끝이 닳도록 하였다.

《이정유서二程遺書》18권에 "묻기를 '석가모니 문정에 일숙각은 언하에 깨달았다 말하니 어떤 것입니까?'말하기를 옛사람이 이르기를 '그대와 함께 하룻밤 이야기가 10년간 글을 읽는 것보다 수승하니라.'만일 언하에 바로 깨달았다면 어찌 10년을 책을 읽은 것뿐이리오[門釋氏有一宿覺 言下覺之說如何? 曰 古人云 '共君一夜話 勝讀十年書'若于言下即悟 何啻讀十年書?]"하였다.

사실 도를 얻고 깨닫는다는 것은 시간을 필요로 하는 것이 아니라 눈 깜짝하는 사이, 한숨 쉬는 사이, 고개 드는 사이보다 더 빠르게 성취할 수 있으니 어찌 일숙각을 따질 수 있으리오. 사실 공부라는 것은 결국 우주의 이치와 생사의 이치를 확실하게 깨닫는 것이라고도 할 수 있다.

• 음생사본淫生死本 : 음욕은 생사의 근본이다.

이런 글이 있다. '중생은 모두 음욕으로써 생사의 근본을 삼는다[衆生皆以淫慾 爲生死根本]'는 뜻이다. 즉 음욕에 집착이 되고 견인이 되었을 때는 생을 받아 나타나고, 반면에 음욕이 사라질 때는 죽음을 맞게 되는 것이라고 할 수 있다. 이런 의미에서 볼 때 음욕을 해소하지 못하면 윤회 전생을 면할 수 없는 것이니 사람이 되어 일부일처一夫一妻는 몰라도 방탕한 음욕생활을 삼가야 하락下落의 길이 막혀지고 면할 수 있게 된다.

• 사인선지事人先之 : 사람을 섬김이 먼저이다.

《논어》〈선진先進〉에 "계로가 귀신을 섬기는 일에 대하여 여쭈어 보자 공자께서 말씀하기를 '능히 사람도 섬기지 못하면서 어찌 능히 귀신을 섬기리오.' '감히 죽음을 물어 보겠습니다.' '아직 삶도 알지 못하는데 어찌 죽음을 알리요'[季路問事鬼神 子曰 "未能事人 焉能事鬼?" 曰 "敢問死" 曰 "未知生 焉知死?]"라고 하였다. 이 글에서 볼 것 같으면 사람이 훨씬 중요하고 귀신이 다음에 해당된다고 할 수 있다. 그러므로 우리의 인생에 있어서 죽음보다 삶이 중요하다고 아니할 수 없으니 삶을 잘 유지해야만 죽음에 당해서 당황하거나 흔들리지 않고 마감을 잘할 수 있다.

• 생사비사生死조事 : 낳음과 죽음이 큰일이다.

원元나라 정정옥鄭廷玉의 《인자기忍字記》 3에 보면 "삶과 죽음의 길은 말하지 않고 이르고, 삶과 죽음의 일은 크고 덧없이 빠르구

나[生死路頭 不言而到, 生死事大 無常迅速].”라 하였다. 사실 삶
과 죽음의 길이란 우리 곁에 다가서면서 예고를 하거나 언제 가
겠다는 말을 하고 오는 법은 없다. 도둑고양이처럼 오는가 하면
갈 때도 그림자처럼 사라져서 그 길 역시 알 수가 없다. 그래서
무상살귀無常殺鬼라고 하였다. 무상은 덧없다는 뜻이고 살귀는 죽
음을 맡은 신이라는 뜻이니 순간순간마다 남녀노소를 가리지 않
고 목숨을 거두어 가는 죽음의 손길을 말한다. 따라서 이를 피할
수 있는 생명체란 이 세상 어디에도 없는 것이니 우리가 공부를
잘하여 해탈解脫을 이루고 또한 열반涅槃을 이루어야 한다. 그리하
여 무상살귀가 이르기 이전에 내 맘대로 할 수 있다면 염라대왕
의 졸개들은 매번 헛걸음을 칠 수밖에 없다.

　• 부생여멸夫生與滅 : 무릇 생과 멸[죽음].

　흔히 말하는 생멸生滅이란 무슨 뜻일까? 글에 “인연의 화합에
의하여 있어지는 것을 ‘생’이라 말하고, 인연의 분산에 의하여 없
어지는 것을 ‘멸’이라 부르나니 생도 있고 멸도 있는 것이 유위법
이요, 생도 없고 멸도 없는 것이 무위법이라[依因緣和合而有 叫
做‘生’依因緣分散而無 叫做‘滅’. 有生有滅 是有爲法 不生不滅
是無爲法].”고 하였다. 이는 불교의 중도사상에 근거하여 말하는
것으로 현생의 생사는 일체 유위법의 생멸이니 이는 가생가멸假
生假滅을 말하는 것이요 실생실멸實生實滅이 아니라고 할 수 있다.
그러나 사실 이 실생실멸은 곧 무생무멸無生無滅을 말하는 것으로

본래는 생이랄 것도 없고 사랄 것도 없는 불생불멸不生不滅의 중도
中道를 말하는 것이다.

• 수계수행守戒修行 : 계율을 지키는 수행.

천황 도오(天皇道悟. 748~807)가 처음에 약산을 찾아가 뵈니,
약산이 물었다. "어디서 오는가?" "남악에서 왔습니다." "어디로
가는가?" "강릉으로 계를 받으러 갑니다." "계는 받아서 무엇을
하려는가?" "생사를 면하려고 합니다." "어떤 사람은 계를 받지
않고도 생사를 면하는데 그대는 아는가?" "그렇다면 부처님의
계율은 무엇에 쓰겠습니까[天皇道悟初參藥山 藥山問師 什麼處
來 師曰 南嶽來 山云 何處去 師曰 江陵受戒去 藥云 受戒圖什麼
師曰 圖免生死 藥云 有一人不受戒亦免生死 汝還知否 師曰 恁麼
卽佛戒何用]?"… 後略 …

무릇 계戒가 생사를 면하게 할 수 있을까? 물론 계율을 지키면
서 열심히 공부하면 생사를 면해가는 길이 없지는 않겠지만 계
율 그 자체가 생사의 윤회를 면하게 하는 도구는 될 수 없고 계율
자체도 그럴만한 능력이 있는 것이라고 말할 수는 없다. 결국 수
계공부受戒功夫와 수계수행守戒修行으로 심력을 쌓아 생사의 고륜苦
輪을 자유자재로 굴릴 수 있어야 한다.

또한 《대승본생심지관경大乘本生心地觀經》 3권 〈보은품報恩品〉에
"영원히 생사의 괴로움으로 윤회함을 끊고 3신身 보리과를 증득
하니 생사의 깊고 큰 바다를 뛰어넘는 데는 보살의 청정한 계가

배가 되며, 영원히 탐·진·치의 속박을 끊는 데는 보살의 청정한 계가 예리한 칼이 되며, 생사의 험한 길의 모든 두려움에는 보살의 청정한 계가 집이 되니라[永斷生死苦輪迴 得證三身菩提果 超越生死深大海 菩薩淨戒爲船筏 永斷貪瞋癡繫縛 菩薩淨戒爲利劍 生死嶮道諸怖畏 菩薩淨戒爲舍宅]."고 하였다.

• 생사부운生死浮雲 : 삶과 죽음은 뜬구름이다.

이 시는 서산 대사(西山大師. 1520~1604)가 읊조린 생사 해탈의 시이다. "삶이란 한 조각 뜬구름 일어남이요, 죽음도 한 조각 뜬구름 소멸함이라 뜬구름 자체는 본래 실체가 없으니 삶과 죽음 오고감도 또한 그러하도다[生也一片浮雲起 死也一片浮雲滅 浮雲自體本無實 生死去來亦如然]"라 하여 사람의 삶과 죽음, 그리고 오가는 것이 구름 한 조각 취산聚散이나 기멸起滅에 있다 하였으니 어떻게 보면 사람의 일생 발자취가 허망하기 그지없다고 아니할 수 없다.

또한 문헌상에 나타난 이와 비슷한 게송의 저자는 함허 득통 화상涵虛得通和尙이다. 함허 득통 화상은 고려 말과 조선 초의 3대 화상인 지공·나옹 혜근·무학 자초의 법맥을 이은 스님이다.

"태어남이란 한 조각 뜬구름 일어남이요, 죽음도 한 조각 뜬구름이 소멸함이라 뜬구름 바탕을 꿰뚫어 보면 실체가 없듯이 허깨비 몸뚱이 나고 멸함도 또한 그러하도다[生也一片浮雲起 死也一片浮雲滅 浮雲自體徹底空 幻身生滅亦如然]."라고 하였다.

결국 두 시는 같은 의미를 말하고 있다. 글자를 몇 개 바꾸어서 표현한 것에 지나지 않는 것이니 선사들이 죽음과 삶을 바라보는 안목은 같을 수밖에 없다.

• 해탈불표解脫佛標 : 해탈[열반]은 불교의 목표이다.

불교 교법의 궁극적인 목표가 무엇일까? 아마 생사를 해탈하여 열반을 얻고 서방정토 극락에 나서 무고지락無苦之樂을 누리는 것이라고 할 수 있다. 이렇게 되려면 먼저 성도成道가 중요하고 또한 오증悟證이 긴요하다. 그 방법으로 고집멸도苦集滅道 사제四諦를 닦아야 한다고 말하고 있다. 즉 고의 원인은 무명의 집集이며, 팔정도八正道를 수행하여 무명을 타파하게 되면 고해를 벗어나 멸[滅, 열반, 해탈]의 세계에 이르게 된다는 경로의 가르침을 펼치고 있다.

다시 말하면 생사의 윤회에서 벗어나 생사를 자유로 하고 또한 이러한 능력을 갖추어서 모든 번뇌·망상을 항복 받아 고해에서 벗어나 생사에 얽매이지 않고 참 열반의 경지에 드는 것을 이상의 목표로 잡아 정진 적공의 수행을 하는 것이라고 할 수 있다.

• 생사무착生死無着 : 삶과 죽음에 착이 없어야 한다.

"생무애착 사무공포生無愛着 死無恐怖"라 한다. 즉 '삶에 애착이 없어야 하고 죽음의 공포가 없어야 한다'는 의미이다. 다시 말하면 살아서는 모든 자식이나 집, 권력이나 명예, 부귀나 재색, 등등에 집착하지 말고 살라는 뜻이고, 죽음이라는 그 자체도 이렇게 살기 좋은 세상에 나에게만 오는 것이 아니라 모든 생령에게 공평하게 와지는 순리요 자연이니 담담하고 편안하게 받아드려 두려워하지 말라는 의미이다.

그리하여 살 때 삶의 가치를 누릴 수 있어야 하고 죽어서 떠날 때는 두려움이 없이 갈 수 있는 저력을 갖추어서 거래해야 한다. 따라서 사람에 가장 두려운 것은 나이를 먹으면 먹을수록 권력이나 명예보다는 사실 죽음에 대한 두려움이라고 할 수 있다. 그러므로 우리가 이 죽음을 잘 극복하는 길은 지극한 믿음과 깊은 수행에 있다는 사실을 알아서 이 신력信力과 수력修力을 잘 축적해 두는 것이 우선이라고 아니할 수 없다.

• 생사사생生死死生 : 생이 사이요 사가 생이다.

생사불이生死不二이요 사생불리死生不異이다. 즉 '삶과 죽음은 둘이 아니요, 죽음과 삶은 다르지 않다'는 의미이다. 우리가 다르게 생각하는 것은 생사의 이치를 알지 못하고 깨닫지 못하였기 때문이라고 할 수 있다. 사실 우리는 곧 방중생즉방중사房中生卽房中死요 방중사즉방중생房中死卽房中生이다. 다시 말하면 인생은 '방 가운데서 낳고 곧 방 가운데 죽어가며, 방 가운데서 죽고 곧 방 가운데 낳는다.'는 의미이다. 이렇게 보면 낳고 죽는 것이 먼 것이 아니라 바로 눈앞의 방이다. 따라서 생사란 눈을 뜨고 감는 것이요, 숨을 쉬고 뱉는 것과 같다는 사실을 알아야 한다. 이렇게 쉽게 보고 쉽게 생각을 해야 죽음과 삶에 대하여 괴로워하거나 요원하지 않게 생각을 한다. 사실 사람의 생사라는 것이 억지로 이뤄지거나 맘대로 되기는 실지로 어렵기 때문에 차라리 우주의 이법을 따라 정확히 베풀어진다는 사실을 자연스럽게 받아들여야 한다.

• 득천지기得薦之機 : 천도를 받을 기회이다.

"대범생사 수천도지기회大凡生死 受薦度之機會"이다. 즉 '무릇 생사는 천도를 받을 기회이다'는 뜻이다. 사람은 누구든 간에 살아가면서 한 번씩 겪어야 할 사항이 있다면 그것은 바로 낳고 죽는 문제라고 아니할 수 없다. 이 문제는 특정한 사람에게 특별하게 주어지는 것이 아니라 누구에게나 균등하게 주어지는 것으로 다만 어떻게 사는 것이 잘사는 길이며 어떻게 죽는 것이 잘 죽는 길인가의 분기分岐는 있을 수 있다.

이러한 상황을 당해서 중요한 것은 천도를 잘 받는 길이라고 할 수 있다. 천도에는 두 종류가 있다. 하나는 생천도生薦度이요, 또 하나는 사천도死薦度이다. 생천도란 살아있을 때 천도를 받는 일이고 사천도는 죽은 뒤에 천도를 받는 길이다. 즉 생천도는 직접 일원의 진리를 신앙하고 삼학을 수행하여 깨달음을 이루고 지혜를 일으켜 자력의 심력心力으로 가는 천도의 길이라 한다면 사천도는 죽은 뒤에 주세불과 인연을 맺고 정법과 인연을 맺어주는 천도 의식을 통한 타력他力을 힘입어서 천도를 받는 길이라고 할 수 있다.

다시 말하면 생천이든 사천이든 간에 천도를 받는 것이 제일 중요한 것으로 악도윤회에 끌리거나 들어가기 이전에 붙잡아 구출하여 인도하는 것이 중요하다. 좀 더 이야기하자면 생천은 마음대로 부릴 수 있는 내 차를 가진 것이요, 또한 천도재를 통한 타력의 득천得薦은 남의 차에 올라 자유가 없는 것과 같다고 할 수 있으니, 아무튼 이렇게 되면 생사와 관계없이 천도를 받고 제도를 얻어서 한 등 내지 서너 등을 높이 뛰어올라 생전 사후를 막론하고 천도가 된 즐거움을 누리게 된다.

• 업즉생사業卽生死 : 업이 바로 생사이다.

"근진상결 업조기중根塵相結 業造其中"이다. 즉 '육근[六根, 眼耳鼻舌身意]이 육진[六塵, 色聲香味觸法]과 서로 결합하면 업이 그 가운데 만들어진다.'는 의미이다. 업業이란 무엇일까? 업이라는 것은 몸과 마음이 경계를 접하여 작용하면 업은 그 가운데서 지어지게 되는 것을 말한다. 따라서 한번 자작自作한 업은 누구에게도 전가할 수 없다. 이 업에는 자업自業과 타업他業이 있고, 지업知業과 매업昧業이 있으며, 단업單業과 월업越業이 있고, 독업獨業과 공업共業이 있으며, 심업心業과 행업行業이 있고, 유위업有爲業과 무위업無爲業이 있으며, 의식업意識業과 무의업無意業이 있고, 유과업有果業과 무과업無果業이 있으며, 유인업有因業과 무인업無因業이 있으니 이 업은 선업善業과 악업惡業으로 나뉘게 되어 결국 생사의 길로 나아가는 매개체가 된다. 즉 사람에 있어서 선업은 그렇다 하더라도 해악害惡의 업 자체가 남았는데 만일에 해업解業을 하지 않았다면 자연 하등생물이나 무간지옥無間地獄으로 전락하는 빠른 길이 될 수도 있다는 사실을 알아야 한다. 그러므로 사람의 몸을 얻었을 때 멸업滅業 하기가 가장 쉬운 것이니 부지런히 수행하여 정업淨業을 하고 또 소업消業을 해야 길이 진급을 할 수 있다.

또한 부처는 "근연도인近緣度人"을 한다. 즉 '인연을 가까이하여 사람을 제도한다.'는 뜻이다. 성자는 죄를 지은 중생을 차마 볼 수가 없기 때문에 악인일수록 인연을 가까이 맺어서 큰 죄업은 중간의 죄업으로, 중간의 죄업은 작은 죄업으로, 작은 죄업은 감업減業을 시켜서 죄고지영罪苦之瀛에 들어가기 이전에 끌어올리는 제도의 자비를 베풀고 펼친다.

- 사락생옥死樂生獄 : 죽어서의 극락과 살아서의 지옥.

"사야막거극락 생시막작지옥死也莫去極樂 生時莫作地獄"이다. 즉 '죽어서 극락 가려 말고 살았을 때 지옥을 만들지 말라'라는 뜻이다. 보통의 사람들은 죽은 뒤에 극락에 나려 하고 천당에 가려 한다. 과연 죽어서 극락 가고 천당 가서 무엇을 하자는 것인가. 복진타락福盡墮落이라는 말처럼 극락 가서 생활하고 천당 가서 살다 보면 그 복락을 까먹고 복락이 다한 뒤에는 장만을 해 놓은 바가 없기 때문에 타락할 가능성이 농후하다고 말하지 않을 수 없다.

그러므로 우리가 현실에 살면서 간인慳吝하지 않고 탐욕 하지 않으며 시비하지 않고 불평불만을 가지지 않는다면 지옥 생활을 면하게 되리니 지옥 생활을 하지 않으면 바로 극락이나 천당에서 살게 되는 것이므로 죽어서 극락을 가는 것은 떼 놓은 당상이라고 아니할 수 없다. 다시 말하면 사극락死極樂보다는 생극락生極樂이 훨씬 좋은 것이니 생지옥生地獄에서 벗어나면 극락은 재안전在眼前이다.

원효대사元曉大師의 《발심수행장發心修行章》에 보면 "무방천당 소왕지자 삼독번뇌 위자가재 무유악도 다왕입자 사사오욕 위망심보[無防天堂 少往至者 三毒煩惱 爲自家財 無誘惡道 多往入者 四蛇五欲 爲妄心寶]"라 하였다. 즉 '천당을 막음이 없지만 적게 가 이르는 사람은 삼독[탐진치貪瞋癡]과 번뇌로 자기 집의 재물로 삼음이요, 악도의 꾐이 없지만, 많이 가서 들어가는 자는 사대地水火風의 뱀과 오욕財色食名睡으로 망령되게 마음의 보물을 삼음이라.'고 하였다.

• 필자는 이런 생각을 해 본다. "일원 진리가 한 울타리요, 과거 현재 미래가 한 마당이며, 욕계 색계 무색계가 한 동산이요, 태·란·습·화가 한 몸이며, 육도가 한 담 안이요, 시방이 한 집안이라[一圓一籬 三世一場 三界一園 四生一身 六道一垣 十方一家]."

• 유생사관儒生死觀 : 유가의 생사관.

대저 기가 모여서 만물이 생기고, 이 기가 흩어지면 죽는다. 사람은 정신이나 혼백이 또한 모이면 살고, 흩어지면 죽는다. 이것이 형기의 생사관이다. 이 기는 아무런 이유 없이 모였다가 적당한 때에 흩어지는 것이 아니라, 이에 따라 모였다가 이가 다하면 흩어진다. 이 기의 존재는 이를 위한 것이지, 기를 위한 것이 아니다. 이 이는 우주 안의 모든 것은 존재 이유인 이를 가지고 있다. 이 존재 이유가 없어지면 그 물건도 또한 소멸한다. 이것이 도의의 생사관이다.

그 맡은 직[일]을 다 하지 못하고 수명이 다하는 것은 요사이고, 그 직[일]을 태만히 하다가 벌을 받아 죽는 것은 질곡의 죽음이며, 수명은 길지만, 직[일]을 닦는 가운데 죽는 것은 절의의 죽음이다. 의리상 반드시 죽지 않아도 되는데 죽음을 달게 여기는 것은 도사이다. 일하러 이리저리 돌아다니다가 불행히 재앙[죽음]을 당한 것은 비명횡사이다. 수명을 길게 받았으나 맡은 직[일]은 닦지 않고 또한 선행하지 않고 늙어 죽는 것은 노사이다. 맡은 직[일]을 다 하였는데 수명도 다하여 죽는 것은 고종명^{考終命}이니 오복 가운데 하나이다.

무릇 사람은 본래 살기 위해 태어난 것이 아니라, 일하기 위해 태어났으므로 부지런히 노력하여 응당 그 직[일]을 마치고 죽어야 한다. 일하기 위해 죽는 것은 좋지만, 살기 위해서 일을 포기하는 것은 옳지 못하다. 이것이 살신성인이다. 사람이 죽으면 슬프고, 그 슬픔을 풀어내기 위해 삼가 상례를 행한다. 사람이 죽은 지 이미 오래되었을지라도 때때로 그 사람 생각이 나지 않을 수 없다. 그러므로 제사를 행한다. 이것이 다 유가에서 죽음에 다다르는 법[태도]이다[大抵氣聚則萬物生 而氣散則萬物死也. 人之

精神魂魄 亦聚而生 散而死也. 此形氣底生死觀也. 此氣 非是其
無由以聚 而無由以散 便是其由理以聚後 理盡則散也. 此氣之存
是爲理也 非是爲氣自身也. 宇宙內萬物 皆有其存在理由底理也.
其存在理由盡 則其物亦消滅矣. 此道義底生死觀也. 其職任未盡
而壽命盡者 夭死也. 怠惰其職 以招刑而死者 桎梏死也. 壽命長
而修職中死者 節義死也. 義理上 不必死而甘死者 徒死也. 爲事
奔走 不幸被禍者 非命橫死也. 壽命長 而不修其職 又不爲善行
乃老而死者 老死也. 完遂其職 而壽命亦盡以死者 考終命也. 考
終命 五福之一也. 夫人 本非是爲生而生 是爲事而生者也. 故勤
勤努力 當完遂其職而死也. 爲事以死者 可也 爲生以棄事者 不可
也. 此殺身成仁也. 人死則哀慟. 故欲抒其情 以謹行喪禮也. 人死
已久 不可不時時念其人. 故隨時行祭也 此皆儒家臨死之法也].

이 글은 "새한철학회" 「철학논총 59집」에서 전재하였다.

선인들이 말한 생사

• 《순자荀子》〈예론禮論〉에 "예란 삶과 죽음 다스림을 삼가 하는
것이라. 생은 사람의 시작이요, 죽음은 사람의 마침이라. 마침과
시작을 모두 잘하면 사람의 도리를 마침이라[禮者 謹于治生死者
也 生 人之始也 死 人之終也 終始俱善, 人道畢矣]."

• 정약용丁若鏞은 "한 번 취한 찬으로 백 년과 바꿀 만하지 삶과 죽음 어떠한고? 둘 다 아득하네, 어찌하면 만곡들이 남호의 물 가져다 황천길에 모두 주어 술 샘을 만들어볼까[一醉眞堪換百年 生何如死兩茫然 那將萬斛南湖水 盡與泉塗作酒泉]"

• 사마천司馬遷의 〈보임안서報任安書〉에 "사람은 누구나 한번 죽지만 어떤 죽음은 태산보다 무겁고 어떤 죽음은 (기러기) 깃털보다 가볍나니 (죽음을) 사용하는 취향이 다르기 때문이라[人固有一死 或重于泰山 或輕于鴻毛 用之所趨異也]."

• 당·백거이白居易《몽배상공夢裴相公》 시에 "5년의 삶과 죽음이 막혔더니 어느 날 밤 영혼이 꿈에 통하네[五年生死隔 一夕魂夢通]."

• 명 진계유陳繼儒《대사마절환원공가묘기大司馬節寰袁公家廟記》에 "삶과 죽음은 여가가 없고 영광과 슬픔은 겸하여 갖추니라[生死無暇 榮哀兼備]."

• 청·전난방田蘭芳《답중방 (원가립손) 용원운答仲方(袁可立孫)用元韻》에 "생과 사의 이치는 어기기 어려운 것이니 몸을 세움에 모름지기 구차하지 않을지라[生死理難違 立身須不苟]."

• 청·임칙서林則徐《부술등정구점시가인赴戌登程口占示家人》에 "진실로 국가에 이롭다면 생사[목숨]도 사용할 것이니 어찌 재앙과 복으로 인하여 피하겠는가[苟利國家生死以 豈因禍福避趨之]?"

• 당·한유韓愈《송부도문창사서送浮屠文暢師序》에 "지금 내가 문창

과 함께 편안히 살면서 여유 있음에 먹고 지내고 유유히 살다가 죽을 수 있어서 새나 짐승과는 다른데 어찌 가히 그 근원을 알지 않아도 괜찮겠는가[今吾與文暢 安居而暇食 優游以生死 與禽獸異者 寧可不知其所自邪]."

• 청·소연昭連《소정잡록·신용공嘯亭雜錄·信勇公》에 "또한 조정에서 이미 나를 잡았으니 곧 베이지 않으면 다시 놔서 돌아올 것이니 이는 삶과 죽음에 살과 뼈를 이르는 바이라[且天朝已擒我 不即誅復釋還 此所謂生死而肉骨也]."

• 《보살운집묘승전상설게품菩薩雲集妙勝殿上說偈品》에 "유전하면 생사이고 유전하지 않음이 열반이니 생사와 열반 두 가지를 다 얻을 수 없는 것이라. 생사와 열반이 다르다고 속여 망령되이 말하는 자는 현인과 성인의 법을 미혹하여 위없는 도를 알지 못하는 것이라[流轉則生死 非轉是涅槃 生死及涅槃 二皆不可得 虛誑妄說者 生死涅槃異 迷惑賢聖法 不識無上道]."

頌曰

1. 知生知死境 지생지사경 생도 알고 사의 경지도 알지만
   若不識心源 약불식심원 만일 마음의 근원을 알지 못하면
   難免迷生類 난면미생류 미혹한 생령무리 면하기 어렵나니
   懋修闢慧門 무수벽혜문 힘써서 수행하여 지혜 문을 열지라.

2. 生死不知者 생사부지자 생과 사를 알지 못하는 사람은
   六途邃穴安 륙도수혈안 육도의 깊은 구덩이가 편안하여
   未要超破殼 미요초파각 껍질을 부수고 뛰려고 아니하니
   忍佛眼非攤 인불안비탄 차마 부처는 눈을 펴지 못하누나.

3. 夫迷心卽死 부미심즉사 무릇 미혹한 마음이 바로 죽음이요
   儲罪業爰囚 저죄업원수 죄업을 쌓음이 이에 옥사[지옥]이라
   解法勤修在 해법근수재 푸는 방법은 부지런한 수행에 있으니
   晝宵一念求 주소일념구 낮이든 밤이든 한 생각만으로 구할지라.

4. 生時非解活 생시비해활 살았을 때 삶을 알지 아니하고
   死際匪知殊 사제비지구 죽어갈 즈음 마침을 알지 못하면
   難識人眞價 난식인진가 사람의 참된 가치 알기 어렵나니
   醒心造大樓 성심조대루 마음을 깨쳐야 큰 집이 지어지리라.

5. 鐵丸投破闕 철환투파궐 철환을 던져서 대궐을 부수고
   以手擊閻顚 이수격염전 손으로 염라대왕 정수리를 치며
   用足其躬蹴 용족기궁축 발을 써서 그의 몸통을 찰지라도
   無休不死牽 무휴불사견 쉼 없이 죽지 않고 끌려다니네.

생사송 生死頌

1. 房中有生 방중유생   방 가운데 남이 있고
   室裏有死 실리유사   집안에 죽음이 있네
   生中有死 생중유사   남 가운데 죽음 있고
   死中藏生 사중장생   죽음 가운데 남이 갊았어라.

2. 淡不二海 담불이해   담수는 바닷물과 둘 아니고
   砂不異巖 사불이암   모래는 바위와 다르지 않네
   生不二死 생불이사   생은 사와 둘이 아니요
   死不異生 사불이생   사도 생과 다르지 않아라.

3. 日向西昃 일향서측   해는 서쪽을 향해 기울고
   月聳東嶺 월용동령   달은 동쪽 고개에 솟아나네
   生來何處 생래하처   남에 어느 곳에서 왔으며
   死向何逝 사향하서   죽음에 어디를 향해 가는가.

4. 根枝壹樹 근지일수　뿌리와 가지는 한 나무이요
　　泉江一源 천강일원　샘과 강도 한 근원이네
　　生根於死 생근어사　생은 사에 뿌리하고
　　死源于生 사원우생　사는 생에 근원함이라.

5. 樂門我開 악문아개　극락의 문을 내가 열고
　　獄牖余闢 옥유여벽　지옥 바라지도 내가 여네
　　生淸靜樂 생청정악　살면서 맑고 고요하면 극락이요
　　死積慾獄 사적욕옥　죽기까지 욕심 쌓이면 지옥이라.

6. 石中覓玉 석중멱옥　돌 가운데서 옥을 찾고
　　鑛裏尋金 광리심금　쇳돌 속에서 금을 찾네
　　生中覓死 생중멱사　생 가운데 죽음을 찾고
　　死裏尋生 사리심생　죽음에서 생을 찾을지라.

7. 生不活骸 생불활해　생은 뼈대가 사는 것이 아니요
　　死未歿體 사미몰체　죽음도 몸이 죽는 것이 아니네
　　生謂活心 생위활심　생은 마음이 살아남을 이름이요
　　死云折希 사운절희　죽음은 희망이 꺾어짐을 이름이라.

8. 蹞登泰嶽 규등태악　반걸음이 큰 뫼에 오르고

芽長鴻木 아장홍목　싹이 큰 나무로 자라나네

死始於生 사시어생　죽음은 생에서 비롯하고

生發于死 생발우사　생도 죽음에서 출발함이라.

9. 天未接皺 천미접준　하늘은 주름을 접지 못하고

沙不作飯 사부작반　모래로 밥을 짓지 못하네

生永悟理 생영오리　생을 길게 하려면 진리를 깨치고

死脫歸性 사탈귀성　죽음에서 해탈하려면 성품에 돌아갈지라.

10. 鳶不繫天 연불계천　솔개를 하늘이 매지 못하고

魚未礙水 어미애수　고기를 물이 걸리게 못 하네

生遊宇宙 생유우주　살아서는 우주에 노닐고

死家乾坤 사가건곤　죽어서는 건곤이 집이어라.

愚我竊想컨대 宿有佛緣하고 亦有法緣하야 入於玆會하야 未及些於七十餘之星霜也라 如此之中에 上次에《經典散策》第一書册을 上梓出刊하고 於這一次에 第二書册을 冒勞擲筆하니 予本孤陋寡聞하고 才疏學淺故로 自然爲要於多時也라 假令人掛兩耳黃色眼鏡而見物하면 物物皆黃見하고 亦掛兩耳靑色眼鏡而見物하면 物物皆靑見하나니 雖物物多色이라 然이나 須隨琉璃之色하야 迺見黃靑之色異也라 如此히 解釋經典이 實如盲人摸象하야 無定答與正答이니 惟隨自己知見而解之하고 亦隨自身覺得而釋之外에 無他之法이라 故로 能省謾說하고 亦除龘文하야 以作漢詩로 代於後記也하노라.

어리석은 내가 그윽이 생각건대 숙세에 부처님의 인연이 있고 또한 정법의 인연이 있어서 이 회상에 들어와 아직 70여의 세월에는 조금 미치지 못한다. 이와 같은 가운데 지난번에《경전산책

1》첫 번 책을 인쇄에 부쳐 출간하고 이번에 두 번째 책을 수고로움을 무릅쓰고 붓을 던졌으니 나는 본래 용렬하여 견문이 적고 재주가 성글고 배움이 얕기 때문에 자연 많은 시간을 필요로 하게 되었다. 가령 사람이 두 귀에 노란 안경을 걸치고 보면 물물이 다 노랗게 보이고, 또한 두 귀에 푸른 안경을 걸치고 보면 물물이 모두 푸르게 보이나니 비록 물물은 많은 색깔이라. 그러나 모름지기 유리의 색을 따라 이에 노랗고 푸르러 색깔이 다르게 보이는 것이라. 이처럼 경전을 해석한다는 것이 실로 장님이 코끼리를 만지는 것과 같아서 정해진 해답과 바른 해답은 없는 것이니 오직 자기가 알아 본만큼을 따라 풀이하고, 또한 자신이 깨달아 얻은 만큼을 따라 해석하는 것밖에 다른 방법은 없는 것이라. 그러므로 능히 부질없는 말은 생략하고 또한 거친 글은 제거하여 지은 한시로써 후기를 대하노라.

척필이음擲筆而吟 : 붓을 던지고 읊조린다.

1. 後天開闢際 후천개벽제 후천이 개벽할 즈음에
   主佛我邦行 주불아방행 주세 부처 우리나라로 행하고
   衆聖吾家會 중성오가회 뭇 성현 우리 집안에 모여서
   謀拯惑世生 모증혹세생 미혹 세상 생령 건지길 꾀하누나.

2. 一圓宇宙顯 일원우주현 　일원 진리는 우주에 드러나고
　　正法地天敷 정법지천부 　바른 법은 하늘땅에 펼쳐지네
　　衆國眞經轉 중국진경전 　뭇 나라에 참된 경전 구르면
　　癡心忽睹蘇 치심홀도소 　어리석은 마음 홀연히 보여 깨우리.

3. 修研兼善學 수연겸선학 　닦고 연구하며 아울러 잘 배우면
　　佛祖結如璠 불조결여번 　부처조사가 구슬처럼 맺혀지리니
　　字字鴻禧道 자자홍희도 　글자마다 큰 행복의 길이요
　　文文大慧門 문문대혜문 　글마다 큰 지혜의 문이어라.

4. 正典元經典 정전원경전 　정전은 원경의 경전이요
　　大宗五達言 대종오달언 　대종경은 사통오달 말씀이라
　　恒懷胸積韞 항회흉적온 　항상 가슴에 품어 쌓아 갈무리면
　　活路逝來根 활로서래근 　살아가는 길 가고 오는 뿌리이리.

5. 會上前丟路 회상전주로 　회상이 앞으로 가는 길에
　　余任第一鴻 여임제일홍 　나의 책임이 제일 큰 것임을
　　各人爲實識 각인위실식 　각각 사람이 실지 알게 된다면
　　盡力不休躬 진력불휴궁 　몸을 쉬지 않고 힘을 다하리라.

6. 永劫宗師逐 영겁종사축 　긴긴 세월 대종사님을 따르며

須醒一理恩 수성일리은　모름지기 일원 이치 은혜 깨치고
都拯迷惑衆 도증미혹중　미혹한 중생을 모두 건져서
必建樂園村 필건낙원촌　반드시 낙원 마을을 세우리라.

7. 性中盛宇宙 성중성우주　성품 가운데 우주를 담고
心裏覺圓相 심리각원상　마음속에 일원상 깨우치려네
永世正眞會 영세정진회　긴긴 세상 바르고 참된 회상에
專身轉法光 전신전법광　전무출신으로 법을 굴려 빛내리.

8. 夫理人心覺 부리인심각　무릇 진리는 사람 마음 깨우치고
反恩萬物生 반은만물생　반면에 은혜는 모든 물을 살리네
聖賢慈惠韞 성현자혜온　성현은 자비와 은혜 갈무렸기에
濟度自然成 제도자연성　제도가 자연적으로 이뤄지누나.

9. 諸任唯己在 제임유기재　모든 책임은 오직 자기에게 있으니
勿怪匪開扃 물괴비개경　빗장을 열지 못했다 탓하지 말게
不逝難臻極 불서난진극　가지 않으면 극에 이르기 어렵듯이
無功未理醒 무공미리성　공부 없으면 진리 깨치지 못하리라.

10. 永執宗師手 영집종사수　길이 대종사의 손을 잡고
長連主佛心 장련주불심　길이 주세 부처 마음 이어서

無量時刻易 _{무량시각역} 무량한 시각이 바뀔지라도
誓願一慮臨 _{서원일려림} 서원의 한 생각으로 임하리라.

11. 主佛宗師出 _{주불종사출} 주세 부처로 대종사 나오고
    一圓衆敎宗 _{일원중교종} 일원은 뭇 종교의 종지라네
    難遭吾會上 _{난조오회상} 만나기 어려운 우리 회상
    永歲嫡長龍 _{영세적장룡} 긴긴 세월 적장의 용일지라.

12. 未來吾會上 _{미래오회상} 미래의 우리 회상은
    國外益蕃盛 _{국외익번성} 나라 밖에서 더욱 번성하여
    歸入猶爲學 _{귀입유위학} 돌아들어 오히려 배우게 되리니
    丕開兩眼精 _{비개양안정} 두 눈 크게 뜨고 정진할지라.

13. 事業宗師業 _{사업종사업} 사업은 대종사님의 사업이요
    功夫主佛功 _{공부주불공} 공부도 주세부처의 공부이네
    有緣斯會入 _{유연사회입} 인연이 있어 이 회상에 들었으니
    立我主張空 _{입아주장공} 나를 세우는 주장만은 비울지라.

14. 吾生斯會上 _{오생사회상} 우리가 이 회상에 살면서
    我作事何爲 _{아작사하위} 내가 짓는 일 무엇을 하자는 것인가
    不復宗師業 _{불복종사업} 대종사의 사업으로 돌리지 않는다면

橫關實難披 횡관실난피　빗장 질러져 실로 헤쳐나기 어려우리.

15. 若非師蹭路 약비사답로　만일 스승님이 밟은 길이 아니면
　　敢不步其程 감불보기정　감히 그 길을 걸어가지 아니하고
　　傅匪正眞理 부비정진리　스승의 올바른 진리가 아니거든
　　眞情勿覺成 진정물각성　진정코 깨달음을 이루려 말지라.

경전산책

원불교 경전 한문구 해설2

인쇄	2019년 6월 25일 초판 1쇄
발행	2019년 7월 1일 초판 1쇄
해의	오광익
펴낸곳	도서출판 동남풍
인쇄처	피앤비
펴낸이	주영삼
출판신고	제1991-000001호(1991년 5월 18일)
주소	전북 익산시 익산대로 501
전화번호	063-854-0784
팩스번호	063-852-0784

www.wonbook.co.kr

값 19,000원
ISBN 978-89-6288-044-1(03200)

* 잘못 만들어진 책은 구입처나 본사에서 교환해 드립니다